刑法裁判规范的理性证成研究

XING FA CAI PAN GUI FAN DE
LI XING ZHENG CHENG YAN JIU

武良军◎著

中国政法大学出版社

2018·北京

图书在版编目（ＣＩＰ）数据

刑法裁判规范的理性证成研究/武良军著. —北京：中国政法大学出版社，
2018. 10

ISBN 978-7-5620-8594-2

Ⅰ.①刑…　Ⅱ.①武…　Ⅲ.①刑事诉讼－判决－研究－中国　Ⅳ.①
D925. 204

中国版本图书馆CIP数据核字 (2018) 第226638号

出　版　者	中国政法大学出版社	
地　　　址	北京市海淀区西土城路 25 号	
邮　　　箱	fadapress@163.com	
网　　　址	http://www.cuplpress.com （网络实名：中国政法大学出版社）	
电　　　话	010-58908435(第一编辑部)　58908334(邮购部)	
承　　　印	固安华明印业有限公司	
开　　　本	650mm×960mm　1/16	
印　　　张	20.75	
字　　　数	298 千字	
版　　　次	2018 年 10 月第 1 版	
印　　　次	2018 年 10 月第 1 次印刷	
定　　　价	56.00 元	

前　言

在当前我国的刑法理论和刑事司法实务中，刑法解释的任意性难题和多义化难题已然越来越突出，这不仅严重影响了我国民众对刑事司法的信任，同时也制约了我国刑法学的进一步发展。因此，应该如何破解这两个难题成为当前我国刑法学最为迫切需要解决的课题之一。尽管理论上有学者提出以"形式解释论"来回应刑法解释的任意性难题，但是，无论从司法裁决的属性还是从我国目前的刑事法治现状来看，这一路径都有着太多的理想成分，故而并不可行；同样，对于有学者为消弭刑法解释中的多义化难题而提出的"常识主义刑法观"，尽管具有刑法知识论上的意义，但并不具备方法论上的有效性和具体指导实践的品性，因此也难以取得成效。

应当说，导致目前刑法解释理论（包括上述理论路径）难以克服任意性与多义化难题的理论症结，一方面是因为它们未能准确区分法的"发现"与"证立"是两个不同的过程，另一方面则是由于它们都属于一种"独白式理解"。要想缓解或克服刑法解释的任意性与多义化难题，需要某种方法论上的觉醒，亦即实现从"发现"到"证立"的转换以及由"独白式理解"到"沟通式理解"的转变。近些年于欧美国家兴起的法律论证理论，无疑为这种刑法方法论的觉醒提供了一条可能的进路，这就是将刑事司法裁决理论的重心，从传统对刑法文本规范的解释转移到对刑法裁判规范的理性证成上。正是出于这一缘故，本书在此展开了对刑法裁判规范的理性证成问题的研究。

除导论和结语外，全书共分为五章。

第一章主要对问题讨论的两个前置概念即"疑难案件"与"刑法裁判规范"进行了解读。在简单案件中，由于可以直接将案件事实归入刑法文本规范从而推导出结论，特别研究刑法裁判规范的证成似无必要，所以，对刑法裁判规范证成的讨论一般限于疑难案件之中。在借鉴麦考密克从裁判理由角度对疑难案件进行划分的基础上，结合刑事司法裁判的特殊性，本书将疑难刑事案件划分为三种具体类型：一是"分类问题"的疑难案件，即在案件事实能否归入刑法文本规范所规定之情形的问题上存在疑问；二是"解释问题"的疑难案件，即在对刑法文本规范进行解释时产生了多种解释结论，对于应选择何种解释结论，解释主体之间产生了分歧；三是"相关性问题"的疑难案件，即特定的案件事实被既有的刑法文本规范所涵摄，但依据规范得出的结论明显违背了人们朴素的正义感。与目前刑法学者主要从静态的、规范功能的角度对裁判规范的界定不同，本书对裁判规范进行了方法论上的还原，从动态的角度对刑法裁判规范进行了界定，认为它是我们在刑事司法过程中针对个案建构或塑造的具体刑法规范，也是与刑法文本规范相对合的一个概念。在概念的属性上，刑法裁判规范既是对刑法文本规范的尊重也是对刑法文本规范的超越，它形成于刑法规范与案件事实的互构中，并生成于具体案件的裁判过程，但它并不具有终局性的效力，因而也具有可废止性。

第二章着重对刑法裁判规范证成的品性进行了诠释。旨在通过对刑法裁判规范品性的诠释来揭示，为什么刑事司法裁决理论的重点应在于刑法裁判规范的证成而不是刑法裁判规范的生成，以及我们为何需要将刑法裁判规范的证成从一般法律论证中拿出来单独讨论。基于此，对刑法裁判规范证成之品性的诠释，分为两个视角进行，即法的发现与证立区分视角下的诠释与部门法区分视角下的诠释。从法的发现与证立区分的视角来看，与刑法裁判规范的生成是一种启发思维不同，刑法裁判规范的证成是一种精密思维，所以强调对论证理由与论证过程的细化；与刑法裁判规范的生成依凭于我们的经验与直觉这种"法律感"不同，刑法裁判规范的证成是一种理性决断，故而强调运用理性的方法对依凭法律感发现的裁判规范进行补强；与刑法裁判规范的生成侧重于从心理学和社会学方面的建构不同，刑法裁判规范的证成侧重于围绕实在法即刑法展开，力图提出一套论证规则和论述形式，将法官的自由裁量限定在规则、秩序和技术架构之内，因此它是一种规范论证。从部门法区分的视角来看，由于受到罪刑法定主义原则的限制，刑法裁判规范的证成在论证内容（合法性论证和合理性论证）上具有限定性；并且对于真正意义上的漏洞补充方法持一种拒斥的态度；此外，在论证的法律渊源上，也具有有限性，即仅限于刑法文本，所以我们不能直接依据行政法规、行政规章、习惯、学理抑或道德来科罪处刑；最后，由于对犯罪及刑事责任的处置往往事关公民的财产、自由乃至生命，因此刑法裁判规范的证成对论证程度的要求更加具有严格性。

　　第三章深入分析了刑法裁判规范之理性证成的第一个向度，即合法化论证问题。刑法裁判规范的合法化论证主要是依据既定法律规则并通过逻辑证成来实现的。尽管刑法裁判规范的证成不仅仅是一个逻辑问题，但逻辑也不能因此而遭到忽视；部分论者认为霍姆斯是反逻辑的代表，实际上是对"法律的生命不在于逻辑，而在于经验"的片面误读。由于演绎推理的"结论性命题必须隐含于其前提命题当中"这一本质性特征，满足了刑法裁判规范的证成需要在法律的系统内部进行论证的要求，从而也决定了演绎推理是刑法裁判规范之逻辑证成的最基本形式。但演绎推理的局限也是显而易见的，它并不能解决疑难刑事案件中推理之大前提与小前提的证立问题，所以我们需要其他方法来对演绎推理进行补足。类比推理就是在逻辑证成之内对演绎推理的一种补足方法，也是解决"分类问题"疑难案件之刑法裁判规范证成的一种重要方法。但由于类比推理之"类似性"程度的判断不可避免地要依赖于裁判者的价值判断与选择，从而呈现出一定程度的不确定性，因此也不能为刑法裁判规范的理性证成提供一个完整的技术支持。除演绎推理和类比推理外，体系性思考作为逻辑的另一种形式，显然也为刑法裁判规范合法化论证的实现提供了帮助。它可以避免裁判规范的证成流于偶然或专断，也可以确保裁判规范的证成理由更加精致化，同时也为裁判理由的寻找提供了便利。然而，体系性思考也有诸多局限，如容易忽略具体案件的正义性，减少了问题的解决可能性，对犯罪的成立与否的判断容易欠缺刑事政策的考量以及对抽象性的过度偏好从而失去与现实的联系。但这并非意味着我们应当放弃体系性思考而以问题性思考来替代。从目前我国现阶段的刑法学发展水平来看，体系性思考在刑法裁判规范的理性证成中绝不能放弃。

第四章重点讨论了刑法裁判规范证成的第二个向度，亦即合理化论证问题。应当说，不论是在小前提不甚明确的"分类问题"疑难案件中，还是在大前提模糊不清的"解释问题"疑难案件，抑或是在可以根据既有法律规范和逻辑方法得出裁判结论，但裁判结论却明显违背事理的"相关性问题"疑难案件中，基于合理性考虑的实质权衡对于刑法裁判规范的理性证成都是不可或缺的。实质权衡既是对逻辑证成的补充，也是法律实质理性要求之所在。尽管实质权衡要依赖于裁判者的主观评价性判断，但从裁判的客观性、确定性和合法性来看，同样具有裁判理性特征。本书在借鉴韦伯之价值合理性与目的合理性的划分基础上，将刑法裁判规范证成中的实质权衡划分为了三种具体类型，即利益衡量、价值权衡和后果考察，并且分别考察了三种具体实质权衡类型在刑法裁判规范证成中的运用，以及可能存在的风险与风险控制措施。最后，为了避免裁判者在刑法裁判规范的证成中，随意用实质权衡来为任何其所欲求的结论辩护，同时也为了缓和实质权衡由于对文本规范外实质因素的参照而导致与合法性论证的冲突，本书提出应将刑法裁判规范的实质权衡置于法教义学的架构下使用。也就是将利益衡量、价值权衡以及后果考察融入法教义学的论述中，来确定它们在法学讨论脉络中的意涵，从而寻求个案正义与法律拘束之间寻求平衡。然而，法教义学路径的作用也是有限的。对于在法教义学架构下裁判者之间所产生的价值判断的分歧，法教义学本身就难以提供有效的解答。

第五章主要探讨了刑法裁判规范证成的第三个向度，亦即正当化论证问题。在刑法裁判规范的证成中，当不同主体之间因价值判断的明显分歧而无法达成一致意见时，应当通过程序证成的方法来对结论加以正当化。刑法裁判规范之程序证成的立论根据是，我们可以通过设置一系列公正的法律程序以及理性的论辩规则，来促进价值分歧的主体之间在平等的交流与对话中达成共识，当某个论证结论是经由这些程序或规则所达到的时，那么就可以认为这个结论是正确的，同时也是正当的。尽管通过程序证成也无法获得结论百分之百的确实性，但以法的实践理性观之，程序证成同样是符合裁判理性要求的。刑法裁判规范之程序证成又可分为内部视角下的程序证成和外部视角下的程序证成。内部视角下的程序证成即理性法律论辩是程序证成的核心，它旨在通过设定一系列"理性论辩条件规则"和"论辩证明责任规则"来保障裁判者可以获得正当的结论。"理性论辩条件规则"可以检验论辩是否以理性的方式进行，尽管并不能立刻保证理性共识的达成，但可以保证双方的争执不会越走越远，从而增强了理性共识的可能性；"论辩证明责任规则"则可以较为及时地辩明论辩在何处可以不用再进行下去，对于解决刑法解释方法位阶问题和最低限度的价值判断问题，有着重要意义。然而在实践中，人们会有意或者无意地违反理性论辩规则的要求，即使是经过严格专业训练的法律专家们亦是如此，所以要想内部视角下的程序证成能真正发挥实效，应当适时地将程序证成的视角转移到外部来，即以制度化的程序作为论辩的保障。可以说，人民陪审制度与判决说理制度是两种比较典型的理性论辩的制度化模式，但从我国目前人民陪审制度和判决说理制度的制度设计和实际运行来看，二者并没有很好地实现理性论辩的要求，亟待加以完善。本书也从理性论辩理论的角度就这两个制度的完善提供了一些建议。

武良军

2018 年 4 月

法律文件全简称对照表

规范性法律文件名称	本书名称（缩略语）
《中华人民共和国刑法》	《刑法》
《中华人民共和国刑法修正案（八）》	《刑法修正案（八）》
《中华人民共和国刑法修正案（九）》	《刑法修正案（九）》
《中华人民共和国刑事诉讼法》	《刑事诉讼法》
《中华人民共和国民法通则》	《民法通则》
《中华人民共和国公司法》	《公司法》
《中华人民共和国人民法院组织法》	《人民法院组织法》

目　录

导论　从文本规范的解释到裁判规范的证成

——刑法方法论的一种觉醒

> 不管怎样，判断心理（即导致做出决定的内在过程）和法律中的公开求证过程之间存在一定差异。对法律推理进行描述并不是想揭示司法心理——这一任务应当由传记作者来完成——而是想了解律师和法官如何进行公开求证的（当然这不可避免地带有评价特征)。[1]
>
> ——凯斯·R. 孙斯坦

> 法官的判断不能是跟着感觉走的判断，而应是一种理性的判断；法律论证是法律方法对法治的一种拯救，是对专横司法的有效阻扼。[2]
>
> ——陈金钊

应当说，对于诸如此类"法律必须经由解释，始能适用"[3]的论断，无论是在理论界还是实务界，今日已经很少有人还会对此产生怀疑。无论我们将法律制定得多么周详，法律终究只是一套行诸于文字并由概念和规则交织复合而成的逻辑系统，庞杂的社会事实不可能与之天然吻合，[4]所以，当法律规范与案件事实产生裂缝或发生抵牾之时，我们必须得借助"解释"去弥合和消解二者的裂缝与冲突，也就是将

---

〔1〕　[美]凯斯·R. 孙斯坦：《法律推理与政治冲突》，金朝武等译，法律出版社 2004 年版，第 112 页。

〔2〕　陈金钊："法律论证及其意义"，载《河南政法管理干部学院学报》2004 年第 4 期。

〔3〕　王泽鉴：《民法实例研习·基础理论》，台北三民书局 1993 年版，第 125 页。

〔4〕　参见桑本谦：《理论法学的迷雾——以轰动案例为素材》，法律出版社 2008 年版，第 51 页。

"纸面上的法律"变成"现实生活中的法律"。解释可以令法律在个别化过程中获得生命，并使法律趋于完善。[1] 也正是因为此，解释成了目前法律学者最主要的知识范式之一，诸多法律理论的建构也正是围绕着解释的概念而展开。[2]

尽管近代刑法学的开创者——切萨雷·贝卡利亚早在《论犯罪与刑罚》中就一再告诫我们，"刑事法官根本没有解释刑事法律的权利"，"法律的精神需要'探询'，再没有比这更危险的公理了。采纳这一公理，等于放弃了堤坝，让位于汹涌的歧见"。[3] 然而，我们这个时代似乎已不再有人相信这一点。可以说，目前刑法解释学已然在现代刑法学中占据了主导地位，尽管由于受到对罪刑法定主义机械理解的影响，刑法解释学在刑法学科中获得如此地位，相较于其他部门法学科来说显得更加艰辛与曲折。但是，应该可以肯定的是，目前刑法解释学论者已然基本认同：当发现抽象的刑法规范与复杂的生活事实不能直接相对应时，应当努力通过解释使抽象的法律与鲜活的事实相对应，而不是一味地去批判现行刑法。

一、问题的提出：疑难刑事案件中刑法解释的难题

或许正是基于以上的认同，我国刑法学从上世纪末开始便逐渐完成了从批判我国现行刑事立法到以解释现行刑法为中心的成功转型。[4] 学界普遍认为，法官不应该如孟德斯鸠所认为的那样，只是"宣读法律文字的喉舌"或是一个毫无意志的存在物，[5] 法官应积极根据现有的刑法规范来裁断案件。当面对事实与规范相适应的常规案件时，法官只需要将案件事实归摄于现有规范即可，但在面对案件事实与规范无法直

---

〔1〕 参见陈金钊：《法律解释学——权利（权力）的张扬与方法的制约》，中国人民大学出版社 2011 年版，第 11 页。

〔2〕 参见［美］安德雷·马默主编：《法律与解释——法哲学论文集》，张卓明、徐宗立译，法律出版社 2006 年版，"编者序"第 1 页。

〔3〕 ［意］切萨雷·贝卡里亚：《论犯罪与刑罚》，黄风译，北京大学出版社 2008 年版，第 12 页。

〔4〕 参见刘艳红："刑法学研究现状之评价与反思"，载《法学研究》2013 年第 1 期。

〔5〕 ［德］拉德布鲁赫：《法学导论》，米健译，中国大百科全书出版社 1997 年版，第 105 页。

接相适应的非常规案件（疑难案件）的时候，法官在对案件作出裁断之前，必须先根据立法者原意或法律原意对制定法中相关规范进行解释。[1]

然而，无论是追寻立法者原意（主观解释），还是探求法律原意（客观解释），都依赖于解释主体主观的价值判断，亦即"解释者将自己对法律文本意思的理解通过某种方式展示出来"。[2] 尤其是，随着社会和经济高速的发展和急剧变化，哲学诠释学渗透到了法学领域，"拓展出了一种本体论方式的法律解释学——'法律诠释学'"。[3] 受法律诠释学的影响，解释主体在对法律文本进行解读时，更加突出地强调了解释主体的个人"理解"，由此不断加剧了解释的不确定性。目前，这种解释的不确定性在刑法解释中反映为两个解释性难题：一是任意性难题，即由于解释时过于强调解释者个体的意思从而易突破文本规范的限制，导致解释有违罪刑法定原则；二是多义化难题，即尽管解释结论都处于文本规范的可能文义之内，但由于文本规范本身的抽象性，因解释者的主观判断不同，不同解释者的解释结论常存不一致，亦即，对同一案件存在多解的情形。

客观地说，刑法解释的上述两个难题，几乎是所有倡导"解释型刑法"的国家或地区所可能共同面临的问题，即使在刑法解释学已经发展得极为成熟的德国和日本亦当如是。譬如，在当今的德国和日本，刑法解释的多义化难题也显得十分突出，对于同一概念有几种解读的学说在德日刑法学中可谓司空见惯，对此，德国和日本的刑事司法实务部门也常有怨念之词。当然，由于刑法解释学的发展程度和文化背景的差异，不同的国家和地区，这两个难题的严重程度并不完全一致。应当说，对于刑法解释学水平仍需进一步提高的我国来说，由于受多方面因素的影响（这些因素既有文化观念，也有解释策略，还有当下社会背景等因

---

〔1〕 侯学勇："解释能够保证法律规范的准确适用吗—传统法律解释观念反思"，载《政治与法律》2011 年第 7 期。

〔2〕 张志铭：《法律解释操作分析》，中国政法大学出版社 1999 年版，第 16 页。

〔3〕 姜福东：《法律解释的范式批判》，山东人民出版社 2010 年版，第 47 页。

素），上述刑法解释的任意性难题和解释的多义化难题在我国学理和实务中呈现的尤为突出，这在某种程度上也已然严重影响我国公众对刑事司法的信任，也制约了我国刑法解释学的进一步发展。以下笔者拟将简要描述这两个难题在我国学理上或实务中的一些具体体现。

（一）刑法解释的任意性难题

可以说，与西方法学的整体发展进程相比，我国法学显然较早看到，严格法治理论的机械性与僵化性所造成不能及时适应急速变迁社会的弊端。[1] 是故，法学界与实务界在解释观上纷纷开始转向，即摒弃传统的法条主义而倡导和推崇现实主义法学。[2] 刑法解释学也不例外，不仅实质解释论已经成了当前刑法解释的主流，客观解释论也已在刑法解释目标上占据了支配地位，刑法文本也被刑法解释学者赋予了强大的生命力。客观地说，这种转向在某种程度上的确有利于有效规制我国转型时期出现的大量犯罪。但与此同时，值得我们警惕的是，无论是理论上还是实践中的刑法解释，似乎又很快从一个极端到了另一个极端。"没完没了的解释，已经使人们看不清什么是法律。"[3] 人们在刑法解释中不自觉地淡化了刑法文本规范的限制，从而导致违反罪刑法定原则进行类推解释的现象时有发生。具体体现在三个方面：一是司法解释中类推解释不断涌现；二是司法实践的个案解释中类推解释时有发生；三是理论解读中类推解释也仍然存在。

首先，让我们来看司法解释中类推解释的情形。与刑法条文的抽象性与模糊性相比，司法解释显得更加具体与明确，因此，法官对司法解释的依赖往往超过了对刑法条文的依赖。至于这种现象的存在是否合理，并不是本书所要讨论的内容。不管我们对司法解释的态度如何，司法解释在性质上仍然属于对条文的解释，所以司法解释尽管可以对文本进行具体化但并不能超越刑法文本的限制，否则便是类推解释。然而，

---

〔1〕 陈金钊：《法律解释学——权利（权力）的张扬与方法的制约》，中国人民大学出版社2011年版，第10页。

〔2〕 参见赵运锋：《刑法解释论》，中国法制出版社2012年版，第136页。

〔3〕 陈金钊："过度解释与权利的绝对化"，载《法律科学》2010年第2期。

从近年来最高人民法院和最高人民检察院颁布的一系列司法解释来看，突破刑法文本规范限制的类推解释不断涌现。例如，在 2001 年最高人民法院和最高人民检察院联合颁布的《关于办理生产、销售伪劣商品刑事案件具体应用若干问题的解释》第 6 条的规定中，就将医疗机构或个人购买、使用不符合标准的医用器材行为，解释为了"销售"不符合标准的医用器材。但是，购买行为显然不同于销售行为，将"购买"解释为"销售"明显超出了文本的可能文义；此外，虽然"当医疗机构的'使用'方法是将医用器材、医用卫生材料出卖给患者，收取的是医疗器材等的对价时"，可以认定为是"销售"，但医疗机构利用不符合标准的医用器材为患者提供服务（检查），并收取服务费用的，因为未发生医用器材的转移，不能评价为"销售"，所以，一概将"使用"解释为"销售"，也有逸脱文本之嫌。[1]

事实上，诸如此类的司法解释还有很多。例如，2001 年最高人民法院、最高人民检察院颁布的《关于办理伪造、贩卖伪造的高等院校学历、学位证明刑事案件如何适用法律问题的解释》，将"明知是伪造高等院校印章制作的学历、学位证明而贩卖的，以伪造事业单位印章罪的共犯论处"，就明显违反了我国刑法总则有关共同犯罪的规定，有类推解释之嫌。[2] 此外，在关于交通肇事罪中乘车人等人指使肇事者逃逸

---

〔1〕　参见张明楷："罪刑法定的中国实践"，载梁根林、[德] 埃里克·希尔根多夫主编：《中德刑法学者的对话：罪刑法定与刑法解释》，北京大学出版社 2013 年版，第 98 ~ 99 页。

〔2〕　张明楷："罪刑法定的中国实践"，载梁根林、[德] 埃里克·希尔根多夫主编：《中德刑法学者的对话——罪刑法定与刑法解释》，北京大学出版社 2013 年版，第 98 ~ 99 页。再如，2000 年 5 月 24 日施行的最高人民法院《关于审理扰乱电信市场管理秩序案件具体应用法律若干问题的解释》第 1 条规定："违反国家规定，擅自经营国际电信业务或者涉港澳台电信业务进行营利活动，扰乱电信市场管理秩序，情节严重的，依照刑法第二百二十五条第（四）项的规定，以非法经营罪定罪处罚。"但是，符合《刑法》第 96 条和第 225 条中所称的"国家规定"，亦即国务院颁发的《中华人民共和国电信条例》，于 2000 年 9 月 25 日才公布实施，因此，"司法解释先于国家规定对某一类行为认定为构成非法经营罪，有越权解释之虞。"（高翼飞："从扩张走向变异：非法经营罪如何摆脱'口袋罪'的宿命"，载《政治与法律》2012 年第 3 期。）

的司法解释中，[1] 在将对变造、倒卖变造邮票数额较大的以伪造、倒卖伪造的有价票证罪论处的司法解释中，[2] 以及在将"通过信息网络有偿提供删除信息服务，或者明知是虚假信息，通过信息网络有偿提供发布信息等服务，扰乱市场秩序"的行为认定为非法经营的司法解释中，[3] 都存有突破刑法文本规范的限制而进行类推解释的嫌疑。

除了司法解释中存在解释的任意性倾向以外，司法个案中解释的任意性倾向也时有发生。其中最典型的就是 2001 年在上海发生的肖永灵投放虚假炭疽杆菌案。[4] 上海市第二中级人民法院审理后认为，被告人肖永灵向政府、新闻单位投寄装有虚假炭疽杆菌信件，已然危害到了公共安全，所以其行为构成以危险方法危害公共安全罪。但问题是：一方面，肖永灵所投寄的是"虚假"的炭疽杆菌，并不是真正的毒害性、放射性、传染病病原体等物质，不可能危害到公共安全；另一方面，即使退一步认为肖永灵的行为已经对社会公共安全造成了某种恐慌，但它仍然不是与《刑法》第 114 条规定的放火、决水、爆炸等相当的行为。[5] 所以，法院将肖永灵"投寄虚假的炭疽杆菌"的行为认定为《刑法》第 114 条所规定的以危险方法危害公共安全的行为，已经突破了刑法文本规范的限制，是一种明显违反罪刑法定原则的类推解释。甚至诚如陈兴良教授所认为的，该案的行为与《刑法》第 114 条的行为连类似关系都不存在，将其称之为类推解释恐怕已经是一种比较客气的说法了。[6]

最后，在学理上逸脱刑法文本而有类推之嫌的情形也并不罕见。例如，在是否可将有军警身份的人员显示军警身份进行抢劫的情形，解释

〔1〕 2000 年最高人民法院《关于审理交通肇事刑事案件具体应用法律若干问题的解释》第 5 条的规定。

〔2〕 2000 年最高人民法院《关于对变造、伪造邮票行为如何适用法律问题的解释》。

〔3〕 2013 年最高人民法院与最高人民检察院《关于办理利用信息网络实施诽谤等刑事案件适用法律若干问题的解释》第 7 条的规定。

〔4〕 参见上海市第二中级人民法院（2001）年沪二中刑初字第 132 号刑事判决书。

〔5〕 参见张明楷："论以危险方法危害公共安全罪——扩大适用的成因与限制适用的规则"，载《国家检察官学院学报》2012 年第 4 期。

〔6〕 参见陈兴良：《罪刑法定主义》，中国法制出版社 2010 年版，第 28 页。

为《刑法》第263条抢劫罪加重处罚情节中"冒充军警人员抢劫"的问题上，就存有学者进行类推的情形。如张明楷教授认为，与冒充军警人员抢劫相比，军警人员显示真实身份抢劫，更应该具有提升法定刑的理由；对于"冒充"一词，实际上可理解为"假冒"与"充当"，立法的实质在于使被害人知晓行为人具有军警身份，故在军警人员显示了其身份而进行抢劫的，可以认定为"冒充军警人员抢劫"[1] 但是，将军警人员显示其真实身份进行抢劫解释为"冒充"，已然超出"冒充"一词所具有的最大含义范围，该解释已经超出了刑法所允许之扩大解释的边界，有类推之嫌。[2]

由此可见，解释的任意性事实上源于解释主体对行为处罚必要性的要求，即当文本规范未能涵摄当前行为时，解释主体为了达到处罚该行为之目的，不断扩张文本规范的含义，进而逸脱文本规范。但在现代刑法学中，罪刑法定原则无疑是刑法解释必须恪守的原则，故既要使解释结论符合社会转型的需要，又要使解释结论符合罪刑法定的要求，是当前刑法解释任意性难题必须直面的问题。

（二）刑法解释的多义化难题

应当说，与解释的任意性难题相比，刑法解释的多义化现象显得更为突出。如前所述，解释是"解释者将自己对法律文本意思的理解通过某种方式展示出来"，因此，由于解释主体的经验背景的差异以及解释主体对同一问题的认识的角度、深度的不同，对同一问题往往会产生多样的解释结论，甚至这些多样的解释结论均仍处于文本规范的可能含义之内。例如，我国刑法理论关于盗窃罪的既遂标准就有接触说、转移说、隐匿说、失控说、控制说（取得说）、失控加控制说等多种见解。[3] 根据不同的学说往往会得出不同的解释结论，而且这些解释结论甚至都没有明显违背我国刑法第264条文本的规定，当然，文本本身事实上也没有对此作出限定。再如，对于未遂犯与不可罚不能犯的区分

---

〔1〕　张明楷：《刑法学》，法律出版社2011年版，第864页。

〔2〕　梁根林主编：《刑法方法论》，北京大学出版社2006年版，第175～176页。

〔3〕　参见张明楷：《刑法学》，法律出版社2011年版，第864页。

学说，刑法理论上至少有纯粹主观说、抽象的危险说、印象说、具体的危险说、客观的危险说和修正的客观危险说这六种学说，尽管有些学说在争论中可以较易排除，但是有些学说常常争执不下，例如，具体的危险说、客观的危险说和修正的客观危险说就往往难分伯仲。

问题是，这种带有明显分歧性的概念在我国刑法学中却并非个例，几乎可谓俯拾皆是。例如，主观主义与客观主义、行为无价值与结果无价值、形式解释论与实质解释论、主观解释与客观解释，还有规范违反说与法益侵害说、行为功利主义与规则功利主义等等，这些带有明显分歧性的概念"无不表征着刑法学的理论体系正在被人们以多元化的形式建构的同时也被人为地阵营化了"。[1] 应当说，在"作为终极要素的同质化纽带与公共生活的剥离"的现代社会，价值与观念的分殊化已成为典型特征。[2] 因此，对于同一问题存在诸多见解和解释结论，也实属正常，某种程度上也是必要的。因为多种学术观点的争锋，可以使"对立的双方多多少少会了解乃至倾听对方的理由和根据，从而不断完善自己的观点或者放弃自己的观点"，[3] 而且这在很大程度上也可以将我们的刑法理论研究引向更深入之处，此外，这也可以促进刑事立法更加完善，对于繁荣刑事法律科学发展也具有不可小觑的贡献。[4] 然而，以学派为标志的阵营对立与争辩，尤其是人为的阵营化之争，容易形成理论的绝对化，造成解释结论的多义化，从而与司法实践相脱节。理由是，司法的主要任务是寻求判决的"唯一正解"，尽管这种"唯一正解"从哲学上看，是不可能真正达到的，但是，"在面对多样性的法律解释及其结果（特别是在疑难案件中）之时，法官仍然应当在进行总体比较和权衡之后形成并坚持唯一结论，这种形成和坚持并不应当因为

---

〔1〕 石聚航："'去熟悉化'与'去常识化'之间：刑法学知识转型的反思"，载《环球法律评论》2014 年第 1 期。

〔2〕 参见熊伟："现代法律合法性理论研究的三个视角——基于理想类型方法的分析"，载《河海大学学报（社会科学版）》2014 年第 2 期。

〔3〕 张明楷："刑法学研究的五个关系"，载《法学家》2014 年第 6 期。

〔4〕 参见石聚航："'去熟悉化'与'去常识化'之间：刑法学知识转型的反思"，载《环球法律评论》2014 年第 1 期。

各种不确定性因素的增加而退让和放弃。法院的审理被置于一种意识形态之下，那就是确信'事实就是事实'、'法律问题存在唯一正确的答案'、'存在唯一正确的判决'。这种观念不仅体现在法院撰写裁判文书的方式上，而且体现在法官的思维方式和对待判决的工作情感态度上。"[1]

或许正是基于上述刑法解释多义化难题的存在，使得刑法学给人一种神秘的印象，"就像隐藏在神秘面纱里面的吉普赛女巫，而法律释义学的权威性格就像女巫手中的水晶球，晦暗中透着异样的光彩。那么法律解释是什么呢？大概就是女巫的喃喃自语，外加三不五时自口中迸出的莫名隐语。"[2] 尽管当下的中国刑法学已逐渐摒弃抽象、宏大的苏俄刑法理论，转而追求精巧、精致、精确的德日刑法理论，所以大量的德日刑法基本概念被不断引进，这些基本概念对我国刑法理论的发展贡献了不小的作用，对基本概念多义化的解释也促使我国刑法学越来越专业化、精确化。但与此同时，刑法解释却也越来越脱离公众的理解。就像周光权教授所认为的，刑法学发展至今，"理论构造越来越复杂、越来越精巧；对问题的研讨越来越深入，说理越来越透彻；学派尖锐对立，学说越来越多，共识越来越少；实质判断、规范判断越来越多，形式判断、事实判断越来越少。由此引发的问题是：刑法学似乎越来越脱离公众的生活常识，越来越成为公众看不懂的东西。"[3] 换句话说，奠基于以德日为代表的大陆法系刑法理论基础之上的我国刑法解释学，发展的貌似精巧，但理论构造已然离生活常识越来越远，理论与公众的规范感、认同感的分歧也越来越大。

事实也证明，刑法解释的多义化已然对刑事司法实践产生了某种程度的不利影响，更甚的是，多义化也实际影响了刑事司法的公信力。尽管也有学者认为，刑法理论上存在着的这些五花八门的观点，就如同超

---

〔1〕 孙光宁："法律解释结果的多样性及其选择"，载《甘肃政法学院学报》2009年第4期。

〔2〕 张钰光："'法律论证'构造与程序之研究"，台湾辅江大学2001年博士学位论文。

〔3〕 周光权："论常识主义刑法观"，载《法制与社会发展》2011年第1期。

市里摆放着的形形色色的商品，为司法人员解决具体案件提供了多样的、甚至是免费的选择，所以，不仅不会阻碍刑事司法实践，反而大有裨益。[1] 但是，司法裁判的性质决定了我们不可能像超市购物一样随个人喜好挑选解释结论，裁判者必须选择一种既符合法律规范，同时在普遍民众看来又最具可接受性的解释结论。如果解释者向裁判者提供了多义的解释结论，但未能从多义解释结论中选择一种最合理的结论，那么，反而会给裁判者带来更大的困扰，结果只能是，裁判者要么会摒弃刑法理论给出的这些观点，而根据自己的意愿作出裁判，要么会从多义的解释结论中选择一种结论，但裁判者无法提供选择这种结论的理由。所以，令人尴尬的是，法律的多解并没有使法律人迎来更广泛的尊重，反而使其名声扫地，如有论者所言，"除非是当一个人自己解决不了问题的时候，否则不会让法律人替他们去解释法律"[2]。例如，2005 年人民法院报就"李某为赖债而收买小偷偷来的自己的欠条"之行为定性，征集了诸多刑法学专家的意见。结果是，不仅存在"有罪说"与"无罪说"的明显分歧，更有甚者的是，对于有罪说，内部也竟达五种学说之多：①小偷和李某均构成盗窃罪；②小偷构成敲诈勒索罪，李某作为被敲诈勒索的"被害人"，自然无罪；③李某和小偷构成（合同）诈骗罪；④李某和小偷构成故意毁坏财物罪；⑤小偷和李某构成侵占罪。[3] 面对众说纷纭的学说，司法机关倍感困惑，即使在今天似乎也未能取得一个最为妥当的解释结论。此外，近几年发生的一系列疑难刑事案件，如广州的"许霆盗窃案"、深圳的"梁丽侵占案"，也再次验证了刑法理论造成的多解，给司法实践带来的选择困扰。

由此看来，尽管我国刑法解释学已经呈现较为繁荣的局面，专业

---

〔1〕 张明楷："刑法学研究的五个关系"，载《法学家》2014 年第 6 期。

〔2〕 陈金钊：《法律解释学——权利（权力）的张扬与方法的制约》，中国人民大学出版社 2011 年版，第 3 页。

〔3〕 参见王作富等："怪异之案 专家评述——《帮小偷兑现欠条也构成盗窃》一文之专家意见"，载《人民法院报》2005 年 12 月 21 日，第 7 版。

化、精确化越来越明显，其发展程度走在了各个学科的前列。[1] 但我们同时也应注意到，刑法解释的任意性和多义化难题所可能带来的不利影响。倘若无视这两个难题的存在，听之任之，无疑将会对法治造成严重威胁，反过来也会销蚀我国刑法解释学已经取得的成效。因此，如何最大限度地降低刑法解释中的任意性，以及如何最大限度地消解刑法解释中的多义化，应当说具有极为重大的理论意义与实践意义，同时也是当前我国刑法学发展的重要问题。

事实上，对于上述刑法解释中存在的两个难题，已有学者提出了一些解决方案或路径。尽管学者们提出的这些方案或路径，对于降低任意性和消解多义化，于某种程度上也起到了积极作用，但从实践来看，其成效并不是那么明显。这些方案或路径之所以收效甚微，其原因在于存在一些根本上的缺陷。是故，在提出本书的方案或路径之前，笔者想首先对既有的方案或路径作一简单介绍和评述，从而指明这些方案或路径的问题所在，当然，在某种意义上，这也是为了说明本书即将提出的方案或路径的可取之处。

二、"形式解释论"：缓解任意性难题的一条虚幻之路

面对解释的任意性难题，目前主要有两种化解的理论路径：一种是从理性角度出发，试图进一步完善理论体系来缓解解释的任意性带来的危机，从而捍卫解释的客观性，重塑文本的权威；另一种则从经验事实出发，通过社会学视角揭示解释过程的影响因素，从而导出解释偏离文本规范偏向任意的现实因素。[2] 作为规范法学分支的刑法解释学，显然更青睐于第一种理论。其中，倡导刑法解释的形式论，就是部分学者回应解释任意性难题而提出的一种方案或路径。提倡形式解释论的学者认为，当前中国刑法解释的任意性问题突出，一个最重要的原因是，与刑法解释受实质化思潮的影响而大力倡导实质解释论有关。近年来，我

---

〔1〕　如法理学者陈金钊教授就认为，刑法学科是"法学各学科中最成熟的学科"（参见吴丙新：《修正的刑法解释理论》，山东人民出版社 2007 年版，序第 4 页）。

〔2〕　参见陈金钊："从法律感到法律论证——法律方法的转向"，载《山东警察学院学报》2005 年第 1 期。

国众多的形式解释论支持者展开了对实质解释论拥趸者的尖锐批判，而实质解释论拥趸者也进行了对形式解释论支持者的激烈回应，二者几乎已形成对垒之势。[1]

形式解释论者指责实质解释论者过于强调从处罚的必要性角度考虑问题，只要行为具有处罚的必要性，实质解释论者就会通过各种解释方法扩张刑法文本规范的含义，从而将值得处罚的行为纳入文本规范的范围之内，但这极易造成解释结论对文本的背离；但实质解释论者认为，形式解释论者过分地拘泥于文本的字面含义，强调从字面含义和从概念推导出结论，"动辄以'法律没有明文规定不为罪'，'法律存在漏洞，只能通过修改立法来解决'为借口，嘲笑法律，将大量值得处罚的行为且刑法已经规定的行为排斥在犯罪圈外"，不能根据情势的变化和规范保护目的来发现规范的真实含义与目的，容易望文生义、机械司法，从而背离了刑法的保护机能。[2] 问题是，我们是否可以在形式解释论与实质解释论对垒之中进行择一的选择？司法裁判中，我们又能否通过提倡形式解释论来克服当前刑法解释的任意性难题？显然，对上述两个问题的回答，首先离不开对形式解释论与实质解释论之真正理论分歧的解读。

（一）形式解释论与实质解释论的理论分歧

无论我们是否承认当前我国刑法理论中的形式解释论与实质解释论之争源于德日刑法理论，但至少有一点是明确的，即我国刑法理论中的形式解释论与实质解释论之争与德日刑法理论中的两者之争是有差别的。在德日刑法理论中，形式解释与实质解释的对立是多层次的，或者说有传统与当代之分。传统意义上的形式解释与实质解释的争点在于，构成要件的判断是否包括涉及价值判断的规范的构成要件要素以及表征不法的主观的构成要件要素，是故与如何界定构成要件和违法性、有责

---

〔1〕 参见劳东燕："刑法解释中形式论与实质论之争"，载《法学研究》2013年第3期。

〔2〕 参见杨高峰：《刑法解释过程论纲》，光明日报出版社2013年版，第3～4页。

性之间的关系有关。[1] 形式解释论认为构成要件是中性的、价值无涉的概念，是犯罪类型的外部轮廓，而实质解释论认为，构成要件具有违法推定或违法、有责推定的机能，所以构成要件包含了需要价值判断的规范构成要件要素和主观构成要件要素。应当说，这种意义上的形式解释与实质解释之争，随着规范构成要件要素与概括性条款在现代刑事立法中的大量使用，早已尘埃落定。[2] 当代意义上的形式解释与实质解释的分歧在于构成要件的判断标准，以及构成要件判断与刑罚效果之间的关系。[3] 换言之，两者之争的重心已不再是构成要件的解释是否需要价值判断的问题，而是构成要件解释的价值判断究竟为何的问题，也即对构成要件的理解是否必须围绕惩罚的目的或效果而展开。[4]

显然，我国刑法理论中的形式解释与实质解释之争，主要是当代意义上的形式解释与实质解释之争。这是因为，在我国的犯罪构成体系下，犯罪的成立要件自始就包括了记述要素与客观要素、客观要素与主观要素，[5] 故而构成要件中的价值判断毫无异议；此外，即使是三阶层犯罪论体系的支持者，也同样承认构成要件符合性阶段不可缺少价值判断。只有明晰我国刑法理论中的形式解释论与实质解释论属于哪一个层次的论争，才可能明白二者的真正分歧所在，从而避免彼此的曲解与误读。

在我国，部分学者认为，形式解释论只强调形式判断而忽视了实质合理性，形式解释论者一般是法条主义者或机械主义者，并否定构成要件是违法类型或违法根据的存在根据。如苏彩霞教授就认为，"法律规范本身的这种价值判断性，决定了对法律不可能仅作形式的理解与机械的适用……形式的法治过于强调法律的技术特征，而忽视关注法律内容

---

[1] 参见劳东燕："刑法解释中形式论与实质论之争"，载《法学研究》2013 年第 3 期；欧阳本祺："走出刑法形式解释与实质解释的迷思"，载《环球法律评论》2010 年第 5 期。

[2] 参见劳东燕："刑法解释中形式论与实质论之争"，载《法学研究》2013 年第 3 期。

[3] 参见欧阳本祺："走出刑法形式解释与实质解释的迷思"，载《环球法律评论》2010 年第 5 期。

[4] 参见劳东燕："刑法解释中形式论与实质论之争"，载《法学研究》2013 年第 3 期。

[5] 欧阳本祺："走出刑法形式解释与实质解释的迷思"，载《环球法律评论》2010 年第 5 期。

的公平、正义性，单纯注重法官的机械司法。"[1] 然而，这种观点事实上是对我国形式解释论观点的虚构。就像陈兴良教授所说的，"形式解释论并非如同实质论所描述的那样，拘泥于刑法条文字面的含义……形式解释论并不反对实质判断，更不反对通过处罚必要性的判断，将那些缺乏必要性的行为排除在构成要件之外"[2]。

同样，我国也有观点对实质解释论的批评有些言过其实。这种观点主要认为，实质解释论将刑法尚没有规定的行为，以具有实质上的处罚必要性通过扩大解释进行入罪[3] 诚如张明楷教授所认为的，实质解释论从未认可我们可将刑法尚未规定的行为，以实质上的处罚必要性来加以处罚，即使某个行为具有实质上处罚的必要性，但只要刑法尚未明文规定，只能作为无罪处理，这同样是实质解释论者所必须坚持的；实质解释论与形式解释论的不同之处实际上在于，"当某种行为并不处于刑法用语的核心含义之内，但具有处罚的必要性和合理性时，应在符合罪刑法定原则的前提下，对刑法用语扩大解释"[4]。

事实上，无论是形式解释论还是实质解释论，二者都强调，在解释时既要考虑形式也要考虑实质。此外，形式解释论主张解释遵守罪刑法定主义，实质解释论也主张解释不能背离罪刑法定主义，并都以"文义的可能范围"或"国民的预测可能性"作为解释的限度要求。所以，二者在刑法解释的根本理念上，并不存在截然的对立。但是，如果我们据此就认为两者其实同一，肯定也会令人难以接受。那么，形式解释论与实质解释论的理论分歧究竟体现在何处？劳东燕教授将二者的理论分歧归纳为八个方面，但从目前学者的争论来看，二者之间显在的理论分歧，主要体现在以下三个方面：[5]

第一，对形式判断与实质判断的位阶认识不同。如前所述，无论是形式解释论还是实质解释论，两者都主张既要考虑形式判断也要考虑实

[1] 苏彩霞："实质刑法解释论之确立与展开"，载《法学研究》2010 年第 5 期。
[2] 陈兴良："形式解释论的再宣示"，载《中国法学》2010 年第 4 期。
[3] 参见陈兴良："形式解释论的再宣示"，载《中国法学》2010 年第 4 期。
[4] 张明楷："实质解释论的再提倡"，载《中国法学》2010 年第 4 期。
[5] 参见劳东燕："刑法解释中形式论与实质论之争"，载《法学研究》2013 年第 3 期。

质判断，所以，"双方的争执，不在于要不要实质判断或要不要形式判断，而是在于逻辑顺序上二者如何安排"[1]。形式解释论认为，形式的判断应先于实质的判断，实质判断只能是出罪性的，陈兴良教授即是持此观点。[2] 相反，实质解释论者则认为，形式判断和实质判断二者之间并不存在一个优先顺位的问题。

第二，对扩大解释进行入罪所持的态度不同。尽管形式解释论和实质解释论都不排斥扩大解释，但二者在扩大解释的限度问题上所持态度不同。相较于实质解释论，形式解释论对于扩大解释显然更为审慎。诚如劳东燕教授所言，"形式论者坚持的罪刑法定接近于古典时代的绝对罪刑法定主义，强调对严格解释规则的坚持，只在有利于被告人的情况下允许作扩大解释。实质解释论者主张罪刑法定原则与深受主观主义刑法影响的相对罪刑法定主义较为接近，主张灵活解释，允许做不利于被告人的扩大解释"[3]。

第三，对于漏洞范围的理解与所持态度不同。实质解释论者主张应区分刑法中的真正漏洞和隐含漏洞。行为虽具有可罚性，但由于立法疏漏等原因未规定为犯罪从而造成的处罚漏洞，即为真正的漏洞，对于真正的漏洞，只能通过立法来完善，不得求助于解释；隐含漏洞，"是指表面看起来存在刑法漏洞，但通过合理的刑法解释，实际上不存在着刑法漏洞……隐含漏洞则可以通过合理法律方法的运用来加以解决"[4]。实质解释论者认为，应当尽量通过解释完善刑法，而不是动辄求助于立法。然而，形式解释论者一般不严格区分刑法中的真正漏洞和隐含漏洞，主张只有对有利于被告的漏洞承认诉诸解释，但对不利于被告的漏洞应诉诸立法。由于对漏洞填补处理态度的不同，形式解释论与实质解释论就同一刑法条文的最终理解往往会得出不同的结论。如对军警人员显示真实身份实施抢劫能否适用"冒用军警人员抢劫"，实质解释论者

〔1〕劳东燕："刑法解释中形式论与实质论之争"，载《法学研究》2013年第3期。

〔2〕陈兴良："形式解释论的再宣示"，载《中国法学》2010年第4期。

〔3〕劳东燕："刑法解释中形式论与实质论之争"，载《法学研究》2013年第3期。

〔4〕杨高峰：《刑法解释过程论纲》，光明日报出版社2013年版，第5页。

认为这是一个隐含的漏洞，通过解释可以适用；形式解释论则认为这是真正的漏洞，除非诉诸立法，否则不得加重处罚。

（二）虚幻之路：司法裁判视域中形式解释论的障碍

由此可以看出，实质解释论更倾向于扩大解释，主张解释者应积极通过解释对隐含漏洞进行完善，故更容易滋生解释者的恣意；形式解释论则主张形式判断先于实质判断，对扩大解释持审慎态度，对漏洞的填补要求更严格，对于维护法治具有重大意义。从其理论表述来看，形式解释论的确可以克服实质解释论解释的任意性，故倡导形式解释论似乎有利于缓解当前解释的任意性难题。但是，倘若我们从司法裁判的角度出发，就会发现，以形式解释论来克服刑事裁判中解释的任意性，不过是学者们的一种美好幻想。理由是：

第一，形式解释论与实质解释论之争是"一种学术姿态上的分歧"，更多的是"一种口号之争"[1] 这种学术姿态的确立，表面看来似乎有利于司法实践作出更合理的解释，但实际上仍然停留在形而上的价值层面，它并没有告诉解释者究竟应该怎么样理解刑法条文的目的，又应该怎样判断文义的可能范围以及国民的预测可能性，所以在司法裁判中难以为裁判者提供直接的、具体的指导。事实上，形式解释论与实质解释论对同一问题解释结论的不同，主要是源于解释者价值判断的差异，如对于宋福祥见妻子自杀但不予救助的案件，实质解释论者张明楷教授认为宋福祥构成不作为的故意杀人罪，而形式解释论者陈兴良教授主张宋福祥无罪，两者的分歧主要在于价值判断上的不同。[2] 同样，

---

〔1〕 参见陈坤："形式解释论与实质解释论：刑法解释学上的口号之争"，载陈兴良主编：《刑事法评论》（第31卷），北京大学出版社2012年版，第301页。

〔2〕 参见周详："刑法形式解释论与实质解释论之争"，载《法学研究》2010年第3期。

在朱建勇故意毁坏财物的案件[1]中，陈兴良教授与张明楷教授对"毁坏"一词的争议，实际上也并非形式解释论和实质解释论在个案上的体现，而是两人价值判断的分歧。诚如有学者所分析的那样，如果陈兴良教授改变了对《刑法》第275条之目的的理解，抑或是陈兴良教授改变了对预测可能性的判断，陈兴良教授就很有可能赞同张明楷教授的意见；反之，如果张明楷教授改变了对《刑法》第275条之目的的理解，抑或是对预测可能性的判断，张明楷教授也可能赞同陈兴良教授的意见。[2]

显然，在学术理论的争论上，这种基于价值判断形成的类似"我相信"的理由，其危害性并不明显，但若在司法裁决领域，法官也运用这种"我相信"的理由作出裁决，只会让人们怀疑法官轻率地把个人的理想和信念，移花接木当作了一个社会的法律理念，人们会认为判决只是在宣扬个人的主张，司法判决也难以获得公众的认同。[3] 此外，现代社会是一个价值多元的时代，事实上也很难形成一个价值共同体，在二者之中择其一，以国家权威推行某一种价值，反而容易形成价值上的专制。

第二，司法裁决的属性决定了刑法解释于司法实践，是在形式与实质之间所进行的一种"衡平艺术"。[4] 虽然说，在法律解释的问题上，历来存在着两种思维进路：一种是强调维护法的安定性的形式思维，一

---

〔1〕　该案的基本案情是：2002年4月29日至5月10日，被告人朱建勇利用事先获悉的账号和密码，侵入被害人陆正辉、赵佩花夫妇在证券营业部开设的股票交易账户，然后篡改了密码，并使用陆、赵夫妇的资金和股票，采取高进低出的方法进行股票交易。5月16日，朱建勇再次作案时被当场发现。按照股票成交平均价计算，用首次作案时该账户内的股票与资金余额，减去案发时留有的股票与资金余额，朱建勇给陆、赵夫妇的账户造成资金损失19.7万余元。事后，公诉机关以被告人朱建勇故意毁坏财物罪，向法院提起公诉。法院最终认定被告人朱建勇犯故意毁坏财物罪成立。（参见"上海市静安区人民检察院诉朱建勇故意毁坏财物案"，载《中华人民共和国最高人民法院公报》2004年第4期。）

〔2〕　参见陈坤："形式解释论与实质解释论：刑法解释学上的口号之争"，载陈兴良主编：《刑事法评论》（第31卷），北京大学出版社2012年版，第310页。

〔3〕　参见陈林林：《裁判的进路与方法——司法论证理论导论》，中国政法大学出版社2007年版，第162页、第202页。

〔4〕　参见吴丙新：《修正的刑法解释理论》，山东人民出版社2007年版，第215～216页。

种是强调追寻法的正义性的实质思维。建立在规则基础上的法治思维方式一方面带有强烈的形式主义色彩，但是奠基于公平正义之上的法秩序又无法忽视实质主义的要求。过度强调形式，则可能忽视实质的公平正义，而过度强调实质，则可能摧毁法治的基础，因此，在实践中个案解释的过程中，一直存在着形式与实质的争斗，裁判者的任务就是要对两者进行恰当地平衡。[1] 亦如桑本谦教授所认为的，"司法必须在形式合理性和实质合理性之间谋求最大的交换值；换言之，就是使司法的交易费用和误差损失之和最小化"，因此，司法的任务不是要在形式解释论和实质解释论间进行择一化的选择，而是为了在两者间寻找一个恰当的均衡点。[2]

同样，从学术角度来说，基于逻辑一致性的要求，可以观点鲜明地选择坚持某一种"立场"，但司法实践不能如此，司法从来都是一个保守与妥协的事业。诚如有学者所言，"保守性体现在，它不需要也不应该对基本价值观的分歧作出回应……妥协性体现在，它试图在个案的层面上调和上述分歧，作出一个具有较高可接受性的判决。司法的保守与妥协意味着它不需要一个体系化的刑法哲学，更不需要一个完整的价值哲学。此外，对任何一种刑法立场的全盘接受都会加剧而不是减轻司法的恣意性，这在根本上是因为它排除了法官权衡其他相关理由的可能性"[3]。或许正是因为司法的保守性与妥协性，司法实践"通常是实用主义的，并不固守某种'主义'，……司法是无立场的"，换而言之，"司法实践并不是以'主义'为导向的，而是以'问题'为导向的，所以，司法机关在处理案件时，其所要考虑的首要问题并不是理论逻辑上的一致性，而是案件处理结果的具体妥当性，为了达成此目标，'立

---

〔1〕 参见陈金钊：《法律解释学——权利（权力）的张扬与方法的制约》，中国人民大学出版社 2011 年版，第 45 页。

〔2〕 桑本谦：《理论法学的迷雾——以轰动案例为素材》，法律出版社 2008 年版，第 66 页。

〔3〕 陈坤："形式解释论与实质解释论：刑法解释学上的口号之争"，载陈兴良主编：《刑事法评论》（第 31 卷），北京大学出版社 2012 年版，第 310 页。

场'是可以视情况而改变的"[1]。所以说，我们不宜将理论学术上的学派之争，径行移入到司法实务领域，当然，这并不是要否定理论上学派之争的意义。

第三，当下我国刑事法治的现状加剧了刑法解释中的形式与实质的正面冲突。形式解释论与实质解释论之争，其背后涉及形式理性的法治观和实质理性的法治观之争，而采取何种刑事法治观进而采取何种刑法解释论，是由当下我国刑事法治发展的现状所决定的。一方面，我国是一个法治后发的国家，整体法治意识比较淡薄，整体法治水平还比较低，法外恣意性问题仍然比较突出，这决定了法官在裁决时，应当努力维护规则的权威，采取相对克制的立场，即选择形式理性的法治观，从而在刑法解释上，应更青睐于形式解释论。同时，在另一方面，我国正处于社会全面转型的大变局之中，社会、经济等方面的风险问题凸显，过于强调形式可能会弱化刑法规范的供给能力，从而加剧大变局之下的各种矛盾冲突，所以，这也决定了法官裁决时，应当努力弥合和缓解刑法规范与社会现实的缝隙和冲突，采取相对灵活的态度，即选择实质理性的法治观，从而在刑法解释上，不能忽视实质解释论的保护机能[2]。

然而，理论上的形式解释论抑或实质解释论都强调对当下刑事法治某一方面的应对，但二者都难以有效回应当下这种复杂的刑事法治现状。所以，学者们倡导以形式解释论来缓解我国当下刑法解释中的任意性问题，不具有现实基础，也难以获得根本成效。

第四，形式解释论并没有解决与实质解释论分歧的前置性问题，即形式判断与实质判断的权重和标准是什么。尽管形式解释论者提出，以形式判断优先于实质判断来克服解释的任意性，但事实上，实质判断在前有时更符合人们的思维习惯，所以，形式判断与实质判断的位序之

---

〔1〕　周少华：《刑法之适应性：刑事法治的实践逻辑》，法律出版社 2012 年版，序第 10 页。

〔2〕　事实上，这也像学者劳东燕所说的，"与德日不同，当前我国刑事法治面临的任务具有双重性：既要解决古典自由主义的命题，即防止法外恣意，限制国家刑罚权的任意发动；又要解决风险社会背景下管理不安全性的需求，加强对社会的保护"。（劳东燕："刑法解释中形式论与实质论之争"，载《法学研究》2013 年第 3 期。）

争，不应是形式解释论与实质解释论的关键分歧，二者的关键分歧，实际上在于"形式判断与实质判断在解释过程中所占的权重"以及"对概念可能语义边界的界定"[1]。但是，无论是形式解释论还是实质解释论，似乎都没有从这两个关键之处来与对方相区分。亦如前述，形式解释论与实质解释论就具体所举事例分析得出的结论，实际上是基于解释者的信念体系和价值观念认识的差异，并没有对具体事例中的形式与实质的权重，以及有关刑法条文的可能含义，作出更进一步的分析。所以，自然会造成同属实质解释论者，但对于同一语词的认识产生不同的结论。

例如，对于前述真军警人员显示真实身份抢劫的行为，是否符合"冒用军警人员抢劫"的规定，实质解释论的拥趸者张明楷教授就认为，将真军警人员显示真实身份抢劫的行为可以解释到"冒用军警人员抢劫罪"的规定中，也具有预测可能性，但同属实质解释论支持者的刘艳红教授则认为，这已然超出了文义的可能范围，违背了国民的预测可能性[2]。亦如有学者所言，形式解释论抑或实质解释论对于这种文义可能性的判断或国民预测可能性的判断，往往并没有多少道理可言，很多时候都是"试图通过一种理性与独断的方式去'确定'语义"[3]。例如，形式解释论者陈兴良教授认为实质解释论者张明楷教授将朱建勇的行为解释为毁坏是不符合普通民众的语言习惯的，但为何陈兴良教授认为他的理解就是符合普通民众的语言习惯的呢？似乎形式解释论者并没有解决这一问题。所以说，既然在形式解释论与实质解释论二者分歧最为关键的问题上，形式解释论还没有提供一个清晰的回应，甚至该理论本身就不试图提供一个标准，那么，期望借助于形式解释论来回避实质解释论中解释的任意性问题，也是不可能的。当然，不能完全否认，形式解释论对实质解释论可能造成解释的任意性的警惕，以及在刑法解

---

〔1〕 劳东燕："刑法解释中形式论与实质论之争"，载《法学研究》2013年第3期。
〔2〕 参见刘艳红：《走向实质的刑法解释》，北京大学出版社2009年版，第221页。
〔3〕 陈坤："形式解释论与实质解释论：刑法解释学上的口号之争"，载陈兴良主编：《刑事法评论》（第31卷），北京大学出版社2012年版，第311页。

释中应当保持克制的姿态，对于具体解释适用中解释任意性的缓解也有一定意义。然而，对作为实践理性的法学而言，观念固然会影响到法律适用的具体结果，但我们更要明白，法治之治乃理由之治，"法学是作为一门说理的艺术，法官因而还必须能够找到最易获得这一结果的方法"[1]。

综上所述，对于当前我国刑法解释的任意性难题，尽管理论上提出倡导形式解释论来限制解释者的恣意，一定程度上也能部分排除解释的任意性，但由于这一方案或路径含有太多的理想成分，在司法裁决领域中，很难对解释的任意性做出具体而有效的限制。

三、"常识主义刑法观"：在解释多义化消弭中的意义与局限

同样，理论上也有学者留意到，近来我国刑法解释学因过分追逐德日刑法理论的精确化和专业化，而催生的刑法解释的多义化难题。对此，理论界也不乏一些解决方案，其中，在近年来具有较多拥趸者的"常识主义刑法观"，可以视为是一种试图消弭刑法解释中多义化难题的努力。正如周光权教授所揭示的，"刑法学之所以有那么多学派，或者有那么多的理论，或者有各种各样的解释方法、观点……和我们这个理论越来越脱离常识有关"，因此，刑法学应当回归常识主义。[2] 然而，常识主义刑法观是否果真如这一理论的拥趸者认为的那样，可以有效地消弭精巧型刑法解释中的多义化难题，以及和公众规范感觉、认同感脱离的问题？本书持怀疑的态度。理由是，这一方案亦如前述方案一样，在司法裁决领域中存在着诸多难以克服的局限。为更加了解这一方案的局限，有必要先简要了解常识主义刑法观及其理论意义。

（一）常识主义刑法观的概念及理论意义

在我国大陆刑法学界，持常识主义刑法观最典型的代表，当属陈忠林教授、周光权教授和马荣春教授。尽管陈忠林教授似乎从未使用"常识主义刑法观"这一提法，但理论上认为，陈忠林教授的"常识、常

---

[1]　吴丙新：《修正的刑法解释理论》，山东人民出版社 2007 年版，第 224 页。

[2]　周光权："论常识主义刑法观"，载《法制与社会发展》2011 年第 1 期。

理、常情"的提法就是常识主义刑法观的最早雏形。[1] 马荣春教授也习惯于使用"常识、常理、常情"的说法，其本人在论述中似乎已认可这一说法与"常识主义刑法观"的相似性。[2]

陈忠林教授认为，刑法应当强调"社会公认的常识、常理、常情""'常识、常理、常情'是现代法治的灵魂""我们要实行法治，要坚持罪刑法定原则，但绝不能将法与理对立起来，绝不能显失公平、绝不能违背常理、绝不能不顾人情"。[3] 周光权教授则更为直接地指出，常识主义刑法观是"试图在欧陆的刑法理论和中国通说之间寻找一个'中间'道路的刑法学理论"，它既要考虑到欧陆刑法中的一些观念，如刑法客观主义和实质判断，更要考虑中国刑法的现有规定、中国人的规范感觉、中国的法制发展水平和整个中国社会的国情。[4] "刑法是从生活常识主义、经验判断出发所做的一种理性的价值判断。在这个过程中，起点是生活常识"，所以，刑法不能脱离常识，如果过于脱离常识，刑法学的内耗越来越严重，共识越来越少，从而也会"导致刑法学的整体发展受到很多限制"。[5] 此外，李洁教授虽然并没有从刑法观的角度提倡常识主义，但在犯罪构成理论体系的建构中提出了要注意"常识、常理、常情"。她认为，"尽管由于理论本身逻辑性与体系性的天然诉求而使得其可能具有脱离民众的某种倾向，但理论无论如何决不能成为理论研究者自娱自乐的玩偶，因此可操作性价值前提的设定实际上对犯罪构成理论的构建提出了'正常人'的要求，亦即根据普通民众的'常识、常理、常情'就能够理解该理论体系"。[6]

客观地说，常识主义刑法观的提出，对于我国当下的刑法理论发展

---

〔1〕 参见胡月军："论常识主义刑法观与刑法专业槽的关系"，载赵秉志主编：《刑法评论》（第21卷），法律出版社2012年版，第98页；温登平："反思常识主义刑法观"，载《中国刑事法杂志》2013年第9期。

〔2〕 参见马荣春："共识刑法观：刑法公众认同的基础"，载《东方法学》2014年第5期。

〔3〕 陈忠林：《刑法散得集》，法制出版社2003年版，第37页。

〔4〕 参见周光权："论常识主义刑法观"，载《法制与社会发展》2011年第1期。

〔5〕 周光权："论常识主义刑法观"，载《法制与社会发展》2011年第1期。

〔6〕 李洁："中国通论犯罪构成理论体系评判"，载《法律科学》2008年第2期。

是有所助益的，主要体现在以下两个方面：

一方面，常识主义刑法观有利于缓解刑法学因构筑"专业槽"而导致的理论封闭性。为了提升刑法学研究的专业化水平，陈兴良教授在上个世纪末提出了要构筑刑法学"专业槽"的设想。近年来，随着我国学术界对抽象、宏大的苏联刑法学的摒弃和对精巧、精细的德日刑法理论的借鉴，刑法学"专业槽"在我国也逐渐形成，甚至出现了不仅令外行人也令同行学者望而却步的"专业槽"。[1] 今日刑法学中充斥着的大量陌生概念、术语与学说，不仅与刑法学科紧密相连的刑事诉讼法学研究者常常抱怨"刑法学越来越晦涩难懂"，就连许多刑法学者也对不少概念、术语与学说倍感困惑。所以，我国刑法学虽然被陈金钊教授誉为部门法学科中"最成熟的学科"，但这种"繁荣"背后显然已经潜伏着巨大危机。诚如周光权教授所言，刑法学发展的貌似精巧，如"理论构造越来越复杂、越来越精巧；对问题的研讨越来越深入，说理越来越透彻；学派尖锐对立，学说越来越多"，但"刑法学似乎越来越脱离公众的常识，越来越成为公众看不懂的东西"。[2] 这不得不说是一种莫大的悲哀。而当刑法理论对个案的解释结论总是背离一般公众对法律的理解与期待时，会造成公众对刑事司法的不信赖，更有甚者可能造成对刑事司法的恐惧。

常识主义刑法观主张刑法应当让普通民众能够理解，尤其强调刑法适用解释要"以日常生活知识为基础，从经验的层面勾画、描述和构建刑法规范的可感性模型"，要"通俗易懂、符合生活常识和伦理观念，没有概念的抽象性，不存在专业术语的障碍，对法律条文的分析、论证、推断和结论，都是在常识观念的语境中进行"。[3] 这无疑有助于增加普通民众对刑法解释结论的可接受性，从而也有助于公众参与到刑法

---

〔1〕 有学者曾指出，"我国刑法学不但建立了专业槽，而且与日俱'高'，非专业人员非但不能随便伸进头来吃上一嘴，而且专业人员也得垫起脚才能勉强吃上一嘴德日刑法学。"（胡月军："论常识主义刑法观与刑法专业槽的关系"，载赵秉志主编：《刑法评论》（第21卷），法律出版社2012年版，第101页。）

〔2〕 周光权："论常识主义刑法观"，载《法制与社会发展》2011年第1期。

〔3〕 王钧："刑法解释的常识化"，载《法学研究》2006年第6期。

的解释过程中，从而也有利于缓解刑法学"专业槽"构筑造成的理论封闭性。

另一方面，常识主义刑法观有助于缓解刑法学内愈演愈烈的学术立场分歧。虽然从学术角度看，学派之争有助刑法理论向更深层次发展，但不要忘记，刑法根本属性上属于司法法，而司法是以问题为导向的，强调对个案的处理，它不能像学术上那样偏执一方。忽视刑法这一属性而过分地强调学术立场分歧的价值，是无助于刑法理论的实践面向的。诚如凯斯·R. 孙斯坦所言，与法学理论喜欢追求学术立场的鲜明不同，司法更强调对共识形成的追求，尽管这种共识可能是"不完全理论化合意"，但这"对于一个由立场不一的人所组成的社会来说，是非常重要的"。[1]

常识主义刑法观强调刑法解释对"常识、常理、常情"的重视，在某种程度上就是对共识的社会存在形态的重视。共识或认同，既是"个体对某一事物在内心深处基于一种感性和理性的了解分析，而形成的一种潜在的认可，接受以至尊重、服从"，[2] 也是"人们在社会生活中产生的一种情感和意识上的归属感"。[3] 而常识、常理、常情就是一种共识或认同，如有学者所言："常识是每个健全的正常人普遍认同的，在常识概念的框架中，人们的经验世界得到最广泛的相互理解，人们的思想感情得到最普遍的相互沟通"。[4] 由此看来，常识主义刑法观既是一种"刑法学术观"，又是一种"刑法实践观"，[5] 据此可以得出，常识主义刑法观有助于缓解当前我国刑法学内愈演愈烈的学术立场分歧。

（二）司法裁判视域中常识主义刑法观的局限

由于常识主义刑法观提倡注重"经验、常识、情理等民间知识与生

---

〔1〕 ［美］凯斯·R. 桑斯坦：《就事论事：美国最高法院的司法最低限度主义》，泮伟江、周武译，北京大学出版社 2007 年版，第 26 页。

〔2〕 齐聚锋、叶仲耀："刑法认同漫谈"，载《当代法学》2001 年第 11 期。

〔3〕 王成兵：《当代认同危机的人学解读》，中国社会科学出版社 2004 年版，第 16 页。

〔4〕 孙正聿：《哲学通论》，复旦大学出版社 2005 年版，第 41 页。

〔5〕 参见马荣春："共识刑法观：刑法公众认同的基础"，载《东方法学》2014 年第 5 期。

活逻辑参与刑法文本的适用解释"，[1] 强调增强公众对解释结论的可接受性，无疑可以化解部分疑难案件的司法认定难题。例如，对于近来媒体所报道的一则"黑车司机因开玩笑致人重伤"的案件，常识的判断就能起到相当重要的作用。该案的案情是，某一天江西省南昌市一名黑车司机载了三位女大学生，司机一路开车一路"玩笑"称"要把她们卖到妓院"或"拐到村里当儿媳"。司机反复言说使得一名女大学生误以为真，跳车摔成重伤。[2] 就此案来说，暂不考虑主观罪过的问题，就讨论是否存在刑法上的因果关系问题，即能否将被害人重伤的结果"归责"于"开玩笑"的黑车司机？

对此，有人可能提出，德日刑法理论中的因果关系学说会使判断复杂化，甚至可能与生活常识相背离，所以可以借助常识与经验来进行判断，即如果根据常识与经验认为，司机的"玩笑"行为足以使在此情形下的一般人产生严重认知上的错误，而不可避免地选择去跳车行为，那么，就可以肯定因果关系的存在。从理论上来看，这一见解似乎既是便捷的，又是可行的。但是，如果从司法裁决的角度来看，尤其是当案件愈趋于复杂化时，运用常识与经验判断来进行判断，有时并非如理论上看起来那么便捷可行。其理由如下：

第一，社会多元化下常识获取的困难。毫无疑问，常识化的解释的前提是"常识"的存在，因此，何为"常识"在刑法解释中至关重要。但目前学界对于常识主义刑法观的内涵与外延的界定是极为宽松的，通常是指普通社会公众无需特殊学习即应掌握的普通知识，如陈忠林教授认为的普通民众的"良心""基本的经验""基本的道理""基本的感情"，但这往往是倡导者或支持者基于自身的立场和选择进行的自我界定。[3] "常识"往往并无固定的意义范围，因此，在裁判者中间，对常识的认识可能存在截然对立的观点。

---

[1] 梁根林主编：《刑法方法论》，北京大学出版社 2006 年版，第 177 页。

[2] 参见"司机开玩笑称将女生卖妓院 女生跳车成植物人"，载中国青年网，http://news.china.com/social/1007/20140815/18711144.html，最后访问时间：2018 年 4 月 17 日。

[3] 参见温登平："反思常识主义刑法观"，载《中国刑事法杂志》2013 年第 9 期。

此外，"常识"的获取在疑难案件中有时是极为困难的。在社会结构较为单一的传统社会，由于具有一种同质化程度非常高的组织体，社会成员容易分享共同的世界观和价值观，"常识"的获得也相对容易。例如，在我国传统社会中，或许是由于儒家思想统治着我们司法决策的过程，人们对于"常识"的获得相对简单和统一，但"在现代社会随着'祛魅化'进程的展开"，作为终极要素的同质化纽带渐渐与公共生活相剥离，"终极性的世界观和价值观在公共生活领域中的式微"，"常识"很难再轻易获得，甚至百般努力也很难获得统一性的常识。[1] 亦如孙光宁博士所看到的那样，"特别是在转型时期的中国社会中，传统的很多社会共识受到了冲击，而新的社会共识还没有成熟地树立，而且随着社会多元化日益加深，达成共识的可能性似乎越来越小"[2]。

然而，常识主义刑法观往往停留在强调解释注重常识这一层面，却并未去解决如何获取常识，以及如何在多元化社会对"常识"进行选择。由此看来，常识主义刑法观自然也就无法消除刑法内众多解释结论之间的分歧。例如，对于婚内强奸是否构成强奸罪，有见解认为，"婚姻中的性行为或性生活是常识、常理、常情所认可乃至'要求'的……常识、常情、常理最终不会支持婚姻关系存续期间包括所谓非正常存续期间的强行性行为或性生活成立强奸罪"[3] 但是，也可能有相当的见解认为妇女的性权利是应当受到保护的，即使丈夫在婚姻关系存续期间强奸妻子也构成强奸罪。

第二，"常识"有时可能会形成误导。"作为国家（社会的代表）的意志表达，刑法总是一定时期社会一般人价值观点的'代言人'，刑法所规定的某一行为成立犯罪的标准在本质上是社会公众是非善恶之伦

---

〔1〕 参见熊伟："现代法律合法性理论研究的三个视角——基于理想类型方法的分析"，载《河海大学学报（社会科学版）》2014年第2期。

〔2〕 孙光宁："司法共识如何形成？——基于判决的可接受性"，载《山东大学学报（哲学社会科学版）》2010年第1期。

〔3〕 马荣春："论刑法的常识、常情、常理化"，载《清华法学》2010年第1期。

理共识"，〔1〕所以说，"以社会一般公民的法律情感和规范意识为标准，理解刑法的含义、衡量刑法适用的正确性"，无疑具有相当的合理性。〔2〕但是，由于刑法关涉到公民重大的人身权利和财产权利，刑法解释往往需要具备特定的专业知识，避免常识化判断中过度的感性因素。因此，专业化的判断是不可避免的。专业知识往往来源于理性思考，而常识知识多源于经验认识，基于经验基础的认识虽然形象生动、感性直观，具有较强的感染力和说服力，但容易"望文生义"，使概念表象化，为追求感性直观而拒斥理性，所以，专业知识与常识知识在很多情形下可能相冲突。〔3〕

更重要的是，这种与专业冲突的常识判断还可能对刑法解释产生误导，尤其在疑难刑事案件中，这一点体现得更加明显。一个典型的例子就是实践中盗窃罪与诈骗罪的区分。例如，行为人在餐厅向被害人谎称手机没电而向被害人借手机打电话，借到后行为人借口信号不好便要走开通话，趁被害人不注意时，带着手机逃离了饭店。对于该案例，如果根据公众的常识，则很容易认为这是诈骗。但是，从目前我国刑法理论和司法实务已经普遍认可的诈骗罪的行为构造来看，〔4〕被害人并没有基于认识错误而处分财产，所以不符合诈骗罪的构造，而应当是盗窃罪。

第三，"常识"容易导致解释的恣意。由于"常识"源于民众的"基本情感""基本认同"，是一种基于感性的经验判断，因此，常识主义刑法观的支持者往往都十分强调对民意的关注和追求。例如，陈忠林教授就认为，"在如何理解适用法律的问题上，不应当是人民听我们的，

---

〔1〕　唐稷尧：《从文本中的刑法到司法中的刑法——定罪视野下犯罪成立要件确定机制研究》，法律出版社 2014 年版，第 305 页。

〔2〕　王钧："刑法解释的常识化"，载《法学研究》2006 年第 6 期。

〔3〕　参见王钧："刑法解释的常识化"，载《法学研究》2006 年第 6 期。

〔4〕　诈骗罪的行为构造是：行为人实施欺骗行为——对方（受骗者）陷入认识错误——对方基于认识错误处分财产——行为人或第三人取得财产——被害人遭受财产损害。（参见张明楷：《刑法学》，法律出版社 2011 年版，第 889 页。）

而是我们应当听人民的"。[1] 但是，对民意的追求容易导致解释时走向极端，从而可能突破罪刑法定主义的限制。例如，在一起两人共同过失行为致人死亡的真实案例[2]中，法院的判决和常识主义刑法观的支持者，就因过于迁就"常识"而导致判决逸脱了现行刑法关于共同犯罪的规定，从而有违反罪刑法定主义之嫌。周光权教授认为，"对于本案的处理必须考虑生活常识：被害人死亡，该后果和行为人的行为有一定关联，行为人应当对此负责"。[3] 但是，我国现行刑法明文规定，共同犯罪仅限于共同故意犯罪，共同过失的不成立共同犯罪，所以对于不能查明结果由哪一方造成的，两人都只能作为无罪处理。尽管这一结论可能有违公众的常识，但这是现行刑法的真实漏洞，只能通过刑事立法进行漏洞填补。实践中，"常识"有时就像魔术师手中的那支神奇的魔术棒，能够变幻出形形色色的你可能想到的和必定想不到的东西出来。[4] 然而，"刑法的本身的性质，要求刑法应当是最精确的法学"。[5] 所以，在疑难案件的裁判中，常识判断的抽象性和不确定性，就可能会造成解释的恣意。

当然，虽然本书指出了常识主义刑法观存在一些局限，但并非意味着要否认这一理论提出的全部意义。客观地说，常识主义刑法观准确揭示了当前我国刑法解释学因过于追求精确的体系化的建构而对公众常识的背离造成的不良后果，有助于提高解释者对"刑法解释必须接受常识

---

〔1〕 宣海林："法应当向民众认同的常识、常理、常情靠拢——访全国人大代表、重庆大学法学院院长陈忠林教授"，载《中国审判》2011 年第 11 期。

〔2〕 该案的案情是，甲、乙二人站在某招待所的阳台上，选中离阳台 8 米多远的一个树干上的废瓶作为目标比赛枪法，约定谁输了谁拿一包香烟。两个人轮流各射出子弹 3 发，均未打中瓷瓶，但其中某一发子弹穿过树林上空，飞向距离该阳台月 133 米远的人行道上的电线杆附近，导致恰好经过此处的行为人丙死亡。事后，司法机关无法查清由谁发射的子弹导致被害人死亡。法院最终认定过失以危险方法危害公共安全罪。（参见最高人民法院中国应用法学研究所：《人民法院案例选：1992 年至 1996 年合订本（刑事卷）》，人民法院出版社 1997 年版，第 46 页以下。）

〔3〕 周光权："论常识主义刑法观"，载《法制与社会发展》2011 年第 1 期。

〔4〕 参见温登平："反思常识主义刑法观"，载《中国刑事法杂志》2013 年第 9 期。

〔5〕 [德] 克劳斯·罗克辛：《德国刑法学总论》（第 1 卷），王世洲译，法律出版社 2005 年版，译者序第 1 页。

的检验"这一基础命题的重视，于司法实践具有重要的意义和作用。然而，我们也应看到，常识主义刑法观对刑法解释的引导更多的是体现在一种价值理念上，所以在刑法知识论上极富意义。尽管价值理念上推动本身有时具有决定性的意义，但由于抽象的价值理念在很多情况下难以捉摸，故而在实践中并不排除会出现在正当的价值理念的掩盖下，行不正当之事实。诚如陈金钊教授所言，"人们发现，权力（权利）解释的泛滥光靠呼喊对责任（义务）的忠诚，已不足以遏制权力（权利）的无度扩张，需要更为有约束力的办法，来抗拒权利与权力的盲目扩张"。[1] 由此也可以预见，仅借助于常识主义刑法观，难以消弭当前司法裁决视域中的刑法解释的歧义化难题，我们需要寻求一种更加精确化和更为可行的方案或路径。

四、一种觉醒：从文本规范的解释到裁判规范的证成

（一）观念反思：刑法文本规范解释的理论症结

以上讨论了当前两种旨在缓和或消弭刑法解释任意性和多义化难题的方案，并就这两种方案的可行性提出了异议。由此可知，本书不太相信这两种方案可以有效解决解释的任意性和多义化难题。但真正使本书放弃这两种方案的，是另外两点更为重要的理由，即：这两种方案混同了法的发现和法的证立，以及仍然停留在一种"独白式理解"的基础上。任何一种方案若无法克服这两点，都将难以缓解和消弭解释的任意性与多义化。

1. 发现与证立的混淆

尽管形式解释论认识到实质解释论充斥了解释者的主观色彩，即解释者常以自己的主观价值对刑法文本规范的内涵与目的进行较为恣意的解释，从而使解释"蕴含着导向无节制的实质解释的巨大危险，严重危及法适用的统一性与法的安定性，也为各种政治力量肆意操控规范的内涵提供了现实的途径"。[2] 但形式解释论主张对文本规范进行形式性理

---

〔1〕　陈金钊：《法律解释学——权利（权力）的张扬与方法的制约》，中国人民大学出版社 2011 年版，第 13 页。

〔2〕　劳东燕："刑法中目的解释的方法论反思"，载《政法论坛》2014 年第 3 期。

解，或强调通过先形式判断后实质判断的方案排除解释者的主观性是徒劳的。因为，"实质化代表的是 20 世纪以来刑法发展中一股普遍化的潮流……实质解释论的出现有其必然性，鼓吹全盘放弃实质化而重回古典解释论恐怕只是形式论者一厢情愿的想法"。[1] 尤其在疑难案件中，由于文本规范的模糊以及有限性，解释者（特别是裁判者）无法离开自己的智慧知识和情感价值理念作出决断。[2] 尽管现实主义法学在今日学界颇受批判，但现实主义的确部分揭示了司法裁决的真实过程，即"实际的判决过程往往是先有结论，然后再回溯性地寻找能够证立结论的理由，法官很少是从某个前提出发并符合逻辑地推出结论，因此法官的个性、直觉和预感是正确解决案件的关键因素，'法官是根据感觉而不是判断力、是根据直觉而不是推理来做出判断的'"。[3] 所以说，像直觉、预感、价值和情感等这类非理性因素，在司法裁决中难以避免。换言之，现实是无法摆脱解释者的主观性的。然而，即使我们认为形式解释论所提供的方法并不可行，但这并不意味着我们认为形式解释论对实质解释论的批评也不能成立，[4] 更不意味着我们可以如现实主义法学所说的那样，根据个性、偏好和习惯决定判决的结果。

在本书看来，形式解释论之所以是徒劳的，是因为在形式解释论看来，解释的本质就是解释者运用各种解释方法，对刑法文本规范予以解读，以期能发现一个可以直接适用于具体个案的裁判规范，解释"被看成是对既存规范的发现"，故形式解释论是一种发现意义上的解释。[5] 事实上，实质解释论也是一种发现意义上的解释，根据实质解释论所得出的结论，原本就可将其看作一种发现。但是，"将法律解释看作发现裁判规范的一种方法，在逻辑上是不能得出'保证法律规范准确适用'

〔1〕 劳东燕："刑法中目的解释的方法论反思"，载《政法论坛》2014 年第 3 期。

〔2〕 参见侯学勇："排除任意解释的法律论证"，载陈金钊、谢晖主编：《法律方法—传统法律解释观念反思》（第 3 卷），山东人民出版社 2004 年版，第 400 页。

〔3〕 侯学勇："解释能够保证法律规范的准确适用吗"，载《政治与法律》2011 年第 7 期。

〔4〕 参见劳东燕："刑法中目的解释的方法论反思"，载《政法论坛》2014 年第 3 期。

〔5〕 参见侯学勇："解释能够保证法律规范的准确适用吗—传统法律解释观念反思"，载《政治与法律》2011 年第 7 期。

这一结论的;而且,从事实的角度讲,恰恰由于法律解释方法的多样性,不同解释方法的使用会得出不同的结论,反而会进一步增加结果的多样性和不确定性"[1]。用形式解释论的演绎理论来限制发现过程的主观因素,或许有所助益,但一个明显的消极后果是,我们同时也可能丧失获取真理的途径。

尽管如此,我们仍然认为,判决可以得出一个"保证法律规范准确适用"的结论和结论获取的相对确定性,这是因为,对于一个判决来说,更为重要的内容在于:"是否充分而完整地进行对法学判断之证立,而不在于这个裁判事实上是透过何种过程发现的。在经验中其实也显示,往往一个法学上之判断是'先有结论,再找理由',这些结论也常常是透过直觉产生。但是只要这个结论可以经由逻辑严谨的步骤加以证立,当初这个结论是如何产生的并不重要"[2]。所以,发现过程与证立过程的区分对于真实裁决领域中的裁判思维的形成至关重要。诚如孙斯坦所言,"不管怎样,判断心理(即导致做出决定的内在过程)和法律中的公开求证过程之间存在一定差异。对法律推理进行描述并不是想揭示司法心理——这一任务应当由传记作者来完成——而是想了解律师和法官如何进行公开求证的(这不可避免地带有评价特征)"[3]。目前我们之所以在面对疑难案件时陷入了多解选择的困境,原因就在于我们"混淆了法律裁判中的'问题解决'(发现问题)与'裁判证成'的思维阶段,于是误将法律解释的'说理功能'也当作'问题解决'(发现答案)功能"[4]。

显然,无论是形式解释论还是实质解释论,均未能明显区分法之发现过程与法之证立过程的不同。形式解释论没能清楚认识到发现过程往往是一种心理的形成过程,解释者的主观判断不可避免,从根本上消除

---

[1] 侯学勇:"解释能够保证法律规范的准确适用吗—传统法律解释观念反思",载《政治与法律》2011 年第 7 期。

[2] 颜厥安:《法与实践理性》,中国政法大学出版社 2003 年版,第 138 页。

[3] [美]凯斯·R. 孙斯坦:《法律推理与政治冲突》,金朝武等译,法律出版社 2004 年版,第 112 页。

[4] 李安:《刑事裁判思维模式研究》,中国法制出版社 2007 年版,第 279 页。

这一主观判断的介入，实际上可能排除对疑难案件的应对能力；实质解释论固然揭示出了解释过程中主观评价的正当性，但忽视了前提或结论如何被确立，以及前提或结论如何被证立，是两个不同的过程，对后一问题缺乏足够的关注或将后者的判断与前者的判断相混淆，则难免会陷入判断的恣意。

2. 一种独白式的理解

除此以外，另一个使本书放弃形式解释论或常识主义刑法观的重要理由是，无论是形式解释论还是常识主义刑法观，抑或是形式解释论所批评的实质解释论，其理论进路都是解释者的"独白"。众所周知，司法裁判的形成往往会受到各种变动性因素的影响，这些因素既包括对解释者对案件材料的不同加工，也包括对法律制度的不同理解和解释，还包括法官的不同的知识结构和职业技能，甚至还包括对法律公正的不同感知和信仰。[1] 亦如苏力教授所言，"尽管各种法律文本的解释方法都有某些不错的道理，但人们也不能据之获得一种众口称是的关于法律文本或条文的'解释'，也无法构建成为一种'客观'的、统一有效的、程序化的并因此大致可以重复的、可以传授的作为方法的解释学"。[2] 我们常说，一千个读者就有一千个哈姆雷特，虽然对法律的解释要受到一定的限制，但可以肯定的是，一旦人们开始对文本规范开始进行解读，就已经蕴含了解释多义化和任意性出现的可能。而"独白式理解"正是基于作者是"单数"来进行的，所以，当解释遭遇任意性和多义化的时候，独白式的理解是无法对自身进行纠正的。"解释者即便明知'理解的前结构'中存在有碍公众司法的杂质或是偏见，他也是无法通过自身的方法论工具或解释程序将杂质或偏见剔除干净。'独白式理解'的模式或框架使解释者本能地拒绝他者善意的提醒或指责，相反他往往不自觉地将此种提醒或指责看作是基于不同立场的路线之争、价值

---

〔1〕 参见陈增宝、李安：《裁判的形成——法官断案的心理机制》，法律出版社 2007 年版，第 186～187 页。

〔2〕 苏力："解释的难题：对几种法律文本解释方法的追问"，载《中国社会科学》1997 年第 4 期。

之争，因而是不可通约和难以沟通的"。[1]

　　具有传统方法论意义上的形式解释论，试图从主客体二元认识论出发，站在与自然科学一样的学科立场上，试图依靠一套实证、分析的方法排除法官的主观性，从而最终实现普遍公平正义的法治诉求，法律解释是一种规范性、独断性的解释，法官的任务就是将条文中固定的意义应用于个案中。[2] 而受本体论解释学或哲学诠释学影响的实质解释论则认为，"理解和解释必带有先见，理解、解释是一个法官视阈与文本视阈、当下情景融合的过程"。[3] 从理论上来看，似乎实质解释论打破了形式解释论的文本的独白，读者与文本、读者与作者的对话，但事实上，文本是一堆僵死的文字，与文本对话无异于与私人聊天，与作者沟通，不仅成本非常昂贵，而且也可能存在作者不在场的局限。[4] 这样的结果是，解释结论往往是法官个人对文本的理解，是一个意志或决定，进而也仍是独白。因此，实质解释论也决定了解释者也无法跳出自身的拘囿，无法站在他者的立场上思考问题。[5]

　　对这种"独白式理解"的缺陷，在某种程度上我们可以通过学者对德沃金理论的质疑来理解。为了对"唯一正确"答案的追求，德沃金最终将对多义化解释中最具权威的解释，委托给了具有超人技巧、学识、耐心和聪慧的赫拉克勒斯式的法官。但正如弗兰克·米歇尔曼所说的，"缺了对话，赫拉克勒斯……是一个孤独者。他的英雄气太盛，他的叙述性建构是独白式的。他同谁也不交谈，除了通过书本。他没有照面者。他遇不上任何别人。没有任何东西能把他摇醒。没有任何对话者

---

〔1〕　李可："当代法律解释学的困境——反思诠释学及哲学对法律解释学的侵入"，载《重庆理工大学学报（社会科学）》2012 年第 12 期。

〔2〕　黄奇中：《刑法解释的沟通之维》，中国人民公安大学出版社 2011 年版，第 33 页。

〔3〕　黄奇中：《刑法解释的沟通之维》，中国人民公安大学出版社 2011 年版，第 52 页。

〔4〕　参见李可："当代法律解释学的困境——反思诠释学及哲学对法律解释学的侵入"，载《重庆理工大学学报（社会科学）》2012 年第 12 期。

〔5〕　参见李可："当代法律解释学的困境——反思诠释学及哲学对法律解释学的侵入"，载《重庆理工大学学报（社会科学）》2012 年第 12 期。

可以妨碍他的经验和看法的不可避免的偏狭性"[1] 常识主义刑法观虽然强调的已不是单个法官的意志，而是历史形成的共同体的"普遍意志"，但这一理论的问题是，在什么是常识、如何保证获取常识的客观性以及如何审查、检验法官之间在常识判断中的不一致，并没有给出一个可行的方案。所以，常识的判断也可能陷入法官的独白式理解。

客观地说，在简单案件或常规案件中，由于规范和事实相对适应，法官对规范的解释也很少偏离国民的预测可能，法官的独白理解也不会造成解释的多义化和任意性。但在疑难案件中，由于规范与事实难以直接对接，或根据规范作出的判决与公民的基本正义感相违背，对于规范的解释在不同解释者之间就可能产生多样的结果，只能靠解释来发现两者的关系。但遗憾的是，"在解释的过程中，无法排除解释主体的'前见'或前理解……解释者不可避免地会把自己的价值观带入到规范的解读中。具有不同价值观的主体面对同样的法律条文会做出不同的价值判断，解读出不同的含义。不同的法官即便都在宣称依据立法者的意图解释，但每个法官认定立法者的意图却不尽相同"[2] 是故，依靠法官独白式理解不能始终保证获得一个正确的、可令人接受的判决。

（二）刑法裁判规范的证成及其意义

1. 一种觉醒：刑法裁判规范的证成

事实上，以上的分析已然暗示出，要想寻找到一种更为妥适的理论方案，以缓解和弥合目前刑法解释的任意性和多义化难题，我们需要某种"方法论上的觉醒"。这种觉醒，至少应具有这样两个方面的转变：一方面，我们不再将对刑法解释的理解仅仅停留于发现意义上的解释，司法裁决视域下刑法解释的核心问题在于为判决提供充分、合理的理由，所以，刑法解释的问题应当侧重于解释结论如何能够被理性证立问题，即从"发现"到"证立"的转变；另一方面，我们不能将刑法解

---

〔1〕 ［德］哈贝马斯：《在事实与规范之间——关于法律和民主法治国的商谈理论（修订译本）》，童世骏译，生活·读书·新知三联书店 2011 年版，第 275 页。

〔2〕 梁迎修："超越解释——对疑难案件法律解释方法功能之反思"，载《学习与探索》2007 年第 2 期。

释停留于解释者个体独白式理解，解释应能尽量消除判决的不确定性，且保证解释能获得法律共同体之认同，"共同体之认同"很难通过一种独断方式获得，特别是对于疑难案件，故需要加强解释主体之间的论辩和沟通来获得这种"共同体之认同"，质言之，解释必须要实现由"独白式理解"到"沟通式理解"的转变。显然，要完成刑法方法论的这种觉醒，法律论证理论无疑可以提供帮助。

法律论证理论，是 20 世纪 70 年代欧美学界在分析哲学和解释学整体上趋于融合的社会思想背景下，所产生的法律方法论新的研究领域。[1] 因为法律理论对解决传统法律方法论中的诸多难题所取得的突破和成果，所以，这一理论自兴起之后很快便在法理论研究中占据了支配地位，围绕这一理论的会议、杂志以及论著颇为壮观。应当说，受思想多元化的影响，在今日不同学者的理论中，法律论证理论亦常有不同的理论表现，是故，尽管法律论证理论兴起已有 40 余年，但迄今为止，这一理论还未能成为统一的理论，更没有实现内部统合化一的整合性。[2] 然而，这并不影响法律论证理论的有效性，更不能因此而抹杀这一理论对于解决传统法律方法难题的积极功效，因为尽管各种理论表述之间存在着一些差别，但各种理论表述还是有着共同的问题视域，并呈现出一些共同的理论特征和指导原则。综合目前部分学者的研究来看，这些共性之处主要可以概括为以下几个方面：

第一，法律论证是一种论证思维。与传统法学思维是一种"证明思维"不同，法律论证则体现的是一种"论证思维"，即法律论证并不是通过逻辑演绎式的发现观念来获取唯一正解，而是强调在作出决定或判断时，必须给出理由并加以理性证立。[3] 在法律论证理论的支持者看来，重要的不是从前提到结论的推导过程，而是如何从裁判的可能结论出发，对裁判结论进行证成，即不仅要论证各种解释本身对案件是否适用、本身解释是否存在不合理之处，而且要说明之所以采用目的解释而

---

〔1〕　参见陈金钊等：《法律解释学》，中国政法大学出版社 2006 年版，第 133 页。

〔2〕　参见焦宝乾：《法律论证导论》，山东人民出版社 2006 年版，第 13～15 页。

〔3〕　参见焦宝乾：《法律论证：思维与方法》，北京大学出版社 2010 年版，第 91 页。

非语义解释的理由。也就是说，法律论证是回溯性地证成前提，从而确保裁判结论的合理性。当然，法律论证并不完全排斥逻辑演绎式的证明思维，但在论证理论看来这仅是论证的一个方面，尽管也是十分重要的方面。

第二，法律论证是一种对话思维。传统的法律解释往往是一种"独白式理解"，是单个主体对法律认识的自言自语，所以难免产生解释的恣意性和多义性。法律论证理论看到了这种解释方法的局限，主张法律解释是一种主体跟主体之间的对话，解释的正当化不在于追求形式正确的证明，而存在于由法律适用规则所引导的论辩之中。[1] 一个决定或判断有效性条件的满足，只能通过以商谈的方式或以论辩的方式实施的论证过程获得，而无法直接诉诸经验证据和理想直觉中提供的事实。[2]

第三，法律论证是一种"论题取向"思维。"论题取向"是相对于"公理取向"而言的，"公理取向"强调的是法律思维或法律推理的体系思维，即通过预设的法律规范和概念经过演绎推理获知判决结论，而"论题取向"就有反体系思维的路向，研究取向于具体法律问题，具有"问题－情境思维"的特征。[3] 法律论证理论的拥趸者认为，由于法律不能避免价值评价或道德评价，所以论证的前提不可能是现有法律的命题或毋庸置疑的公理，而是有待确证的论题。[4]

第四，法律论证是一种难题思维。在规范与事实相对适应并无需作进一步解释的简单案件或常规案件中，对某一法律规范的含义和规范适用性不存在疑问，法官往往只需提及案件事实和可适用的法律规则即可，无需作进一步的解释；但在规范与事实并不相适应并需要作进一步解释的疑难案件或非常规案件中，由于拟适用该案的法律规范并不是确证的，此时就必须作进一步的证立以阐明对规范的解释，即法官必须说

---

〔1〕 参见舒国滢：《法哲学：立场与方法》，北京大学出版社 2010 年版，第 53 页。

〔2〕 参见［德］哈贝马斯：《在事实与规范之间——关于法律和民主法治国的商谈理论》，童世骏译，生活·读书·新知三联书店 2003 年版，第 278 页。

〔3〕 参见焦宝乾：《法律论证：思维与方法》，北京大学出版社 2010 年版，第 111～112 页。

〔4〕 参见舒国滢：《法哲学：立场与方法》，北京大学出版社 2010 年版，第 53～54 页。

明他为何选择了该种对法律规则的特定解释。[1] 换言之，在简单或常规案件中，法律论证的优势并不明显或者说法律论证思维的收效是低微的，法律论证理论的主要作用场域是疑难案件，所以法律论证是一种难题思维。

第五，法律论证是在开放的体系中论证。体系思维在传统法学中历来扮演着极为重要的角色，但正如德国刑法学者罗克辛教授所指出的，过分强调体系思考则容易：忽略具体案件中的正义性；减少解决具体问题的可能性；不能在刑事政策上确认为合法的体系性引导；过度依赖对抽象概念的使用而脱离生活实际。[2] 法律论证理论尽力打破体系思维的封闭模式，尝试将法律的运行闭合与对外部环境的认知开放结合起来，主张在开放的体系中对前提进行论证；这种开放性的论证，是以程序保障的理性实践言说活动，可辩驳性构成了这种论证的重要特征，并在一定意义上决定着法律判决的正确性。[3]

至此，我们已能较清晰地看到，一种寻求解决解释任意性和多义化难题的出路的方向，那就是，我们应当转向在法律论证的框架下来理解刑法解释的问题。尽管这并不表示要抛弃传统发现意义上的刑法解释路径，发现意义上的刑法解释对于刑事裁决的作出也是至关重要的，它是使解释者将规范与事实相互接近过程的一个必不可少的活动方式，是获得刑法裁判规范的重要途径。但是，就目前我们为刑法解释学所期冀的最终目标与任务——为法官获得一个正确的、可接受的判决提供充分理由——来看，"发现意义上的法律解释，只能在描述意义上予以定义，而不能赋予和保证法律规范正确适用之类的任务"，因此，证立意义上的刑法解释无疑更加符合规范性思考的要求，也更加接近于刑法解释的

---

〔1〕 参见〔荷〕伊芙琳·T. 菲特丽丝：《法律论证原理：司法裁决之证立理论概览》，张其山等译，商务印书馆2005年版，第3页。

〔2〕 参见〔德〕克劳斯·罗克辛：《德国刑法学总论（第1卷）——犯罪原理的基础构造》，王世洲译，法律出版社2005年版，第126页以下。

〔3〕 参见焦宝乾：《法律论证：思维与方法》，北京大学出版社2010年版，第101~104页。

目标与任务。[1] 与发现意义上的刑法解释的核心在于对刑法文本规范之意义的说明不同，证立意义上的刑法解释重点强调的是，对解释者根据各种方法经由刑法文本规范所建构的各种刑法裁判规范，如何才能加以理性论证的问题。换言之，在证立意义上的刑法解释问题，实际上可以归结为"刑法裁判规范的证成"问题。是故，要想缓解或消弭目前刑法解释的任意性和多义化难题，应当努力的进路是：在方法论上，将刑法解释学的重心，从对刑法文本规范的解释转移到刑法裁判规范的证成上。

2. 刑法裁判规范证立的意义

在本书看来，完成从刑法文本规范的解释到刑法裁判规范的证成这种转向，至少具有以下几个方面的意义：

第一，有助于增加刑事裁判的理性程度，防止裁判的恣意。相对于实例的不确定，文本因借由明示的一般化语言来传播一般化的标准，似乎更为清楚、可靠和确定，但一来由于文本虽在概念的核心具有明确性，而在概念的边缘却极易产生模糊，二来由于文本具有面向不同理解者的开放性，因而也极易出现不同的理解，出现意义的流变性，故对文本的理解也可能产生不确定性。[2] 但不能以此否认法官裁决的客观性和确定性。不同的理解在法律人或当事人之间存在着一种竞争关系，即看哪一种理解能够接近正确理解，或至少能被职业群体接受的理解，而经过论证往往可以达到共识，可以达到难以辩驳的程度，将不确定的法律就变成相对确定的东西。[3] 亦如有论者所说，"法官所作的法律论证不是抽象的，而是他试图向败诉一方、向有可能受影响的其他人、也向司法共同体证明他的判决。因此，支持该结论的理由必须可让这一共同体当做合法的判决前提来接受……通过法律论证便可以为司法判决的客

---

〔1〕 参见侯学勇："解释能够保证法律规范的准确适用吗——传统法律解释观念反思"，载《政治与法律》2011 年第 7 期。

〔2〕 参见［英］哈特：《法律的概念》，许家馨、李冠宜译，法律出版社 2011 年版，第114 页。

〔3〕 参见陈金钊："从法律感到法律论证——法律方法的转向"，载《山东警察学院学报》2005 年第 1 期。

观性和确定性确立一定的基础"[1] 因此，将刑法解释学的重心转移到对各种解释结论的证立上来，无疑可以有效地制约发现过程中解释者对文本规范解释的恣意，从而也有助于缓解当前刑法解释的任意性难题。当然，这种制约并非绝对，因为法律论证也不能保证裁判者绝对能够获得一个正当无误的判决，论证理论只能在承认裁判规则之主观性的前提下，尽量去排除、减少判决过程中的恣意和武断，或者说，以一种有限的方式，事后对裁判者所作的判决推论进行证伪式的审查。[2] 但只要裁判规范的证成可以促使我们不断接近确定性，即使偶尔的不确定性也尚不足以使我们放弃裁判规范的证成这一转向。

第二，能较为有效地消解刑法解释的多义化难题。前已述及，解释结果的多样性是不可避免地存在的，但绝不能听之任之，"法官仍然应当在进行总体比较和权衡之后形成并坚持唯一结论"。解释往往只为法律论证提供了命题，而命题正确与否不是靠命题本身来完成，故必须通过法律论证的方法即裁判规范的证成来加以解决。[3] 在裁判规范的证成中，法官们可以进行比较与鉴别，从各种解释结果中找出最好的答案，从而消弭解释的多义化。[4] 之所以认为证立可以消弭解释的多义化，这是因为，"如果对如何理解生活形式进行了充分论述，那么，在不同的解释之间就可以形成'共识'"[5] 证立的脉络，就是一个"理性重构"的过程，即法官在判决书中须将由"前提至结论"的所有逻辑步骤都清楚地展现出来，以便接受当事人各方、法学家及公众舆论的

---

〔1〕 解兴权：《通向正义之路——法律推理的方法论研究》，中国政法大学出版社2000年版，第262~263页。

〔2〕 参见陈林林：《裁判的进路与方法——司法论证理论导论》，中国政法大学出版社2007年版，第259~260页。

〔3〕 参见夏贞鹏："法律解释的悖论与法律论证——一个终结还是开始"，载《山东警察学院学报》2005年第2期。

〔4〕 参见刘晓兵：《法哲学思考》，知识产权出版社2005年版，第335页。

〔5〕 孙光宁：《可接受性：法律方法的一个分析性视角》，北京大学出版社2012年版，第173~174页。

批判检验，看论证是否正当并能充分支持结论。[1] 在证立意义上探讨刑法裁判规范，可以对各种解释结论进行批判性的检验，从而选择一个正当并有充分支持的结论。当然，对于裁判规范的证成，并不意味着使解释分歧完全消除，而是努力搁置解释主体间的分歧，确立一个以共识面目出现的可接受的结论。

第三，有利于提高法官对刑事判决的说理能力。给出判决的理由是现代理性、公正裁判制度的根本特征，这已然成为法律界的共识。一份理由充分的判决意见书，可以保证判决是正确思考的结果，能增强公众对司法过程的信任感；书写理由也能促使法官更审慎地行使司法权，能及时发现潜在的法律错误和不当依据；说明理由还能够起到对自由裁量和专家意见进行审查的作用，在确保法官尽职地考虑到相关因素的同时，它还能防止恣意裁判。[2] 客观地说，目前我国刑事判决的说理存在明显不足，尤其是总结性说理裁决部分，法院往往只重视结果的认定，忽视论证说理，严重削弱了判决的说服力和公信力。[3] 实践中很多案件的判决作出之后，之所以会引起舆论的哗然，其中一个很重要的原因就是判决书缺乏说理从而缺乏公众的信任。例如，2003年刘涌案二审的改判，如果法官对判决书的说理能更加透彻些，可能就不会引起如此广泛的质疑与声讨。虽然疑难刑事案件中判决书说理的缺乏由诸多因素所致，但法律人说理技术的不足显然是其主要原因之一，当然这也与"我们的法学研究倾向于宏大理论的描述，对解释、论证与推理技术重视的不够"有关。[4] 刑法裁判规范证立的过程，其实就是一个判决说理的过程，即从已有的结论出发，通过使用包括解释在内的各种方法，考察这些结论能否以及如何能够被理性证立、能否被他人接受的问

---

〔1〕 参见雷磊："法律论证的功能、进路与立场——以菲特丽丝《法律论证原理》一书为视角"，载葛洪义主编：《法律方法与法律思维》（第4辑），法律出版社2007年版，第367页。

〔2〕 陈林林：《裁判的进路与方法——司法论证理论导论》，中国政法大学出版社2007年版，第5~6页。

〔3〕 龙宗智：《刑事庭审制度研究》，中国政法大学出版社2001年版，第425页。

〔4〕 陈金钊：《法律解释学——权利（权力）的张扬与方法的制约》，中国人民大学出版社2011年版，第23页。

题。因此，裁判规范证立有助于提高法官裁判的说理技术和说理能力。

第四，有助于提高刑事判决的可接受性。比利时法学家佩雷尔曼曾指出："作为法律服务的法官，其职责在于促成人们对法律制度的接受，他要向人表明，他所作的判决不仅合法，并且因为其合理而可以被接受。"[1] 因为人的认知有限，有时即使经过百般努力，也难以证明某一结论是否确切，或者在几种结论中难以决定何者更为确切，此时，科学意义上的客观真实性就应搁置一旁，是否具有可接受性应成为裁判的主要追求目标和评价标准。尽管对裁判规范的证成很难带来法律观点正确的证明（即科学意义上的客观真实），但奠基于沟通基础之上的规范证立至少有助于产生赞同，即对结论的可接受性。[2] 此外，裁判规范的证成可以强化对裁判的说理，而一个说理充分的判决，无疑也有助于提高判决的可接受性。由此看来，刑法裁判规范证立的质量高低，直接影响我们对判决的可接受程度。

应当说，今日人类对权利的期盼较之以往愈加强烈，越来越多的人对法律问题求索并不仅止于一个单纯的结论，而是期待着更加可靠且详加论辩的答案，法律论证或论辩本身由于契合了人们"为权利而斗争"的现代生活理念，因此在现代法治语境下，要求法官对司法裁决进行证立已然成为一种趋向。[3] 对刑法裁判规范的证成，既有利于增加刑事裁判的理性程度，防止裁判的恣意，从而有助于缓解刑法解释的任意性难题，也能较为有效地消解刑法解释的多义化难题，还能提高法官对刑事判决的说理能力，同时亦能提高刑事判决的可接受性。因此，承认刑事司法裁判不再是一种毋庸置疑的权威而是一种需要详加论证的过程，即刑法裁判规范的证成，必将成为今后刑法解释学发展的一种趋向。

以上，本书费了诸多笔墨均旨在强调，我们的刑法解释学应当实现

---

〔1〕 ［比利时］佩雷尔曼："法律推理"，朱庆育译，载陈金钊、谢晖主编：《法律方法》（第2卷），山东人民出版社2003年版，第148页。

〔2〕 参见［德］乌尔弗里德·诺伊曼：《法律论证学》，张青波译，法律出版社2014年版，第8页。

〔3〕 参见杨知文等：《法律论证具体方法的规范研究》，中国社会科学出版社2013年版，第5页。

从文本规范的解释到裁判规范的证成这一转向，不过，这才刚刚是问题的开始。因为接下来更为重要的问题是，刑法裁判规范如何能够被理性的证立？换言之，在疑难刑事案件中，一个能被称之为理性的裁判规范的证成，究竟应当如何进行且又应当具备怎样的标准？这就是本书接下来的研究任务之所在。

第一章　概念的解读：疑难案件与刑法裁判规范

对于司法实践中绝大多数简单案件或常规案件来说，由于可以直接将案件事实归入某一普遍认可的法律规则从而推导出结论，故法律论证理论难以有较大的用武之地。但这并不意味着对这些案件的解释结论无需进行论证，而是在这些案件中，规范与事实的相对适应，使得规范的发现与规范的证立已无区分之必要。因此，强调规范需要进行论证的，多限于疑难案件中。例如，对债务人盗取曾向债权人出具的借据行为是否成立犯罪的问题，因为我们无法直接将案件事实归入某一刑法规范，不同的学者可能产生不同的理解：有人认为成立盗窃罪，有人认为成立故意毁坏财物罪，也有人认为不成立犯罪，此时通过论证树立一种最具可接受结论的意义就凸显出来。是故，理论上就论证理论的讨论往往限于一个特定的语境，即疑难案件之中。此外，亦如导论中所提及的，在司法裁决领域，论证理论的核心问题是对经由"文本规范"所建构出的"裁判规范"的证成，所以，"裁判规范"的概念在论证理论中至关重要。尽管在我国理论法学领域，人们对于"疑难案件"与"裁判规范"这两个概念已不再陌生，但在刑事法学领域，对这两个概念的讨论尚不多见，甚至在部分概念的理解上与理论法学还存在不一致的地方。鉴于此，在开始本书的主要任务之前，有必要对上述两个概念做些必要的说明，这对本书之后的分析也是有所助益的。但需要提前指出的是，本书无意于对这两个概念进行全面而详尽的论述，只是期望为本书随后的讨论提供一些基础性的准备。

第一节　疑难案件的界定与分类

　　广义上的疑难案件包括两种，一种是法律上的疑难案件，另一种是事实上的疑难案件。法律上的疑难案件是指，因法律规则的模糊或缺陷而导致处理存有争议的案件，如清华大学的刘海洋用硫酸泼熊案、江苏南京的李宁组织男性向同性卖淫案、广州的许霆利用取款机错误恶意取款案，就是法律上的疑难案件；而事实上的疑难案件则是指，案件事实扑朔迷离，真相难以查清的案件，如获称"世纪审判"的辛普森杀妻案、中国云南的杜培武杀妻案，就是事实上的疑难案件。[1]尽管对事实上的疑难案件的讨论，无论在学理上还是实务中都有着十分重要的意义，但在法学方法论上讨论的疑难案件则主要指前者，即法律上的疑难案件。本书讨论的疑难案件也仅指法律上的疑难案件。问题是，为何会产生法律上的疑难案件？如何去具体界定法律上的疑难案件？法律上的疑难案件又可以划分为哪几种类型？以下将对这几个问题进行探讨。

一、案件为何疑难？

　　案件为何疑难？这既是一个一般法理学的论题，也是一个普遍性的司法难题。尽管案件产生疑难的原因复杂多样，但我们还是可以从中抽象出一些较具共性的原因。诚如有论者所言，疑难案件的出现绝非偶然，其形成原因十分复杂，不同的历史时期、不同的国家或地区，必然会存在着使案件发生疑难的不同因素，但不可否认的是，总有一些成因是共通的。[2]在本书看来，案件之所以会产生疑难，一般不外乎以下四个方面的原因：

　　（一）语词本身在表意时的内在局限性

　　语词是表述和展示法律的自然载体。"但如果从词与物的关系上看，

────────────

〔1〕　参见季涛："论疑难案件的界定标准"，载《浙江社会科学》2004 年第 5 期。

〔2〕　孙海波："案件为何疑难？——疑难案件的成因再探"，载《兰州学刊》2012 年第 11 期。

辞总不能达意，言尽意不尽，词语总是显得模糊。所要反映的事物（所指）与所能表达出来的意义符号（能指）往往不一致，二者很难进入同一关系"[1] 正是语词本身在表意时的内在局限性，导致在将刑法规范与案件事实相对应时，"总会有一部分行为的性质无法获得清楚明确的结论（事实状态本身却是清楚明确而无争议的）"，进而产生所谓的疑难案件[2] 具体来看，语词的内在局限主要体现在以下三个方面：

第一，语词的模糊性。语言往往有核心与边缘两个部分，尽管语言的核心部分意义明确，但越趋近边缘部分就越模糊。哈特说："所有的规则都有着模糊的边缘，或者说'开放性结构'。"[3] 当案件事实趋近于法律语言的边缘时，就可能导致疑难案件。例如，就我国现行刑法第116条破坏交通工具罪的规定来说，当甲破坏了一辆从事交通运输的公交车并足以造成公交车有颠覆、毁坏的危险，那么甲的行为该当于第116条的破坏"汽车"行为是十分明确的；然而，对于乙破坏了从事交通运输的大型拖拉机并足以造成颠覆、毁坏危险的，拖拉机不属于"汽车"一词的核心部分是显而易见的，但是否属于"汽车"一词的边缘部分则是模糊的，有见解认为拖拉机属于汽车，而也有见解认为不属于。这种争议不是对语言的核心意义产生认识上的分歧，而是对汽车的边缘意义是否包含了拖拉机产生了分歧。

第二，语词的多义性。语词的意义在于使用，我们怎样使用它，它就具有怎样的含义，同一概念在不同的使用场域，含义并不总相一致[4] 例如，在《刑法修正案（九）》之前，"猥亵"一词在第237条第1款和第2款中的含义就不完全相同，当猥亵的对象是男童时，第2款的"猥亵"就包括了"性交"在内，但第1款无论何时是不包括"性交"在内的。同样，对于"暴力"一词，在第236条的强奸罪、第

---

〔1〕　郑永流：《法律方法阶梯》，北京大学出版社2012年版，第16页。

〔2〕　王瑞君：《罪刑法定的实现——法律方法论角度的研究》，北京大学出版社2010年版，第50页。

〔3〕　[英]哈特：《法律的概念》，许家馨、李冠宜译，法律出版社2011年版，第112页。

〔4〕　参见詹红星："社会危害性理论研究的逻辑前提"，载《法学评论》2008年第4期。

263 条的抢劫罪中，也存在不同的理解。此外，由于人们认知结构、教育背景与生活经验的不同，对同一语词往往也可能产生截然不同的理解。例如，对于《刑法》第 385 条受贿罪中的"为他人谋取利益"就可能产生不同的理解。理论上有见解认为，为他人谋取利益的行为，属于客观要件的内容，所以，倘若一个国家工作人员收受了他人的财物，但并没有为他人谋取利益的，就不构成受贿罪；但有见解则认为，应当将"为他们谋取利益"作为主观要件，即意图为他人谋取利益，这是因为，倘若我们仅因具有为他人谋取利益的国家工作人员，在收受了贿赂尚未实施为他人谋取利益的行为就否认其成立受贿罪，这显然不利于我们反贿赂的斗争。[1]

第三，语词的变迁性。"语言是在生活中使用的，由于生活的流变性，导致语词意义的变迁。"[2] 当法律使用的语词随着社会的发展而产生新的含义时，由此可能产生的问题是，语词当时/立法时含义与今天/适用时的含义发生了不一致，那么到底应采纳当时/立法时的含义，还是采取今天/适用时的含义？有人可能倾向于当时/立法时的含义，而有人则可能倾向于今天/适用时的含义。[3] 例如，对于我国现行刑法第 261 条遗弃罪中的"抚养义务"内涵的理解，有人认为对于"抚养义务"的理解应当遵循沿革解释，即"抚养义务"限于"家庭成员之间相互抚养的权利义务关系"；而有人则认为，对"抚养义务"的解释应当随着社会生活的发展变化而做出客观解释，所以，"抚养义务"也包括了"非家庭成员间的抚养"。[4] 同样，对于"淫秽物品"的认识，二十世纪六七十年代的认识和今天的认识显然不同，过去可能被认定为"淫秽物品"的，在今天可能就不会被认定为"淫秽物品"。

（二）立法者自身的局限性

法律是由立法者制定的，而立法者是以人而非神为主体，所以立法

---

〔1〕 参见王作富主编：《刑法分则实务研究（下）》，中国方正出版社 2007 年版，第 1800 页。

〔2〕 王凯石：《刑法适用解释》，中国检察出版社 2008 年版，第 58 页。

〔3〕 参见郑永流：《法律方法阶梯》，北京大学出版社 2012 年版，第 17 页。

〔4〕 参见张明楷：《刑法学》，法律出版社 2011 年版，第 774～775 页。

者无法以"全知全能"的无限理性去型构未来和预测一切，人们期冀通过立法者的立法来规范生活的方方面面而不出现法律的空白区域，以及期冀通过立法者的立法就消除人们对法律条文具体内容的可能争议，只是一种美好的幻想，是无法实现的。[1] 诚如德国学者拉德布鲁赫所看到的那样，我们的时代已经不再有人相信，我们立法者能够制定一部可以规则间毫无冲突和完美无缺的法律，不仅制定法中规则的相互冲突时有发生，制定法对本应规制事实的忽视也经常在所难免。[2]

时至今日，我们不得不承认的事实是，受各种主观和客观条件的限制，立法者的认知能力是有限的，所以，不可能经由理性建构一个完美的成文刑法。一方面，立法者虽然在立法时会极尽可能地考虑现实生活中的各种已经存在的实际情况和各种可能出现的情况，但由于人认知能力的有限，立法者无法在立法中去穷尽现实生活中所有的可能性，所以为了能切实可行地调整多样的可能发生的实际情况，立法者往往会将行为类型化。例如，对犯罪行为在立法上类型化为具体的犯罪构成。应当说，类型化的过程本身就是立法者对社会现象进行抽象与概括的过程，但是，"有限的立法者基于认识能力和表达能力的局限性，对复杂现象进行抽象时，经常会出现概括不足或者概括过度的现象"，[3] 概括不足容易导致将原本值得处罚的行为遗漏从而无法加以处罚，而概括过度则容易导致将原本不值得处罚的行为也纳入了法律规制的范畴，这二者都可能引起疑难案件的产生。例如，《刑法》第225条第4项非法经营罪的堵截条款——"其他严重扰乱市场秩序的非法经营行为"，就是一个概括过度的条款，容易将非侵犯非法经营罪保护法益的行为纳入处罚范围，在适用时往往需要一些教义学规则加以限制。

另一方面，随着社会的不断发展，立法越来越多样化，不同法律之间、同一法律中的不同规则之间的联系，也越来越密切和复杂，规则之

---

〔1〕 参见孙海波："案件为何疑难？——疑难案件的成因再探"，载《兰州学刊》2012年第11期。

〔2〕 参见［德］拉德布鲁赫：《法学导论》，米健译，中国大百科全书出版社1997年版，第106页。

〔3〕 王凯石：《刑法适用解释》，中国检察出版社2008年版，第41页。

间的冲突在所难免，这也会导致法律适用过程中疑难案件的产生。[1]例如，在不法原因给付中，接受给付的一方本无履行对价义务的意思，只是为了骗取对方的金钱和财物，从而产生的不法原因给付与诈骗罪的界分问题，就涉及民法相关规则与刑法相关规则的判断。

（三）法的稳定性与现实生活的流变性之间的矛盾

法律不能朝令夕改，而应保持相对稳定，这已然是现代法治的一项基本要求。法律虽然是静止的，但法律是来源于社会生活并服务于社会生活的，而社会生活又无疑是多变的，所以法律的稳定性与社会生活的流变性之间一直存在着矛盾。[2]诚如美国法理学家庞德所言，"法律必须稳定，但又不能静止不变。因此，所有的法律思想都力图协调稳定性与变化必要性这两种彼此冲突的要求"。[3]

当社会发展日新月异、社会现象层出不穷时，便会不断有各类新型案件被提交法院诉诸解决，法律的稳定性与生活的流变性的矛盾就会更加突出。虽然由立法机关对法律加以必要的修改，或者由最高司法机关作出有关司法解释，这在理论上是一条可选的路径，但事实上这一方案并不可行。因为，不仅法律的稳定性要求法律不能经常修改，而且由于新型案件的问题尚未充分暴露，特征难以把握，立法者很难对其准确定型并制定出符合现实的规范。[4]所以，适用者的解释往往是更为有效的途径。但是，因为解释极易受到解释者的个人经历、教育背景、价值判断和思维方式以及彼此利益的影响，解释结论难免出现相异乃至相互冲突的情况，进而引发解释者在认识上的多样性，导致了疑难案件的产生。

以网络"裸聊"为例。近年来，随着网络技术的发展，出现了多

---

〔1〕 参见解兴权：《通向正义之路——法律推理的方法论研究》，中国政法大学出版社2000年版，第155页。

〔2〕 参见解兴权：《通向正义之路——法律推理的方法论研究》，中国政法大学出版社2000年版，第156页。

〔3〕 ［美］罗斯科·庞德：《法律史解释》，邓正来译，中国法制出版社2002年版，第2页。

〔4〕 参见王凯石：《刑法适用解释》，中国检察出版社2008年版，第55～56页。

起"裸聊"的案例，从而引发的问题是，对于通过"裸聊"进行牟利的行为能否以传播淫秽物品牟利罪论处？一种观点认为，"裸聊"只是传播了"作为信息的图像数据"，而"作为信息的图像数据"本身并不能被认定为"淫秽物品"，故不能以传播淫秽物品牟利罪处理；但另一种观点认为，"作为信息的图像数据本身也是淫秽物"，故能以传播淫秽物品牟利罪论处。[1] 显然，"淫秽物品"原本是指"淫秽的书刊、影片、音像或者图片等"，随着社会生活的发展，解释者不断对"淫秽物品"进行解释以适应变化的社会，但是，基于利益或价值判断的不同，对于"淫秽物品"是否应包括"裸聊"这种"信息的图像数据"，不同的解释者得出了不同的结论，从而在"裸聊"能否入罪的问题上产生了"疑难"。

（四）法律的抽象性和个案的具体性之落差

古希腊哲学家柏拉图曾经说过，"法律绝对不可能发布一种既约束所有人同时又对每个人都真正最有利的命令。法律在任何时候都不可能完全准确地给社会的每个成员作出何谓善德、何谓正当的规定。人之个性的差异、人之活动的多样性、人类事物无休止的变化，使得人们无论拥有什么技术都无法制定出在任何时候都可以绝对适用于各种问题的规则"。[2] 因此，尽管法律是以维护正义为首要价值，但是，法律规则的抽象性和概括性往往只能被用于实现一般正义，而无法顾及复杂社会现实中的个别正义的满足，所以说，法律的抽象性与个案的具体性存在落差。[3] 对于刑法来说亦是如此，刑法条文不可能详尽叙述各种犯罪的具体表现，而只能对犯罪现象进行抽象，并类型化为刑法分则中各种犯罪的构成要件，但现实生活中的案件都是具体的，于是，抽象的刑法规定与具体的个案之间便存在了距离。[4] 正是这种法律的抽象性与个案

---

〔1〕　参见张明楷：《罪刑法定与刑法解释》，北京大学出版社2009年版，第226页。

〔2〕　The Statesman, transl. J. B. Skemp. New York, 1957：294b. 转引自〔美〕博登海默：《法理学——法哲学及其方法》，邓正来译，中国政法大学出版社2004年版，第10~11页。

〔3〕　参见王瑞君：《罪刑法定的实现——法律方法论角度的研究》，北京大学出版社2010年版，第52页。

〔4〕　参见张明楷：《刑法学》，法律出版社2011年版，第33页。

的具体性的落差与距离，造成了法律适用的疑难问题。

诚如解兴权博士曾指出的：一方面，为了保证法律规则具有普遍的约束力，从而可以适用于所有符合规则规定的一般人或一般行为，它必须保持一定的抽象性和概括性；另一方面，由于现实生活是纷繁复杂的，加之语言本来的局限性，我们不可能用以语言为载体的法律规则去涵盖所有现实生活中复杂而多样的事实，因此，就出现了像洛克所说的，当我们开始尝试以语言将抽象观念固定下来时，就已经决定了会有发生错误的危险；所以，抽象概括的表述和具体事物之间总是存在差别，而这种差别亦可能造成疑难案件的出现。[1] 例如，2007年的广州许霆盗窃案就是法律抽象性和个案具体性之落差的最好例证。尽管法院一审判处许霆无期徒刑也符合原《刑法》第264条的规定，但却忽视了此案的个案正义性，与一般的行为人盗窃金融机构的案件相比，许霆的主观恶性相对较小、犯罪情节也相对较轻，所以案件重审时，法院在法定刑以下判处了许霆五年有期徒刑，从而实现了一般正义与个案正义的融合。

二、疑难案件的界定与分类

尽管在司法实践中适用法律时，人们很少去区分简单案件和疑难案件，事实上也不可能做出截然明晰的区分，有人认为是简单案件的，有人则可能认为是疑难案件。[2] 但是，将案件划分为简单案件与疑难案件，无疑有助于深化我们对案件裁决思维方式的具体认识。那么问题是，如何界定疑难案件？疑难案件的外延包括哪些？疑难案件又可分为哪几种类型？

（一）疑难案件的界定

目前学理上对疑难案件的探讨，主要分为两个层面，即法哲学层面和方法论层面。

---

〔1〕 解兴权：《通向正义之路——法律推理的方法论研究》，中国政法大学出版社2000年版，第157页。

〔2〕 参见解兴权：《通向正义之路——法律推理的方法论研究》，中国政法大学出版社2000年版，第253页。

1. 法哲学视野中的疑难案件

应当说，在当代，首先从哲学的高度对疑难案件进行研究的，应该属英国法哲学家哈特[1] 哈特认为，法律规则是以语言为载体的，语言存在概念核与概念晕，故每当我们将特定的事实涵摄于抽象的规则时，总是会出现确定的核心以及值得怀疑的边缘，亦即法律不可避免地存在"开放性结构"。尽管在大多数案件中，我们可以将特定的事实涵摄于一般性的分类项目之下，进而导出简单的三段论结论，但是在很多案件中，法律规则所涵盖的行为范围可能是不明确的，特定事实也并没有按照法律规则所规定的那样已经区分好静静地守候在那里，规则很难适用于特定事实，特定事实也很难归摄于规则，即语言和规则运用存在着某种"空缺结构"，这就是"疑难案件"。[2] 质言之，在哈特看来，疑难案件之所以"疑难"，不仅仅是因为不同的主体对于何为法律上的正确答案产生了不一致的意见，更是因为既有法律的不完整性，从而并没有给争议案件提供完整的答案。[3]

然而，德沃金对哈特就疑难案件的界定提出了质疑。德沃金认为，"即使没有明确的规则可用来处理手边的案件，某一方仍然可以享有一种胜诉权。即使在疑难案件中，发现各方的权利究竟是什么而不是溯及既往地创设新的权利仍然是法官的责任"。[4] 在德沃金看来，"不完整或未确定的法律"与"有争议的法律"是两个有重大区别的概念，案件之所以成为疑难案件，并不是像哈特所说的，存在"不完整或未确定的法律"，而是因为法律规则与原则的区分，疑难案件虽然不能被法律规则所涵盖，但会被抽象的法律原则所涵盖。换言之，德沃金实际上主张，疑难案件之"疑难"，主要是指我们在既存的法律中找到案件的

---

〔1〕　参见徐继强："法哲学视野中的疑难案件"，载《华东政法大学学报》2008 年第 1 期。

〔2〕　参见［英］哈特：《法律的概念》，许家馨、李冠宜译，法律出版社 2011 年版，第 112~123 页。

〔3〕　［英］哈特：《法律的概念》，许家馨、李冠宜译，法律出版社 2011 年版，第 221 页。

〔4〕　参见［美］罗纳德·德沃金：《认真对待权利》，信春鹰等译，上海三联书店 2008 年版，第 118 页。

"唯一正确答案"比较困难，并不是像哈特所说，是因为法律的不完整而造成的空缺结构，因为即使有些案件可能不被"规则"所涵盖，但必定会被一些具有概括性、抽象性的法律原则所规范到。[1] 当然，在德沃金来看，规则与原则相冲突的案件，也属于疑难案件。如帕尔默遗产继承案，就属于一个规则与原则相冲突的疑难案件，根据继承规则帕尔默无疑有继承遗产权，但这明显违背了一项古老的法律原则，即"任何人都不能从其自身过错中受益"。[2]

2. 方法论视野中的疑难案件

与法哲学层面对疑难案件的界定不同，方法论视野中疑难案件的界定主要着眼于法律应用。例如，瑞典法理学家佩策尼克认为，在法官作出裁决时，如果能够直接将案件事实归入某一普遍认可的法律规则从而推导出结论时，他所处理的就是简明案件；反之，当他并不能直接将案件事实归入某一普遍认可的法律规则从而推导出结论，而需要对法律规则进行解释或者需要创制新的规则时，他所处理的案件就是疑难案件。[3]

美国学者伯顿则认为，如果案件中的相关目的只有单个含义，该案件就是一个简易案件，在此种案件中，法律规则按它们通常的含义就完全可以凸显出重要事实，从规则出发的演绎推理就可以表达出判决结论。但是，如果案件中的相关目的对司法审判而言有多个且相互竞争的含义，这就是一个疑难案件。在这种情况下，法官就不是用单个规则或判例来衡量案件事实作出判决，法官应当依据一些因素判断重要程度来

〔1〕 参见王宏选："疑难案件及其法律发现"，载陈金钊、谢晖主编：《法律方法》（第5卷），山东人民出版社 2006 年版，第 314~333 页。

〔2〕 参见孙海波："疑难案件的法哲学争议——一种思想关系视角"，载《法律科学》2013 年第 1 期。该案的基本案情是这样的：帕尔默是其祖父所立遗嘱中指定的财产继承人，因恐其祖父撤销遗嘱和为了及早获得遗产，帕尔默将其祖父毒死。后来帕尔默被其姑妈里格斯诉至法院。面对这一案件，法官必须判决帕尔默是否能够依据该项遗嘱继承其祖父的遗产，根据纽约州有关遗嘱的法律规则，该遗嘱有效，帕尔默有权继承其祖父的遗产，但是这样的判决却可能带来明显不公正的结果。

〔3〕 参见［荷］伊芙琳·T. 菲特丽丝：《法律论证原理：司法裁决之证立理论概览》，张其山等译，商务印书馆 2005 年版，第 143 页。

证明其判决结论。[1]

英国学者麦考密克认为，"在简单案件中，对判决结论的证明可以直接从对既定规则的推理中获得。而在疑难案件中，由于要面对'解释'、'区分'以及相关等问题，所以必须求助于二次证明，只有当确认了该适用哪项法律上的裁判规则时，演绎推理才能派上用场"[2]。换言之，"麦考密克认为，法官能够直接诉诸既存的、明确的法律规则以演绎证立的方式就可以充分证明判决的案件就是'简单案件'，而那些不能仅仅通过演绎论辩就可以直接得出判决结论的案件，属于存在争议问题的'疑难案件'"[3]。

我国也有学者从方法论的角度对疑难案件进行了界定，如刘星教授认为，疑难案件就是在法律适用的过程中，对法律规定而言，某一案件的性质及其解决办法在一定范围内并不分明的情形[4]。

显然，方法论视野下疑难案件的界定，尽管会因学者的不同而在表述上略存差异，但在核心观点上却显得高度一致[5]。那就是，方法论视野下疑难案件的界定基本倾向于实证主义，并且几乎一致地认为，简单案件是那些能被法律规则明确覆盖并且能够直接以演绎推理得出充分证明的案件，与之相反，那些不能被法律规则明确覆盖，或者通过演绎推理无法得出唯一结论，以及虽能通过演绎推理得出某一结论但明显违背正义的案件，就属于疑难案件。

由此看来，方法论视野下的疑难案件与我国本土语境下的"疑难案

---

〔1〕　参见［美］史蒂文·J. 伯顿：《法律和法律推理导论》，张志铭、解兴权译，中国政法大学出版社2000年版，第148~149页、第159~160页。

〔2〕　［英］尼尔·麦考密克：《法律推理与法律理论》，姜峰译，法律出版社2005年版，第193页。

〔3〕　杨知文等：《法律论证具体方法的规范研究》，中国社会科学出版社2013年版，第81页。

〔4〕　参见刘星：《法律是什么》，中国政法大学出版社1998年版，第57页。

〔5〕　参见杨知文等：《法律论证具体方法的规范研究》，中国社会科学出版社2013年版，第79页。

件"是不同的。例如，我国《人民法院组织法》第 11 条[1]也曾提到了"疑难案件"这一表述。但是，这里的"疑难案件"较之于前述方法论视野下疑难案件的外延，要宽泛的多。如苏力教授所分析的，它实际上包括了三种类型：第一种类型是指社会影响大、社会反响强烈的案件，这与"重大案件"的表述相接近；第二种类型是由于诸多外在因素干预存在利益纠葛而难以处理的案件；第三种类型是就有关法律规则的认识存在困惑的案件。[2] 显然，方法论视野下的疑难案件就是这里的第三种类型。然而，由于本书的主要任务是解决如何理性证立刑法裁判规范的问题，故对于疑难案件的界定也宜从方法论层面进行，所以，不包括苏力教授所说的前两种疑难案件。

需要指出的是，目前理论上人们已然习惯于将简单案件或简易案件，作为与疑难案件相对立的概念使用。但这实际上是一个术语使用上的错误。事实上，与疑难案件相对立的概念应当称之为"简明案件"或"明晰案件"。诚如麦考密克所言，"'明晰'（clear）一词比'简易'（easy）一词更为可取的多，因为法律领域是非常复杂的——比如税法、财产法的各部分以及保险法等等。即便是那些没有任何人提出任何法律问题的案件，在事实链条和所涉及的法律方面也极其复杂。由于在处理这些案件时所涉及的巨大困难碰巧不是法律理论家们当前所争论的话题，因此将它们称作'简易案件'，几乎是一种侮辱"。[3]

（二）疑难案件的分类

1. 对疑难案件分类的学说梳理

德国学者阿列克西将疑难案件总结为四种情况：第一种情况是，法律语言较为模糊，难以判断待决案件是否属于法律规定的范围；第二种情况是，法律规范之间有可能发生冲突，并且无法直接用上位法优于下

---

[1] 《人民法院组织法》第 10 条规定，"审判委员会的任务是总结审判经验，讨论重大的或者疑难的案件和其他有关审判工作的问题。"

[2] 参见苏力：《送法下乡：中国基层司法制度研究》，中国政法大学出版社 2000 年版，第 104～105 页。

[3] ［英］尼尔·麦考密克：《修辞与法治：一种法律推理理论》，程朝阳、孙光宁译，北京大学出版社 2014 年版，第 70～71 页。

位法、后法优于前法、特别法优于一般法这样的准则协调，以至于法律人很难知道应依据哪一条规范裁判；第三种情况是，存在需要法律上调整的事实，但欠缺提供调整的法律规范；第四种情况是，在某些案件中，虽然存在可适用的法律规则，但依据法律规则作出的裁判有可能会背离该规则的制定宗旨。[1]

显然，我国也有很多学者认可了这一分类。例如，张保生教授就认为，疑难案件可划分为四类：第一类就是法律规定不明的疑难案件，由于法律规则本身的术语模糊不清或概念太抽象，造成语言解释有歧义的疑难案件；第二类可以归纳为合法与合理冲突的疑难案件，即虽然存在可适用法律规则，但如果直接适用法律规则可能会导致不公正的法律后果的疑难案件，如前述的帕尔默遗产继承案即是此类疑难案件；第三类是存在法律漏洞的疑难案件，即对于本应该予以规定的情形但法律规则尚缺乏明确规定，或者有规定但明显存在漏洞的疑难案件；第四类是规则悖反的疑难案件，即对于特定案件，既可以适用这种规则又可以适用另一种规则，而这些可适用的法律规则之间存在相互冲突的疑难案件。[2]

学者郑永流教授则从法律与事实对应关系的角度指出了疑难案件存在的几种情形：①事实可与规范相对适应；②事实与规范不能相适应；③事实缺乏规范标准；④事实与规范形式上相适应但实质不相适应。[3]

杨高峰教授从刑事法的角度，根据产生合法性与合理性冲突的原因，将疑难案件分为了两种类型加以分析：第一种类型是刑法形式解释过程中本身存在着需要释明的法律概念意义的边缘地带，概念范围不够清晰，或者刑法概念本身即为空白法律规范，而多种解释结论又不能统一，即法律的大前提成立与否的问题。例如，在李宁组织卖淫案中，对

〔1〕　参见［德］罗伯特·阿列克西：《法律论证理论——作为法律证立理论的理性论辩理论》，舒国滢译，中国法制出版社2002年版，第2页；张青波：《理性实践法律：当代德国的法之适用理论》，法律出版社2012年版，序第6~7页。

〔2〕　参见张保生：《法律推理的理论与方法》，中国政法大学出版社2000年版，第449页。

〔3〕　参见郑永流：《法律方法阶梯》，北京大学出版社2012年版，第13~15页。

于组织同性之间"出卖性服务的行为"能否界定为"卖淫",在近来发生的广东佛山组织卖淫案中,对于"波推""手淫"能否界定为"卖淫",存在解释上的分歧。第二种类型是刑法形式推理过程本身并不存在争议,但依据刑法推理得出的结论可能会出乎公众的意料,明显不合情理,违背人们的公正情感,让人们从心里上产生抵触情绪,判决结果不能为人所信服,形式理性的推理不符合实质理性的要求。对此又可再分为两种情形:一种情况是刑法适用的轻缓超越公众心理预期,让公众产生义愤情绪,如将有罪或罪重的以无罪或罪轻论处;另一种情况是刑法适用的结果过于严厉,让公众产生悲悯心理。换言之,刑法推理适用过程本身并不存在争论,大家对定性没有争论,但案件的适用结果,明显不合情理,让人们产生了悲悯之心,从而引发民意的反弹,广州的许霆盗窃案即是如此。[1]

英国学者麦考密克从裁判理由展示的角度对疑难案件进行了别样的分类。他将疑难案件分为三种类型:即"分类问题"的疑难案件、"解释问题"的疑难案件和"相关性问题"的疑难案件。所谓"分类问题"的疑难案件,"是指案件在这样的问题上存在疑难,即法官面临的当下案件事实与某个法律规范所指称的事实是否可被视为同一情形以至于可以适用该规范。由此,'分类'型的疑难是关于'事实'问题的疑难。不过,它不是在需要依靠证据来证明案件真相问题上产生的'事实'问题,而毋宁是对业已证实的基本案件事实如何在法律上予以定性而产生的'事实'争议问题"。[2]而"解释问题"的疑难案件,"是指由于不能确定某一既存法律规范中事实构成命题的含义而产生疑难的案件……'解释'问题可以表述为如下形式:对于法律规范'如果 p,那么 q'而言,p 是含混不清的,那么规范是应当解释为'如果 p',那么 q'还是应当解释为'如果 p",那么 q'? 在此种情况下,法官必须解决这种事实构成含义模糊的问题,而在两类可能的解释中作出选择,这就

---

〔1〕 参见杨高峰:《刑法解释过程论纲》,光明日报出版社 2013 年版,第 96~99 页。

〔2〕 杨知文:"'分类'与'解释':两类疑难案件裁判规范证立的比较研究",载《太原理工大学学报(社会科学版)》2010 年第 3 期。

是'解释'案件之疑难所在"[1]"相关性问题"的疑难案件，则是指案件找不到得以适用的相关有效规范，亦即其疑难在于如何证立一种规范在法律上应当被宣布为有效。[2]

此外，也有学者认为，以上学者对疑难案件的分类仍然存在缺陷，即只关注疑难案件的定性，却不注重对疑难案件的处理。疑难案件应有以下三种情形，即一是定性上简单、处理上疑难的案件；二是定性上疑难、处理上简单的案件；三是定性上疑难、处理上疑难的案件。[3]

2. 对以上学说的简要评述及本书的主张

显然，学者基于不同的角度可能会对疑难案件作出不同的划分：阿列克西教授、张保生教授、杨高峰教授等，是从疑难案件的生成原因来对疑难案件作出划分；郑永流教授则是从事实与规范的对应程度进行划分；麦考密克教授是从裁判理由展示的角度进行的划分；而学者唐丰鹤则是从适用后果对疑难案件进行划分。

客观地说，这些划分方法都有某种程度上的合理之处。但就本书的主旨是刑法裁判规范的证成而言，麦考密克教授从裁判理由展示的角度对疑难案件进行的划分，尤其是其"分类问题"的疑难案件和"解释问题"的疑难案件的划分，对本书随后刑法裁判规范的证成更有助益。

尽管麦考密克的"分类问题"与"解释问题"都是法律适用上的疑难，但它们指称的却是两个相反的过程，"分类问题"要解决的是能够将某一事实归入某一既存的法律规范，而"解释问题"要解决的是某一既存的法律规范的含义能否涵盖当下案件事实情形，也就是说，分类问题是事实问题，解释问题是法律问题。[4] 当然，这一区别还不足以成为赞成这一区分的理由，之所以认为"分类问题"与"解释问题"

---

[1] 杨知文："'分类'与'解释'：两类疑难案件裁判规范证立的比较研究"，载《太原理工大学学报（社会科学版）》2010年第3期。

[2] 参见杨知文等：《法律论证具体方法的规范研究》，中国社会科学出版社2013年版，第82页。

[3] 参见唐丰鹤："疑难案件及其法律方法"，载《法治研究》2012年第2期。

[4] 参见杨知文等：《法律论证具体方法的规范研究》，中国社会科学出版社2013年版，第87页。

的区分是重要的，是因为，在这两种情形中，就裁判者的裁判理由展示而言，裁判者所要处理的争议重心是不同的。具体而言，在分类问题的疑难案件中，有争议的是案件事实是否属于某一相关法律规范所规定的情形，一旦可以证明案件事实可以被视为法律规范规定的情形，一般来说人们对案件事实应当接受法律规范的调整就是再无争议的。裁判者证明案件事实可被视为法律规范规定的情形，是一种从事实到事实的确证，是对事实客观属性的判断推论过程；与之相反，在解释问题的疑难案件中，也可能表现为对案件事实是否属于法律规范中的事实的情形，但若深入体会就会发现，这种争议不同于"分类问题"的情形，其并非是在争议某一事实是否在概念上属于法律规范中的事实，而毋宁是在争议案件事实是否和法律规范中的事实属于同一类别，即此时裁判者裁判理由展示所应该处理的重心在于，论证其对当下案件事实适用或排除适用某一法律规范的正当性，其中包括对价值判断的确证。[1]

由此看来，这样区分有利于更加合理地寻找和证成裁判的理由。然而，需要指出的是，麦考密克对于"相关性问题"的分类，在刑事法司法领域因受罪刑法定原则之类推禁止的影响，对于不存在相关规范的行为应当作为无罪处理，所以至少就刑事司法领域而言，已然不存在较大分歧。但是，除了"解释问题"和"分类问题"的疑难案件以外，事实上还存在一种可能不被二者所涵盖的疑难案件，即虽然案件事实与法律规范相吻合，但由法律规范推导出的结论明显违背人们的正义感。

职是之故，在借鉴麦考密克教授对疑难案件划分的基础上，并结合刑事司法领域的特殊性，本书将疑难刑事案件划分为以下三种类型：

第一种是"分类问题"的疑难案件，即在案件事实能否归入既定刑法文本规范所规定情形问题上，存在疑难而引发的疑难案件。例如，在许霆盗窃案中，ATM 取款机是否属于金融机构，就是一个"分类"问题。再比如，在德国男子 X 携带盐酸泼洒于一名女会计的脸上，进而抢走她的钱包案件中，该案争议的关键就在于，能否将盐酸认定为行

---

〔1〕 参见杨知文："'分类'与'解释'：两类疑难案件裁判规范证立的比较研究"，载《太原理工大学学报（社会科学版）》2010 年第 3 期。

为当时有效的德国《刑法》第 250 条加重强盗罪构成要件中的"武器"。显然，这也是一个典型的"分类"问题。[1] 一般来说，"分类问题"的疑难案件都是小前提具有异常性，或者说案件事实存在特殊性。譬如发生在北京的男保安强奸男同事的案件之所以会引起争议，就是因为与传统强奸罪的小前提都是男性强行与女性发生性关系所不同，该案的小前提是男性强行与男性发生关系。[2]

第二种是"解释问题"的疑难案件，是指在对刑法文本规范解释时产生了两种或两种以上的解释结论，而对于选择何种解释结论在解释者之间产生了分歧，即由解释分歧引发的疑难案件。例如，在前面已经提及的对《刑法》第 385 条受贿罪中"为他人谋取利益"的解释上，由于存在多种学说，并且不同学说可能会导致不同的结论，而裁判者在裁决时又必须选择一种，这就是"解释"问题。此外，对教义学论述分歧的认识，事实上也是一个"解释"问题，如对于盗窃罪的既遂标准，理论上有接触说、转移说、隐匿说、失控说、控制说（取得说）以及失控加控制说等诸多学说，如何对这些学说进行取舍的问题，就可以归为一个"解释"问题。与"分类问题"不同，"解释问题"在裁判理由上是由刑法文本规范本身的不明确性导致的。例如，对于《刑法》第 261 条的遗弃罪，是否可以适用于对具有抚养关系的非家庭成员的遗弃行为的问题，很大程度上是由于第 261 条并未对"抚养义务"进行明晰。

第三种是"相关性问题"的疑难案件，即特定的案件事实被既有的刑法条文所规定，但解释结论明显违背人们朴素的正义感的案件。例如，在许霆盗窃案中，假如解释者就许霆利用 ATM 取款机错误恶意取款符合盗窃罪的构成要件，以及 ATM 取款机属于原《刑法》第 264 条中的金融机构，已经达成共识，那么根据第 264 条的规定，一审法院完全可以判处许霆无期徒刑。但是，从此案的具体案情来看，显然违背

---

〔1〕　参见［德］阿图尔·考夫曼：《法律哲学》，刘幸义等译，法律出版社 2011 年版，第 86～87 页。

〔2〕　参见王强军："刑法裁判规范的开放性研究"，载《政治与法律》2014 年第 7 期。

了公众最基本的正义感。与"分类问题"和"解释问题"不同,"相关性问题"既不是小前提的异常性,也不是大前提不明确,而是适用既有刑法规范的合法性与公众合理性认识的冲突。

第二节　刑法裁判规范的内涵与属性

在一个简明刑事案件中,案件事实与刑法文本规范相适应,因此,可以直接根据刑法文本规范经由逻辑推理得出案件结论。然而,当面对上述几类疑难刑事案件时,"直接用刑法文本规范作为逻辑推理的大前提去裁决某一具体的案件事实,显然是比较困难的,在这中间,即在一般文本规范与具体的具有鲜明个性特点的案件事实之间,肯定存在一个中介因素,帮助他们克服了困难,成功地完成了对接"。[1] 这个"中介因素"就是刑法裁判规范。由此可见,刑法裁判规范的出现很大程度上就是源于疑难刑事案件的存在,换言之,即案件事实和文本规范"直白式"对接造成的合法性或合理性的冲突,孕育了刑法裁判规范的诞生。[2] 尽管在疑难刑事案件中,刑法裁判规范的建构和证成既是现实存在的,也是最不可或缺的一环,但由于在司法裁决中,这一过程往往是秘而不宣的,故无论是理论还是实践,就刑法裁判规范这一概念都尚未能加以清晰认识。或许正是由于目前刑法理论与实践对这一秘而不宣而又客观存在的司法过程缺乏必要的揭示,才致使我们每每在面对疑难刑事案件时倍感窘困。显然,要对这一司法过程进行揭示,首先要解决的问题就是对刑法裁判规范这一概念的解读。鉴于此,以下本书拟从内涵与属性两个方面对刑法裁判规范进行解读。

---

〔1〕　张心向:《在遵从与超越之间——社会学视域下刑法裁判规范实践建构研究》,法律出版社2012年版,第56页。

〔2〕　参见王强军:"刑法裁判规范的开放性研究",载《政治与法律》2014年第7期。

一、刑法裁判规范的内涵界定

（一）方法论视域下裁判规范的概念还原

应当说，就刑法学者而言，"裁判规范"并非是一个完全陌生的概念。在刑法学教材或著作中，"裁判规范"是作为与"行为规范"相对应的概念而使用的，并且很早就已经被使用。长期困扰刑法学人的一个问题是，刑法规范是行为规范还是裁判规范。认为刑法规范针对的对象是一般人，主张在行为性质的判断时应当立足于行为人，以社会一般人的观念为标准的，就是将刑法规范理解为行为规范；与之相反，主张刑法规范针对的对象是法官或者说是科学的一般人，在行为性质的判断时也应立足于行为后，以科学的因果法则来加以衡量的，就是将刑法规范理解为裁判规范。[1] 有学者认为，刑法规范是行为规范，至少主要是行为规范；也有学者认为，刑法规范是裁判规范，至少主要是裁判规范；但大多数学者还是认为，刑法规范同时具有行为规范与裁判规范的性质。例如，日本学者大塚仁教授认为，刑法规范既是裁判规范，同时也是强制规范（行为规范——引者注）。[2] 张明楷教授也认为，刑法规范既是裁判规范，也是行为规范。他说："刑法规范首先是裁判规范，即是指示或命令司法工作人员如何裁定、判断行为是否构成犯罪、对犯罪如何科处刑罚的法律规范。裁判规范所指向的对象是司法工作人员，旨在限定司法权力，故司法工作人员具有遵守裁判规范的义务，违反义务者将受到法律的制裁……刑法规范也是行为规范。一方面刑法规范向国民一般性地承诺了对法益的刑法保护，国民知道国家以刑法保护其法益，因而不至于时时刻刻担心自己的法益受到侵犯，另一方面，刑法规范能够成为一般人的行为规范：其一，刑法禁止的行为是违法行为，因而一般人可以预防、制止乃至防卫违法行为；其二，犯罪后将受到刑事制裁，从而使一般人作出不实施犯罪行为的意思决定"。[3] 王安异教授

---

[1] 参见陈家林："论我国刑法学中的几对基础性概念"，载《中南大学学报（社会科学版）》2008 年第 2 期。

[2] ［日］大塚仁：《刑法概说（总论）》，中国人民大学出版社 2003 年版，第 24 页。

[3] 张明楷：《刑法学》，法律出版社 2011 年版，第 30~31 页。

也主张，刑法兼具有裁判规范和行为规范的两种功能，裁判规范的功能主要作用于司法人员，通过对刑法的适用达到威慑的效果，而行为规范的功能在于规诫、指引、敦促一般人应为或可为某种行为以及试图威慑可能的犯罪人。[1]

由此可见，目前刑法学者对于"裁判规范"的认知与理解，主要是从刑法规范的功能这一角度出发的，并将"裁判规范"作为与"行为规范"相对应的一个概念。此种视角下的"裁判规范"往往被理解为法律规范的一种下属类别。尽管我们不能说裁判规范与行为规范的这种理论区分毫无实际意义，但确实是十分有限的。以某一具体刑法规范为例，如《刑法》第354条容留他人吸毒罪的规定。这一规范既指示或命令司法人员对符合本条规定的容留他人吸食、注射毒品的行为人要依法裁判，也指示了一般国民不要实施本条规定的行为，否则要承担某种消极的后果，即"处三年以下有期徒刑、拘役或者管制，并处罚金"。然而，以上这些理解对于具体案件中法律适用的关键，即裁判者如何将刑法文本规范适用于真实案件，意义就十分的有限。诚如有论者所指出的，将裁判规范与行为规范分别理解为法律规范的一种下属类别，无疑是从法律文本的角度对法律规范进行的区分，但这种区分将裁判规范和行为规范都看做是一个静态的概念，是无法反映真实司法裁判的动态过程的，况且在法律规范中也存在一些仅起指引作用而不适用于裁判活动的"纯"行为规范。[2]

事实上，"裁判规范"并非仅是刑法学的一个独有概念，在法律适用方法理论中，"裁判规范"往往是作为一个基础性的概念而存在。与目前刑法学者仅从单一的功能视角来理解裁判规范的内涵不同，在方法论视域下，学者们对于裁判规范的认知与理解大体可以分为两种类别，其中一种类别的裁判规范，就是如上述刑法学者从规范的功能角度来理

---

〔1〕 参见王安异："裁判规范还是行为规范——对滥用职权罪的功能性考察"，载《现代法学》2006年第4期。

〔2〕 参见宋旭光："裁判规范的概念及用语辨析"，载陈金钊、谢晖主编：《法律方法》（第13卷），山东人民出版社2013年版，第341页。

解的，即将裁判规范作为与行为规范相对立的概念使用。例如，德国著名学者卡尔·拉伦茨认为，"每个法律秩序都包含一些——要求受其规整之人，应依其规定而行为的——规则。假使这些规则同时是裁判规范，则有权就争端的解决为裁判者依此判断。大部分的法规则都同时是国民的行为规范及法院或机关的判断规范"[1] 我国台湾地区学者黄茂荣也曾有相类似的表述。他说："法条或法律规定之意旨，若在要求受规范之人取向于它们而为行为，则它们便是行为规范；法条或法律规定之意旨，若在要求裁判法律上争端之人或机关，以它们为裁判之标准进行裁判，则它们便是裁判规范。"[2]

　　然而，这种从静态观念上，亦即从文本的角度对法律规范的划分，遭到了理论上的诸多质疑。理论上的普遍见解认为，这种从静态观念上对裁判规范的理解，并不符合司法审判的动态过程。[3] 因此，在方法论视域下，更多的学者是从司法审判的动态过程来界定裁判规范，亦即认为，裁判规范是我们在司法个案中塑造的具体规范。例如，德国学者弗里德里希·米勒就认为，"规范本身尚未完成，亦不能径行适用，其意义必待具体化之后始能完全呈现"，而针对个案就"规定在法律中的规范"（规范文本）之"具体化"，实际上就是建构或塑造裁判规范。[4] 德国学者沃尔夫冈·菲肯齐尔也表达了相类似的见解，并且直接将这种意义上的规范称之为个案规范。在菲肯齐尔看来，法律规定虽也被看作规范，但常常却不能径行适用于裁判给定的案件，法律规范的普遍有效不是通过法规范平等地适用同样的事实，而是通过法规范按照事理和平等正义的要求被建构，而个案规范就是事理评价和平等评价的产物，是故，"有效的只有个案规范，不是法律，因为即使完全的法规

―――――――――

〔1〕 ［德］卡尔·拉伦茨：《法学方法论》，陈爱娥译，商务印书馆 2003 年版，第 132页。

〔2〕 黄茂荣：《法学方法与现代民法》，法律出版社 2007 年版，第 141 页。

〔3〕 参见张其山："裁判规范的创立原则"，载《政治与法律》2009 年第 10 期。

〔4〕 ［德］卡尔·拉伦茨：《法学方法论》，陈爱娥译，商务印书馆 2003 年版，第 13 页。

范也需要根据待决案件而具体化"[1] 换句话来说,个案规范是一种技术意义上的法条,即赋予待决事实一个规整它的法效果之客观法规则。[2]

我国也有诸多学者是在此意义上理解裁判规范的。例如,吴庆宝博士认为,裁判规范是法官针对个案发现的判案的直接依据,与立法者用成文法所表述的法律规范所不同的是,裁判规范是成文法规范与法官裁判过程中发现法律相结合的结果。[3] 陈金钊教授也认为,之所以会出现"裁判规范"这一概念,是因为法律规范的抽象性往往只顾及法律适用的一般情况而忽视了事实的个性,法律规范虽然是我们的行动指南,但却不总是具体办案的直接依据,"裁判规范"是"在法律与事实、法律与语境、一般正义与个别正义等反复衡量中所衍生出的法律意义","是法律解释的结果,是法律解释者根据法律规范对事实'剪裁'而衍生出来的判决理由"。[4] 他更进一步说道:

> "在抽象的逻辑世界里,法律规范有完整的含义,这是法律思维的指南,但在具体的语境中,一个法律规范并没有完全确定的法律意义,只是提供了解释的起点或者解释的依据。如果在具体案件中,解释者支持或肯定某一种含义,那就意味着对其他含义的排除。从这个角度说,法律解释就是对法律规范中某一含义的确定,而这一确定我们称为裁判规范,也可以称为判决的直接理由。判决的理由或裁判规范在多数情况下与法律条文并没有什么区别,尤其是在典型案件中法律的规定,经解释者认可后就可以转变为裁判规范或理由。但是在一些复杂案件中,或者在一些法律条文表述得不

---

〔1〕 张清波:《理性实践法律——当代德国的法之适用理论》,法律出版社 2012 年版,第 131~136 页。

〔2〕 参见张清波:《理性实践法律——当代德国的法之适用理论》,法律出版社 2012 年版,第 132 页。

〔3〕 吴庆宝:"法官裁判的规范性——以民事法官裁判为视角",载《法律适用》2007 年第 9 期。

〔4〕 陈金钊:《法律解释学——权利(权力)的张扬与方法的制约》,中国人民大学出版社 2011 年版,第 143~144 页。

是十分清晰的情况下，法律条文经过解释才能够作为判决理由。如果所有的法律规范都与裁判规范一致，那就不用研究裁判规范了。但司法的实际情况是：大量的法律面对事实需要解释，特别是在出现法律空白的情况下，法律规范和法律条文就无法作为判决的理由，从这个角度看裁判规范的概念更具实践意义，而不完全是在玩逻辑、概念的游戏。"[1]

当然，理论上也有论者虽赞同这种区分，但同时提出，使用"裁判规范"这一称谓容易形成困境。该学者认为，在成文法国家，由于不允许法官造法，所以，作为判决依据的只能是"法律规范"，而"裁判规范"的称谓似乎与"法律规范"相对立，为了避免语义使用的困境，故将前述米勒所谓的"裁判规范"称之为"裁判准据"。[2]

由此看来，在法学方法论视域下，理论上对"裁判规范"的理解已然突破了将其视为文本规范的一种特殊类型，"裁判规范"事实上是一种被融入了实践元素的"法律规范"，是从真实司法的动态过程对文本规范的重新审视。[3]

（二）本书的立场：刑法裁判规范的内涵界定

由于本书旨在探讨如何对司法裁决中的刑法解释结论加以理性证立的问题，从静态的功能视角对刑法裁判规范进行界定对本书的分析而言毫无意义。此外，解释结论的理性证成问题，事实上是一个方法论问题，是故，本书对刑法裁判规范内涵的界定，必然采取的是方法论上对裁判规范的普遍含义，亦即从司法审判的动态过程对裁判规范的界定。质言之，刑法裁判规范是我们在刑事司法裁判过程中针对个案建构或塑造的具体刑法规范。客观地说，尽管在刑法学领域内，目前普遍的见解

---

〔1〕　陈金钊：《法律解释学——权利（权力）的张扬与方法的制约》，中国人民大学出版社 2011 年版，第 143～144 页。

〔2〕　唐仲清："从法律规范到裁判准据"，载《辽东学院学报（社会科学版）》2007 年第 1 期。

〔3〕　参见张心向：《在遵从与超越之间——社会学视域下刑法裁判规范实践建构研究》，法律出版社 2012 年版，第 67～68 页。

都是站在静态的、功能的角度来看待裁判规范，但也存在极少数学者站在动态的、审判的角度来理解裁判规范。例如，张心向教授就认为，刑法裁判规范是相对于刑法文本规范而使用的、与刑法文本规范相对合的一个概念，是被刑事司法过程建构生成的、直接应用于案件裁判的刑法规范，或者说，是具有裁判性质的刑法文本规范的实践建构形态。[1] 据此，要想对"刑法裁判规范"这一概念的内涵进行较为准确的界定，须解决以下两个方面的问题，即刑法裁判规范的法律规范性问题和刑法裁判规范的实践建构性问题。

1. 刑法裁判规范的法律规范性

由于刑法裁判规范是裁判者针对个案就刑法文本规范的具体化，很容易使人误认为裁判规范仅仅是适用于个别案件的个案规则，不具有普遍性从而也欠缺法律普遍适用的"规范性"。诚然，从司法实践来看，裁判规范是裁判者面对个案形成的，首先是针对个案的，但并不能据此认为，裁判规范仅仅局限于个别案件中的个案规则。理由是，"法官由于受可普遍化原则的影响，法官的思维并不是到此为止，他所需要进一步考虑的是，他所创制的裁判规范能否同样适用于以后相同类型的案件。这样，法官眼中的案件就不仅仅是当前的案件，而是一个类型化的案件。法官的思维放大了，他不仅照顾判决结果能否满足眼前的当事人，而且他还要将目光放在他据以裁决的裁判规范能否为整个社会所接受"，所以，裁判规范并非仅仅针对个案的规则，而是意欲可普遍化的类型规则。[2] 所以说，刑法裁判规范虽是针对个案的具体化，"但当它由法律中推出时，则是假设的、抽象的归属法律文义之案件的法律理由，而对解决同样案件有意义"。[3]

诚如张心向教授所认为的，归根到底，刑法裁判规范是刑法文本规范针对具体案件的适用形态，无论在个案裁判中怎样变化多端、花样百

---

〔1〕 参见张心向：《在遵从与超越之间——社会学视域下刑法裁判规范实践建构研究》，法律出版社 2012 年版，第 71 页。

〔2〕 张其山："裁判规范的创立原则"，载《政治与法律》2009 年第 10 期。

〔3〕 张清波：《理性实践法律——当代德国的法之适用理论》，法律出版社 2012 年版，第 133 页。

出，都是刑法文本规范的"原型合理变型"，这犹如"变形金刚"之理念，形式可以根据需要发生变化，但本质不会发生变化；所以，尽管刑法裁判规范在某些时候亦被有的学者表述为"个案规范""裁判规则""裁判准据"，但都不会影响它作为法律规范的一种实践类型的性质；以此观之，以"裁判规范"这一术语，"来表达裁判规范所指涉的这种规范现象或事实，是相对最贴切的"。[1] 是故，学界之所以倾向于选择"裁判规范"这一称谓而不选择"裁判规则"这一表述，固然有用语习惯的因素，但最重要的原因还是，刑法裁判规范在性质上仍然属于刑法规范，裁判规范的概念本身蕴含着规范的可普遍化。值得注意的是，在目前民商事指导案例中，尽管学理与实务都习惯于将针对个案具体化的法律规则称之为"裁判规则"，但在刑事指导案例中却并未沿用这一概念，也不宜沿用这一概念。理由是，受罪刑法定原则的制约，作为刑事案件裁判的依据应当是刑法规范，使用"裁判规则"这一称谓容易使人淡化"裁判规范"仍然是一种法律规范的类型。此外，不使用"个案规范"这一表述，是因为"其容易被误解为仅仅适用于个别的案件，而对其他案件没有辐射作用"；同样，不使用"裁判准据"这一说法，是因为这一说法仅具有外在的形式意义而难以展示其内在的规范属性。[2]

除此以外，理论上还有论者将针对个案而具体化的规范称之为"审判规范"。例如，陈金钊教授曾主张，审判规范与一般的法律规范不同，审判规范是"针对具体案件的个别规范""法官等进行裁判的直接依据""一般规范和法律事实连结的中介环节"；审判规范由审判操作规范和裁判规范两部分组成，审判操作规范又分为诉讼程序规范和审判时的具体操作规范，裁判规范是由实体法规定衍变出的规范，是审判规范中最为重要的一部分。[3] 据此，陈金钊教授的审判规范是裁判规范的

---

〔1〕 参见张心向：《在遵从与超越之间——社会学视域下刑法裁判规范实践建构研究》，法律出版社2012年版，第70～71页。

〔2〕 参见刘成安：《论裁判规则——以法官适用法律的方法为视角》，法律出版社2012年版，第36页。

〔3〕 参见陈金钊："论审判规范"，载《比较法研究》1999年第3、4期。

上位概念。事实上，在司法实务中，"'审判规范'这一表述，容易被理解为对法官审判活动在程序、工作作风及职业道德等方面的规制和约束"，因此，以"审判规范"来指代具有实体法意义上的"裁判规范"并不妥当。

2. 刑法裁判规范的实践建构性

与静态的刑法文本规范不同，刑法裁判规范是刑法规范的动态实践运作形态，一方面它连接着刑法文本规范，另一方面它又连接着个案事实，从而是刑法文本规范与个案具体事实的中间形态。[1] 所以，刑法裁判规范是司法建构的生成物，它与作为立法建构生成物的刑法文本规范相区别。[2] 根据张心向教授的研究，刑法裁判规范的这种实践建构性主要体现在以下三个方面：[3]

第一，刑法裁判规范表现为具体案件事实与特定刑法规范关系的解释结论。法是否将一个行为构成要件接纳进一条规范中，是对事实的平等或不平等对待的问题，因此是事理视角和平等对待的视角决定了大前提的组成，或者说是规范的行为构成看起来如何；涵摄意味着将准备好的法条配给事实陈述，这导致了决定案件的规范越接近案件，涵摄问题越接近法哲学的争议问题，所以说，个案规范理论让待决案件面对决定它的一条规范，该规范让行为构成要件适应于任何在公正要求下与裁判相关的事实情节。[4] 由于我们经常可以从刑事判决书中看到，法院是依据《刑法》哪一条哪一款对行为人定罪处刑的，因而我们也习惯于认为刑法文本规范都是自动和直接作用于具体案件，但显然事实并非如此。实践中，刑法文本规范往往只是裁判活动的出发点，除了极少数简单案件以外，刑法文本规范都无法直接将个案涵摄其下，这既可能因为

---

〔1〕 参见周宜俊：《刑法裁判规范建构论——以刑法规范适用方法为视角》，华东政法大学 2013 年博士学位论文。

〔2〕 参见张心向：《在遵从与超越之间——社会学视域下刑法裁判规范实践建构研究》，法律出版社 2012 年版，第 58~59 页。

〔3〕 参见张心向：《在遵从与超越之间——社会学视域下刑法裁判规范实践建构研究》，法律出版社 2012 年版，第 72~73 页。

〔4〕 张清波：《理性实践法律——当代德国的法之适用理论》，法律出版社 2012 年版，第 131 页。

刑法文本规范本身的不确定性，也可能因为案件事实比较特殊，无法直接涵盖于文本规范所规定的情形。因此，为了能够裁判个案，必须基于一个具体个案事实解释特定刑法规范以及基于特定刑法规范解释具体案件事实的过程，从而形成一个裁判规范，这样个案才能得到解决。[1]例如，在许霆案中，我们无法直接依据《刑法》第264条的规定来对许霆定罪量刑，许霆利用ATM取款机错误恶意取款能否该当于盗窃罪的构成要件并不是清晰的，此外，即使解决了该当盗窃罪构成要件的问题，ATM取款机是否是金融机构的问题亦需加以讨论，这些问题显然需要针对具体案件事实来解释《刑法》第264条的有关规定。

第二，刑法裁判规范反映了非刑法规范元素补白填充刑法规范空隙的实际情况。尽管在前面已经指出，刑法裁判规范的建构或是塑造离不开刑法文本规范，是刑法文本规范针对具体案件的适用形态，无论在个案裁判中怎样变化多端、花样百出，都是刑法文本规范的"原型合理变型"，但是，刑法裁判规范不可能仅仅局限于刑法文本规范，否则，两者之间也就没有必要进行区分了。之所以要在刑法文本规范之外提出刑法裁判规范的概念，就是因为，在针对具体个案建构刑法裁判规范的过程中，非刑法规范元素可以补白填充刑法规范空隙的实际情况，这显然可以弥补刑法文本规范在疑难刑事案件中适用的不足。如张心向教授所指出的，与最终形成的刑法裁判规范相比，刑法文本规范仅仅是作为为中间性、过渡性的重要论证材料，刑法裁判规范的形成还依赖于大量非刑法制定法法源因素——如社会伦理、习惯、公平正义观念等等——的补白填充。[2]

第三，刑法裁判规范体现为特定案件的实质性裁判理由。"裁判规范形成的过程是法律人通过解释，从制定法中抽出规范性的理由或判断，以接近待决案件……研究裁判规范的形成不是为了明确理论上司法思维是怎样进行的，而是为了明确一种理念，法律条文不是判案的直接

---

〔1〕 ［德］卡尔·拉伦茨：《法学方法论》，陈爱娥译，商务印书馆2003年版，第14页。

〔2〕 张心向：《在遵从与超越之间——社会学视域下刑法裁判规范实践建构研究》，法律出版社2012年版，第72~73页。

依据，判决的直接依据是裁判理由，而裁判理由主要是法律人根据法律文本等构建的，各种法律方法的运用铸成了判决理由"。[1] 作为刑法文本规范形式的刑法规范，绝大多数是难以直接应用于裁决具体刑事案件的，只有被转化成实践中的刑法裁判规范，才能用于具体刑事案件的裁决活动，进而成为逻辑推理的大前提。[2] 所以说，在特定案件中，作为实质性裁判理由的，往往并不是像我们在我国刑事判决书中所看到的那样，仅仅是以刑法条文形式存在的刑法文本规范，而实际上是经由具体个案建构的刑法裁判规范。当然，也并不是所有的刑法裁判规范都可以作为我们最终裁判的理由，它还需要进一步的证成，对此后文将有论述。

二、刑法裁判规范的属性分析

众所周知，对概念之属性的分析，往往可以使我们更加深入地把握一个抽象概念的内涵，因此，在以上对刑法裁判规范的内涵进行了简要的界定之后，以下拟将分析与刑法文本规范相比，刑法裁判规范具有一些什么样的属性特征。

（一）刑法裁判规范是对刑法文本规范的尊重与超越

罪刑法定主义不但是现代刑法一项最基本的原则，同时也是一个宪政层次的宪法原则，它要求那些系属刑法上的犯罪，以及这些犯罪应该如何加以处罚，均必须在行为之前通过法律明确加以规定。[3] 这一原则同时也限定了，针对司法个案具体化的刑法裁判规范不得与刑法文本规范相抵触，除了有利于被告的情形外。所以说，在疑难刑事案件中，尽管刑法文本规范常常不能直接作用于具体个案，但它既为刑法裁判规范的塑造或建构给出了指示，同时也给刑法裁判规范的塑造或建构划定了范围。质言之，针对个案具体化的刑法裁判规范必须处于刑法条文的

---

〔1〕 陈金钊：《法律解释学——权利（权力）的张扬与方法的制约》，中国人民大学出版社 2011 年版，第 144～145 页。

〔2〕 参见张心向：《在遵从与超越之间——社会学视域下刑法裁判规范实践建构研究》，法律出版社 2012 年版，第 55 页。

〔3〕 参见林山田：《刑法通论（上册）》，北京大学出版社 2012 年版，第 31 页。

可能文义范围之内，如果超出了条文的可能文义，就是刑法上的类推，如果这种类推不利于被告人，则违反了罪刑法定原则，应当受到禁止。是故，刑法裁判规范必须尊重刑法文本规范。

然而，值得注意的是，尽管我们承认，刑法裁判规范要以刑法文本规范为依据和蓝本，但这并不意味着，刑法裁判规范的塑造和建构应当完全拘泥于刑法文本规范。[1] 虽然我们常对刑法文本规范怀有美好的寄托，认为刑法文本规范可以尽可能地具体和明确，从而可以直接拿来作为刑事司法裁判的依据，但事实证明，这是一种乌托邦式的幻想。所以，刑法裁判规范的塑造和建构不可能完全拘泥于刑法文本规范，如前所述，刑法裁判规范的塑造和建构也依赖于非制定法法源的补白填充。"刑法裁判规范是在制定法法源与非制定法法源的对垒博弈中生成的刑法规范。刑法文本规范在被实践的再加工过程中，正是由于被整合、融贯了另外一些它无法拒绝的东西，而完成了存在形态，即由文本规范到裁判规范的转化，实现由僵化到灵动的转型"[2] 所以说，刑法裁判规范既是对刑法文本规范的尊重，同时也是对刑法文本规范的超越。例如，在许霆案的重审中，对于许霆的量刑从无期徒刑到 5 年有期徒刑，就是一个典型的制定法法源与非制定法法源对垒的过程，与此同时，该案所最终确立的刑法裁判规范，既是对刑法文本规范的遵从，也是对刑法文本规范的超越。认为其是对刑法文本规范的遵从，是因为它不仅肯定了许霆的行为符合《刑法》第 264 条盗窃罪的构成要件，同时为法定刑以下量刑寻找到了制定法的依据《刑法》第 63 条第 2 款；认为其是对刑法文本规范的超越，是因为它不拘泥于刑法文本规范，结合该案的实际，寻找到了一些实质性的因素为法院给许霆在法定刑以下量刑提供了依据。

（二）刑法裁判规范形成于规范与事实的互构中

然而，在今天，很多人都误以为只要裁判者知道了有关案件事实，

---

[1] 参见王强军："刑法裁判规范的开放性研究"，载《政治与法律》2014 年第 7 期。

[2] 参见张心向：《在遵从与超越之间——社会学视域下刑法裁判规范实践建构研究》，法律出版社 2012 年版，第 78~80 页。

掌握了相关法律规范即可推出刑法裁判规范。事实上，在疑难案件的刑法裁判规范建构的过程中，裁判者不可能处于这样一个消极的地位，他需要充分发挥自己的主观能动性，不断往返于刑法规范与案件事实之间，有时需要用案件事实去解构刑法规范，有时又需要用规范去建构案件事实，只有反复经过这种案件事实与刑法规范往返的过程，才能真正拉近刑法规范与案件事实之间的距离。刑法裁判规范与静态的刑法文本规范不同，它是动态的，是经过裁判者在刑法文本规范和案件事实之间不断进行比较、分析和权衡的结果。

所以，刑法裁判规范的塑造和建构不仅仅是一个规范问题，它还是一个事实问题。诚如陈金钊教授所言："一般认为裁判规范是根据法律进行推理的结果，但是推理不完全是单纯的逻辑推论，推理的小前提是事实，所以推理本身也需要法律人的目光在事实与规范之间进行来回的循环才能完成。在推理过程中虽然法律规范规制着思维的走向，框定了被推理的结论，但事实也约束着推理的具体结论。如果事实对推理没有约束，凭空捏造就会产生。所以，裁判规范的产生不完全是根据法律推理的结论，而是根据法律和事实的融贯关系进行沟通的结果。"[1] 质言之，从刑法文本规范到刑法裁判规范的建构，并不是一个刑法文本规范的单向运作的过程，它是一个目光不断往返于案件事实与刑法规范的过程。一方面，案件事实并不是纯粹"裸"的客观事实，它是被规范剪裁过的法律事实；另一方面，规范也不是单纯的文本规定，它不仅需要通过具体案件事实去发现文本的内涵，甚至还要通过具体案件事实去对文本进行续造，所以是被事实解构了的规范，故而刑法裁判规范的建构过程，事实上就是针对案件事实、围绕案件事实而展开的对刑法文本规范先解构而后再重构的过程。[2]

（三）刑法裁判规范生成于具体案件的裁判过程

通常情形下，我们对于刑法文本规范的理解，可以根据既有刑法条

---

〔1〕 参见陈金钊：《法律解释学——权利（权力）的张扬与方法的制约》，中国人民大学出版社 2011 年版，第 148 页。

〔2〕 参见周宜俊："刑法裁判规范建构论——以刑法规范适用方法为视角"，华东政法大学 2013 年博士学位论文。

文的规定，通过字面解释、体系解释、目的解释来确定完整的刑法文本规范，在对某一领域法律规定有较全面了解的基础上建构规范，但这种建构并不能直接在案件中使用。在疑难刑事案件中，刑法文本规范在很大程度上都是约束思维的，而不是直接运用于具体个案的裁判，刑法文本规范是我们的行动指南，但并不是办理案件的直接依据；由于刑法文本规范主要考虑的是刑法所要适用的一般情况，所以不得不具有一定的概括性与抽象性，也正是因为刑法文本规范的概括性与抽象性，决定了它不能更多地顾及案件事实的个性。[1]

与上述刑法文本规范的特性相比，刑法裁判规范是直面于具体个案的，是在具体案件的裁判过程中生成的，兼顾案件裁判一般正义性和个案正义性的刑法规范，故而，其适用也具有鲜明的案件针对性。[2] 例如，在许霆案件中，法院对于"特殊减轻"的理解与建构，就是针对许霆个案的，它的效力就不能当然及于云南版的"许霆案"（何鹏案）或者是宁波版的"许霆案"（唐风军、唐风光案）。[3] 这是因为，"制定法因素与非制定法因素在融合构建裁判规范中的比例或权重的大小以及非制定法因素中哪些具体因素能够渗入这种建构，在不同的个案中会有不同的排列组合方式"。[4] 当然，需要澄清的是，这种个案的针对性并不意味着，具体案件中建构的刑法裁判规范仅仅具有个案规则意义，如前所述，刑法裁判规范的可普遍化特征亦可对其他案件具有参照甚至指导作用。质言之，在许霆案中得以形成的刑法裁判规范虽然不能直接作为其他类似案件（如何鹏案）的裁判依据，但它无疑会对于类似案件的裁判具有重要的参照作用，这就是为什么在许霆案从无期徒刑改判

---

〔1〕 参见陈金钊：《法律解释学——权利（权力）的张扬与方法的制约》，中国人民大学出版社2011年版，第143页。

〔2〕 参见刘成安：《论裁判规则——以法官适用法律的方法为视角》，法律出版社2012年版，第51~52页。

〔3〕 参见鲁生："'云南许霆案'更值得追问"，载《检察日报》2008年4月9日，第6版；吕明合："宁波兄弟判决在即'许霆判例'考验司法"，载《南方周末》2008年5月1日，第3版。

〔4〕 张心向：《在遵从与超越之间——社会学视域下刑法裁判规范实践建构研究》，法律出版社2012年版，第87页。

为 5 年有期徒刑后，云南省高级人民法院也对何鹏一案由原来的无期徒刑改判为 8 年 6 个月有期徒刑。

此外，强调刑法裁判规范是在具体案件裁判过程中生成的这一属性，也并不是为了否认我们通常对于刑法文本规范解读的意义。"仅仅基于法官的裁判活动，通过个案事实去确定规范概念、语词在实际案例事实中的意义不仅是相对的，而且往往是零乱的，不成体系的。"[1] 具有抽象性刑法文本规范的解读往往具有体系化的特征，它能够为具体案件中刑法裁判规范的生成提供指导，与之相比，在具体案件中生成的刑法裁判规范，也丰富了刑法文本规范的内涵。

（四）刑法裁判规范是一种可废止性规范

刑法裁判规范是在具体案件的裁判过程中生成的个案大前提，它是基于"本案案件事实"这一特定情境下的理解，当刑法裁判规范赖以生成的特定情境发生了改变，经由这种情境生成的刑法裁判规范也可能发生改变。所以说，尽管刑法裁判规范是一种意欲可普遍化的类型规则，具有一定的可预测性和可重复性，但由于刑法裁判规范具有鲜明的案件针对性，因此也具有即时性的特点；此外，当"本案案件事实"这一特定情境发生改变时，刑法裁判规范也会有相应的变动和调整，从而也具有可废止性。除了由于赖以生成的特定情境发生了改变而导致刑法裁判规范具有可废止性外，刑法裁判规范也可能因为基于裁判者对刑法文本规范及案件事实的错误理解和推论从而具有可废止性。如司法实践中经常出现的二审改判或再审改判就是刑法裁判规范具有可废止性的例证。[2] 可以说，导致个案中的裁判者对于刑法文本规范及案件事实产生错误理解和推论的原因有很多，如刑法文本规范的具体表述、案件事实的复杂程度以及裁判者的知识结构、个人经验以及裁判水平等，但最为主要的原因是，刑法裁判规范建构中非制定法法源等因素的渗入。

---

〔1〕 张心向：《在遵从与超越之间——社会学视域下刑法裁判规范实践建构研究》，法律出版社 2012 年版，第 87 页。

〔2〕 参见胡志坚："个案裁判规范之构建是司法裁决证立的关键"，载葛洪义主编：《法律方法与法律思维》（第 5 辑），法律出版社 2008 年版，第 47～48 页。

亦如在前文已经提到的，刑法裁判规范的塑造和建构，并非完全拘泥于刑法文本规范，它是制定法法源与非制定法法源对垒博弈中生成的规范，所以，难免需要融入社会伦理、公共政策、司法习惯、道德规范、刑事政策以及公平正义等内容。然而，尽管由于上述内容的介入，使得静态的、僵化的刑法文本规范成为动态的、积极的能够应对各种复杂刑事案件的刑法裁判规范，但也正是由于这些往往不具有精确内涵内容的介入，从而造成不同主体对于刑法裁判规范建构和塑造的不同理解，其中，有些刑法裁判规范可能与刑法文本规范相抵触，或者是与本案案件事实不符。[1] 应当说，也正是因为刑法裁判规范的可废止性，决定了已建构的刑法裁判规范要想最终成为待判案件的裁判依据，还需要经过进一步的论证。以许霆案为例，对于许霆利用 ATM 取款机的故障恶意取款的行为，不同的主体建构了不同甚至相互冲突的刑法裁判规范，根据这些不同的裁判规范，有人认为应该对许霆以侵占罪论处，也有人认为应以盗窃罪论处，还有人认为应以信用卡诈骗罪处理，甚至也有人认为以无罪论处。究竟谁对此建构的刑法裁判规范既能符合了刑法文本规范的要求，又契合了本案案件事实，显然，这需要我们对这些刑法裁判规范加以证成，以确定最终可以适用于本案的刑法裁判规范。

---

〔1〕　参见王强军："刑法裁判规范的开放性研究"，载《政治与法律》2014 年第 7 期。

第二章 理论的诠释：刑法裁判规范证成之品性

在上一章的讨论中，本书着重强调了，在疑难刑事案件的司法判决中，由于刑法文本规范难以直接作为裁判的依据，所以，必须针对个案来建构或塑造具体化的刑法规范（即刑法裁判规范）。然而，针对个案建构出的刑法裁判规范并不一定就符合案件事实，也不可能总是"唯一正解"。如前所述，由于刑法裁判规范的建构往往依赖于建构主体在规范与事实中的"目光往返"，建构的过程中往往也不可避免地要渗入一些非制定法的因素，因此，实际建构出的刑法裁判规范，可能出现不符合案件事实，或与刑法文本规范相抵触的情形，当然也可能针对某一个案出现多个有歧义的刑法裁判规范。是故，对于刑事司法裁决理论来说，不可能仅仅止于刑法裁判规范的建构，甚至建构都不是其关注的重点。事实上，刑事司法裁决理论的重点在于，我们应当如何对所建构出的刑法裁判规范加以理性的证立。诚如学者颜厥安所认为那样，司法裁决理论的重点"在于是否充分而完整地进行对法学判断之证立，而不在于这个裁判事实上是透过何种过程发现的"。[1]

当然，这并非意味着，具有法之发现意义的刑法裁判规范的建构，在实际司法活动中毫无意义，恰恰相反，这种发现意义上的刑法裁判规范的建构，往往决定了裁判者作出判决的方向。之所以认为，司法裁决理论的重点不在于"裁判事实上是透过何种过程发现的"，是因为这不是具有规范理论性质的司法裁决理论所可以解决的。事实上，刑法裁判规范的建构或发现，与规范刑法理论存在的关联，并非如我们想象的那

---

[1] 颜厥安：《法与实践理性》，中国政法大学出版社 2003 年版，第 138 页。

般紧密（但也并非毫无关联），它与社会学、心理学等一些非规范性理论可能存在更为紧密的联系。例如，大量的经验显示，在真实司法案例的判断中，我们对于某一结论（先期结论）的形成，往往就是透过直觉产生的，而这种直觉的形成既与心理学相关，也与社会学相关。当然，这一结论可能是正确的，也可能是错误的，也可能存在多种结论，这就需要我们的司法裁决理论对这些先期形成的结论进行进一步的证立，只有经过理性证立，刑法裁判规范才可以作为裁判的依据。如导论中所言，对于刑法裁判规范的证立，单纯通过对文本规范的解释是难以实现的，必须将其置于法律论证的视域来进行考虑，亦如德国学者米勒所言，"一直要等到进入法律论证程序，规范文本才取得其重要性，也只有借此程序才能形成裁判要旨"。[1]

随着法律理论重心从以立法为中心转向以司法为中心之后，具有"司法定向性"和"规范取向性"的法律论证理论逐渐受到了国内外学者的广泛青睐。可以说，法律论证理论目前已在法理论研究中占据了支配地位，亦如有学者所言，法律论证理论无疑是当代法律方法论所取得的最重要研究成果。[2] 目前，我国学者可以接触到的法律论证理论的文献也格外丰富。其中，国外有关的论述有：法律论证理论之集大成者——德国著名学者阿列克西的《法律论证理论——作为法律证立理论的理性论辩理论》、德国著名哲学家哈贝马斯教授的《在事实与规范之间——关于法律和民主法治国的商谈理论》、荷兰学者菲特丽丝的《法律论证原理：司法裁决之证立理论概览》、英国学者麦考密克的《法律推理与法律理论》等等；国内有关的论述有：焦宝乾教授的《法律论证导论》和《法律论证：思维与方法》，戚渊、郑永流、舒国滢和朱育庆的《法律论证与法学方法》，解兴权博士的《通向正义之路——法律推理的方法论研究》，以及陈林林教授的《裁判的进路与方法——司法论证理论导论》等等；此外，还有大量的期刊文献。客观来讲，这些论述对于我们理解和掌握法律论证理论起到了很重要的作用。

〔1〕［德］卡尔·拉伦茨：《法学方法论》，陈爱娥译，商务印书馆2003年版，第13页。
〔2〕参见焦宝乾：《法律论证：思维与方法》，北京大学出版社2010年版，第9页。

然而，作为一个尤为注重法的实践品性的法学理论，我们仅在一般意义或抽象意义上对其进行探讨，是很难发挥这一理论的根本实益的，所以，对法律论证理论的研究必须与部门法相结合。如有学者所言，"法律方法论的一般理论和原理必须结合部门法自身的具体情况展开研究，才会更有效。以法官裁判为研究中心的法律方法论，不是表现为一些抽象的理论教条，而是需要跟部门法的具体规范分析相结合"。[1] 虽然这一认识在我国学界尚未受到充分重视，但也有少数部门法学者认识到了这一点，故近年来有些学者从部门法如民法、行政法和刑法视角来展开法律论证理论的研究。例如，就民法学领域而言，朱庆育博士在《意思表示解释理论》一书中，就运用了法律论证理论中的修辞学方法。在该书中，朱庆育博士明确阐释到，"私法推理并非依照大前提来寻找小前提，进而依据逻辑演绎推理得出裁判结论，而是在对兼为法律事实与法律规范的意思表示作出解释的同时，根据各方充分论辩结果来作出相应的裁判"。[2] 王轶教授也从论证理论出发探讨了民法价值判断问题的实体论证规则。[3] 在行政法学领域，苏州大学的苏治博士在其博士论文《行政诉讼中的法律论证方法研究》中，就行政诉讼中的内部证成和外部证成作出了较为详细的阐述。在刑法学领域，陈兴良教授在《刑法教义学方法论》一文中就明确了论证方法是刑法教义学方法中的重要问题之一；[4] 童德华教授也在《从刑法解释到刑法论证》一文中分析了既有解释理论与方法的局限，发出了"从刑法解释到刑法论证"的呼吁；[5] 陈航博士的《刑法论证方法研究》更是中国大陆第一本正式探讨刑法论证的专著，尽管其有不足之处（未能严格区分刑事立法层面的论证与刑事司法层面论证，对于刑事司法层面的论证未能清晰

〔1〕 焦宝乾：《法律论证：思维与方法》，北京大学出版社 2010 年版，第 26 页。

〔2〕 朱庆育：《意思表示解释理论》，中国政法大学出版社 2004 年版，第 201 页。

〔3〕 参见王轶："民法价值判断问题的实体性论证规则——以中国民法学的学术实践为背景"，载《中国社会科学》2004 年第 6 期。

〔4〕 参见陈兴良："刑法教义学方法论"，载《法学研究》2005 年第 2 期。

〔5〕 参见童德华："从刑法解释到刑法论证"，载《暨南学报（哲学社会科学版）》2012年第 1 期。

展开；限于一些刑法论证技术的研究，未能根据论证理论中最为核心的论证进路展开分析，对于具体个案之裁决的指导意义有限)，[1] 但其积极意义是不容否认的；沈琪博士的《刑法推理方法初论》、王瑞君教授的《罪刑法定的实现：法律方法论角度的研究》，以及张心向教授的《在遵从与超越之间——社会学视域下刑法裁判规范实践建构研究》也都有一定篇幅详述了刑法论证问题；此外，尤为值得一提的是，我国台湾地区学者吴元耀博士从论证理论之集大成者德国学者阿列克西的法律论证理论观点出发，对台湾地区刑事法学发展的启发意义做出了较为开创性的研究。[2]

　　以此看来，不论是民法还是行政法抑或是刑法，都离不开法律论证方法，但由于民法、行政法与刑法在调整对象以及适用原则的差异，决定了在部门法中法律论证理论的具体运用必然呈现一定的差异。此外，由于近代刑法学一直深受罪刑法定主义理念的影响，刑法学往往被视为法理论家族中的另类，尤其是在刑法解释领域，法律解释的许多基本原理和适用规则都无法直接适用于对刑法解释问题的探讨。[3] 刑法裁判规范的证成也是如此，受罪刑法定原则的制约，法律论证理论的一些基本原理和适用规则就可能并不适用于刑法裁判规范的证立。由此产生了一个十分重要的问题是，在法律论证理论视域下，刑法裁判规范的证成与其他裁判规范的证成相比，究竟具有哪些特殊性？质言之，刑法裁判规范证成的品性是什么？

　　应当说，刑法裁判规范证成的品性问题要解决的就是其特殊性问题，如前所述，对于刑法裁判规范证成之特殊性的理解，自然要从与其他部门法中裁判规范的证成相比较而得，但却不能仅限于此。事实上，要想准确把握刑法裁判规范证成之品性，还必须将之与其遥相对应的一个概念——刑法裁判规范生成进行比较而得。换言之，刑法裁判规范证

---

　　〔1〕　参见陈航：《刑法论证方法研究》，中国人民公安大学出版社 2008 年版，第 58～59 页。

　　〔2〕　参见吴元曜：《Robert Alexy 之论证理论观点与我国刑事法学之发展》，元照出版社 2009 年版。

　　〔3〕　参见吴丙新：《修正的刑法解释理论》，山东人民出版社 2007 年版，第 217 页。

成之品性的理解，至少可从两个视角进行解读：一个是发现与证立区分视角下的解读，即与刑法裁判规范的生成相比，刑法裁判规范的证成具有何种品性；另一个就是部门法区分视角下的解读，即与民法、行政法中裁判规范的证成相比，刑法裁判规范的证成又具有哪些品性。以下分述之。

第一节　发现与证立区分下刑法裁判规范证成之品性

法的发现与证立的区分，是法律论证理论的一个重要理论基础，在某种意义上，这一区分实际上划定了法律论证的研究和考察范围[1]。一个完整的刑事裁判过程实际上包括了刑法裁判规范的生成和刑法裁判规范的证成两个方面，即先有"生成"，再进行"证成"，"生成"所要解决的是刑法裁判规范的发现，而"证成"的任务就是对发现的刑法裁判规范进行论证。也正是缘于这种任务上的显著差异，导致了刑法裁判规范的生成与刑法裁判规范的证成具有不同的品性。这种不同主要体现在思维方式、理性态度以及影响因素这三个方面。

一、刑法裁判规范的证成是一种精密思维

在一个真实的刑事裁判过程中，我们究竟如何选取待决案件可适用的规范？或许在我们头脑中呈现出的是这样一幅情景，即"需要将待审案件与知识网络中（记忆库）的所有法条逐一匹配，并将符合性程度的排序一一列出，最后才决定选取哪几个法条"[2]。倘若真是如此，那么对刑法规范的理性证立与对刑法规范的发现几乎是同时出现的。但真实的刑事裁判过程并非如此。事实上，在针对某个个案的理性意见形成之前，我们实际上已经选取了一些可能适用的规范，而这些规范的选取并不是逐一匹配的结果，常常依赖的是我们的经验或者直觉。当然，这

---

〔1〕　参见焦宝乾："法的发现与证立"，载《法学研究》2005 年第 5 期。
〔2〕　李安：《刑事裁判思维模式研究》，中国法制出版社 2007 年版，第 181 页。

种经验或直觉有时会指向错误的规范，但这并不意味着一定会导致错误的判决。这是因为，规范的发现往往只是刑事裁判过程的第一个步骤，在规范的发现之后，往往还需要对规范加以进一步论证，即规范还须证成。"规范的发现"是为了能够提供粗略适合于当下个案的相关法律的可选范围，只能是粗略的思维；而"规范的证成"则是为了论证经发现的规范是否真的符合当下个案，抑或是为了从发现的诸多规范中选择最适合的规范，也就是说，规范的证成是为了精细匹配，因而是一种精密思维过程。[1]

从心理学的角度来看，刑法裁判规范生成中的粗略思维，事实上也是一种启发式思维。李安教授根据曾获得诺贝尔经济学奖的心理学教授Daniel Kahneman 的启发式策略理论，将刑事裁判过程中规范发现的启发方式概括成了三种，即"利用案件的类似性进行代表性启发""利用自己对规范的熟悉程度进行可得性启发""利用外部的结论进行锚定启发"。代表性启发，是指常借助于典型案例或先决案例与待决案件的相似性来发现待决案件可能适用的规范，如为了研究猴子能否识别危险物品，用香蕉皮包裹着炮竹丢给动物园的猴子，结果猴子吞食引发炮竹爆炸从而导致猴子严重炸伤，那么对于此案的规范发现，自然会联想到刘海洋用硫酸泼熊案件，进而指引到故意毁坏财物罪的规范；可得性启发，是指根据客体或事件在知觉或记忆中的易得性程度来发现规范，如行为人以自己手机没电为由借被害人手机打电话，后以信号不好为由慢慢离开被害人视线从而逃跑，人们会很自然地联想到诈骗罪，这是因为欺骗手段很容易与我们记忆中的诈骗罪相符；锚定启发，是指对于规范的发现，我们往往会以最初的信息为参照，如法官对于某个案规范的发现很大程度上就会受到检察机关起诉书的锚定影响。[2]

然而，无论是代表性启发，还是可得性启发，抑或是锚定启发，常常带有偏见，心理学就将常将启发与偏见联系在一起。例如，对于上述所举的"借他人手机打电话并乘机溜走"的事案，根据我们对事件在

---

〔1〕　参见李安：《刑事裁判思维模式研究》，中国法制出版社 2007 年版，第 181 页。

〔2〕　参见李安：《刑事裁判思维模式研究》，中国法制出版社 2007 年版，第 181～186 页。

记忆中的易得性程度，很自然地认为应适用诈骗罪的规范，但事实上，此案并不符合诈骗罪的客观行为构造。这是因为刑法理论与实务普遍认为，诈骗罪在客观上必须符合特定的行为构造：行为人实施欺骗行为——对方（受骗者）陷入认识错误——对方基于认识错误处分财产——行为人或第三人取得财产——被害人遭受财产损害。[1] 虽然该事案的行为人有欺骗行为，被害人也有认识错误，行为人也取得了财产，被害人最终也遭受了损失，但被害人并没有基于认识错误处分手机的行为，所以该事案的行为人并不成立诈骗罪。故而，经由这些启发式而发现的刑法裁判规范并不能直接作为刑事司法裁判的直接依据，必须运用法律论证理论对发现的刑法裁判规范进行证成。也就是说，虽然我们很难克服刑法裁判规范生成中的启发偏见，但是却可以在刑法裁判规范证成中避免偏见对案件产生实际影响。之所以认为刑法裁判规范的证成可以实现这一点，是因为与刑法裁判规范的生成是一种启发式思维不同，刑法裁判规范的证成是一种精密型思维。

之所以我们主张刑法裁判规范的证成是一种精密型思维，很大程度上源于裁判规范的证成对于逻辑推理在论证中意义的强调，以及对于论证理由说明的重视。显然，一个精密型思维首先必须是符合逻辑的。虽然说，逻辑既不能控制我们在刑法裁判规范生成中的偏见，也无法解决事实与规范的符合性判断，但这并不意味着我们要在刑法裁判规范的证成中对逻辑进行弃置。事实上，逻辑可以拉近事实与规范的距离，也可以检验裁判规范论证步骤是否存在明显的偏误，从而为刑法裁判规范的证成增加理性的色彩。"对于法官而言，他们只能通过说明理由的推理活动来做出符合法律规定的判决，因为法官必须就他们所做的判决说明理由，所以他们不能仅仅将结果列出，还必须对支持判决结论的相关理由予以明确阐释"。[2] 而逻辑无疑也是实现这种推理或说理活动的重要工具之一，尽管逻辑不能保证前提的真实性，但却可以保证从作为前提的法律命题和事实命题中有效推导一个法律结论。此外，精密型思维必

---

〔1〕 参见张明楷：《刑法学》，法律出版社 2011 年版，第 889 页。
〔2〕 李安：《刑事裁判思维模式研究》，中国法制出版社 2007 年版，第 280 页。

须是可细化的。与刑法裁判规范生成的启发式思维不同，刑法裁判规范的证成并不以提供某一最终结论为已足，它必须呈现出对于待决案件最终采取某一裁判规范的论证理由与论证过程，而且必须保证这些论证理由和论证过程是可细化的，其他人根据这些论证理论和论证过程也能够得出同样的结论。

二、刑法裁判规范的证成是一种理性决断

前已述及，由于疑难刑事案件中的规范与事实不能像简明案件那样直接相对应，我们无法直接依据刑法文本规范对待审案件作出裁决，所以必须针对当前个案建构或发现可资适用的刑法裁判规范。经验告诉我们，刑法裁判规范的建构或发现，绝大多数情况并不是一个合乎逻辑的推导过程，而是依赖于我们的经验与直觉，这种经验与直觉就表现为"法律感"。实践中，当我们初步了解了某个案例的基本案情后，头脑可能很快就涌现出大体的解决方案（当然包括了可适用的裁判规范），这就是凭法律感支配的结果。应当说，法律感对于刑法裁判规范的生成起了十分重要的作用。正如陈金钊教授所言，"法律命题就是随着法律感而涌现的，它是法律论证的前奏，在一定程度上能解决法律论证的命题质量，凭借高质量的法律感，人们可以发现一些真命题，而低质量的法律感所发现的命题，即使经过论证也不一定具有说服力"[1] 美国现实主义法学曾将"法感觉"在判决中的地位推崇到了极致。"现实主义法学家以为，在判决过程中，直觉和预感是在该特定个案中正确解决办法的关键因素。那种将法律之个案适用描述为该案件已经被预先决定，是一种常见的误导人的观点。这是因为真正的判决过程是直觉性的而非演绎性的"[2] 例如，美国学者理查德·瓦瑟斯特伦就认为，法官事实上是依其情感或偏好进行判决的，法官对案件事实的情感反应才真正决

---

〔1〕 陈金钊："从法律感到法律论证——法律方法的转向"，载《山东警察学院学报》2005 年第 1 期。

〔2〕 焦宝乾："法的发现与证立"，载《法学研究》2005 年第 5 期。

定了所得出的最终结论。[1]

应当说，现实主义法学对于"法律感"在判决过程中的作用有些言过其实。按照现实主义法学的说法，法律感似乎是随机产生的。其实不然，法感觉的形成依赖于丰富的法律知识，如有论者所认为的，没有相当的法律知识是不会有高水平的法律感的，法律感并非是任何人对法律问题的感觉，它毋宁是掌握了系统法律知识的那部分人的感觉。[2]现实主义法学的观点，在某种程度上揭示了一个法感觉真实存在的问题，即法感觉的非理性特征。虽然法感觉也奠基于理性的材料基础，如法律概念、法律规范、法律关系等知识体系，但只要有理解，理解便会有所不同，尤其是当法律感与不同的利益追求交织在一起的时候，不同人之间的法律感可能差别更大。[3]"没有人可以主张，他的感觉比别人的确实可靠。仅以法感为基础的判断，只有对感觉者而言是显然可靠的，对与之并无同感之人，则否。因此法感并非法的认识根源，它至多只是使认识程序开始的因素，它促使我们去探究，起初'凭感觉'发现的结论，其所以看来'正当'的原因何在"。[4]因此，强调理由正当化的刑法裁判规范的证成应运而生。

这也就是说，刑法裁判规范的证成的核心任务就是用理性的方法，对依凭法律感发现的刑法裁判规范进行补强，因此，刑法裁判规范的证成也是一个对发现的刑法裁判规范进行理性重构的过程。之所以认为刑法裁判规范的证成是一个理性重构的过程，主要基于这样两点理由：一个理由是内容的理性，另一个理由是方法的理性。内容的理性主要说的是，刑法裁判规范的证成并不仅仅向法律的适用者提供一种决断，它更核心的任务是要展示之所以作出这样的决断而非其他决断的正当理由。

---

〔1〕 Richard A. Wasserstrom, *The Judicial Decision*: *Toward a Theory of Legal Justification*, Stanford University Press, 1961, p. 21.

〔2〕 参见陈金钊："从法律感到法律论证——法律方法的转向"，载《山东警察学院学报》2005年第1期。

〔3〕 参见陈金钊："从法律感到法律论证——法律方法的转向"，载《山东警察学院学报》2005年第1期。

〔4〕 ［德］卡尔·拉伦茨：《法学方法论》，陈爱娥译，商务印书馆2003年版，第5页。

季卫东教授曾经指出，判决书不阐述和不论证把法律适用于具体案件事实的理由的事情，这在学识性、合理性较强的法律体系下，是绝对无法想象的。[1] 按照马克思·韦伯的观点，司法的理性实际上也就是指裁决案件的依据应当"明确可察，合理可喻"。[2] 裁判理由的寻找与正当化过程无疑也为裁判决断的再次检测提供了适当的途径。在刑法裁判规范的证成中，法律适用者究竟应采取哪些规则作为论据，这显然不是依凭法律感就可以解决的，理由的正当化必须经过审慎的思考，并运用思维进行理性的加工。"虽然经验的结论有时也拿来作为论据，但法律人在思考判决理由的过程中，已不是经验的感觉在起支配作用，而是理性思考占据主导地位"，所以，判决理由就是一个理性思维的结果，也是对法律感的一种超越。[3] 刑法裁判规范证成中方法的理性是指，对于待决案件最终选择的刑法裁判规范的确立可以经由一些方法予以说明，而对于刑法裁判规范的生成来说，却是一个从逻辑上不大容易说清楚的心理过程。尽管逻辑推理不是裁判规范证成的唯一方法，但逻辑推理方法的确是我们对裁判规范进行理性重构的重要的工具之一。此外，由于理性的刑法裁判规范不仅要告知得出的依据和中间的推导过程，而且要说服当事人、同行和社会各界人士，所以，论证理论中的对话或沟通方法也为刑法裁判规范的理性化提供了条件。

总而言之，刑法裁判规范的证成就是为了在司法中引入更多的理性因素，来克服依凭法律感所生成的刑法裁判规范存在的各种非理性因素，从而使得被最后选中的刑法裁判规范建立在理性思考的基础之上，因此，刑法裁判规范的证成是一种理性决断。

三、刑法裁判规范的证成是一种规范论证

前面主要从思维方式和理性态度这两个方面，就刑法裁判规范的证成与刑法裁判规范的生成之间的区别，作了一些简要的分析。接下来，

---

〔1〕　参见季卫东：《法治秩序的建构》，中国政法大学出版社1999年版，第229页。

〔2〕　参见张雪纯：《刑事裁判形成机制研究》，中国法制出版社2013年版，第213页。

〔3〕　陈金钊："从法律感到法律论证——法律方法的转向"，载《山东警察学院学报》2005年第1期。

再从这两个阶段的影响因素来简要讨论刑法裁判规范的证成与刑法裁判规范的生成之间的差异。从影响因素这样一个视角来看，刑法裁判规范的生成不仅要受到刑法文本规范和具体案件事实构成的影响，更要受到司法场域内其他因素和司法场域外关联因素的影响，所以，刑法裁判规范的生成更多的是一种心理学或社会学视域下的建构；[1] 刑法裁判规范的证成尽管也会受到一些非制定法因素的影响，但其核心仍然是围绕实在法——刑法展开的，其试图使法官对于案件的解释具有统一的标准和"提出一套论证的规则和论述形式，将法官的自由裁量限定在规则、秩序和技术的架构之内"，[2] 因此，刑法裁判规范的证成是一种规范性的论证。

张心向教授对刑法裁判规范的社会学建构有过比较详细的研究，她从宏观的视角出发，将刑法裁判规范的生成因素分为了司法场域内的因素和司法场域外关联因素这样两个方面。刑法裁判规范生成受到场域外关联因素的影响又可分为两个方面：一方面，刑法规范作为一种法律规范，只是众多社会规范的一种，这种规范只有在与其他制度（规则）的联系中才能正常地发挥作用，法律规范作为客观意义上的思想是与其他思想并存的，所以刑法裁判规范的生成要受制度、文化、传统、国家机构的影响。另一方面，司法场域作为社会场域的子场域，毫无疑问地会与社会其他场域，如经济场域、文化场域、学术场域、权力场域等发生联系并存在着复杂的关联关系。而这些场域中的各种因素正是利用这种联系，通过场域空间上的转换手段，如把司法场域外因素转换成司法场域内的因素、把日常用语切换成法律用语等进入司法场域，用非法律因素替代法律因素等，争夺案件话语权及裁决权，进而影响或左右刑法运作过程及其效果，而这个过程的核心，便是对刑事裁判规范生成的影响。而这其中对刑法裁判规范的生成影响最大的主要是权力场域中的制

---

〔1〕　参见张心向：《在规范与事实之间——社会学视域下的刑法运作实践研究》，法律出版社 2008 年版，第 435～436 页。

〔2〕　舒国滢：《法哲学：立场与方法》，北京大学出版社 2010 年版，第 52 页。

度建构因素和刑事政策因素。[1]

由此看来，尽管刑法裁判规范的生成并未全然忽视刑法文本规范的制约，但与刑法文本相比，其更关注裁判规范生成中的非规范性因素，而法之证立意义上的刑法裁判规范的证成显然与之不同。"证立脉络则关涉判断的证立以及在评价判断中所适用的评价标准，只涉及对裁决证立过程中提出的论述相关的要件而不考虑大量的现实因素……法律论证仅仅关涉证立的脉络（包括'理性重构'）而不考虑发现的脉络，它揭示出：无论裁决作出的现实过程受多么复杂因素的影响，经过多少次利益相关方力量的博弈，它都必须以合乎某些理性标准——程序无瑕疵、逻辑顺畅和某些社会基本共通价值的遵守等等"。[2] 刑法裁判规范的证成总体来说是一种规范取向的，尽管它也不认可刑法裁判规范的证成仅仅是文本规范的一种逻辑推理的说法。在论证的规范取向下，"对于取向于裁判的实质理性标准，即对于考量裁判结果只有这时才有余地：只要语言规则的模糊性开启了裁判的活动空间。被看作语言规则之约束的法律约束确定了界限，而在其之内裁判的理性和公正视角能够被考虑"。[3] 亦如菲特丽丝所言，"充分证立的要求是与法律确定性的要求相联系的"，"因为它试图提出满足法律确定性要求的法律解释的证立规范，所以它又是规范的理论"。[4]

四、对于裁判规范生成与证成二分否定说的质疑

显然，以上关于刑法裁判规范的生成与刑法裁判规范的证成之间差异的分析，都端赖于法的发现与证立这一区分。换言之，正是由于这一理论将法之适用划分为了"发现"和"证立"的两个不同脉络，从而

---

〔1〕　以上参见张心向：《在规范与事实之间——社会学视域下的刑法运作实践研究》，法律出版社 2008 年版，第 436 页。

〔2〕　雷磊："法律论证的功能、进路与立场——以菲特丽丝《法律论证原理》一书为视角"，载葛洪义主编：《法律方法与法律思维》（第 4 辑），法律出版社 2007 年版，第 367 页。

〔3〕　［德］乌尔弗里德·诺伊曼：《法律论证学》，张青波译，法律出版社 2014 年版，第 12 页。

〔4〕　［荷］伊芙琳·T. 菲特丽丝：《法律论证原理：司法裁决之证立理论概览》，张其山等译，商务印书馆 2005 年版，第 126 页。

为刑法裁判规范证成的提出，提供了理论前提。倘若我们否认了发现与证立二分理论的可行性与必要性，那么刑法裁判规范证成之理论的可行性与必要性也就失去了基础。是故，针对目前学理上关于法的发现与证立二分之否定说，有必要作出相应且适当的回应。

由于法律中的发现与证立之区分，很大程度上是受科学哲学领域上发现与证立之区分的启发，因此，学界对法的发现与证立之二分说的否定，也极易从科学哲学上寻找突破口。客观地说，在科学哲学领域对这一区分提出质疑的学者目前并不在少数。根据焦宝乾教授的研究，在科学哲学领域对这一区分提出质疑主要表现为两个方面：一方面是认为不可能存在科学发现的逻辑，例如科学哲学家波普就认为"没有任何逻辑可用于对知识进行研究或发现新知识"；另一方面是主张接受或拒斥某一理论的决定并不完全取决于所谓的客观标准，部分还取决于心理学、社会学与文化学的因素。[1] 当然，也有学者从事实上说明发现与证立的难以区分进而否定这一区分的必要性。如刘大椿教授认为，发现与证立之间没有鸿沟，发现不仅是心理事件，同时部分还是辩护和信仰，只有已经被辩护了的东西才是发现，发现包含在证立之中，发现与证立只是程度上的差别。[2]

目前在法律领域中否定发现与证立二分主要有这样几种观点。第一种观点认为，真实的司法过程中发现与证立很难二分，如英国学者芝诺·班科夫斯基（Zenon Bankowski）认为"发现"就是通过了相关检验的事情，发现包括了证立活动，此外，学者 Halttunen 也认为，令人满意的证立即等同于发现的过程；第二种观点认为，对发现与证立的严格区分容易忽略判决制作的真实过程，如英国学者布鲁斯·安德森（Bruce Anderson）认为，当今对判决证立的过分强调，已经使我们误解和忽略了"真实的"判决制作过程，目前更重要的是应该对司法判决的制作的"实际"过程予以研究；第三种观点主要是借助于诠释学中的视域融合理论，提出法律判断是一个发现与证立交叉存在的状态，法

---

〔1〕 焦宝乾："法的发现与证立"，载《法学研究》2005 年第 5 期。

〔2〕 参见焦宝乾："法的发现与证立"，载《法学研究》2005 年第 5 期。

律适用是目光在规范与事实之间不断往返的过程，这就蕴含了发现与证立的交替出现，参与法律结论最终形成的裁判规范与案件事实都是有待发现的结果。[1]

客观地说，在真实的刑事裁判过程中，裁判规范的发现与裁判规范的证立并不是截然分明的，我们也很难为刑法裁判规范的生成与刑法裁判规范的证成划一条明确的界限。拉伦兹说过，"法律的适用是一种对向交流的过程，于此，必须考虑在可能适用的法条之下，由'未经加工的案件事实'形成作为陈述之终局的案件事实，同时也必须在考虑终局的案件事实之下，将应予适用的规范内容尽可能精确化"。[2] 换句话说，法律适用中的发现与证立往往是一个交替存在的状态，即发现一点，小心翼翼地参照以往的经验及逻辑理念证立一点，再发现，再证立，如此反复，直至形成一个确定无疑的认知。[3] 所以，从这一点来看，无论是科学哲学领域还是法律领域对发现与证立二分理论的批评，也并非全然无道理可言。但是，这仍然不能否认发现与证立二分理论在法律适用中的意义。事实上，法的发现与证立二分是我们从理论反思层面进行的划分，目的是为了明晰我们处理问题的思维方式，而不是为了在真实的刑事裁判过程中划定某一具体的时刻，并以这一具体的时刻来区分之前的就是刑法裁判规范的发现阶段，之后的则是刑事裁判规范的证成阶段。尽管法律适用往往是发现与证立交替存在，但在理论思维上，两者显然都是始终存在的。

此外，发现与证立的二分对于确立刑事裁判过程不同阶段的评判标准至关重要。发现与证立的二分，将完整的刑事裁判过程在理论上划分为刑法裁判规范的生成阶段和刑法裁判规范的证成阶段。刑法裁判规范

---

〔1〕　参见焦宝乾："法的发现与证立"，载《法学研究》2005 年第 5 期；侯学勇："解释能够保证法律规范的准确适用吗——传统法律解释观念反思"，载《政治与法律》2011 年第 7 期。

〔2〕　［德］卡尔·拉伦茨：《法学方法论》，陈爱娥译，商务印书馆 2003 年版，第 193 页。

〔3〕　参见侯学勇："解释能够保证法律规范的准确适用吗——传统法律解释观念反思"，载《政治与法律》2011 年第 7 期。

的生成实际上是"法官的一种心理过程，其中充斥着个人动机、'前见'、'法感'、'眼光的往返流盼'等各种诠释学上复杂因素的交融"，[1]换言之，其所关注的重点是刑事判决是如何作出的。因此，刑法裁判规范的生成是"一种在事实意义上的活动过程，它使用的也是一种事实状态，只能以真假来判断，而无法以正确与否来衡量"，对于刑法裁判规范的生成"只能在描述意义上予以定义"，从而属于法律心理学或法社会学所要描述的范畴。[2]但刑法裁判规范的证成关涉的是判决如何才能被人接受或者被正当化的问题，至于其过程是如何产生的并不是它的任务所在，刑法裁判规范证成的核心问题是如何确立判决可接受或者正当化的判断标准，它是一种规范性的思考，有利于规制中国传统司法裁判中固有的、强烈的主观性色彩。[3]由于刑事裁判的终局目的是为了提供一个可接受或正当化的判决，所以，刑法裁判规范的证成是整个刑事裁判活动中最核心的任务，同时，它也是"规范刑法学"主要的讨论范畴。

然而，需要指出的是，我们将一个完整的刑事司法裁判过程，划分为发现脉络下刑法裁判规范的生成和证立脉络下刑法裁判规范的证成两个阶段，并强调刑法裁判规范证成在刑事司法中的意义，并不是为了否认刑法裁判规范生成的必要性。恰恰相反，对于刑法裁判规范生成的过程及其影响因素的揭示，就当下我国刑事司法裁判活动的完善也有着十分重要的作用，只不过它应属于另一研究主题。而且在本书看来，这一主题的研究可能会涉及法律心理学、法社会学、法人类学等诸多学科的知识。所以，上述布鲁斯·安德森的对这种二分说的批判是没有多少道理的。在本书看来，真正可能使我们忽略"真实的"判决制作过程的原因，并不是发现与证立区分下对裁判规范证立过程的过分关注，而是

---

〔1〕雷磊："法律论证的功能、进路与立场——以菲特丽丝《法律论证原理》一书为视角"，载葛洪义主编：《法律方法与法律思维》（第4辑），法律出版社2007年版，第366页。

〔2〕参见侯学勇："解释能够保证法律规范的准确适用吗——传统法律解释观念反思"，载《政治与法律》2011年第7期。

〔3〕参见侯学勇："解释能够保证法律规范的准确适用吗——传统法律解释观念反思"，载《政治与法律》2011年第7期。

未能真正理解发现与证立之区分的意义，即没有充分揭示刑法裁判规范的生成与刑法裁判规范的证成的各自的理论和实践意义。

第二节　部门法区分下刑法裁判规范证成之品性

客观地说，强调在判决中应关注对裁判规范进行证立的法律论证方法，今日无论在刑法领域还是民法领域抑或行政法领域中均有所体现。在这些部门法裁判规范的证成中，它们既不可避免地共同遵循着一些法律论证的基本原则和规则，但又由于部门法之间在调整对象上的不同，也必然会呈现出一定的差异。显然，对这种差异的揭示，事实上也就是对刑法裁判规范证成之品性的解读。从这种部门法的区分视角来看，刑法裁判规范证成的品性主要体现在以下几个方面：

一、刑法裁判规范证成之论证内容的限定性

论证内容是法律论证的核心问题。刑法裁判规范证成的论证内容具有明显的有限性，即关于犯罪与刑事责任的问题的论证，目的是为了在实体法上妥当处置犯罪及其刑事责任提供充分依据，这是刑法裁判规范证成与其他部门法裁判规范证成最为明显的不同之处，同时这也是刑法裁判规范证成活动一切特性的生成之根。[1]

一般来说，法律论证的论证内容在理论上具体可分为两个方面的论证，即合法性论证和合理性论证。因此，对于刑法裁判规范证成之论证内容的特定性也可从这两方面的论证进行理解。

首先，是合法性论证问题。刑法调整的是国家与个人之间因为犯罪而引起的以国家行使刑罚权、犯罪人承担刑事责任为基本内容的一种权力支配与服从关系，它以对犯罪行为进行否定性评价、对犯罪人实现惩罚为主要内容，在惩罚措施上刑法远较其他部门法严厉，它往往涉及犯罪人的人身自由甚至犯罪人的生命，所以现代刑法确立了对犯罪认定的

---

〔1〕　参见陈航：《刑法论证方法研究》，中国人民公安大学出版社 2008 年版，第 7 页。

罪刑法定主义原则。[1] 正是以"法无明文规定不为罪，法无明文规定不处罚"为基本内容的罪刑法定原则，决定了我们在刑法裁判规范的证成中要严格遵循刑法文本规范的限制。与之相比，"民法调整的是平等主体之间在日常生活中发生的以民事权利与民事义务为基本内容的财产关系和人身非财产关系，这种关系属于正常的社会关系。民法调整的社会关系的正常性，使民法面临无限广阔的调整范围，要做到法定主义实在不可能"。[2] 所以，在合法性论证上，民法裁判规范的证成相对于刑法裁判规范的证成要更为灵活，论证中对于文本规范的依赖较之于刑法裁判规范的证成可能就并没有那么严格。而对于行政法裁判规范的证成来说，基于其法律性质的缘故，在论证的合法性上既有别于刑法裁判规范的证成也有别于民法裁判规范的证成，如苏治博士所言，"在行政诉讼中，法律论证方法的主要内容则在于判断具体行政行为的合法性问题"。[3]

此外，刑法裁判规范的合法化论证中的"法"也具有有限性。一方面，刑法裁判规范合法化论证中的"法"只能是立法机关制定的法，不包括行政机关制定的行政法规。根据罪刑法定原则之法律主义的要求，刑法裁判规范合法化论证中的"法"，仅仅是论证时直接可以援引的法律渊源，如刑法典、单行刑法、附属刑法、刑法修正案、刑法立法解释，行政机关制定的行政法规、规章不是这里的法。尽管有些国家的宪法规定，行政规章可以在法律委任的范围内制定刑罚罚则，此时刑法裁判规范的合法化论证就包括了制定罚则的行政规章，但我国的宪法及有关法律，并没有委托行政机关可以在行政法规中设立罚则，是故，行政法规、行政规章等不能作为刑法裁判规范合法化论证中的"法"。[4]另一方面，刑法裁判规范合法化论证中的"法"只能是成文法，而不包括习惯法。在刑法裁判规范的证成中，"由于罪与刑必须'法定'，

---

〔1〕 参见梁根林主编：《刑法方法论》，北京大学出版社 2006 年版，第 147 页。

〔2〕 梁根林主编：《刑法方法论》，北京大学出版社 2006 年版，第 146～147 页。

〔3〕 苏治："行政诉讼中的法律论证方法研究"，苏州大学 2010 年博士学位论文。

〔4〕 张明楷：《罪刑法定与刑法解释》，北京大学出版社 2009 年版，第 28 页。

即必须以事先行诸于文字的成文法律作为论罪科刑的依据，因此，当然不得以习惯法来创设或加重罪名或刑罚"[1]习惯法虽然和成文法一样来自对社会的法确信，体现了民意，但仍不能作为刑法的渊源，这是因为其"未经过立法程序而加以条文化，故有未尽明确之处"[2]。

其次，是合理性论证的问题。由于刑法与民法在基本原则上的显著差异，因此在合理性论证问题上，刑法裁判规范的证成与民法裁判规范的证成也有所不同。如前所述，罪刑法定原则是现代刑法最基本的原则，这一原则为刑法裁判规范的证成中的合理性论证提供了价值上的规制。合理性原则要求刑法裁判规范的证成应努力考量人类社会的伦理道德要求和刑法公认法理，但是，合理性的论证不得与文本规范相抵触，如果某一行为虽然在实质上具有入罪的合理性，但刑法并没有对此行为进行规制的，不能以合理性为由对行为人进行定罪处罚，否则就是类推定罪。当然，倘若这种合理性论证是朝着有利于被告人的方向发展，那么就可以对刑法文本进行适度扩张，这就是刑法中常说的有利于被告人的类推是被允许的。对于民法领域来说，合理化论证至关重要，甚至在某些案件中还是裁判者裁断案件的关键所在，这在很大程度上是受民法中公序良俗、诚实信用原则的影响。例如，在曾经引起广泛热议的"泸州遗产继承纠纷案"中，四川省泸州市纳溪区人民法院就是以《民法通则》第7条"公序良俗"判决遗赠人的遗赠行为无效。梁根林教授也曾经提到，"诚实信用原则不仅使民法文本成为一种开放性的规则体系，而且具有授予司法者自由裁量权、承认司法活动的能动性和创造性特别是使司法者造法合法化的扩张机能"[3]。换言之，诚实信用原则也为民法裁判规范证成中合理化论证创造了较为广阔的空间。

二、刑法裁判规范证成之对漏洞补充的拒斥性

在第一章中已经谈到，尽管我们总是期冀通过立法来规范生活中的方方面面，但事实上这是无法实现的，因此，法律漏洞已经成为无法回

---

[1]　林钰雄：《新刑法总则》，中国人民大学出版社2009年版，第32页。
[2]　林山田：《刑法通论（上册）》，北京大学出版社2012年版，第37页。
[3]　梁根林主编：《刑法方法论》，北京大学出版社2006年版，第149页。

避的问题。法律漏洞，是指法律体系上之违反计划的圆满状态，亦即当而且只有当法律对其规整范围中的特定案件类型缺乏适当的规则，换言之，对此保持了"沉默"；但是"有意义的沉默"并不属于法律漏洞，因为"有意义的沉默"是立法者基于特殊考量而有意不将其纳入法律中处理，可以归属于法外空间的范畴。此外，"真正的漏洞"和"不真正的漏洞"这一对漏洞的分类，常常在法律漏洞的处理时被提起，真正的漏洞是指法律对应予规范之案型根本就未加规范；不真正的漏洞是指法律对应予规范之案型，未为异于一般规定之特别规定情形而言，质言之，可能是由于系争案型虽未被适当地规定，但总算已被规范。[1] 一般来说，我们通常提及的漏洞补充之法律漏洞指的就是"真正的漏洞"情形，即应予规范而未加规范的情形。

虽然法律漏洞之补充活动与法律解释活动都是为了探寻法律的意旨，并确认妥当的规范，在某种程度上具有相同的特征，但二者仍然存在着很重要的区别，即"法律解释的活动只在可能的文义范围内为之；而法律补充的活动，则除前述之'法内漏洞'的情形外，只在可能的文义范围外为之"。[2] 所以，法律漏洞之补充活动尽管不能被单纯理解为"造法活动"，因为漏洞之补充往往要依赖于类似案件的类比，但由于漏洞之补充已然突破了文本规范之可能文义的范围，较之于法律解释活动相比，必然对法之安定性造成更大的冲击。[3] 正是由于法律漏洞之补充活动的上述性质，从而也决定了民法裁判规范的证成与刑法裁判规范的证成对于漏洞补充存在截然不同的态度。

应当说，大陆法系民法理论与实务已然广泛接受了，漏洞补充方法作为一种重要的法律适用方法在民事司法裁判中的作用，甚至诸多国家或地区的民事立法也对此作出了明确认可。例如，瑞典《民法典》第1条就被认为是史上第一次就漏洞补充原则作出了认可，该条明文规定："本法未规定者，审判官依习惯法；无习惯法者，依自居于立法者地位

---

[1] 参见黄茂荣：《法学方法与现代民法》，法律出版社 2007 年版，第 432 页。
[2] 黄茂荣：《法学方法与现代民法》，法律出版社 2007 年版，第 432 页。
[3] 参见黄茂荣：《法学方法与现代民法》，法律出版社 2007 年版，第 447 页。

时，所应行制定之法律，裁判之。"我国台湾地区的"民法典"也有与之极相类似的规定，如其第 1 条规定，"民事，法律所未规定者，依习惯；无习惯者，依法理。"同样我国大陆地区的《民法通则》中亦有相类似的规定，例如第 6 条关于法律没有规定遵循国家政策的规定，以及第 7 条应当遵循社会公德的规定。此外，在司法实务中运用漏洞补充的案例比比皆是，如最高人民法院发布的第 15 号指导案例——徐工集团工程机械股份有限公司诉成都川交工贸有限责任公司等买卖合同纠纷案，便明确认可漏洞补充方法在其中的运用。审理该案的徐州市中级人民法院认为，本案中的三个公司表面上虽为彼此独立的企业法人，但实际界限模糊、人格混同，为逃避债务使川交工贸公司独立承担所有关联公司的巨额债务却无力清偿，严重损害了债权人的利益，这既明显违背了法人制度设立的宗旨，也违背了诚实信用原则；鉴于其行为本质和危害结果与《公司法》第 20 条第 3 款规定的情形相当，故参照《公司法》第 20 条第 3 款的规定，其他两公司对川交工贸公司的债务应承担连带清偿责任。可以说，理论与实务之所以肯定漏洞补充方法在民法裁判规范证成中的运用，在根本上可能源于，作为私法的民法奉行的是"意思自治"和"法不禁止即自由"的观念，所以，当随着社会经济的发展出现不被现行法律所明确规制的民事行为时，法官可以采用类比推理、扩张适用、限缩适用等漏洞补充方法对漏洞加以填补。[1]

然而，在刑法裁判规范的证成中，对漏洞补充的态度却呈现的是另一番情景。前已述及，为了限制国家刑罚权的滥用从而更加有效地保障人权，现代各国刑法几乎毫无例外地将罪刑法定主义确立为刑法的基本原则。罪刑法定主义原则要求，对于何种不法行为系属刑法上的犯罪，以及对这些犯罪应该如何加以处罚，均必须在行为之前通过法律明确加以规定。质言之，在行为时，"若无刑法条款已明确将该不法行为规定为犯罪行为，并规定科处一定的刑罚者，则该不法行为纵使恶性重大，而为社会大众所厌恶的，亦不得判断为犯罪行为，而科处刑罚或宣付保

---

〔1〕　参见苏治："行政诉讼中的法律论证方法研究"，苏州大学 2010 年博士学位论文。

安处分"。[1] 由此可知，受罪刑法定原则的限制，在刑法裁判规范的证成中，是不允许对法律漏洞进行补充的，即使该漏洞的不填补，可能严重违背国民一般的法感情，也不能突破罪刑法定原则的限制。因此，刑法裁判规范的证成对于法律漏洞之补充方法持的是一种拒斥的态度。客观地说，这种对漏洞补充方法的拒斥，在实践中有时的确可能出现对打击犯罪不利的局面，即未能将应当受到严惩的重大危害社会行为进行惩处，但它却无疑增强了我们对刑法的可预测性，也维护了刑法的安定性，从而为人权的保障奠定了坚实基础。退一步来说，"如果真的出现刑法漏洞，而无法进行刑事追究，这恐怕也是我们实现刑事法治所必要付出的代价"。[2]

当然，需要特别注意的是，正是因为刑法裁判规范证成对于漏洞补充的拒斥性，所以，与民法裁判规范的证成相比，我们应当格外认真区分什么情况才是真正意义上的漏洞情形，否则将本不属于刑法漏洞的情形误作为漏洞，从而放纵了犯罪行为。例如，对于我国现行《刑法》第 240 条的拐卖妇女、儿童罪来说，由于其规定的对象仅限定于妇女和儿童，而对 14 周岁以上的男性少年和成年男子未予规定，所以当实践中出现拐卖 15 周岁的男性少年的情形时，根据现有的规定，就不能以第 240 条的有关规定论处。这就是一个真正意义上的漏洞。但对于单位盗窃的情形，即为谋取单位利益，经单位集体研究决定由单位负责人或其他直接责任人员实施窃取他人公私财物数额较大或巨大的情形，尽管《刑法》第 264 条的盗窃罪并未规定单位盗窃的处罚规定，但不能认为这是一个刑法漏洞从而不能作为犯罪处理。事实上，在这种情况下，我们完全可以对单位盗窃中的单位负责人或直接责任人员以自然人犯罪即盗窃罪论处，因此，其并不是真正意义上的刑法漏洞。

三、刑法裁判规范证成之法律渊源的有限性

倘若换个视角来重新审视上述法律漏洞的补充问题，我们会惊奇地

〔1〕 林山田：《刑法通论（上册）》，北京大学出版社 2012 年版，第 31~32 页。
〔2〕 王瑞君：《罪刑法定的实现——法律方法论角度的研究》，北京大学出版社 2010 年版，第 111 页。

发现，法律漏洞的补充问题已然折射出另外一个与之有紧密关联的问题，那就是裁判规范证成中的法律渊源问题。这也就是为什么上述所列举的瑞典《民法典》第1条、我国台湾地区"民法典"第1条以及大陆地区《民法通则》第6条、第7条，既是我们在学理上探讨法律漏洞之补充方法的重要依据，同时也是在论述裁判的法律渊源时的重要依据。台湾学者黄茂荣教授也曾言，"当实务上所承认之法源的范围，在现行法之表现形式上，及于制定法以外之规范时，便涉及法律补充的问题：哪个机关有权限利用哪些社会规范补充制定法的漏洞"[1] 故而我们也可以说，在司法裁判过程中，法律漏洞之补充问题与裁判之法律渊源问题常常是如影相随的。

问题是，法律漏洞之补充与裁判之法律渊源二者之间，到底具有怎样的关系呢？一般认为，对于法律漏洞补充的认可，事实上也就肯认了裁判之法律渊源可以指向制定法以外的非制定法渊源，如习惯、政策、学理、已决判例、社会公德等。譬如学者宋小海就认为，"法律补充原则存在的本质，是作为实在法的民法典主动'指向'实在法之外的'无形渊源'——如习惯、道德、法理等——作为自身的补充，从而使自身保持开放的状态，以适应社会多样性与变化的需要。由于法律补充原则的存在，实质上的民法规范不仅指民法文本，而且还包括非文本形式的无形法律渊源"[2] 这也就是说，就民事裁判规范的证成而言，即便未有制定法的规定，出于公正和妥当处理法律争议的需要，法官可以直接借助习惯、道德等作出决断。之所以在民事裁判中肯认非制定法渊源具有法律渊源的地位，其原因在某种程度上或许可以归结于那句著名的西方法谚"法官不能拒绝裁判"。根据上述漏洞补充和法律渊源之间的关系，我们很容易推出对于漏洞补充持拒斥态度的刑法裁判规范之证成，对于论证的法律渊源必然会持极为有限的态度，即论证的法律渊源应当严格限制为成文法，并仅限于由立法机关制定的法律，行政规章、

---

〔1〕 黄茂荣：《法学方法与现代民法》，法律出版社2007年版，第447页。

〔2〕 宋小海：《程序自然法视域中的法律解释——以刑法解释为范例》，社会科学文献出版社2011年版，第201页。

习惯、学理抑或道德均不得作为刑法裁判规范证成的法律渊源。事实上，这也是罪刑法定原则之法律主义内容的具体要求。

　　然而，尽管我们认为刑法裁判规范证成的法律渊源仅仅是刑法文本，行政法规、行政规章、习惯、学理抑或道德均不能直接作为定罪量刑的依据，但这并不意味着，要完全拒绝行政法规、行政规章、习惯、学理抑或道德在刑法裁判规范证成中的判断。行政法规虽不能单独作为刑事裁判定罪量刑的依据，但仍然可以与有关刑法条文一起综合作为定罪量刑的依据，如现行刑法中大量空白罪状构成要件的判断就有赖于行政法规的补充判断。[1] 例如，对于《刑法》第 131 条的重大飞行事故罪、第 132 条的铁路运营安全事故罪、第 133 条的交通肇事罪、第 137 条的工程重大安全事故罪的构成要件的判断，就需要结合相关的规章制度和管理法律来理解。此外，刑法中也有许多构成要件要素或概念的理解要常求助于习惯判断，如过失犯中的"注意义务"、强制猥亵妇女罪中的"猥亵"的判断，就需要借助于习惯加以认定。诚如张明楷教授所认为的，尽管习惯法不能成为刑事司法裁判的直接依据，但这并不否认习惯仍然可能是我们在解释犯罪构成要件或判断违法性、有责性时，必须要加以考虑的因素；当行为人以习惯法为根据实施行为时，也可能以行为人缺乏违法性认识的可能性为由，排除犯罪的成立。[2] 同样，对于在刑事裁判中直接援引道德论证也是被禁止的，然而，"这绝对不意味着在刑法文本的解释中根本不涉及任何道德判断，或者禁止道德因素在刑法解释中'现身'"，质言之，"刑法文本结构性解释论禁止援引道德规范作为法律渊源进行道德论证，但是却不可能禁止甚至内在地要求依据道德观念来确定刑法文本相关法条之意义的道德判断"。[3]

四、刑法裁判规范证成之对论证程度要求的严格性

　　诚如梁根林教授所言，"如果说私法是以规范和调整私权利的行使

---

　　〔1〕　参见李晓明：《行政刑法学导论》，法律出版社 2003 年版，第 184 页。

　　〔2〕　张明楷：《刑法学》，法律出版社 2011 年版，第 55 页。

　　〔3〕　宋小海：《程序自然法视域中的法律解释——以刑法解释为范例》，社会科学文献出版社 2011 年版，第 203 页、第 210 页。

为基本内容的确权（利）法，那么公法则是以规范和限制国家公权力的行使为基本内容的限权（力）法……而刑法则是公法体系中最具强制性的一个法律部门，刑罚权也是和平时期最具有暴力性的国家公权力。刑法的适用不仅关系到法益的保护、秩序的维护，而且还必须投入巨大的资源，运用不当，则必然加剧社会对抗，伤及国家和社会……刑法的适用、刑罚权的启动，因而必须做到'动之于必动，止之于当止'"[1] 这也就是说，由于对犯罪及其刑事责任问题的处置往往事关公民的自由、财产乃至公民的生杀予夺，因此，与其他部门法的适用相比，刑法的适用应当更加审慎和严格。例如，大陆法系和英美法系的刑法理论均普遍认可，刑法解释较之于其他部门法的解释，应当严格解释之，法国刑法典甚至还明文确定了这一"刑法解释应当严格解释之"的解释规则；当然，这里的应当严格解释，是指对被告人不利的解释，对被告人有利的解释则不在此限。[2]

形同此理，如果我们从法律论证的角度来看，也不难得出刑法裁判规范的证成相较于其他裁判规范的证成，对于裁判规范论证程度的要求应更加严格。事实上，这也是"事关他人利益越是重大，论证义务也就越是重大，对论证的要求亦越严格"之论证机理的当然推理。[3] 问题是，对于刑法裁判规范的证成究竟应达到怎样的论证程度？有学者提出，既然刑法决断涉及的是最为严厉的否定评价和制裁，那么旨在证明刑法决断的正当与合理的刑法论证，就有理由要求其达到最高的充分性、可靠性的强度；尽管这种论证程度的充分性和可靠性要求不是绝对的，但必须达到"排除合理怀疑"的程度；刑法决断要么有利于被告，要么不利于被告，就某一"不利于被告"的刑法判断而言，对之进行的刑法论证若不能达到"排除合理怀疑"的程度，那么不能认为这一判断已经被证立。[4] 显然，该学者对论证程度的要求事实上采纳了刑

〔1〕 梁根林主编：《刑法方法论》，北京大学出版社 2006 年版，第 146～147 页。

〔2〕 参见王瑞君：《罪刑法定的实现——法律方法论角度的研究》，北京大学出版社 2010 年版，第 102～103 页。

〔3〕 参见陈航：《刑法论证方法研究》，中国人民公安大学出版社 2008 年版，第 9 页。

〔4〕 参见陈航：《刑法论证方法研究》，中国人民公安大学出版社 2008 年版，第 9 页。

事案件事实认定中的"疑罪有利于被告"的规则。

然而，对于这一规则能否作为实体性问题即裁判规范论证的规则，理论上是有疑义的。张明楷教授认为，只有对事实问题存在合理怀疑时，才可能有利于被告，对法律存在疑问时，应根据解释目标与规则进行解释，不能适用存疑有利于被告的原则。这是因为成文法几乎总是存在疑问的，在法律有疑问时应当通过解释来消除，在法律有疑问时不通过解释而动辄"存疑有利于被告"，无疑会使成文法的规定变成一纸具文。[1] 但也有学者认为，存疑有利于被告不仅适用于事实认定问题，同样也可适用于法律问题，当面临"解释不清"的疑难案件时，理应作出有利于被告的原则。其最核心的理由是，当刑法适用上存有疑问时作出不利于被告的选择，也有可能出现对人权保障的不利。[2]

那么，究竟哪一种观点可取？在本书看来，由于受各种因素的影响，在法律问题上案件难免会产生疑难，不同的主体根据不同的理由对同一事案提出截然相左的见解常有之。如果说，完全依照事实认定中的"存疑有利于被告"的原则，那么很多疑难案件将无从处理。事实上，与案件事实疑难是一种事实真伪的判断不同，法律上的疑难往往是一种价值上的判断。从法律论证的视角来看，我们不是要寻找一个客观真实意义上或者说毫无异议的刑法裁判规范，而是为了通过论证寻求一个有更多正当理由和更加有说服力的刑法裁判规范。因此，一个刑法裁判规范尽管不能完全消除另一个刑法裁判规范的疑虑，但的确比另一个裁判规范更有说服力时，那么就可以适用此裁判规范。由此看来，法律上的存疑并不当然应做有利于被告的处理。当然，假设我们在多个形成的裁判规范中都无法选择一个更具有说服力的裁判规范时，此时则应作出有利于被告的选择，在这个意义上"存疑有利于被告"原则可以说被有限地适用了。

----

〔1〕 参见张明楷："'存疑时有利于被告'原则的适用限制"，载《吉林大学社会科学学报》2002 年第 1 期。

〔2〕 参见邱兴隆："有利被告论探究——以实体刑法为视角"，载《中国法学》2004 年第 6 期。

第三章　合法化论证：刑法裁判规范之逻辑证成

"凡论证皆须遵守一定的说理规则或准则，以尽可能地避免争议和谬误。"[1] 因此，在明晰了刑法裁判规范证成的品性之后，一个最为核心的问题便随之而来，这就是刑法裁判规范证成应当遵循的规则或标准问题。为了能够充分评价论证的理性与否以及便利地寻求这种评价的标准，目前大多数法律方法论学者都习惯于将其区分为多个不同层面去把握，质言之，对于论证的标准注意区分出不同的向度来考察。之所以如此，这是因为，从不同的向度上提出法律论证不同层面的可能标准（规范），在某种程度上可以规范具体法律论证方法在恰当的道路上前行，而不至于在论证中左顾右盼、盲目飞行；此外，通过不同的向度亦可衡量法律论证不同层面的品质，并且也可以成为检视法律论证是否理性的批评性工具。[2]

德国学者阿列克西针对法律论证之正确性的宣称，曾明确提出了两个向度，即法律上的有效性与内容上的合理性或公平性，根据这两个向度，法律判断的证成也区分为两个层面的证成：内部证成和外部证成。[3] 我国学者杨知文为规范和衡量法律论证状况可适用的标准，则提出可从实质、形式与程序三个向度进行，并认为实质向度所应考察的是司法者论证所用以支持其司法裁判的理由构成问题；形式向度所应探

---

〔1〕　参见陈林林：《裁判的进路与方法——司法论证理论导论》，中国政法大学出版社2007年版，第42页。

〔2〕　杨知文等：《法律论证具体方法的规范研究》，中国社会科学出版社2013年版，第22页。

〔3〕　参见［德］罗伯特·阿列克西：《法律论证理论——作为法律证立理论的理性论辩理论》，舒国滢译，中国法制出版社2002年版，第274页。

讨的是司法者进行法律论证所采用的论述形式问题；程序向度所必须考量的是，司法者在论证时所遵循和具有的程序上的满足问题。[1] 此外，陈林林教授将论证的向度也划分为了形式、实质与程序三个向度，但与学者杨知文三个向度的划分略有不同。他认为，司法论证首先在形式取向上是基于一般法律规则的逻辑推论，在本质上是一种合法化论证；其次，由于论证须借助于评价作出判断，而判断必然深受实质合理性因素的影响，所以司法论证同时也是合理化的论证；最后，无论合法化论证还是合理化论证皆是一种以法官为中心的裁判支配性思维，裁判会有专断之可能或嫌疑，需要通过程序取向的判决证成来加以正当化，所以程序向度的论证也是正当化的论证。[2]

在本书看来，以上学者对于法律论证向度的划分，以第三种陈林林教授的划分最为妥当。这是因为，我们对于论证向度的划分，目的并不是将其简单地划分为几个不同层面进行讨论为已足，而是如前所述，对论证向度的划分要能规范论证方法在恰当的道路上前行，并且通过这些不同的向度可以衡量法律论证不同层面的品质，并可以成为检视法律论证是否理性的批评性工具。而合法化论证（形式向度）、合理化论证（实质向度）以及正当化论证（程序向度）的区分，显然更有利于我们在司法论证中检视各种论证方法的品质。此外，这一划分方法中的"合法化论证"与"合理化论证"也与罪刑法定主义原则蕴含的两个价值目标向度（法的安定性与法的妥当性）相吻合，在刑法裁判规范证成中采纳这一划分方法也更容易获得学科内的认同。是故，本书对于疑难刑事案件中裁判规范之理性证成的探讨，也拟将从合法化论证、合理化论证和正当化论证这三个向度进行展开。这一章就让我们首先来探讨刑法裁判规范证成的第一个向度，亦即合法化论证。

---

〔1〕 参见杨知文等：《法律论证具体方法的规范研究》，中国社会科学出版社 2013 年版，第 22 页。

〔2〕 参见陈林林：《裁判的进路与方法——司法论证理论导论》，中国政法大学出版社 2007 年版，第 83、142、204 页。

第一节 刑法裁判规范证成中逻辑的功能揭示

如果需要在这里用最精炼的语言来概括出裁判规范证成中合法化论证的主要任务,那么迄今为止所有人的尝试也许都莫过于学者科赫和吕斯曼的表述,即"证实裁判与法律的一致性"[1] 而最能实现这一任务的就要属"逻辑推理",特别是"演绎逻辑推理",质言之,以逻辑涵摄的方式(将案件事实的描述归属于该规范之下)来适用法律[2] 这也许是因为,法学在过去很长一段时间内都被看作是一门非常逻辑的学科[3] 在目前很多有关法律论证的理论文献中,逻辑推理与法律论证在很大程度上被等同,如法律诉讼就被罗蒂希理解为逻辑证明,判决证立就被相应地构造为逻辑演绎[4] 客观地说,这种将法学视为一门逻辑学科或者将法律论证等同于逻辑推理的观点,或许有些言过其实,但是,逻辑与论证的相关,以及逻辑推理在"证实裁判与法律一致性"中的作用不应被否定。马克斯·韦伯也曾认为,形式合理性法律(即合法律性)的实现应当具备两个条件:概括化和体系化。概括化条件是"针对得出法律规则(原则)的逻辑方法而提出",旨在"从个案中逻辑地分析出规范性成分并通过抽象性条文予以确认和表述";而体系化条件是"针对法律规则(原则)相互之间的关系而提出",旨在"各条具体的法律规则(原则)相互之间形成一个彼此融洽、和谐一体的体系"[5] 由此可以看出,为了实现刑法裁判规范证成的合法化,其逻辑

---

[1] 参见〔德〕卡尔·拉伦茨:《法学方法论》,陈爱娥译,商务印书馆2003年版,第34页。

[2] 参见〔德〕卡尔·拉伦茨:《法学方法论》,陈爱娥译,商务印书馆2003年版,第34页。

[3] 参见〔德〕英格博格·普珀:《法学思维小学堂——法律人的6堂思维训练课》,蔡圣伟译,北京大学出版社2011年版,第113页。

[4] 参见〔德〕乌尔弗里德·诺伊曼:《法律论证学》,张青波译,法律出版社2014年版,第18页。

[5] 夏锦文:"现代性语境中的司法合理性谱系",载《法学》2005年第11期。

证成至少应当包含这样两个方面的内容：一方面，刑法裁判规范的证成必须要符合一定的推理形式，换言之，就是要符合演绎推理和类比推理这两种推理形式[1]；另一方面，刑法裁判规范的证成必须确保各个规范命题之间具有逻辑上的一致性且能相互印证和支持，亦即体系性思考，其中最基本的就是犯罪构成的体系性判断。是故，本章将围绕演绎推理、类比推理与体系性思考这三个方面展开分析刑法裁判规范之逻辑证成，但鉴于目前学理上因对逻辑的一些严重误解从而导致法律适用中对逻辑的极端蔑视，所以在展开上述问题的分析之前，有必要对逻辑在刑法裁判规范证成中的功能予以简要揭示。

一、逻辑在刑法裁判规范证成中的功能

在过去，由于我们对于法学的肯定"来自于法律的适用有正确与错误之别"，以及我们认为法律适用者的任务就是适用"那些预先存在且不可被质疑的语句"，从而我们很自然地认为，法律适用"只是在个案中推出早已写在法律中的逻辑结论"；但随着今日我们对"法律的适用有正确与错误之别"以及"立法者能够预先想到所有的法律问题并作出决定"的认识的怀疑，逻辑与逻辑论证在法学方法理论上便就开始遭到低估，甚至是蔑视。[2] 尤其是在霍姆斯那众所周知的"法律的生命不在于逻辑，而是经验"论断的影响下，逻辑"更是难逃被彻底解构和颠覆的毁灭性打击"。[3] 在本书看来，尽管逻辑可能因过分拘泥于既定的规范文本和明显的形式性特征，不足以解决疑难刑事案件中规范与事实之间的对应关系，甚至过分地强调也会导致法律的僵化，但即便如

---

〔1〕　也有诸多见解将归纳推理作为实现法律推理的一种形式。（参见沈琪：《刑法推理方法研究》，浙江大学出版社 2008 年版，第 66 页；吴学斌：《刑法适用方法的基本准则——构成要件符合性判断研究》，中国人民公安大学出版社 2008 年，第 228 页。）但我更倾向解兴权博士的看法，"两大法系给我们提供的主要是演绎推理和类比推理两种逻辑形式。归纳仅在发现一般规则方面具有一定的作用，但它仍无法满足司法判决之个体化的需求：'仅此并未描述得出结论的过程'"。（解兴权：《通向正义之路——法律推理的方法论研究》，中国政法大学出版社 2000 年版，第 99 页注释〔1〕。）

〔2〕　参见 ［德］英格博格·普珀：《法学思维小学堂——法律人的 6 堂思维训练课》，蔡圣伟译，北京大学出版社 2011 年版，第 113～114 页。

〔3〕　焦宝乾：《法律论证：思维与方法》，北京大学出版社 2010 年版，第 142 页。

此，我们也不能否认逻辑在解决争议过程（也包括疑难案件的争议过程）之中所起到的基础性作用。其作用可体现在以下几个方面：

第一，逻辑推理有利于实现法律的稳定性，也是罪刑法定司法化的有效思维工具。倘若法律的含义总是处于不断地流变中，是很难实现法治的。法律只有具备相对的稳定性，"其作为思维和行为的指南作用才能发挥出来"，我们通常所言及之法律的可预测性、行为的安全性等，也都是源自法律意义的稳定性；而要想实现法律意义的稳定性，除了依靠语词本身的含义在理解过程中被不断地重复使用外，另一种重要的途径就是依靠逻辑，即"在法律思维过程中运用形式逻辑的规律，把一般的法律意义转变为特殊情境中的意义"[1]也正是因为逻辑的形式理性特征迎合人们努力实现具有稳定性、确定性和可预测性的法治社会的理想——规则之治，从而也为我们实现罪刑法定司法化提供了有效的思维工具。众所周知，罪刑法定原则要求，认定某一行为是否成立犯罪，必须要以刑法的明文规定为前提，即使行为具有多么严重的社会危害性，只要刑法对该行为事先无明文规定，也不得定罪处罚。而"肯定前件式"的演绎推理就恰恰符合了罪刑法定原则所蕴涵的，定罪量刑必须以成文刑法规范为依据的要求。亦如有学者所言，"演绎的形式逻辑强调前提的权威性和结论的必然性，与罪刑法定原则的理念正相吻合，不但能突出大前提——刑法规范——的权威性，而且还能为结论——刑事判决——提供终极性的说服力。演绎的推理结构勾勒出了法治国家刑法适用的基本模式和过程，是罪刑法定原则司法化的有效思维工具"[2]。

第二，逻辑推理可以检验所建构的裁判规范是否存在谬误，提高判决的正当化。尽管我们承认逻辑本身并非目的而只是我们追求正义的工具，但逻辑的的确确是论证的关键工具。"谨守逻辑形式并避免谬误可以说服别人，并给以司法判决的正当性，将迷惑与含糊不清的事物一扫而空"，这就是为什么虽然在普通法传统中机械式的法理学几乎已不复

---

〔1〕 陈金钊：《法律解释学——权利（权力）的张扬与方法的制约》，中国人民大学出版社 2011 年版，第 224 页。

〔2〕 沈琪：《刑法推理方法研究》，浙江大学出版社 2008 年版，第 42 页。

见，"可是普通法传统仍要求我们在推理的过程中关心逻辑形式，否则法院判决将失去正当性"，[1] 这是因为，刑法裁判规范的建构是一个在诸多社会学因素影响下法官的心理过程，法官可能因为偏见和价值的侵扰而引起思维的混乱，从而建构出不符合事实的刑法裁判规范。而"逻辑自身的一些规律和要求对人的思维有客观的强制作用，是一切人所必须遵守的"，[2] 所以，以逻辑对裁判规范加以检验无疑能够保障论证之裁判规范的有效性，提高法官判决的正当化。例如，对于单位盗窃的情形，过去很多学者和实务工作者均认为不成立犯罪，他们的判断逻辑是：行为人为单位利益窃取他人公私财物的是单位盗窃，而《刑法》第264条没有规定单位可以成为盗窃罪的主体，所以得出单位盗窃不成立盗窃罪。但从逻辑上仔细审视，上述逻辑判断显然是错误的，因为它置换了三段论推理的大小前提，即将小前提——单位盗窃行为置换成了大前提，而将大前提——《刑法》第264条置换成了小前提，从而得出了一个"单位盗窃不成立盗窃罪"的错误的刑法裁判规范。

第三，逻辑推理可以保证在一些比较复杂的刑事案件中法律推理的正确性。波斯纳曾以一个"箱子的隐喻"向我们说明，对于逻辑的信任实际上是由一个隐喻支撑的。[3] 这个隐喻告诉我们，所有经过演绎逻辑得出的结论，不过是我们预先已经规定了的内容，就像从箱子里拿出来的不过是我们预先放进去的东西。也就是说，经由逻辑推理，我们并不能获取新知识。那么既然如此，逻辑的价值又有何在呢？对此，普珀借由一个非常有意思的比较，即逻辑和算术的比较，向我们揭示出逻

---

〔1〕［美］鲁格罗·亚狄瑟：《法律的逻辑——法官写给法律人的逻辑指引》，唐欣伟译，法律出版社2007年版，第18～19页。

〔2〕解兴权：《通向正义之路——法律推理的方法论研究》，中国政法大学出版社2000年版，第81页。

〔3〕这个"箱子的隐喻"以"所有的人都会死；苏格拉底是人；因此苏格拉底会死"的三段论为例，即假设大前提告诉我们这里有一个贴了标签"人"的箱子，箱子里有一些东西，其中每一个都"会死"，小前提则告诉我们，箱子里的东西都有个名字牌，其中有一个牌子上写的是"苏格拉底"；当我们把苏格拉底拿出箱子时，我们就知道他是会死的，因为箱子里的东西都是会死的，因此，我们拿出来的不过是我们预先放进去的东西。（参见［美］理查德·A.波斯纳：《法理学问题》，苏力译，中国政法大学出版社2002年版，第49页。）

辑的价值所在。他说："一个数学方程式（等式）也一样不过就是种重言。2 乘以 6 等于 12，3 乘以 4 等于 12，2 乘以 6 也等于 12，并且又等于 4 乘以 3。这是每个小学毕业生都能立即看出来的，但或许只是因为他背过九九表。443 556 等于 8214 乘以 54，并且等于 666 的平方，这恐怕就只有心算高手才能马上看得出来，其他人则需要用到计算器。因此，应该不能争论这也是一种认识。逻辑上的认识也是如此。我们并非总是能够第一眼就看出来某个特定的主张里蕴含了另一个主张。如果提出第一个主张的人不清楚这点（译按：不清楚自己所提出的主张蕴含了另一种主张），便会形成自己不承认第二个主张的矛盾危险。"[1] 简而言之，在一些较为复杂的刑事案件中，某种结果是否来源于某一规范并不能一眼看出，这时必须要经过逻辑的层层推理才能发现最终的结果。以许霆案为例，如果法官直接告诉你，许霆属于盗窃金融机构，数额特别巨大，应判处无期徒刑或死刑，肯定会令你感到突兀。那么是否真的可以得出这一结论呢？这时就要依靠逻辑进行层层推理，即首先要认定许霆利用 ATM 机故障恶意取款是否构成了盗窃，然后再论证 ATM 机中的款项是否属于金融机构的资金，最后才能得出许霆是否属于盗窃金融机构，数额特别巨大，应判处无期徒刑或死刑。

第四，逻辑既可限制刑事裁判中法官的恣意又可维护法官的权威。如前所述，合法化论证的主要目标就在于它致力于"证实裁判与法律一致性"，这种对一致性的追求包含了这样的信念：法律应该平等适用于所有人，类似案件应同样对待。[2] 特别是在刑事法律中，对这种平等性和一视同仁有着更高的要求。一般来说，逻辑中的逻辑推理是实现这种一致性追求的最佳途径，如演绎推理从前提到结论的必然推理无疑保障了这种一致性，从而抑制了裁判者裁断的偶然与专断，但事实上，逻辑的另一面向即体系化，也保障了这种一致性的追求并进而抑制了裁判

---

〔1〕［德］英格博格·普珀：《法学思维小学堂——法律人的 6 堂思维训练课》，蔡圣伟译，北京大学出版社 2011 年版，第 123 页。

〔2〕参见解兴权：《通向正义之路——法律推理的方法论研究》，中国政法大学出版社 2000 年版，第 82 页。

者的恣意。德国刑法学家李斯特就曾经说过，法律科学"必须成为并且保持其作为一种真正的体系性科学；因为只有体系性的认识秩序才能够保证对所有的细节进行安全和完备的掌控，从而不再流于偶然和专断，否则法律适用就总是停留在业余水平之上"[1] 显然，大陆刑法学往往热衷于对犯罪构成体系的建构，在某种程度上无疑也是出于保障对犯罪认定免于个人的偶然与专断。例如，耶塞克也认为，如果不对犯罪概念进行体系性的阶段区分，案件结论很难说是可靠的，因为它容易向感觉投降，"而在犯罪论中总结出来的犯罪概念的一般特征，则使得理性和平等的司法判决成为可能，这样，就在本质上保证了法的安全性"[2]

在限制裁判者裁判恣意的同时，逻辑还能够起到维护裁判者的地位和权利的作用。由于刑事制裁手段的严厉性，往往涉及公民的人身自由甚至生命，极易引起公众的关注，倘若刑事裁判的作出给人留下的印象，总是与裁判者的个人主观判断紧密联系，即使是一个理性的判决，公众也可能会认为不理性，这将会对裁判者个人利益造成严重负面影响；但如果说这是一个根据既有刑法文本规范经三段论演绎而得，则可能会使得大家认为这些判断来源于法律而不是裁判者，反过来这也会降低裁判者个人的心理压力。[3] 同时，逻辑推理所强调前提的权威性和结论的必然性，也有利于提高判决的说服力。正如赖尔所言，"论证只有在逻辑上有说服力时，它们才会像武器一样有效"[4]

此外，逻辑在司法裁判中还有一些其他的功能：有利于培养司法理性、有利于树立法律的权威、有利于厘清司法的思路和培养职业的法律思维；抑或说，可以较为便捷地实现裁判的证立、可以维护法治所追求

---

〔1〕 李斯特：《刑法教科书》，转引自［德］克劳斯·罗克辛：《刑事政策与刑法体系（第二版）》，中国人民大学出版社 2011 年版，第 5 页。

〔2〕 耶塞克：《刑法教科书·总论》，转引自［德］克劳斯·罗克辛：《刑事政策与刑法体系（第二版）》，中国人民大学出版社 2011 年版，第 6 页。

〔3〕 参见吴学斌：《刑法适用方法的基本准则——构成要件符合性判断研究》，中国人民公安大学出版社 2008 年，第 213 页；孙光宁：《可接受性：法律方法的一个分析视角》，北京大学出版社 2012 年版，第 202～203 页。

〔4〕 英国哲学家 G·赖尔语，转引自沈琪：《刑法推理方法研究》，浙江大学出版社 2008 年版，第 45 页。

的价值，等等。[1] 在此，本书不再一一详细予以揭示，相信通过上述的揭示，逻辑在刑法裁判规范证成中的重要性已然十分清楚了。

二、霍姆斯"反逻辑"论断的解读与反思

应当说，目前理论上在探讨逻辑在法律中的功能时，总是无法绕开小奥利弗·温德尔·霍姆斯法官的那句一直被后人所津津乐道的经典论断，即"法律的生命不在于逻辑，而在于经验"。正因为此，此后的人们常常将霍姆斯视为法律界"反逻辑"的一面旗帜，从而这一论断也往往被视为是"反逻辑"的论断。许多学者认为，正是这一论断，它给法理学带来了极大的灾难。如学者斯科特·布鲁尔就曾将美国法律文化普遍缺乏清晰的司法论证，以及法官、律师的简报没有达到理性的、清晰的水平的重要原因，归结于霍姆斯不恰当地把"经验"放在"逻辑"的对立面。[2] 那么问题是，霍姆斯是否真的反对逻辑在法律中的作用？答案显然是否定的。事实上，之所以人们习惯于将霍姆斯视为"反逻辑"的一面旗帜和将"法律的生命不在于逻辑，而在于经验"视为"反逻辑"的论断，很大程度上是出于对这一论断的误读。鉴于目前多数学者在低估逻辑于刑法裁判规范证成中的作用时，也可能是出于同样的误解，是故有必要在此就这一论断加以必要的解读，以及进行一些必要的反思，这对于我们正确理解逻辑在刑法裁判规范证成中的意义也是有所助益的。

事实上，霍姆斯上述论断的提出有一个特定的时代背景，对于这一背景的把握，有助于我们真实了解霍姆斯有意将"逻辑"放在"经验"的对立面的目的。尽管我们也许会认为"经验"应该一直受到美国法理论的重视，但实际上在霍姆斯所处的那个时代并非如此。实际上，在霍姆斯所处的那个时代，被美国法理论尊为正统的是以哈佛法学院院长兰德尔为代表的形式主义司法理论。这一司法理论习惯于"将普通法的

---

〔1〕　参见孙光宁：《可接受性：法律方法的一个分析视角》，北京大学出版社 2012 年版，第 203 页。

〔2〕　[美] 斯蒂文·J. 伯顿主编：《法律的道路及其影响——小奥利弗·温德尔·霍姆斯的遗产》，张芝梅、陈绪刚译，北京大学出版社 2012 年版，第 108 页。

规则或原理视同公理性的普遍真理，认为逻辑不仅使司法推理过程变得更精确和科学，而且能够自足地决定判决的结果，法律在本质上就是一种逻辑的科学"。[1] 虽然霍姆斯也承认逻辑推理是一种不可或缺的司法方法，但是，对于那种认为法律"能够像数学那样从某些行为的一般公理中推导出来"，或者说认为"逻辑能够自足地决定判决的结果"的观点，这是身为大法官角色的霍姆斯不能容忍的。霍姆斯认为，如果真的这样，它将"诱使法学家错误地把活生生的法律描述成符合原则的虚构的要求"，同时也可能"迷惑法官把充满政治意味的东西看成从纯粹的概念逻辑推演出来的"。[2] 所以，霍姆斯在 1880 年对兰德尔论合同法一书的评论中，首次提出了"法律的生命不是逻辑，而是经验"，并且在同年出版的《普通法》一书的开篇予以了再次强调，"作为对认为'逻辑'是普通法理论的最好解释的局限性的更广泛的警告"。[3]

由此看来，霍姆斯将"逻辑"放在"经验"的对立面，并不是要去全面反对逻辑在司法论证中的作用，而是突出"交织在逻辑形式背后的关于立法理由相对价值及重要性的判断"，旨在提醒法官应超越逻辑，进入历史和社会经验领域去把握法律的真谛。[4] 换句话说，在霍姆斯的论断中，逻辑只不过是形式主义司法理论的替罪羊。亦如 H. L. A 哈特从霍姆斯喜欢批评形式主义法官"过度地使用逻辑"或者在决定案件时走到"干巴巴的逻辑极端"的表述中看出，真正引起霍姆斯不满的，其实不是逻辑，而是一种奉行形式主义的解释方式，这种方式使法官忽略了（不管是有意的还是无意的）对规则一般性条款可以进行不

---

〔1〕 秦策："霍姆斯法官'经验'概念的方法论解读"，载《法律适用》2006 年第 11 期。

〔2〕 ［美］斯蒂文·J. 伯顿主编：《法律的道路及其影响——小奥利弗·温德尔·霍姆斯的遗产》，张芝梅、陈绪刚译，北京大学出版社 2012 年版，第 108 页。

〔3〕 ［美］斯蒂文·J. 伯顿主编：《法律的道路及其影响——小奥利弗·温德尔·霍姆斯的遗产》，张芝梅、陈绪刚译，北京大学出版社 2012 年版，第 96 页。

〔4〕 参见秦策："霍姆斯法官'经验'概念的方法论解读"，载《法律适用》2006 年第 11 期。

同的解释，从而否定了规则适用中法官所具有一定的选择的空间。[1]

虽然说，主张"法律的生命不是逻辑，而是经验"是霍姆斯一贯的立场，在 1905 年 *Lochner v. New York* 一案的反对意见中也坚持认为，"一般命题不能决定具体案件。结果更多地取决于判断力和敏锐的直觉而不是清晰的大前提"[2]，然而，倘若我们将对霍姆斯观点的考察，扩大到其他的一些论述或判决中，便会发现霍姆斯其实也十分强调逻辑在司法裁判中的重要作用。例如，在 1897 年那场著名的演讲——《法律的道路》中，他便也表达了对逻辑的肯认，"对于法律人的训练就是一种逻辑上的训练。那些类比、识别和演绎的过程正是那些法律人最为熟悉的过程。司法裁决中的语言主要是逻辑的语言。逻辑的方法与形式迎合了人们对于确定性的热切渴望和存在于每一个人心灵当中的宁静平和"。[3] 此外，在实际案件的判决中，霍姆斯也经常认为法官可以通过简单的逻辑推理来对案件作出裁决，并且认为这也是法官处理他们所面对的大多数案件的方法，只不过在法律有空隙的案件中，这一单纯的演绎不再有效，所以他一次又一次地强调法官应该按照立法和先例中规则的逻辑行事，如在 *Olmstead v. United States* 和 *Dempesey v. Chamber* 中，他都强调要按普通法的先例规则处理。[4] 尤其是在 *McBoyle v. United States* 中，他成功运用了类比/反类比推理的方法，否定了"被告 McBoyle 将偷来的飞机从一个州运往另一个州"属于联邦机动车盗窃法案第 2 条所规制的范围。[5]

论述到这里，我们应该可以得出，认为霍姆斯是"反逻辑"的一面旗帜，是对霍姆斯的一种误解，而将"法律的生命不在于逻辑，而在

---

〔1〕 H. L. A. Hart, "Positivism and the Separation of Law and Morals", *Harvard Law Review*, Vol. 71, No. 4, 1958.

〔2〕 Lochner v. New York, 198 U. S. 45, 76 (1905).

〔3〕 〔美〕霍姆斯：《法律的生命在于经验——霍姆斯法学文集》，明辉译，清华大学出版社 2007 年版，第 217 页。

〔4〕 参见 〔美〕斯蒂文·J. 伯顿主编：《法律的道路及其影响——小奥利弗·温德尔·霍姆斯的遗产》，张芝梅、陈绪刚译，北京大学出版社 2012 年版，第 141～142 页。

〔5〕 McBoyle v. United States, 283 U. S. 25 (1931).

于经验"视为"反逻辑"的论断,也是"一种流于表象的肤浅结论"[1]霍姆斯也从来没有否认逻辑在法律中的重要性,他所反对的只不过是以兰德尔为代表的形式主义司法理论,或者说,是那种赞同法律制度"可以像数学那样从某些行为的一般公理中推导出来"的观念。当然,不可否认的是,霍姆斯对这种误解的形成也是负有责任的。一方面,为了突出"经验"的地位,使用一个"不是……而是"(doesn't,but)的句式,将"逻辑"彻底放在其对立面,容易引起人们的误解;另一方面,往往不加以区分地使用"逻辑",如布鲁尔认为,"逻辑"在《法律的道路》中至少有五个不同含义,但霍姆斯在使用时究竟指的是哪个意思却并未能给出界定和解释,这难免会给人产生误导[2]如果说,霍姆斯将"逻辑"放在"经验"的对立面,是一种迫不得已的"刻意",那么,他不加区分和混同地使用"逻辑"这一概念,恐怕要归咎于其个人的"疏忽"了。也许正是霍姆斯的一个"刻意"和一个"疏忽",将后来无数中外法律学者引向了对逻辑特别是演绎逻辑无情批判的歧路上。所以,为了更好地向人们表达法律中"逻辑"与"经验"之间的关系,实际上这也是霍姆斯的观点,我们有必要对霍姆斯经典论断的表述进行适度的修正,而布鲁尔的修正可谓最完美,即"法律的生命在于:逻辑中充满着经验,而经验又要受逻辑的检验"[3]

---

〔1〕 张心向:《在遵从与超越之间——社会学视域下刑法裁判规范实践建构研究》,法律出版社 2012 年版,第 231 页。

〔2〕 在《法律的道路》中,"逻辑"的这五种不同的涵义是:①大致相当于"有判断力的""合理的""正当的""明智的"这一系列概念的同义词;②作为三段论推理(或其他形式推理);③作为和几何学类似的形式推理系统,包括公理、推理规则和定理;④作为理性的可辨别的因果关系模式;⑤作为一系列论证方式,它们各自有固定形式又区别于其他。(参见〔美〕斯蒂文·J. 伯顿主编:《法律的道路及其影响——小奥利弗·温德尔·霍姆斯的遗产》,张芝梅、陈绪刚译,北京大学出版社 2012 年版,第 101~103 页。)

〔3〕 〔美〕斯蒂文·J. 伯顿主编:《法律的道路及其影响——小奥利弗·温德尔·霍姆斯的遗产》,张芝梅、陈绪刚译,北京大学出版社 2012 年版,第 96 页。

第二节　逻辑证成之基础：演绎推理的适用与局限

如前所述，在刑法裁判规范的逻辑证成中，一般起主要作用的推理形式有两种，即演绎推理和类比推理，当然，这并非意味着我们要全然排除其他推理形式，只不过与这两种推理形式相比，其他推理形式往往仅处于一种次要的辅助地位。而在这两种推理形式中，演绎推理往往被视为最常见和最核心的推理形式，"它为其他论证能够被合理地称作法律论证提供了框架"[1]演绎推理在法律论证中使用范围的广泛，常常也出乎我们的意料。诚如布鲁尔所言，"法官在提出或者评价法律论证时经常依赖演绎推理。他们甚至在运用其他的推理形式，比如类比和归纳时也依赖演绎推理。在否定对所使用的权威性规则中的某个词或者短语的有力的怀疑，或者是否定对权威性规则的使用时他们都依赖演绎推理"[2]之所以演绎推理会受到法律论证的如此青睐，这与演绎推理之推理的确定性或必然性或许有着莫大的关联，即演绎推理是从已知两个命题的相互关系去推导出第三个命题，或者简单地说，是从已知的大前提与小前提中去推导出结论，而只要两个前提命题为真，推理形式正确，结论命题也必然为真，这显然与法律的确定性要求相吻合。但更为重要的原因是，这种前提命题蕴含结论命题的特征，无疑高度契合了法律论证"可普遍化原则"[3]的要求。

一般认为，演绎推理最经典的方法就是三段论法，而且演绎推理与法律实践联系最紧密的也是三段论，因此，今日方法理论的学者对于法

---

[1]　[英]尼尔·麦考密克：《修辞与法治：一种法律推理理论》，程朝阳、孙光宁译，北京大学出版社2014年版，第57页。

[2]　[美]斯蒂文·J.伯顿主编：《法律的道路及其影响——小奥利弗·温德尔·霍姆斯的遗产》，张芝梅、陈绪刚译，北京大学出版社2012年版，第96页。

[3]　根据阿列克西的陈述，"可普遍化原则"就是要求"欲证立法律判断，必须至少引入一个普遍性规范；法律命题必须至少从一个普遍性的规范连同其他命题逻辑地推导出来"。（[德]罗伯特·阿列克西：《法律论证理论——作为法律证立理论的理性论辩理论》，舒国滢译，中国法制出版社2002年版，第276页。）

律中演绎推理问题的探讨，也多仅限于演绎三段论（又称司法三段论）的研究，本书亦是在此意义上理解演绎推理。对于这种推理的运行逻辑，人们经常所举的例子是：

> 大前提：所有的人都会死；
> 小前提：苏格拉底是人；
> 结　论：苏格拉底也会死。

在这个例子中，由于我们承认所给出的两个前提"所有的人都会死"和"苏格拉底是人"都是真的，因此结论"苏格拉底也会死"也必定是真的。[1] 理论上普遍认为，这一例子所反映的逻辑构造实际上可以用一种简约的公式予以表达：

> $M \rightarrow P$
> $S = M$
> $S \rightarrow P$

如果用语言来描述这一公式，即如果所有的 M 都是 P，并且所有的 S 都是 M，那么所有的 S 都是 P。由于法律规则的逻辑构造与这一公式的逻辑构造具有相似性，所以，在实践中，裁判者也会藉由这一公式来论证具体案件的法效果：[2]

> 大前提——法律规范：假使任何一个案件事实实现了 F，则应赋予其法效果 C；
> 小前提——案件事实：特定案件事实 A 实现了 F，或者说 A 是 F 的一个事例；
> 结　论——判　决：对 A 应当赋予法效果 C。

---

〔1〕 参见 [美] 斯蒂文·J. 伯顿:《法律和法律推理导论》，张志铭、解兴权译，中国政法大学出版社 2000 年版，第 53 页。

〔2〕 参见陈林林:《裁判的进路与方法——司法论证理论导论》，中国政法大学出版社 2007 年版，第 87 页。

一、对裁判规范证成中演绎推理一些诘难的回应

应当说，我们曾经一度认为，司法三段论是法律适用最普遍的基石，无论是在刑事法律、民事法律还是行政法律中，都是这样。[1] 例如，早在几个世纪以前，刑法学之父贝卡利亚就明确指出，"法官对于任何案件都应进行三段论式的逻辑推理。大前提是一般法律，小前提是行为是否符合法律，结论是自由或刑罚"[2] 事实也证明了，无论是大陆法系国家的法官，还是英美法系国家的法官，他们在对某个案件做出具体判决时，也都历来运用着这一演绎推理形式。如美国学者埃沃特·阿伯特就曾经认为，司法过程就是一个三段论的过程，大前提是司法原则的陈述，小前提是案件事实，结论不可避免地由两者得出。[3]

在本书看来，裁判者希望通过说明某一案件事实是否符合某一法律规定，从而来论证自己所作出的裁决是符合法律规定的，这是再明显不过的道理了。换句话说，我们之所以经常能肯定，裁判者在某一个案中所做出的具体司法裁决是有效的，往往是因为：我们已经认为就这个特定的个案来说，某个制定法条文被得到了遵守，或者说，这个"特定案件是一个具体呈现该法律中用一般性词语规定的有效事实的案件"，就这个特定个案事实所施加的后果也是某个制定法条文规范后果的具体呈现。[4] 比如说，我们的法官之所以能判处许霆成立盗窃罪，就是因为法官认为许霆利用 ATM 取款机故障恶意取款的行为，已然属于《刑法》

---

〔1〕 参见焦宝乾：《法律论证：思维与方法》，北京大学出版社 2010 年版，第 141 页。

〔2〕 ［意］切萨雷·贝卡利亚：《论犯罪与刑罚》，黄风译，中国法制出版社 2002 年版，第 13 页。

〔3〕 Everett V. Abbot, Keener on Quasi: Contracts II, *Harvard Law Review*, Vol. 10, No. 8, 1897.

〔4〕 参见 ［英］尼尔·麦考密克：《修辞与法治：一种法律推理理论》，程朝阳、孙光宁译，北京大学出版社 2014 年版，第 50 页。

第 264 条盗窃罪所涵摄的有效事实；此外，在夏俊峰一案[1]中，我们的法官之所以认为夏俊峰不符合正当防卫的条件而成立故意杀人罪，也是因为，法官认为夏俊峰的杀人行为已然属于《刑法》第 232 条故意杀人罪所涵盖的有效事实，并且也不属于《刑法》第 20 条正当防卫所涵盖的情形。由此看来，即使我们不进行任何的理论说明，也应该能体会到演绎三段论在法律论证中的极端重要的地位，它不仅在法律思维中扮演着一种十分重要的结构化角色，同时也是所有法律论证的基本框架。对此，或许诚如麦考密克所说，这已经是一个"极其过时"并且"相当陈旧"的观点的再现，"也许它根本上就是一些臭名昭著的废话"[2]然而，就是这样一个显而易见的道理，或者说"臭名昭著的废话"，却受到了我们法理论的格外关注，当然，令人遗憾的是，这种格外关注却是始于对其的批判与否定。可以说，继大法官霍姆斯的经典论断之后，学理上不断有学者尝试从不同的角度对演绎三段论发起了诘难，从而试图否定演绎三段论推理在法律推理中的重要作用。为了更好地维护本书的立场，即认为演绎推理在刑法裁判规范证成中的基础作用，接下来将对一些主要的诘难作出必要的回应。

　　第一个需要回应的诘难是"决断主义理论"对演绎三段论的批判。决断主义理论认为，判决是被作出来的，而不是被推演出来的，是意志行为而非认知行为或推演行为[3]暂且不论决断主义理论的上述论断是否正确，即使肯定上述论断是正确的，也不能以此来否定三段论在法

---

〔1〕　夏俊峰，男，辽宁省沈阳市个体商贩。2009 年 5 月 16 日，夏俊峰和妻子在马路上违法摆摊被沈阳市城管执法人员查处。在勤务室接受处罚时，夏俊峰与执法人员发生争执，刺死城管队员两名又重伤一人。2009 年 6 月 12 日被逮捕。2009 年 11 月 15 日，夏俊峰一案在沈阳市中级人民法院一审判决。2011 年 5 月 9 日上午，夏俊峰刺死城管案终审宣判，辽宁省高级法院裁定驳回上诉，维持原判。2013 年 9 月 25 日，夏俊峰因犯故意杀人罪，被执行死刑。（参见米琪：《夏俊峰事件最新完整分析 案情始末》，载未来网，http://news.k618.cn/xda/201309/t20130930_ 3964061.html，最后访问时间：2015 年 1 月 23 日。）

〔2〕　[英]尼尔·麦考密克：《修辞与法治：一种法律推理理论》，程朝阳、孙光宁译，北京大学出版社 2014 年版，第 43～52 页。

〔3〕　参见[英]尼尔·麦考密克：《修辞与法治：一种法律推理理论》，程朝阳、孙光宁译，北京大学出版社 2014 年版，第 74～75 页。

律论证中的作用。这是因为，决断主义理论误解了三段论在法律裁决过程和法律裁决证立中的作用，也就是说，没有在裁决过程和裁决证立之间作出必要的区分，从而未能看到三段论虽然对裁决制作过程的分析不重要，但它对证立的分析则颇为重要。[1] 对于刑法裁判规范的生成阶段来说，因为裁判者的判断主要依赖于裁判者的法感觉等一系列直觉因素，所以演绎三段论实际效用并不大，这的确是事实；但是，就刑法裁判规范的证成而言，由于这一阶段裁判者的主要目的是检验生成的裁判规范是否具有有效性，而演绎三段论无疑可以为刑法裁判规范的有效性提供正当理由。就像麦考密克所说，"谈及是什么使一项主张或判决可被证明为正当合理，这本身并不意味着任何人都实际地用这种追加的正当理由提出主张或作出判决，或者实际地去提出该主张或作出判决"。[2] 此外，麦考密克还认为，尽管证成理由和行为之间的关系不是一种演绎或推导关系，但是，"这并不是说证成理由自身不能通过演绎或推导予以确立。有充分的理由假定，在法治或法治国家被接受为主导性理念或（更可能）一种极其重要的理念的任何法律系统或法律观念中，这样一种演绎推理是它的一个关键要素"。[3]

　　第二个需要回应的诘难是，演绎推理的展开前提是，个案已经或者能够涵摄于预先设定的规则体系之中，因而它有赖于建构一个完备的、包罗万象的公理化法律体系，但实际上这是不可能的，所以说，将裁判想象或处理成一个纯逻辑演绎的尝试也注定要失败。[4] 客观地说，这一诘难并非毫无道理。特别是在具有开放性的民事法律中，对于待判案件尚无法律规范可资适用时，因法院不得拒绝裁判，所以需要从规范之外寻找实质标准，这时依赖于预先设定规则的演绎三段论的局限也就显

---

〔1〕　参见［荷］伊芙琳·T. 菲特丽丝：《法律论证原理——司法裁决之证立理论概览》，张其山等译，商务印书馆 2005 年版，第 33～34 页。

〔2〕　［英］尼尔·麦考密克：《修辞与法治：一种法律推理理论》，程朝阳、孙光宁译，北京大学出版社 2014 年版，第 74 页。

〔3〕　［英］尼尔·麦考密克：《修辞与法治：一种法律推理理论》，程朝阳、孙光宁译，北京大学出版社 2014 年版，第 76 页。

〔4〕　参见陈林林：《裁判的进路与方法——司法论证理论导论》，中国政法大学出版社 2007 年版，第 95～102 页。

而易见了。但是，对于刑法裁判规范的证成来说，此点诘难事实上也不会对演绎推理带来什么不利影响。这是因为，根据罪刑法定原则的要求，对于刑法没有明文规定的行为，原本就不得定罪处罚，所以不存在在演绎推理之外寻找处罚依据的问题。

第三个需要回应的诘难是，由于演绎推理之结论的有效性要依赖于推理之前提的有效，倘若前提为假，那么结论也不可能为真，所以说，前提的选择和形成在论证中往往是更为重要的问题，而演绎推理仅仅具有形式特征，对于前提的选择与形成毫无意义。在本书看来，这种诘难对于演绎推理的要求不仅是苛刻的，更是无理的。理由是：一方面，我们认为演绎三段论在刑法裁判规范的证成中具有重要意义，并非意味着它是唯一可适用的逻辑，更不是说它是刑法裁判规范证成的唯一工具，在演绎三段论之外，刑法裁判规范的证成当然也可以寻求其他证成标准；另一方面，演绎三段论所要做的只是将前提和结论联系起来，质言之，证明某一结论是否由某些前提推导出来，至于前提是否可接受、前提又当如何获得，这已然是演绎三段论范围之外的事情了，所以，也不是演绎三段论所要解决的问题。[1] "不管怎样，没有人真正假定说，演绎法律推理能够为证成法律论断或裁决提供所需的所有信息。当前的论题只不过坚持这样一点：一旦提供了某个信息，运用那一信息做出的推理过程即是一种演绎推理过程。"[2]

二、演绎推理的适用与局限

通过上述对一些有关演绎推理的诘难的回应，无疑进一步强化了我们原本就有的那显而易见的认识，即演绎三段论在刑法裁判规范证成中具有基础性的作用。接下来的问题是，演绎推理究竟是如何在刑法裁判规范的证成中起作用的，还有，以演绎推理对刑法裁判规范进行证成，

---

〔1〕 参见〔荷〕伊芙琳·T.菲特丽丝：《法律论证原理——司法裁决之证立理论概览》，张其山等译，商务印书馆2005年版，第35页；焦宝乾：《法律论证：思维与方法》，北京大学出版社2010年版，第143页。

〔2〕 〔英〕尼尔·麦考密克：《修辞与法治：一种法律推理理论》，程朝阳、孙光宁译，北京大学出版社2014年版，第101页。

又存在哪些方面的局限？对于这两个问题的回答，借助于具体的实例进行分析，或许比单纯地进行阐释性分析，更有利于我们直观地理解和把握问题。麦考密克就是采取了这样的分析进路，事实也证明这取得了比较好的效果。是故，以下本书就拟借助一个真实的个案（张文光抢劫案[1]）来进行具体说明：

【基本案情】

2002 年 2 月到 2005 年 4 月，被告人张文光分三次向被害人钟巢夫妇借款 18.5 万元，张文光每期均如期还息，共付利息款 3 万余元。后因无法还债，为抢回自己向被害人钟巢夫妇借款时所出具的借条和用作抵押的房产证，被告人张文光事先购买了铁锤，于 2005 年 6 月 9 日凌晨 1 时许，携铁锤至被害人在安顺市西秀区华西办事处太平村 187 号所开的"钟巢药店"处，以归还借款为由进入药店，随后持铁锤分别打击店主张琼和钟巢夫妇的头部，将二人打倒在地后拿起房产证和借条逃离现场。被害人钟巢和张琼之伤分为八级、十级伤残，均属重伤。

【法院判决】

安顺市中级人民法院认为，被告人张光文为毁证灭债，采用暴力手段强行取回由其出具的借条及用作抵押的房产证，致二被害人重伤，其行为已构成抢劫罪。

宣判后，被告人张文光对刑事判决部分不服，提出"没有抢劫犯意、一审量刑过重"的上诉理由。其辩护人提出相同的辩护理由，并认为被告人的行为构成故意伤害罪。

二审开庭审理过程中，检察机关、上诉人及其辩护人对一审认定的基本事实及证据均不持异议。检察机关认为上诉人张文光为逃避欠款，使用暴力手段，抢回自己向被害人钟巢夫妇借款时所出具的借条和用作抵押的房产证，其行为构成抢劫罪，但对被告人是否

---

〔1〕　陈兴良、张军、胡云腾主编：《人民法院刑事指导案例裁判要旨通纂（下卷）》，北京大学出版社 2013 年版，第 569～570 页。

应判处死刑立即执行，建议合议庭慎重考虑。被告人张文光认为自己没有抢劫犯意，其辩护人也持同样意见。二审法院认为，原审被告人张文光为毁证灭债，采用暴力手段劫取借条及其用作抵押借款的房产证，其行为已构成抢劫罪。一审审判程序合法，认定事实清楚，证据确实充分，定性准确。但鉴于本案犯罪后果不属极其严重，被告人认罪态度较好，对被告人判处死刑，可不立即执行。

【判决的逻辑进路】[1]

说明：一般来说，法官熟悉该案的案情后，基本上会有个初步的判断，即：被告人致他人重伤的行为可能触犯《刑法》第234条第2款的故意伤害罪，此外，被告人以致他人重伤的手段获取借条和房产证的行为，也可能触犯《刑法》第263条的抢劫罪。由于在该案中，致他人重伤的行为是作为获取借条和房产证的手段行为存在，如果肯定了被告人的行为成立抢劫罪，那么也无需再行评价被告人致他人重伤的行为是否成立故意伤害罪。所以，就该案而言，实际上成为论证焦点的是被告人的行为是否成立抢劫罪，如果成立抢劫罪又是否符合《刑法》第263条规定的几种加重情形，以及对被告人张文光是否适用死刑立即执行的问题。

A. 被告人张文光的行为是否成立抢劫罪

生成的刑法裁判规范：被告人以致他人重伤的手段获取其向被害人出具的借条和用作抵押的房产证的行为，成立抢劫罪。

1. 犯罪行为的构成要件

a. 客观要件

《刑法》第263条规定了抢劫罪成立的前提。

aa. "公私财物"

演绎推理一：

大前提：如果说在某些情形下，抢劫借条会与抢劫其他财物一样造成被害人的经济损失，那么借条就属于公私财物的范围。

---

〔1〕 由于本书的讨论主题是刑法裁判规范的证成，所以此处对于该案判决逻辑进路的分析，也仅限于刑事判决部分。

小前提：本案中，借条是证明债权人（被害人）与债务人（被告人）之间存在债权债务关系的重要证据，被告人抢走借条将会导致被害人无法主张权利，从而造成相当数量的经济损失。

结　论：本案中借条属于公私财物。

bb. "抢劫行为"

演绎推理二：

大前提：如果是当场使用暴力、胁迫或其他手段强取他人公私财物的行为，就是抢劫行为。

小前提：被告人当场实施了暴力手段（持铁锤打击被害人头部）并夺取了他人公私财物（被害人合法占有的借条和房产证）的行为。

结　论：被告人的行为是抢劫行为。

b. 主观要件

aa. "故意"

演绎推理三：

大前提：如果行为人明知自己的行为会发生危害社会的结果，并且希望或者放任这种结果发生的，就是故意。

小前提：被告人知道借据和房产证由被害人合法占有，仍以暴力手段抢回借据和房产证，既认识到行为会发生危害社会的后果，同时在意志上也希望这种结果的发生。

结　论：被告人具有抢劫的故意。

bb. "非法占有目的"

演绎推理四：

大前提：如果行为人有排除权利人将他人的财物作为自己的财物进行支配，并遵从财物的用途进行利用、处分的意思，就具有非法占有目的。

小前提：被告人将被害人合法占有的借据和房产证据为己有，就有排除权利人将他人财物作为自己的财物进行支配的意思，此外，被告人意图毁灭借条来毁灭债务，实际上也是遵从借条用途进行利用和处分的意思。

结　论：被告人具有非法占有目的。

2. 犯罪行为的违法性

演绎推理五：

大前提：如果行为不能根据《刑法》第20条、第21条的规定以及其他正当化事由被正当化，那么该行为便具有违法性。

小前提：在本案中，没有任何事实可以提示被告人的行为是可以被正当化的。

结　论：本案被告人的行为是违法的。

3. 犯罪行为的有责性

演绎推理六：

大前提：如果行为人不能根据《刑法》第17条、第18条的规定以及其他可以排除责任的事由被免除责任，那么该行为便具有有责性。

小前提：在本案中，没有任何事实是可以提示被告人的行为是可以被免除责任的。

结　论：本案被告人的行为是有责的。

4. 结论

被告人以致他人重伤的手段获取其向被害人出具的借条和用作抵押的房产证的行为，成立抢劫罪。

B. 被告人张文光的行为是否符合抢劫罪的几种加重情形

《刑法》第263条第1、4、5项规定了入户抢劫、多次抢劫或者数额巨大的和抢劫致人重伤、死亡的加重情形。

1. 入户抢劫

演绎推理七：

大前提：对于同为商用与居住用的店铺，如果在营业时间内，店铺的功能主要用于经营，也不与外界相隔离，不具备户的两个基本特征，这个时候行为人入店实施抢劫的，就不是入户抢劫；如果店铺在非营业时间，其功能已经发生了相应的变化，它成为家庭生活、居住的场所，同时也与外界相对隔离，这时候进入实施抢劫的，就是入户抢劫。

小前提：被告人在非营业时间（凌晨 1 时许）进入成为被害人家庭生活、居住场所，并与外界相对隔离的药店，实施了抢劫行为。

结　论：被告人的行为是入户抢劫。

2. 抢劫数额巨大

演绎推理八：

大前提：如果多次抢劫他人或者抢劫他人公私财物数额巨大的，那么就符合《刑法》第 263 条第 4 项多次抢劫或者抢劫数额巨大的情形。

小前提：被告人使用暴力手段抢回借条予以销毁，目的是使自己本应承担的 18.5 万的债务消灭，即相当于获取 18.5 万元的现金，而 18.5 万元已经达到数额巨大。

结　论：被告人的行为符合《刑法》第 263 条第 4 项抢劫数额巨大的加重情形。

3. 抢劫致人重伤

演绎推理九：

大前提：如果在抢劫过程中导致他人重伤或死亡的，那么就符合《刑法》第 263 条第 5 项抢劫致人重伤、死亡的加重情形。

小前提：被告人的抢劫行为导致了两被害人重伤。

结　论：被告人的行为符合《刑法》第 263 条第 5 项抢劫致人重伤的加重情形。

C. 对被告人张文光的量刑

由于在 A 和 B 部分已经肯定了被告人张文光的行为成立抢劫罪，并且同时符合抢劫罪的三种加重情形，因此根据《刑法》第 263 条的规定，对被告人张文光应当判处十年以上有期徒刑、无期徒刑或者死刑，并处罚金或者没收财产。但在是否适用死刑立即执行的问题上，一审法院与二审法院之间存在分歧，即一审法院认为被告人张文光虽如实交代其犯罪事实，但其犯罪情节恶劣，手段残忍，应予严惩，所以对被告人应判处死刑立即执行；而二审法院认为鉴于本案犯罪后果不属极其严重，被告人认罪态度较好，对被告人判处死刑，可不立即执行。当然，这已经超出了逻辑进路的范畴。

显然，通过以上案例判决之逻辑进路的展示，我们可以发现，刑法裁判规范的证成过程，实际上就是一个刑事判决的详细说理过程，而演绎推理无疑为判决的说理提供了一种最清晰的说理方式。此外，由于演绎推理的本质要求，其结论性命题必须隐含于其前提性命题当中，从而这也保障了在判决中经由演绎推理所得出的结论，肯定来源于一个普遍性规范（很多时候就是刑法文本规范），并且所得的结论也是由这些规范逻辑地导出，所以，既将刑法裁判规范的证成限制在法律系统内部进行论证，同时也保障了结论的确定性。

除此以外，我们还发现，在一个真实案件的裁判过程中，演绎推理并不总是像我们经常在事后所描述的那样，以一种单一的、极其简约的形式存在，一个判决往往需要运用数个演绎推理形式，而且有时这些演绎推理也并不总是以并列的形式存在。换句话说，一个演绎推理的前提可能依赖于另一个演绎推理结论的支持，而另一个演绎推理的前提则依赖于更上一个演绎推理结论的支持。但不管在一个刑事案件中我们需要多少个演绎推理，或者这个演绎推理链有多长，抽象地看，一个演绎推理一般都要遵循这样三个步骤：[1] 第一步便是识别支配手头案件的法律规则，即基于案件生活事实，寻找适用于待决案件的刑法文本规范，从而为演绎推理确定大前提；第二步便是认定和陈述作为推理小前提的法律事实，即针对法律规则来对所认定的事实加以陈述；第三步便是依据大小前提推出结论，即根据大小前提的相互关系作出判断：作为小前提的事实陈述是否可以纳入大前提（法律规则）中，因而大前提的法

---

[1] 参见沈琪：《刑法推理方法研究》，浙江大学出版社 2008 年版，第 45～50 页；张心向：《在遵从与超越之间——社会学视域下刑法裁判规范实践建构研究》，法律出版社 2012 年版，第 396～397 页；解兴权：《通向正义之路——法律推理的方法论研究》，中国政法大学出版社 2000 年版，第 103～112 页；[美] 斯蒂文·J. 伯顿：《法律和法律推理导论》，张志铭、解兴权译，中国政法大学出版社 2000 年版，第 55～73 页。

律后果相应地适用或不适用于该案。

然而，在此必须要指出的是，尽管我们认为刑法裁判规范的证成在总体结构上可以被描述为一个演绎推理的过程，并且这一推理结构在某种程度上也的确限制了法官在裁判中的权力，提高了判决的客观性，但这绝非意味着刑法裁判规范的证成就仅仅是一个演绎过程，或者说，刑法裁判规范的证成仅仅靠演绎推理就可以完成的。[1] 事实上，仅仅从演绎推理的过程来看，我们就可以发现这一点。这是因为演绎推理结论的有效性必须依赖于大小前提的可靠性，而在现实案件中，真正的困难往往就在于我们对大小前提的获得和确定上。就像恩吉施所指出的，"作出结论本身……（不需要）我们费太大的力气，主要的困难在于寻找前提"。[2]

一方面，在大前提上，首先，一个刑事案件既可能出现多个可资适用的刑法文本规范，选择哪一个充当大前提往往是十分困难的，并且有时选择的大前提并不一定正确。例如，在上述张文光抢劫一案中，就存在是选择《刑法》第 234 条第 2 款还是《刑法》第 263 条充当大前提的问题。如果说就这一案件大前提的选择还相对容易的话，那么在曾经沸沸扬扬的梁丽侵占案[3]中，大前提的选择就并非那么清楚了。此外，

---

〔1〕　参见沈琪：《刑法推理方法研究》，浙江大学出版社 2008 年版，第 50 页。

〔2〕　K. 恩吉施：《法律适用的逻辑研究》，第 13 页。转引自［德］罗伯特·阿列克西：《法律论证理论——作为法律证立理论的理性论辩理论》，舒国滢译，中国法制出版社 2002 年版，第 284 页。

〔3〕　该案的基本案情是：2008 年 12 月 9 日，深圳机场清洁女工梁丽看到一个小纸箱在行李车上无人看管，以为是乘客丢弃的，就顺手把小纸箱当作丢弃物清理到清洁车里，并放置在机场一卫生间残疾人洗手间内。后经同事打开查看，发现里面是一包包的黄金首饰。梁丽获知后并未将该纸箱上交，而是于下午下班之时带回家中。梁丽所拿纸箱其实是东莞一珠宝公司王某携带的价值 261 万元的黄金首饰。王某因机场不予办理托运暂时离开纸箱去往远处其他柜台找值班主任咨询，回来后发现纸箱不在即以被盗报案。公安机关随后查明是梁丽拿走了纸箱，并前往梁丽家带走了纸箱和梁丽。该案告破。负责侦破此案的公安机关曾以涉嫌盗窃罪建议检察机关提起公诉。梁丽如果被以盗窃罪提起公诉，那么按照法律规定，该案涉案金额特别巨大，梁丽将有可能面临最低刑为有期徒刑十年、最高刑为无期徒刑的刑事处罚。那么该案到底该如何定性？梁丽究竟是"偷"还是"捡"？是有罪还是无罪？是构成盗窃罪还是其他罪？在刑法理论和司法实务中发生了分歧。（参见赵秉志等"'偷'还是'捡'？有罪还是无罪？——专家学者深度解读梁丽涉嫌盗窃案"，载《法制资讯》2009 年第 5 期。）

就上述案件的"演绎推理一"来说,将"如果说在某些情形下,抢劫借条会与抢劫其他财物一样造成被害人的经济损失,那么借条就属于公私财物的范围"作为推理的大前提,本身就是存在疑问的。其次,可资适用的大前提即刑法文本规范也并非总是明确的,可能存在不确定性。这既可能是因为语词表意时内在的局限所致,也可能是立法本身的安排所致。例如,《刑法》第263条对于入户抢劫中的"户",就并非是明确的。这时就需要依赖于刑法解释的方法。最后,可资适用的大前提即刑法文本规范也可能出现不正义,尽管这种情况极为少见,但的确可能存在。[1] 所以,千万不能认为,单纯通过刑法文本规范就可以获得推理的大前提。

另一方面,在小前提上,对案件事实的确定也并不是只要经过相关证据证明,事实客观存在或事实上发生了即可,"为了能够与法定构成要件要素相比较,判断者还必须将其对已发生之案件事实的想象表达出来,并且要能配合法律的用语",也就是说,案件事实不仅仅是已发生的生活事实。[2] 例如在上述案例中,仅仅有借条的事实,还难以成为推理的小前提,必须要经过规范的建构才能成为小前提的案件事实。此外,在时间上,也并不是总在形成案件事实以后,才开始评断案件事实符合(或不符合)法定构成要件要素,并且这种判断也不是一蹴而就的,两者毋宁是同时、反复地进行,就像恩吉施所说的,"在大前提与生活事实间之眼光流转往返",或者如朔伊尔德所言,"在确认事实的行为与对之作法律评价的行为间的互相穿透"。[3] 也就是说,案件事实也并非总是那么容易地充当演绎推理的小前提。

因此,必须承认,如果我们想把刑法裁判规范的证成,仅仅描述为一个纯粹的演绎推理过程,这注定是要失败的,质言之,刑法裁判规范的理性证成不可能仅仅通过演绎推理就能完成。然而,也必须要加以重

---

〔1〕 参见沈琪:《刑法推理方法研究》,浙江大学出版社2008年版,第51页。

〔2〕 〔德〕卡尔·拉伦茨:《法学方法论》,陈爱娥译,商务印书馆2003年版,第160页。

〔3〕 〔德〕卡尔·拉伦茨:《法学方法论》,陈爱娥译,商务印书馆2003年版,第160~162页。

申的是，尽管我们不认为刑法裁判规范的证成是一个纯粹的演绎推理过程，但这绝非是要否定演绎推理在刑法裁判规范证成中的重要作用，因为无论大前提与小前提是多么难以获取和确定，只要确定大前提和小前提之后，也必将通过演绎推理来获取结论。所以说，演绎推理仍然是我们刑法裁判规范的证成的基本框架，演绎推理的适用局限从来也不是通过否定演绎推理就可以完善的，不过我们倒是可以认为，这些局限至少提示了我们，演绎推理对于刑法裁判规范的证成固然重要但毕竟不是全部，但我们还应该在演绎推理之外寻找其他评价标准或方法。

第三节　演绎推理之补充：　类比推理的应用与缺陷

尽管实践中的多数案件通过简单的演绎三段论就可获得结论，但实践中也总是存在一些大小前提不容易获得的案件，当然还有一些大小前提明确，而推论结果明显违背正义的案件，事实证明，正是这些案件往往会成为我们学理和实务讨论的重心。倘若按照本书对疑难案件的划分来看，"解释问题"的疑难案件的核心就是推理大前提的模糊，"分类问题"的疑难案件的核心则是小前提的不明确，"相关性问题"的疑难案件的核心是推理结论的不正义。显然，对于不同的案件，我们应当采用不同的方法去对其所选择的裁判规范进行证成。在这里，本书想探讨的是"分类问题"疑难案件之裁判规范的证成方法。在本书的第一章已经提到，对于"分类"案件，裁判者所要处理的重心就是确认所认定的事实能否归入某一既存的法律规范的问题，换句话说，是一个小前提确认的问题。对此，阿列克西提出的一种证成方法颇值得我们关注，即"应尽最大可能陈述逻辑的展开步骤"来揭示有关事体描述的具体特征，倘若用证成图示来表述，即是：[1]

---

〔1〕　参见〔德〕罗伯特·阿列克西：《法律论证理论——作为法律证立理论的理性论辩理论》，舒国滢译，中国法制出版社 2002 年版，第 281~282 页。

$$(1) \quad (x) \quad (Tx \rightarrow ORx)$$
$$(2) \quad (x) \quad (M^1x \rightarrow Tx)$$
$$(3) \quad (x) \quad (M^2x \rightarrow M^1x)$$
$$\cdots\cdots$$
$$(4) \quad (x) \quad (Sx \rightarrow M^nx)$$
$$(5) \quad Sa$$
$$(6) \quad ORa \quad (1)-(5)$$

阿列克西对这一图示补充说明道：从这个图示中的（2）-（5）可以得出"Ta"（5'），从（1）和（5'）则得出（6），所以可以将（1）看作大前提，（5'）看作小前提，（2）-（5）是小前提的证立；此外，如果我们将（1）-（4）中得出的规范"（X）（Sx→ORx）"（4'）视为大前提（即裁判规范），把（5）视为小前提，那么（1）-（4）就是大前提（裁判规范）的证立。学者杨知文认为，"尽最大可能陈述逻辑的展开步骤，成为司法者在存在'分类问题'的疑难问题中确证案件事实能够适用某一法律规范，并据以形成关于案件事实的陈述的重要方法，这个做法使得许多因素得以明晰，从而使得司法者对案件判决的理由展示具有相当程度的逻辑力量和说服力"[1]。

问题是，事实是否果真如此？接下来，本书将引用荷兰学者菲特丽丝所举的一个实例来加以分析，值得注意的是，学者杨知文也同样引用了这一实例，但似乎与本书的目标相反。这个实例就是荷兰刑法上著名的电力案[2]。菲特丽丝结合阿列克西的上述图示分析认为：

---

[1] 杨知文等：《法律论证具体方法的规范研究》，中国社会科学出版社2013年版，第85页。

[2] 这个案例的基本案情是：1918年，海牙一个牙科医生绕开电表试图随意用电。案发后他被指控为盗窃电。最后，最高法院不得不就盗用电是否构成荷兰《刑法典》第310条所规定的盗窃"财物"的刑事犯罪作出裁决。最高法院的裁决（HR23-5-1921，NJ1921，564）认为盗用电就是盗窃财物。事实上，相类似的案件在德国和日本都有发生。（〔荷〕伊芙琳·T. 菲特丽丝：《法律论证原理——司法裁决之证立理论概览》，张其山等译，商务印书馆2005年版，第204页。）

"①相当于《荷兰刑法典》第 310 条的普遍规范，该条款规定：如果某人（X）故意侵占了属于他人的财物（T），应判处 4 年以下监禁（ORx）；②是表明占有了一项财产（M^1）者即是占有了财物（T）的陈述；③是说明占有了某个特定价值的东西（M^2）者即是占有了一定财产（M^1）的陈述；④是表明占有了电力（S）者即是占有了某个有价值的东西（M^n）（n 是代表依据所要求的层次数 M 的变量，在这里是 M^2）的陈述；⑤是表明 a 先生偷用了其所在城市海牙的电力的陈述；⑥是规范性陈述（ORa）。"[1]

杨知文认为，"通过这一系列的论述，法院最终实现了对所作裁决的证立，表明了《刑法典》第 310 条是本案应当适用的裁判规范，而这一系列的论述即是确立这个裁判规范的理由及其逻辑过程"[2]。但事实上，以上逻辑的展开并不是一个有效的逻辑推导，甚至存在致命的逻辑谬误，如在菲特丽丝的第②个陈述中，"占有了一项财产即是占有了财物"，就是一个错误的推理。理由是，"财产"与"财物"并非同一概念，倘若我们从涵摄的角度加以审视，"财物"属于"财产"的某一类别，只可能由"财物"推及"财产"，不可能由"财产"推及"财物"。

那么，荷兰最高法院究竟是凭借什么作出该裁决的呢？菲特丽丝写道："在最高法院看来，这一条款适用于电是因为它的性质。电的性质之一是它具有某种价值。这是因为，有人必须付出代价，通过劳动才能得到它；还因为人们可以有益地使用它，或者用它赚钱。因此电被视为

---

[1] [荷] 伊芙琳·T. 菲特丽丝：《法律论证原理：司法裁决之证成理论概览》，张其山等译，商务印书馆 2005 年版，第 108 页。（但需要注意的是，与该书第 204 页《荷兰刑法典》第 310 条的条文表述用的是"财物"一词不同的是，这里用了"利益"一词，可能是误写或误译。）

[2] 杨知文："'分类'与'解释'——两类疑难案件裁判规范证立的比较研究"，载《太原理工大学学报（社会科学版）》2010 年第 3 期。

一种财物。"[1] 日本大审院在 1903 年于类似的判决中指出："电流虽然不是有体物，但是，依据五官的作用能够认识其存在，能够将其收容于容器以独立的存在。这自不待言，并能将其蓄积于容器后所持之，从一个场所转移于其他场所等，能够以人力任意地支配，一并具有移动性和管理可能性，的确能够满足成立盗窃罪所必要的窃取之要件。"[2] 显然，无论是荷兰最高法院还是日本大审院，都或多或少运用了另外一种逻辑推理形式，那就是类比推理，即认为"电"和我们通常所熟知的"财物"相比，都是具有一定价值的东西或都具有可移动性和管理可能性，从而将窃取"电"这一事实成功归属于窃取"财物"这一规范。忽略此推理形式，单纯地运用演绎推理，即使我们将陈述无限展开，也无法完成对裁判规范的证成。由此看来，在"分类问题"疑难案件中，类比推理是一种重要的裁判规范的证成方法。学者考夫曼甚至认为，类比推理是所有法律适用的基础，"每个法适用或法律发现依其本质，并非形式的逻辑推论，亦非单纯的涵摄，而是一种类推的过程"。[3]

客观地说，尽管在今日大多数英美法律人看来，法律推理的中心事实上就是类比推理，[4] 但是，受这一推理形式某些特点的制约，类比推理在大陆法系国家并没有受到足够的重视。人们认为，类比推理之所以在英美法系中受到重视而在大陆法系中受到轻视，是因为英美法系国家实行判例法而大陆法系实行制定法的缘故，但事实并非如此。接下来本书会分析到，即使在遵从制定法之大陆法系国家的刑事司法裁判过程中，类比推理也将发挥重要作用。然而，由于在刑法学中，"类比推理"一词极容易与罪刑法定主义禁止类推中的"类推"一词相混淆，所以，在类比推理适用具体展开之前，有必要对这些易混淆的概念加以

---

〔1〕 〔荷〕伊芙琳·T. 菲特丽丝：《法律论证原理——司法裁决之证立理论概览》，张其山等译，商务印书馆 2005 年版，第 204 页。

〔2〕 〔日〕大塚仁：《刑法概说（各论）》，冯军译，中国人民大学出版社 2003 年版，第 174～175 页。

〔3〕 〔德〕亚图·考夫曼著：《类推与"事物本质"兼论类型理论》，吴从周译，学林文化事业有限公司 1999 年版，译序第 12 页。

〔4〕 参见〔美〕理查德·A. 波斯纳：《法理学问题》，苏力译，中国政法大学出版社 2002 年版，第 109 页。

区分，以期说明即使在坚持罪刑法定原则的前提下，类比推理在刑法裁判规范的证成中仍然有适用的空间。

一、类比推理与刑法中的禁止类推

（一）禁止类推之再分歧的缘由：概念的误用

尽管在一般法学方法论上，类推作为一种漏洞补充技术得到了广泛承认，但在当下的刑法理论中，类推却遭到了严酷的拒绝，只要我们一提到罪刑法定原则，便就会想到其派生原则——"禁止类推"，可以说，"禁止类推"在刑法学中几乎构成了一种常识。[1] 所谓禁止类推，是指"禁止比附援引相类似的法条，来科处法条所未明文规定的行为"，质言之，"不能以类推来创新或扩张刑法条文所规定的内涵，作为科处相类似的行为的法律依据"。[2] 从形式上看，类推因与罪刑法定主义原则相背离从而遭到禁止；从实质上看，禁止类推不仅因为类推以司法侵蚀了立法，违背了权力分立制衡原则，更是因为类推超出了国民的预测可能性，可能造成国民在不可能预见的情况下受到刑罚处罚，从而导致国民行为的萎缩。[3]

自我国 1997 年刑法删除了 1979 年刑法第 79 条有关类推适用的条款，并在第 3 条增设了罪刑法定原则之后，我国刑法学界在一段时期内（尽管很短暂）就"禁止类推"达成了高度共识，即禁止类推，但允许扩张解释。所以在这个短暂的时期内，"类推"在刑法学界中的出现，主要是其与扩张解释之间的界限区分问题。也许是因为这一区分实在太过于困难，又或许是因为受到哲学诠释学影响下的西方刑法解释学理论[4]的影响，很快我国就有学者对"禁止类推"发起了挑战。例如，杜宇博士提出，"我们根本无法将'类推'完全驱逐出刑法适用的领

---

〔1〕 参见杜宇："刑法上之'类推禁止'如何可能？一个方法论上的悬疑"，载《中外法学》2006 年第 4 期。

〔2〕 参见林山田：《刑法通论（上册）》，北京大学出版社 2012 年版，第 39～40 页。

〔3〕 参见张明楷：《罪刑法定与刑法解释》，北京大学出版社 2009 年版，第 45 页。

〔4〕 最典型的是德国学者考夫曼的解释理论，他的小册子《类推与"事物本质"——兼论类型理论》（吴从周译，台湾学林出版社 1999 年版）可谓是那些发起对"禁止类推"进行挑战的最坚强的域外理论支撑。

域，刑法上绝对的'类推禁止'只能在教科书中艰难度日"，"刑法上绝对之'类推禁止'根本就属于一种虚幻的神话"[1] 吴丙新博士认为，类推禁止不过是"法治主义者"用心编制的一个美丽谎言，或者说，"是在法治口号下的一个美丽的乌托邦"[2] 此外，还有一些学者从制度设计、具体解释层面对"类推解释"表示认可[3] 尽管这些挑战尚未能与"禁止类推"的观点分庭抗礼，但这的确引发了我国刑法学界就"禁止类推"的再一次分歧。

问题是，此次我国刑法学界就"禁止类推"与否的再分歧，是不是我国 1997 年刑法修订之前刑法学界就"禁止类推"之分歧的再现？答案显然是否定的。在 1997 年刑法修订之前，刑法学界就"禁止类推"的实质分歧在于是否需要废除我国 1979 年刑法的类推制度。这时，禁止类推中的"类推"是指，对于法律没有明文规定的行为，援引类似性的刑法条文予以定罪处刑，换言之，类推是作为一种"漏洞补充技术"存在的[4] 然而，从此次对"禁止类推"发起挑战的学者的论述来看，"禁止类推"中的类推显然已不再是此意义上的理解。比如，杜宇博士指出，"类推与其说是一种司法上的特别适用制度，不如说是一种思考上之根本方法，一种法律推理的思维模式"[5] 黄继坤博士也认为，"类推是不可能绝对禁止的法学思维方法，更不能沦为法律漏洞填补的角色；类推的过程是在'不法类型'的指导下，寻找规范与事实

---

〔1〕 杜宇："刑法上之'类推禁止'如何可能？一个方法论上的悬疑"，载《中外法学》2006 年第 4 期。

〔2〕 吴丙新：《修正的刑法解释理论》，山东人民出版社 2007 年版，第 266、275 页。同时，黎宏教授也认为，"类推是一种现实存在的解释方法，并非人们所想象的那么可怕"，"虽然从历史经验教训的角度看，各国在类推解释的适用上有过惨痛的教训，但这并不能说明其就没有存在的价值"。（黎宏："'禁止类推解释'之质疑"，载《法学评论》2008 年第 5 期。）

〔3〕 朱立恒："类推制度的合理性及其在我国的衰落与重建"，载《甘肃政法学院学报》2008 年第 2 期；黄继坤："刑法类推解释如何得以进行——刑法演绎推理中的类推解释"，载《现代法学》2011 年第 5 期。

〔4〕 参见薛瑞麟："论刑法中的类推解释"，载《中国法学》1995 年第 3 期。

〔5〕 杜宇："刑法上之'类推禁止'如何可能？一个方法论上的悬疑"，载《中外法学》2006 年第 4 期。

之间相似性的过程"。[1] 也就是说，杜宇等人文中的"类推"与学界通常意义上理解的禁止类推之"类推"并不是一回事，实际上指的是一种法律推理的形式，也就是类比推理。类比推理关切的是在比较中"探寻规范意义与事实意义是否一致，并在相互比较的程序中确定规范的文义"。[2] 而在今日仍持"禁止类推"观点的学者看来，作为一种法律推理方式的类比推理仍然是受到认可的。由此看来，今日我国刑法学界就"禁止类推"的分歧，只不过是概念的误用所导致的，不存在根本上的分歧；学界诸多学者对"禁止类推"之质疑，也无非是要强调"类比推理"在刑法适用中的重要意义。

（二）类比推理与相关概念的区分

也许正是因为类比推理与类推在概念上极易发生混淆，所以于某种程度上影响了类比推理在我们刑事司法裁判过程中作用的正常发挥。因此，为了后文能更加准确地把握类比推理的适用，在此有必要就类比推理和与之相近的几个概念作一简要的区分。

尽管维根斯坦曾经说过，语词的意义在于使用，我们怎样使用，它就具有怎样的含义，杜宇博士也认为，"对于类推的理解完全可能有多元化的把握，不存在也绝不应该存在定势化的、唯一正确的理解"，[3] 但是，为了使人们就某一问题对话和交流的便利，对某些概念的界定务必要着眼于当下理论通常讨论的需要和某一共同体之用语习惯，质言之，倘若某一用语"已为学界所共同认知之用语，则属于约定俗成之法律专用术语，实毋庸加以舍弃而另创新词，除非该用语存有重大错误，否则专业用语之改变，非特导致学术研究上之紊乱，更徒增刑法学后进学习上无所适从之困扰"。[4] 是故，本书在此立场下对类比推理与相关

---

〔1〕　黄继坤："刑法类推解释如何得以进行——刑法演绎推理中的类推解释"，载《现代法学》2011 年第 5 期。

〔2〕　赵运锋："刑法类推解释禁止之思考"，载《当代法学》2014 年第 5 期。

〔3〕　杜宇："刑法上之'类推禁止'如何可能？一个方法论上的悬疑"，载《中外法学》2006 年第 4 期。

〔4〕　陈子平："论共犯之独立性与从属性"，载陈兴良主编：《刑事法评论》（第 21 卷），北京大学出版社 2007 年版，第 15 页。

概念进行区分。

从目前的文献表述来看，在当下我国刑法理论中，与类比推理这一概念相近的主要有类推、类推适用和类推解释这三个概念。有学者认为，类推适用与类推解释截然有别，类推适用属于法律漏洞补充之技术，而类推解释则属于狭义的法律解释，亦即"在文义之可能范围内阐释法律之含义者"。[1] 当然，也有学者对类推解释这一提法本身就表示怀疑，如周少华教授认为，类推解释本身就是一个悖论，类推本身就外在于解释，"类推"与"解释"的结合就像一例"异体移植"，产生排斥反应是必然结果。[2] 但目前绝大多数见解还是认为，类推适用与类推解释并无本质区别，都是法律漏洞补充之技术，亦即，都适用于法律对于待决事项未进行规定的情形，从而都同属于禁止类推之"类推"。[3] 倘若非要在二者之间作出区分，那么，一个是"对于刑法分则没有规定的犯罪，比照刑法分则最相似的规定定罪量刑"（类推适用），一个是"解释结论完全超出了刑法用语可能具有的含义"（类推解释），[4] 但本质上无疑都属于漏洞补充技术。由此看来，类推、类推适用和类推解释这三个概念其实可以同等看待，换句话说，本书旨在探讨的类比推理与相关概念的区分，事实上就是类比推理与类推（抑或是类比推理与类推适用、类比推理与类推解释）的区分。

尽管说类比推理与类推都在注重相似事物之间的比较，故二者之间难免存在一定的联系，诚如有学者所言，"类比推理则构成类推解释或类推适用的思维基础"，但切不可依此就忽视二者之间的重要区别。那么，究竟应当如何理解类比推理与类推之间的区别呢？在本书看来，可从以下几个方面着手理解：

第一，二者的适用目的不同。虽然都是在相似事物之间进行比较，但二者比较的目的不同。类推作为法律漏洞的补充技术，旨在对法律就

---

[1] 杨仁寿：《法学方法论》，中国政法大学出版社 2013 年版，第 208 页。

[2] 参见周少华："'类推'与刑法之'禁止类推'原则——一个方法论上的阐释"，载《法学研究》2004 年第 5 期。

[3] 参见赵运锋："刑法类推解释禁止之思考"，载《当代法学》2014 年第 5 期。

[4] 参见张明楷：《刑法分则的解释原理》，中国人民大学出版社 2004 年版，第 15 页。

待决事项尚未进行明文规定的情况下，从现有的法律规定中寻找相类似的规定对待决事项进行处理，针对的法律弊病是法律空缺；而类比推理是法律推理的方法之一，旨在对待决事项与法律规定所涵摄的典型事实进行比较，从而将待决事项归摄于现有的法律规定之下，故针对的法律弊病是小前提模糊。[1]

　　第二，二者对待刑法文本规范的态度不同。由于类比推理中的待决事项虽然不在规范语义的核心地带，但仍然处于规范的语义范围之内，待决事项仍能够被刑法文本规范的可能语义所包含，类比推理是在刑法文本规范之内的推理；而类推是在刑法无明文规定情形下的适用，类推中的待决事项属于刑法无明文规定事项，即超出了刑法文本规范可能语义的范围，[2] 所以说类推是刑法文本之外的"找法"。

　　第三，二者相似性判断的强度不同。类比推理中的相似性是一种"强类似"，表现在待决事项与法律规范中的典型事实之间的相同性大于相异性，从而可以将待决事项归入某一概念或类型之中；而类推中的相似性是一种"弱类似"，表现为能够被纳入比对的'相似性'事实构成因素相对较少，故两者不能表现出相同的法律意义，也就是说，"相异大于相同，因而不能按照一般的法律解释方法将其涵括在某一概念或类型之中，也就是属于法无明文规定的情形"。[3]

　　第四，理论与实务对待二者的态度也不同。受罪刑法定原则的约束，严格禁止比附援引相似的法律规定对事先未明确规定的行为进行处罚，因此类推遭到严格禁止；但是，类比推理作为一种思维方法，是受到认可的，甚至在"分类问题"的疑难案件中，类比推理还是一种不可或缺的推理方法。当然，由于涉及可能文义的界限，二者在实际中的区分并不总是那么清晰明了，如在德国携带盐酸抢劫的案件中，法院最终将盐酸认定为武器，究竟是类推还是符合文义的类比推理是存在疑问

----

〔1〕　参见赵运锋："刑法类推解释禁止之思考"，载《当代法学》2014 年第 5 期。

〔2〕　参见张心向：《在遵从与超越之间——社会学视域下刑法裁判规范实践建构研究》，法律出版社 2012 年版，第 420 页。

〔3〕　陈兴良："刑法教义学方法论"，载《法学研究》2005 年第 2 期。

的。然而，我们绝不能因此就承认类推或者否定类比推理，因为有些事物给我们带来的价值太过重要，即使艰难也值得我们不懈地为之而努力。

二、类比推理的逻辑构造与适用步骤

（一）类比推理的逻辑构造

与演绎推理相比，类比推理的表现形式不是"从一般到个别"的演绎，而是"以例推例"的形式，即"从特殊到特殊"；此外，与演绎推理主要借助前提和结论之间的必然关系不同，"类比推理的基础在于事物或例子之间所拥有的相似性"。[1] 对于这种推理形式的逻辑构造，有学者用如下图示进行表述：[2]

> 事物 X 具有属性 A、B、C、D；
> 事物 Y 具有属性 A、B、C；
> 所以 Y 事物也具有属性 D。

当然，学者们对此还有一种相近的图示表述，即：[3]

> 事物 X 有 A、B、C……等特征；
> 事物 Y 有 A、B、C……等特征；
> X 还拥有特征 D；
> 因此，Y 也拥有特征 D。

也就是说，对于 X、Y 两个不同事物，我们可以根据它们具有一些共同的特征（A、B、C 等）将其判断为相似事物，倘若这时发现 X 事物还有事物 Y 未能显现的特征 D，那么根据两个事物的相似性特征，可

[1] 陈景辉：《实践理由与法律推理》，北京大学出版社 2012 年版，第 226 页。
[2] 参见陈波：《逻辑学是什么》，北京大学出版社 2002 年版，第 179 页。
[3] Martin P. Golding, *Legal Reasoning*, Alfred A. Knopf, 1984, p. 45.

以推出 Y 也具有特征 D。将其还原为古典理论图示即为：

> M 是 P
> S 与 M 相似
> S 是 P

　　观察这一图示即可发现，类比推理适用的小前提系个别特殊命题（S 与 M 相似），出现了所谓的四词谬误，所以其结论并不具有绝对的真实性和有效性。[1] 但这并不足以让我们否认类比推理在法律适用中的存在意义。"创造性的、崭新的知识几乎都不是以一种精确的逻辑推论来进行。而类推正具有此种创造性的知识价值；这个价值在于经由潜在的前提，发现当时尚未被认识的事物。"[2] 当然，这一图示所反映出的，类比推理可能存在的非理性化，的确应当成为我们在疑难案件中运用类比推理时的一面警示牌。

　　对此，学者陈景辉认为，人们之所以感觉类比推理具有太多的非理性和极容易导致推理的恣意，其原因在于上述图示的不够清晰，它仅仅将类比推理表述为基于相似性的判断，从而忽视了更为重要的因素，即"已知相似性与待证相似性存在相关性"以及事物之间的差异性；并且提出，只有附加了相关性条件与差异性条件的公式，才能展现最完整的类比推理结构，将之引入法律领域，才能以更为清晰的方式看到类比法律推理的基本形态，从而保证推理的正当化。[3] 质言之，类比推理中类似事件的相同特征与比拟的标的要有相干性。因此，一个具有理性化的类比推理的结构应以如下公式来表示：[4]

---

〔1〕　参见陈林林：《裁判的进路与方法——司法论证理论导论》，中国政法大学出版社 2007 年版，第 118～120 页。

〔2〕　[德] 亚图·考夫曼：《类推与"事物本质"兼论类型理论》，吴从周译，学林文化事业有限公司 1999 年版，第 79 页。

〔3〕　参见陈景辉：《实践理由与法律推理》，北京大学出版社 2012 年版，第 228～238 页。

〔4〕　参见陈景辉：《实践理由与法律推理》，北京大学出版社 2012 年版，第 238 页。

事物 X 有 A、B、C……等特征；

事物 Y 有 A、B、C……等特征；

事物 X 有 E、F……等特征，而 Y 无此特征；

E、F……等特征并未压倒 A、B、C……等特征；

X 还拥有特征 D；

A、B、C……等特征是与 D 相关的特征；

因此，Y 也拥有特征 D。

（二）类比推理的适用步骤

那么，接下来的问题是，如何才能在司法裁判的过程中准确实现上述推理呢？或者换句话说，在司法裁判的过程中，为了保障类比法律推理的理性化，我们通常应当遵循哪些步骤？对此，理论上主要有"三步骤说"和"五步骤说"之分。例如，伯顿就认为，类比推理应该采取三个步骤：其一，基点的确定，即识别出进行推理的一个基点情况；其二，识别相同点或不同点，即描述基点情况与问题情况相同或相似和不同或不相似的那些事实方面；其三，作出判断，即判断这些事实上的相同点或不同点在这种情况下是更加重要的。[1] 孙斯坦则认为，类比法律推理的过程大致可以分为五个步骤："①某种事实模式 A（即'源'案例）有某些特征 X，Y 和 Z。②事实模式 B（即'目标'案例）有特征 X，Y 和 A，或者 X，Y，Z 和 A。③A 在法律中是以某种方式处理的。④在思考 A、B 及其之间相互关系的过程中建立或发现了一些能够解释为什么那样处理 A 的原则。⑤因为 B 与 A 具有共同之处。B 也应当得到同样的处理"。[2] 由此看来，"三步骤说"与"五步骤说"事实上只是表述上的差异，并无本质上的区别。如孙斯坦"五步骤说"中

---

[1] 参见［美］斯蒂文·J. 伯顿：《法律和法律推理导论》，张志铭、解兴权译，中国政法大学出版社 2000 年版，第 31～32 页。

[2] ［美］凯斯·R. 孙斯坦：《法律推理与政治冲突》，金朝武等译，法律出版社 2004 年版，第 77 页。

的①②相当于伯顿的基点的确定和识别相同点与不同点，孙斯坦的步骤③④相当于伯顿重要程度的判断，而步骤⑤是这一判断的应然结果而已。[1]

然而，在此需要特别指出的是，如果我们仅凭上述学者对类比法律推理之步骤的表述，就径直认为类比推理在司法裁判过程中的运用还是比较简单的，那么这实在是一个严重的误解。由于与演绎推理相比，类比推理具有或然性的特征，从而导致类比法律推理的每一个步骤都可能是一个复杂的分析、比较和判断的过程，尤其是其第三个步骤的判断在实践中更是异常的复杂与艰难。此外，因为不同部门法之间性质上存在差异，导致类比推理在不同的裁判规范的证成中，所赖以的判断标准和推理的限度也存在差异。尤其是在罪刑法定主义原则的影响下，类比推理这一逻辑形式在刑法裁判规范的证成中，更是异常的复杂与艰难。鉴于此，为了能让我们更为直观地理解和掌握类比推理在刑法裁判规范证成中的重要作用与具体应用，以及在这一应用过程中可能存在的一些重点、难点之处，下面本书将围绕两个具体例子进行说明。

三、类比推理的具体适用与难点分析

（一）类比推理的具体适用

第一个例子就是南京的"李宁组织卖淫案"。该案的简单案情是：[2]

> 2003年1月至8月，被告人李宁为了营利，先后与刘超、冷成宝等人预谋后，采取张贴广告、登报的方式招聘男青年做"公关人员"，并制定了《公关人员管理制度》。李宁指使刘超、冷宝成对"公关先生"进行管理，并在其经营的"金麒麟"、"廊桥"及"正麒"酒吧内将多名"公关先生"多次介绍给男性顾客，由男性顾客将"公关人员"带至南京市"新富城"大酒店等处从事同性

[1] 参见沈琪：《刑法推理方法研究》，浙江大学出版社2008年版，第102页。
[2] 中华人民共和国最高人民法院刑事审判第一庭、第二庭编：《刑事审判参考（总第38集）》，法律出版社2004年版，第137页。

卖淫活动。案发后，南京市秦淮区人民法院以《刑法》第 358 条组织卖淫罪判处李宁有期徒刑八年。一审判决后，李宁以其行为不构成犯罪（即主张卖淫不包括男性之间的性交易）为由，向南京市中级人民法院提出上诉，南京市中级人民法院驳回了上诉，维持了原判。

显然，在该案中，要想使法官做出判决赖以的裁判规范——组织男性从事同性交易活动，应以组织卖淫罪论处——成立，其关键在于论证得出这一裁判规范的小前提"组织男性卖淫"归摄于大前提《刑法》第 358 条的"组织他人卖淫"中。有人可能会以《刑法》第 358 条并未对"组织他人卖淫"中的"他人"进行具体限定，故既包括了"男女之间的性交易"，也包括"同性之间的性服务"，进而也自然可以将本案"男性向男性提供性服务"归摄于"组织他人卖淫"中，因此，这是一个演绎推理的过程。但事实上并非如此，因为对刑法用语的理解完全有可能较之于日常用语的范围更窄，不能单纯以字义去推及结论，此外，受观念的影响，我们习惯于认为"卖淫"就是异性之间的性交易，故根据日常用语（或者是辞典）的理解，我们反而会得出"同性之间的性交易"并不是"卖淫"的结论。所以说，将本案"男性向男性提供性服务"归摄于"组织他人卖淫"并不是一个演绎推理的过程，而是一个类比推理的过程。那么，这一类比推理究竟是如何实现的呢？根据上述类比推理适用的三个步骤，其类比推理过程大致可以描述为：

第一步是识别一个权威性的基点，即确定一个基准案例。基准案例的选取对类比推理来说至关重要，因为待决案件如何处理，是通过与基准案例的类比实现的。[1] 一般认为，基准案例应是实践中比较高发且具有典型性的案例。是故，在本案中，我们可以将基准案例确定为"以牟利为目的，组织女性向男性提供性服务"的案件。

第二步是识别相同点与不同点。类比推理的实质依据是"同等情况

---

[1] 参见沈琪：《刑法推理方法研究》，浙江大学出版社 2008 年版，第 102 页。

同样对待", 故类比推理的实现, 必须识别基准案例与待决案件的相同点和不同点。将本案与基准案例进行比较, 相同点都是"以牟利为目的, 向他人提供性服务"; 不同点是, 本案中提供性服务的是男性, 接受性服务的也是男性, 而基准案例中提供性服务的是女性, 接受性服务的是男性。

第三步是相似性的判断, 即对相同点和不同点的重要程度进行判断。"相似性"是类比推理可靠性的根本保证。[1] 尽管在提供性服务的主体上, 本案与基准案例存有差异, 但这一差异并不是决定行为人的行为是否为"卖淫"的关键因素。诚如法官在裁判理由中所说, "至于行为人的性别是男是女, 以及其对象是异性还是同性, 均不是判断、决定行为人的行为是否构成'卖淫'所要考察的因素。之所以这样理解, 是因为无论是女性卖淫还是男性卖淫, 无论是异性卖淫还是同性卖淫, 均违反了基本伦理道德规范, 毒害了社会风气, 败坏了社会良好风尚"。[2] 而且从词义来看, 这一理解也没有超出刑法条文的可能文义范围。因此, 我们可以作出判断, 本案"组织男性从事同性交易"的行为也属于《刑法》第358条的组织卖淫行为。

第二个例子是考夫曼在其著作中反复提到的"携带盐酸强盗案"。该案的简单案情是:[3]

> X携带盐酸泼洒于一名女会计的脸上, 进而抢走她的钱包。在联邦法院的判决中, 涉及的问题在于: X是否违反了加重强盗罪。根据行为当时有效的德国《刑法》第250条规定, 加重强盗罪的构成在于:"当行为人……携带武器实施强盗行为, 而以武力或以武力胁迫, 防止或压制他人的反抗时。"因而必须判断的是: 在该案

---

〔1〕　参见陈林林:《裁判的进路与方法——司法论证理论导论》, 中国政法大学出版社2007年版, 第126页。

〔2〕　中华人民共和国最高人民法院刑事审判第一庭、第二庭编:《刑事审判参考（总第38集）》, 法律出版社2004年版, 第141页。

〔3〕　［德］阿图尔·考夫曼:《法律哲学（第二版）》, 刘幸义等译, 法律出版社2011年版, 第86~87页。

中使用的盐酸是否为一种"武器"。联邦法院肯认了这点。

诚如考夫曼自己所说，"演绎是一种分析的推论，这种推论并未带来什么新的事物，甚至未知事物。因此重要的行为必然在包摄之前。确实也是如此。我们尽可以说：法律发现的过程依其本质并非逻辑推论，而是一种比较"[1] 所以，我们不可能一开始就可以根据"武器"的字面及可能的文义，去推知盐酸到底是不是属于"武器"，体系解释和主观（历史）解释的解释方法也不能奏效，我们不得不寻求类比。[2] 那么，在本案中，类比推理是如何将"盐酸"归属于"武器"的呢？同样，根据伯顿类比推理的三个步骤，其过程可以描述为：

第一步是识别一个权威性的基点。步枪、手枪、大炮属于德国《刑法》第 250 条中"武器"，这已然是众所周知的事情，故在本案的类比中，我们可以将基准案例确定为携带步枪、手枪或大炮犯强盗罪的案件。

第二步是识别相同点与不同点。携带盐酸和携带步枪、手枪或大炮犯强盗罪的相同点是，二者都是携带一种危险工具在实施强盗罪；不同点是，步枪、手枪或大炮是一种器械或装置，盐酸是一种"腐蚀性的化学药剂"，在存在形态上有一定差异。

第三步是相似性的判断。考夫曼认为，虽然作为腐蚀性的化学药剂的盐酸与步枪、手枪、大炮这些传统武器存在差异，但德国《刑法》第 250 条中的"武器"，"须取决于我们此时此地能用以杀害及伤害人的东西为何"，其本质在于使用此物在犯强盗罪时会产生高度的危险，盐酸以这种方式使用会产生同样高度的危险性，"武器"是机械性抑或化学性的作用已不是认定之关键，所以，盐酸是一种"武器"。[3]

---

〔1〕 ［德］阿图尔·考夫曼：《法律哲学（第二版）》，刘幸义等译，法律出版社 2011 年版，第 106 页。

〔2〕 参见［德］阿图尔·考夫曼：《法律哲学（第二版）》，刘幸义等译，法律出版社 2011 年版，第 110 页。

〔3〕 参见［德］亚图·考夫曼：《类推与"事物本质"——兼论类型理论》，吴从周译，学林文化事业有限公司 1999 年版，第 89 页。

（二）类比推理的难点分析——相似性的判断

显然，通过以上两个例子之类比推理过程的描述，我们已然可以察觉出，一个真实司法裁判过程中的类比推理，并不像学者们所概括的三步骤或五步骤描述的那般简单和直接，"每一个步骤都可能包含了若干不确定和有风险的求证过程"。[1] 例如，在基点的识别中，我们须保证所选取的基准案例与待决案件相关且真正具有典型性，因为基准案例的偏差将导致判断标准的偏差，进而影响到判断结果的合法性和合理性。同样，在基准案例和待决案件相同点与不同点的比较上，尽管在一般意义上可以说相同点和不同点寻找得越多越好，但这并不是绝对的。正如本书在类比推理的逻辑构造中所述，类比推理的相同点的比较要具有相关性，"非相关相似性对于判断两个案件在实质上是否相似并无助益"；同样，不同点的比较也要区别"正面的不同点"和"负面的不同点"，而"负面的不同点"对案件的实质区分也无太大意义。[2] 所以，相同点与不同点的识别，很难通过对两个案件的外部观察直观地获得，必须从实质的层面加以决断。[3] 而"相同点与不同点的识别"一旦加入了实质层面的决断，便进入了类比推理最关键的一步，即"相同点和不同点的重要程度"的判断，理论上简称之为"相似性"的判断。麦考密克即认为，类比推理的充分与否，依赖于新案件中的事实与先例（基准案例）的有效事实的相似程度。[4] 细心的读者可能会发现，上述两个事案类比推理的争议之处，也主要集中在"相似性"的判断上。

那么，究竟达到怎样的程度，我们就可以确定两案之间具有"相似性"呢？学者黄建辉通过对德国法上学说和判例的梳理，认为对于"相似性"的判断主要存在"构成要件类似说""实质一致说""同一

〔1〕 吴学斌：《刑法适用方法的基本准则——构成要件符合性判断研究》，中国人民公安大学出版社 2008 年版，第 247 页。

〔2〕 参见孙海波："破解类比推理难题：成因、类比和方法"，载《甘肃政法学院学报》2013 年第 6 期。

〔3〕 参见吴学斌：《刑法适用方法的基本准则》，中国人民公安大学出版社 2008 年版，第 249 页。

〔4〕 参见［英］尼尔·麦考密克：《法律推理与法律理论》，姜峰译，法律出版社 2005 年版，第 188 页。

思想基础说"三种学说。[1] 由于"实质一致说"和"同一思想基础说"过于强调从实质上判断两者是否一致，"都没有给出具体的操作方法，因而显得过于抽象"，所以，"构成要件类似说"在理论上近乎成为通说，但"构成要件类似说"却没有指明基准案例与待决案件之间构成要件在法律评价上是否相同的具体标准是什么，不得不说这是一个缺憾。[2] 事实上，以上三种学说均有可取之处，"构成要件类似说"侧重于事实的比较，"实质一致说"和"同一思想基础说"偏向于价值的类比。诚如有学者所言，类比法律推理"相似性"的判断实际上是一个包括了事实与价值因素的多层次、综合性的判断，并且不同因素存在着不同的效力层次。[3] 是故，疑难刑事案件中类比推理"相似性"的判断，既不是采单一的"构成要件类似说"，也不是采单一的"实质一致说"或"同一思想基础说"，而应该是进行以下两个层次的判断：

第一，要从规范的保护目的来判断二者在本质上是否相同。诚如学者林立所认为的，描述两个被比较物"相似"而不是"相同"，就意味着两个被比较物还存有不同之处，因此，"相似"不能自动生成"相同"，那么缘何将具有不同之处的两个被比较物给予相同的处理呢？这是因为"两者在法律上所欲追求，或所欲评价的要点具有完全相同的意义"，而"评断两事物是否意义相同，首先要正确理解法律的目的，而后才知道要比较的是哪一点"。[4] 同样，拉伦茨也说："法定构成要件中，哪些要素对于法定评价具有重要性，其原因何在，要答复这些问题就必须回归到该法律规整的目的、基本思想，质言之，法律上的理由来探讨。"[5] 简言之，仅通过两事物外在物理上的相同点或不同点，抑或是两案件中外在特征上的相同点或不同点，我们根本无法决断出两事物

---

〔1〕 参见黄建辉：《法律阐释论》，新学林出版股份有限公司2000年版，第36~38页。

〔2〕 参见沈琪：《刑法推理方法研究》，浙江大学出版社2008年版，第105~106页。

〔3〕 参见沈琪：《刑法推理方法研究》，浙江大学出版社2008年版，第106页。

〔4〕 参见林立：《法学方法论与德沃金》，中国政法大学出版社2002年版，第90~93页。

〔5〕 ［德］卡尔·拉伦茨：《法学方法论》，陈爱娥译，商务印书馆2003年版，第258页。

或两案件之间的相同点和不同点何者更加重要，必须要借助更为实质的内容，亦即案件所表征的意义或法律的目的；只有两事物或两案件比较点所表征的意义或法律目的相同，才可能进行类比推理。在疑难刑事案件中，比较点所表征的意义或法律目的就是刑法的规范保护目的。从这一点来看，上述"实质一致说"或"同一思想基础说"具有部分可取之处。

事实上，在上述两个事案中，我们很容易看到规范保护目的在类比推理过程中的作用。例如，在"李宁组织卖淫案"中，法院之所以将组织"男性向男性提供性服务"与组织"女性向男性提供性服务"给予相同处理，是因为国家制定《刑法》第358条的目的在于，以营利为目的，组织他人向不特定人出卖肉体的行为，违反了基本伦理道德规范，毒害了社会风气，败坏了社会良好风尚，而组织"男性向男性提供性服务"与组织"女性向男性提供性服务"在基本伦理道德规范的违反上、社会风气的毒害上以及社会良好风尚的败坏上，并没有本质的不同，进而可以进行相同处理。同样，在"携带盐酸强盗案"中，法院之所以将"盐酸"和与其存在样态有较大差异的步枪、手枪、大炮这些传统武器进行相同处理，是因为它们都具备"杀害及伤害人"的"高度危险"性质，从而符合德国《刑法》第250条对强盗罪加重处罚的目的。倘若抛开这一点，我们在相同点与不同点的比较上可能会陷入歧途。例如，在最近网络媒体中讨论的一个比较激烈的问题上，即出售人工驯养的珍贵、濒危野生动物是否构成非法出售珍贵、濒危野生动物罪。如果不从非法出售珍贵、濒危野生动物罪的规范保护目的着手，既可能得出所有驯养繁殖的物种都属于《刑法》第341条所规定的物种，也可能得出所有驯养繁殖的物种都不属于《刑法》第341条所规定的物种，不管哪一种见解都是不妥当的，只有结合《刑法》第341条非法出售珍贵、濒危野生动物罪的规范保护目的，具体判断出售此种驯养繁殖的物种是否侵害了《刑法》第341条的规范保护目的，才能对案件作出准确的判断。

第二，要判断是否超出了刑法条文可能文义的范围。尽管立法者通常已尽了最大努力，但法律规定都难尽善尽美，法律规定的模糊和法律规范的漏洞常有之，所以类比推理在很多法律领域尤其是在民商法领域，成为经常使用的法学方法；但是，刑法上由于罪刑法定原则之故，与其他法律领域所不同的是，刑事裁判不允许超出条文可能文义的法之续造。[1] 因此，基于规范目的对两事案进行相同点与不同点的比较，不可以超出刑法条文可能文义的范围。可能文义的范围是刑事裁判中类比推理的合法界限，在规范目的下对两事案进行相同点与不同点的比较之后，"还应当对照着待决案件探寻刑法规范的可能文义，判断待决案件被刑法规范文义所包含的可能性"。[2] 有学者提出，可能的文义是一项不可能完成的任务，可能的文义，"始终无法获得主体间性的普遍共识，又往往存在历时性与共时性的理解分歧"。[3] 然而，这并不足以成为我们批判这个概念并试图抛弃这个概念的充分理由。[4] 考夫曼试图用"类型"来替代"可能的文义"的判断，认为类推的界限应当在作为法定构成要件基础的不法类型中寻找，但正如考夫曼所说，"类型"是规范正义与事物正义的中间点，所以它并不比"可能的文义"更加清晰，反而更容易导致法之续造和法之解释的区分更加困难和模糊。应当说，尽管"可能的文义"不能提供精确的判断，但至少提供了一个多数人可以接受的指引。在这一点上，"构成要件类似说"也具有部分合理性。

接下来再让我们回到前述两个例子的类比推理的过程。在"李宁组织卖淫案"中，基于规范目的之考量，认为组织"男性向男性提供性服务"与组织"女性向男性提供性服务"可以相同处理后，需要进一步判断这是否属于罪刑法定主义原则所允许的类比，即将组织"男性向男性提供性服务"认定为组织卖淫罪，是否处于《刑法》第 358 条的

---

〔1〕　林钰雄：《新刑法总则》，中国人民大学出版社 2009 年版，第 31 页。

〔2〕　参见沈琪：《刑法推理方法研究》，浙江大学出版社 2008 年版，第 110 页。

〔3〕　杜宇："刑法上之'类推禁止'如何可能？一个方法论上的悬疑"，载《中外法学》2006 年第 4 期。

〔4〕　王华伟："类比推理辩证考：原理、难题和语境"，载《北京化工大学学报（社会科学版）》2013 年第 4 期。

可能文义的范围之内。显然，由于从条文的可能文义出发，将组织"男性向男性提供性服务"解释为组织卖淫罪并没有超出第358条"组织他人卖淫"的可能文义范围，所以这一类比推理是允许的。同样，在"携带盐酸强盗案"中，即使从规范目的出发，可根据同样具有高度危险，将"盐酸"和步枪、手枪、大炮这些传统武器进行类比，但最终还是要回到"盐酸"是否属于"武器"的问题上，而这就是可能文义范围的考察内容。倘若我们在规范保护的目的上，得出两个事案具有同等程度的法益侵害性，但是，无法将待决事案归入既有刑法规定的可能文义的范围，那么，无论如何也不能做出类比推理。例如，尽管人们认为未戒断毒瘾的患者和正在使用毒品的驾驶员驾驶机动车的行为，与醉酒驾驶机动车的行为，都严重危及了公共安全，但无论我们怎么解释"毒驾"，都不可能将其归入"醉酒驾驶"的可能文义范围内，所以，在刑法条文作出修改之前，对于毒驾无论如何都不能以危险驾驶罪论处。

四、类比推理的适用缺陷

显然，在类比推理过程中这些难点的存在，事实上也告诉了我们类比推理并不是一种纯粹的逻辑推理过程，每一步骤判断中它都有可能要依赖于裁判者的判断与选择。尤其是在"类似性"程度的判断上，它可能更依赖于裁判者对刑法规范目的的理解和条文可能文义的掌握。例如，对于真正的军警人员抢劫是否属于"冒充"的可能文义范围，理论上就存在两种比较有分歧的观点，张明楷教授就认为属于条文文义的范围，但梁根林教授就认为这恐怕已经超出了条文可能文义的范围，对于此种分歧，显然不是仅靠逻辑就可以解决的。

对于在类比推理过程中，由于依赖于裁判者的价值判断和选择而带来适用的不确定性，美国学者伯顿有一段比较深刻的描述。他这样说道："什么可以被当作是一个基点或者一个重要的事实上的相同点或不同点，这些问题大体上是受法律制约的，尽管在实践中并不总是如此。良好的类比法律推理的基础，是那些识别性权威基点并且被普遍承认的规则，加上一种有助于同时严格考虑相同点和不同点的词汇和方法，以及一种用来拟定待决争点的表达形式。然而，严格的类比推理并没有使对重要程度的关键性判断——决定事实上的相同点还是不同点应该控制结果——受法律制约，它仍然听凭人们任意决定。"[1] 此外，从类比推理与演绎推理的逻辑构造来看，类比推理是一种"以例推例"、"从特殊到特殊"的间接推论，所以系以"特称命题"为推理的前提，而亦因为此，台湾学者黄建辉先生认为，"其结论未必为绝对为真。不可将该结论奉为圭臬而一体适用于所有情况；从而吾人至多只可探求结论之妥当与否而不必在意结论之确真与否"。[2]

在此，值得一提的是，理论上或许有人主张以"同等情况同等对待""类似情况类似处理"这样的实质正义原则来弥补类比推理的逻辑不足，但事实上这根本就是一种幻想。理由是，"同等情况同等对待"只是一个极为空洞的正义原则，如果不能就其内容进行具体化的填补工作，该正义原则自身必然显现为某种极不完备的状态，自然也无法给我们提供任何可以依赖的指示。[3] 如果仅以此作为类比推理的根本指导，那么类比推理很可能会沦为"一个推理人依凭自身喜好所作的随机判断"。[4] 也就是说，仅仅通过一个极为空洞的正义原则，不仅不会消除隐含在类比推理过程中的不确定性，反而有可能会增加这种不确定性，尤其是在这样一个价值多元化的时代。

然而，就像在演绎推理分析中一再强调的那样，尽管类比推理这一逻辑推理形式是存在缺陷的，但我们切不可因为这些缺陷就去否定类比推理这一思维方法在刑法裁判规范证成中所起到的作用。通过前文的分析，我们应该已清楚地了解，在"分类问题"的疑难案件中，类比推理的方法在我们获致裁判规范小前提时的重要贡献，虽然它可能潜藏在演绎推理的思维模式之下，但是却可能比演绎推理更加微观精细地揭示

---

〔1〕 〔美〕斯蒂文·J. 伯顿：《法律和法律推理导论》，张志铭、解兴权译，中国政法大学出版社 2000 年版，第 53 页。

〔2〕 黄建辉：《法律阐释论》，新学林出版股份有限公司 2000 年版，第 32 页。

〔3〕 H. L. A. Hart, *The Concept of Law*, Clarendon Press, 1994, p.159.

〔4〕 陈景辉：《实践理由与法律推理》，北京大学出版社 2012 年版，第 242 页。

了刑法适用的内在机理，[1] 因此，作为演绎推理思维模式的一个重要补充，我们绝不可以忽视它。至于类比推理过程中的不确定性，我们不要始终固守于这种推理形式本身，而应当积极寻求其他方法来予以补充，也就是说，虽然我们认可类比推理在刑法裁判规范的证成中的重要贡献，但不能因此就期冀它要为刑法裁判规范的证成提供一个完整的技术支持，如此既是不现实的，也是过于苛刻的。

第四节　逻辑的另一种形式：　体系性思考与裁判规范的证成

以上，本书主要从逻辑的两种具体推理形式讨论了在刑法裁判规范合法化论证中逻辑是如何起作用的。然而，就像在本章的一开始就已经提到的，刑法裁判规范的逻辑证成，不仅仅要求刑法裁判规范是针对个案由法律规则逻辑地分析得出，它还要求其赖以形成的各条具体的法律规则之间能形成一个彼此融洽、和谐一体的体系。这也就说，刑法裁判规范证成的逻辑形式，并不仅局限于几种具体的推理形式，还往往包括另外一种逻辑形式，那就是"体系性的思考"，或者说"体系性思维"。所以，接下来本书就将对体系性思考与刑法裁判规范的证成进行探讨。

一、体系性思考对刑法裁判规范证成的意义

尽管"体系性思考"一词常为刑法学者所使用，但对于什么是体系性思考，却很少有学者作出具体的界定。罗克辛在其教科书《德国刑法总论》中尽管也论述了"刑法信条学的体系性思考与问题性思考"问题，但对于究竟何为"体系性思考"也未作出具体界定，只是简要提到，体系性思考是与体系相联系的刑法思考方法，或者说是从体系中获得解决问题的方法。[2] 与之相比，德国学者普珀的界定显得更为确切一些，她认为，体系性思维"乃是将一个思考的任务（无论是要解

---

〔1〕　参见沈琪：《刑法推理方法研究》，浙江大学出版社2008年版，第110页。
〔2〕　参见陈兴良："体系性的思考与问题性的思考——刑法方法论之二"，载《人民检察》2009年第23期。

答一个抽象的问题，还是要判断一个具体的个案）分解成一个个单一个别的思维步骤或决定步骤，并且将这些步骤合乎逻辑地整理排列好。就特别像德国谚语所指出的：第二步不会先于第一步。第二步，是指所有逻辑上以第一步为前提的步骤"。[1] 根据这两位学者的表述，我们至少可以得出体系性思考两个方面的认识：一个认识是，体系性思考是一种逻辑的运用；另一个认识则是，体系性思考中的"体系"是一种"外在体系"，亦即，"依形式逻辑的规则建构之抽象、一般概念式的体系"。[2]

诚如学者普珀所说的，在过去相当长的一段时期里，人们对于法律问题的解决曾经高度期待于体系性的思考，大家以为能够建立起一个可以收纳所有法学知识的体系，并且只要正确地将这个体系运用到每个抽象的法律问题和每个法律个案之上，便可以明确地得到问题或个案的解答；并且认为这样的信仰应该在刑法上支撑了最久。[3] 事实也的确如此。例如，关于犯罪论的体系性思考在相当长一段时期内几乎都是德日刑法学中最核心的课题。理论上我们往往也将能否实现体系性思考，视为刑法学理论科学性和成熟性程度的重要标志。[4] 至此，我们也就容易理解为什么目前我国刑法学者普遍感觉我国刑法学理论之科学性和成熟性不及德日刑法理论，其主要原因就在于我们刑法的体系化程度尤其是犯罪论体系化程度的不高。

（一）体系性思考的优点

但是，德国刑法学者雅各布斯却认为，这种犯罪论的体系性思考是没有意义的，并且他认为，德国学说之所以争辩阶层构造理论，"纯粹因为'二战'之后，刑法学者逃避政治压力，把精力放在这种技术问

---

〔1〕 ［德］英格博格·普珀：《法律思维小学堂——法律人的 6 堂思维训练课》，蔡圣伟译，北京大学出版社 2011 年版，第 179 页。

〔2〕 ［德］卡尔·拉伦茨：《法学方法论》，陈爱娥译，商务印书馆 2003 年版，第 316 页。

〔3〕 参见［德］英格博格·普珀：《法律思维小学堂——法律人的 6 堂思维训练课》，蔡圣伟译，北京大学出版社 2011 年版，第 179 页。

〔4〕 参见王世洲、刘孝敏："关于中国刑法学理论体系起点问题的思考"，载《政法论坛》2004 年第 6 期。

题所致"，[1] 不得不承认，这一说法很难有说服力。因为它显然难以说明为什么今天的日本刑法学界和我国刑法学界仍有大量的学者还热衷于犯罪论体系的讨论。

事实上，大陆法系国家的刑法学者之所以能够长期热衷于对犯罪论体系的讨论，主要是因为，体系性思考即法律素材的体系性加工，确实具有明显的优点。罗克辛教授曾将这种体系性思考的优点概括为四点：[2] 一是它有助于在实践中简化和完成个案的审查。那种在体系上毫无划分，对案件涉及的法律问题不加选择的探索，容易导致忽略重要方面从而陷入错误决定的危险，但依照体系我们可以节省斟酌的精力，并避免遗漏应该检验的要件以及避免错误；二是它有助于法律得到平等和理性的适用。没有体系的指导会导致对具体案件的评价处于无法保障和不稳定的状态中，而体系性思考，可以尽可能地使相同的情况得到相同的处理，不同的情况得到不同的处理；三是它有助于法律的简化和使法律更具有可操作性。体系性思考使得适用法律有一定规则可循，从而使实践中的法律适用更加便捷；四是体系性联系深化了法学的路标。体系化有助于人们理解具体法律规范与体系化的目的论基础之间的内在关系，从而促进法律规范的形成。过去所谓的超法规紧急状态成为新的正当化根据的发展过程，就是历史上一个比较典型的例子。

对此，我国刑法学者陈兴良教授认为，罗克辛关于体系性思考优点的揭示，实际上可以总结为两点，即逻辑性和实用性。体系性思考的逻辑性是指提供了逻辑关系建立起来的知识体系，各个部分具有兼容性；体系性思考的实用性是指体系化的犯罪论体系为司法认定提供了基本规则，降低了司法者的判断难度。[3]

正是因为体系性思考的这些优点的存在，导致在几乎所有的大陆法系国家，犯罪论体系性的构建在刑法学中都占据了主导地位。体系性构

〔1〕 许玉秀：《当代刑法思潮》，中国民主法制出版社 2005 年版，第 54 页。

〔2〕 参见［德］克劳斯·罗克辛：《德国刑法学总论（第 1 卷）——犯罪原理的基础构造》，王世洲译，法律出版社 2005 年版，第 127～128 页。

〔3〕 参见陈兴良："体系性的思考与问题性的思考——刑法方法论之二"，载《人民检察》2009 年第 23 期。

造的意义也屡屡在教科书中被提及，例如，德国刑法学者李斯特曾在《刑法教科书》中谈到，只有将知识系统化，才能保证有一个站得住脚的学说，否则（刑事）法律的运用只能停留在半瓶醋的水平上，并可能流于偶然因素或为专断左右。[1]

（二）体系性思考对刑法裁判规范证成的意义

行文至此，我们应该可以从体系性思考的上述优点中推知体系性思考在刑法裁判规范证成中的意义。在本书看来，可以归纳为以下三个方面：

第一，体系性思考可以避免刑法裁判规范的证成流于偶然或专断。我们知道，刑法裁判规范证成的目的就在于为判决提供充分的理由，没有对犯罪的概念进行体系性的区分，容易导致我们在对理由的寻找过程中被感情因素牵着走。所以，正如我国台湾学者许恒达所说："刑事责任成立与否，都必须仰赖刑法释义学发展出来的概念与体系，法官进行个案裁判时，也必须排除私人情绪或感受，只能运用这些具有特定内涵的概念、体系认定犯罪是否成立，否则一个时时纳入法官个人感情的司法实务，必然出现结果依凭法官恣意判决的缺点。"[2]

第二，体系性思考可以确保刑法裁判规范的证成理由更加精致化。尽管裁判归根到底是要解决一个行为人要不要负责的问题，但这并非意味着裁判只要提供一个结论即可，裁判理由的说明也是至关重要的，一个说理明显不足或有误的判决，即使结论正确，也可能得不到当事人和社会的广泛认可。犯罪论体系性思考显然有利于我们更加精致地寻找裁判的理由。例如，对于因防卫自己免于被杀害而杀死加害人的行为人，我们会认定行为人不成立犯罪，同样对于一个杀了人的 12 岁小孩，我们也会认定行为人不成立犯罪。尽管结论是一样的，但是两种犯罪不成立的理由是截然不同的，评价也是不一样的，对于正当防卫的行为是值

---

〔1〕 参见［德］弗兰兹·冯·李斯特：《德国刑法教科书》，埃贝哈德·施密特修订，徐久生译，何秉松校订，中国法制出版社 2000 年版，第 212 页。
〔2〕 许恒达："国家规范、部落传统与文化冲突——从刑法理论反思原住民犯罪的刑责问题"，载《台湾原住民族研究季刊》2013 年第 2 期。

得肯定的，但对于 12 岁小孩杀人的行为显然是不能予以肯定的。所以，亦如学者许玉秀所言："弄清楚是否予以处罚的理由何在，处罚轻重的理由何在，才真正能决定处罚的成效。当一个人不真正知道为什么被责罚，那么他也无从知道如何能免于被责罚，无从知道将来如何行为……"[1]

第三，体系性思考可以为裁判者对裁判理由的寻找提供便利。犯罪阶层体系的建立，无论体系结构是否完美，它对于犯罪构成要素的分析和定位，可以为裁判者提供一个精确判断犯罪成立与否、处罚与否的步骤，裁判者只要将案例放入犯罪阶层这部机器中检验，就能保证相同的案件得到相同的判决，不同的案例得到不同的判决。[2] 这是因为，在体系化的过程中，人们往往已经将各种复杂性问题的处理方案都整理好了，各种可能出现的状况也都预先想好了对策，虽然说法学不能建立起严密的公式体系，"但那些法教义，就如同公式一样，这些公式彼此在逻辑上能够兼容，按照这些公式来作判断，可以节省大量审查的精力，可以说是一种快捷的方式"。[3]

为了使我们能更加直观地了解体系性思考在刑法裁判规范证成中的意义，下面将用一个例子进行具体说明。这个例子就是，丈夫在婚姻关系存续期间，违背妻子的意志强行与之发生性关系的，应否成立《刑法》第 236 条强奸罪的问题，简而言之，就是"婚内强奸"的问题。

关于这一问题，目前学理上存在诸多见解：有学者认为，除了教唆、帮助他人强奸妻子的，可以强奸罪论处，除此以外，丈夫强奸妻子的都不构成强奸罪；[4] 也有学者认为，丈夫强奸妻子是否成立强奸罪，应以"夫妻感情是否确实破裂"为标准，但不一定非要在婚姻诉讼期间；[5] 此外，还有见解认为，应该全面承认作为法律事实的婚内强奸的存在，也就是说婚内强奸同样构成强奸罪，但可以将其规定为亲告罪

---

〔1〕 许玉秀：《当代刑法思潮》，中国民主法制出版社 2005 年版，第 59 ~ 60 页。

〔2〕 参见许玉秀：《当代刑法思潮》，中国民主法制出版社 2005 年版，第 61 页。

〔3〕 陈兴良："体系性的思考与问题性的思考——刑法方法论之二"，载《人民检察》2009 年第 23 期。

〔4〕 张明楷：《刑法学（第二版）》，法律出版社 2003 年版，第 692 页。

〔5〕 参见梁根林：《刑事法网：扩张与限缩》，法律出版社 2005 年版，第 190 ~ 191 页。

从而在程序上予以限制。[1] 对此，最高人民法院的立场则认为，在婚姻关系正常存续期间，丈夫强行与妻子发生性关系的，不构成强奸罪，但在婚姻关系非正常存续期间，如离婚诉讼期间，丈夫强行发生性关系的，应以强奸罪论处。[2] 尽管最高人民法院的这一立场已然成为我们实践中处理相关婚内强奸案件的指导规范，但正如冯军教授所说的，这一立场赖以的裁判理由是存在严重问题的：首先，从"丈夫有与妻子发生性行为的权利"这一前提，并不必然得出"丈夫有使用暴力强行与妻子发生性行为的权利"，两者之间存在不可逾越的逻辑鸿沟；其次，离婚诉讼期间的婚姻关系仍然属于合法的婚姻关系，以是否处于离婚诉讼期间来判断丈夫是否成立强奸罪并不妥当，甚至可能存在法律的矛盾。[3]

应当说，之所以导致目前的理论和实践在这一问题的处理上仍难以达成共识，除了对婚内强奸实质上是否需要入罪化的价值判断存在分歧以外，更重要的是存在"方法论上的歧误"。显然，目前绝大多数学者和法官对于婚内强奸是否成立犯罪，几乎都是从同居义务等实质内容上进行论证，缺乏从刑法规范的角度进行分析。[4] 有些学者虽然从《刑法》第236条的规定出发，认定了丈夫可以成为强奸罪的主体，但对于丈夫最后成立强奸罪的认定范围明显过广，违背了国民的法感觉。在本书看来，这都是没有进行体系性思考的结果，倘若我们将这一问题放在三阶层的犯罪构成体系中进行理解，该问题便会迎刃而解。

第一，在构成要件符合性的判断上，我们关键是要判断丈夫能否成为强奸罪的主体，以及妻子的性自主权是否应当得到保护。根据《刑法》第236条的规定可知，刑法条文既没有限定只能是"婚姻外的性交

〔1〕 参见苏彩霞："我国关于婚内强奸的刑法理论现状之检讨"，载陈兴良主编：《刑事法判解》（第4卷），北京法律出版社2001年版，第400页。

〔2〕 参见陈兴良、张军、胡云腾主编：《人民法院刑事指导案例裁判要旨通纂（下卷）》，北京大学出版社2013年版，第487～489页。

〔3〕 参见冯军：《刑法问题的规范理解》，北京大学出版社2009年版，第416～417页。

〔4〕 参见陈兴良："婚内强奸犯罪化：能与不能——一种法解释学的分析"，载《法学》2006年第2期。

行为"，也没有将丈夫排除于强奸罪的主体，所以丈夫在婚姻关系存续期间内（无论是婚姻正常存续期间还是非正常存续期间），违背妻子意志强行与妻子发生性关系，当然符合强奸罪的构成要件。但是，仅判断丈夫的行为具有强奸罪构成要件的符合性还不够，还需判断是否存在违法性和有责性。

第二，在违法性的判断上，我们判断的关键是婚姻关系存续期间丈夫强奸妻子是否具有可罚的违法性问题。在本书看来，虽然丈夫在婚姻关系存续期间强行与妻子发生性关系符合了强奸罪的构成要件，但并不意味着一定达到了值得刑法处罚的违法性。基于文化和社会各种因素的考虑，多数情况下的丈夫婚内强奸行为在评价上可能具有社会相当性，从而排除了强奸罪的违法性。但是，倘若丈夫强行与妻子发生性关系已然超出了社会相当性，那么就可以认定具有违法性。显然，最高人民法院之所以认可将婚姻关系非正常存续期间的丈夫强奸妻子的行为认定为强奸罪，就是因为这类行为已然超出了社会相当性，但是，超出社会相当性的婚内强奸行为并不仅限于婚姻关系非正常存续期间。例如，对于以特别残忍的手段与妻子强行发生性关系，或者在公众场合以暴力强行与妻子发生性关系，等等，也有可能因超出了社会相当性从而成立强奸罪。

第三，在有责性的判断上，一般判断在非难的可能性上与普遍强奸罪的不同，从而在量刑上将婚内强奸行为与普通强奸行为作不同处理。

由此看来，将婚内强奸是否构成强奸罪置于犯罪论体系中思考，既避免了我们为了处罚某一特定的婚内强奸行为临时或随机寻找理由而可能造成的偶然或专断，同时也为婚内强奸成立或不成立犯罪寻找到了更加精致化的理由（即是否具有违法性），此外，这种循序渐进、有步骤地判断也为我们针对具体个案寻找定罪量刑的理由提供了便利。

二、体系性思考与问题性思考的裂分与融合

尽管在刑法中进行体系性思考具有上述诸多优点，但不得不承认的是，体系性思考也有其明显不足的一面。时至今日，已经有越来越多的学者意识到了体系性思考方法的不足，甚至有学者出于对体系性思考由

此而生的失望，不仅不假思索地拒绝了体系性思考，更是提出了"问题性思考"来对抗这种体系性思考。[1] 面对近年来我国在犯罪论体系上的激烈争论，也有诸多学者认为，这有唯体系化的倾向，忽视了具体问题的探讨。但是，体系性思考真的已经走到尽头了吗？鉴于这一问题直接关涉了上文对体系性思考于刑法裁判规范证成中作用的肯定，所以在此有必要作一个简单的回应。此外，本书更想通过这一回应来表达我曾在"演绎推理"和"类比推理"中一个较为相似的立场，那就是，体系性思考虽然有助于刑法裁判规范的理性证成，但它也并没有为刑法裁判规范的证成，提供一个完整的技术支持，它也仍然依赖于其他方法发挥作用。

（一）体系性思考与问题性思考的裂分

究竟体系性思考存在哪些缺陷从而遭到学者的质疑？罗克辛教授认为，至少存在这样四点缺陷：[2] 一是容易忽略了具体案件中的正义性。体系性思考由于过度注重对体系性完美的追求，而忽视了对具体案件中正义性的追求；二是减小了解决问题的可能性。虽说体系性思考能够简化和减轻寻找法律的困难，但由于体系性思考往往容易使人僵化地用体系去寻找解决问题的方案，所以减小了解决问题的可能性，并因此阻断了更好的方案的探索；三是对犯罪的成立与否的判断容易欠缺刑事政策的考量。尽管从一个体系中推导出来的结论具有充分的明确性和稳定性，但可能并不令人满意，这是因为确定案件情况的刑事政策问题完全不包含在根据其他观点所形成的引导性关系之中；四是对抽象性概念的过度偏好从而失去与现实的联系。体系化容易将概念抽象化，使得在判断个案时，由于对抽象概念的选择而忽视和歪曲法律材料的不同结构，进而导致问题无法解决，例如区分共犯与正犯，着手与预备这两组概念，至今尚欠缺一个普遍令人信服的区分标准。

---

[1] 参见［德］英格博格·普珀:《法律思维小学堂——法律人的6堂思维训练课》，蔡圣伟译，北京大学出版社2011年版，第180页。

[2] 参见［德］克劳斯·罗克辛:《德国刑法学总论（第1卷）——犯罪原理的基础构造》，王世洲译，法律出版社2005年版，第128～131页；许玉秀:《当代刑法思潮》，中国民主法制出版社2005年版，第58页。

　　日本学者平野龙一也曾认为，过分地关注体系论的建构，可能会忽略犯罪论的机能，也会忽视对具体问题的研究。他对于日本刑法学者长期沉溺于那种一味建构自己的新体系，却不闻不问那些体系中要素的本来意义，并且固执地认为不符合体系的结论就是错误的研究现象[1]表达了自己的不屑。从而他在自己教科书的序言中写道："本书拟对诸问题的意义逐一加以分析，进而明确真正的问题所在。可以说这并非是要贯彻'体系思考'的路径而是要贯彻'问题'思考的路径。"[2]

　　正如罗克辛教授所说的，因为体系性思考上述缺陷的存在，促使了人们去寻找一种更多地是从具体问题出发的学术方法，这就形成"问题性思考"的技术。[3] 黎宏教授也认为，由于体系性思考在处理具体问题上的困境，导致"二战"之后的刑法学出现了一个重要的动向，那就是，从"体系性思考"向"问题性思考"的转变。[4] 由此，在刑法理论上出现了"体系性思考"与"问题性思考"裂分的趋势，[5] 甚至可能有人主张以问题性思考来代替体系性思考。

　　（二）以问题性思考代替体系性思考？

　　那么，我国刑法学是否应当放弃"体系性思考"从而以"问题性思考"进行替代？在本书看来，要想准确地回答这一问题，解决这样三个疑问就够了：[6] 第一个疑问是，我国刑法学是否从来都像德日刑法学那样关注"体系性思考"，质言之，现阶段的我国刑法学究竟是缺"体系性思考"还是缺"问题性思考"？第二个疑问是，"体系性思考"

---

　　[1]　参见黎宏："我国犯罪构成体系不必重构"，载《法学研究》2006年第1期。

　　[2]　[日]平野龙一：《刑法总论I》，有斐阁1972年版，序言。转引自[日]松宫孝明：《刑法总论讲义》，钱叶六译，中国人民大学出版社2013年版，第273页。

　　[3]　参见[德]克劳斯·罗克辛：《德国刑法学总论（第1卷）——犯罪原理的基础构造》，王世洲译，法律出版社2005年版，第127~128页。

　　[4]　参见黎宏："我国犯罪构成体系不必重构"，载《法学研究》2006年第1期。

　　[5]　参见[日]松宫孝明："日本的犯罪体系论"，冯军译，载《法学论坛》2006年第1期。

　　[6]　日本学者松宫孝明就认为在"体系性思考"和"问题性思考"之间选择时，就必须解决本书这里的三个疑问中的前两个疑问。（参见[日]松宫孝明：《刑法总论讲义》，钱叶六译，中国人民大学出版社2013年版，第274页。）

是否与"问题性思考"相对立，进而妨碍了"问题性思考"？第三个疑问是，以"问题性思考"代替"体系性思考"会带来什么后果，换句话说，"问题性思考"具有哪些缺点？

先来讨论第一个疑问。如果我们仅仅看到近几年我国诸多刑法学者都将精力关注于犯罪论体系的建构，似乎会有一种感觉，即我国刑法学有些过分地追求德日犯罪论体系的精致化，从而严重忽略了对具体问题的研究，故当前我国刑法学的重心应当从"体系性思考"转向"问题性思考"。但事实绝非如此，正如陈兴良教授所说："就我国而言，目前还没有建立起一套合理的犯罪论体系，因而最缺乏的就是体系性思考。从苏联引入的四要件的犯罪构成理论充满了内在的逻辑缺陷，不能为体系性思考提供坐标，而只有引入三阶层的犯罪论体系，才能展开我国刑法学中的体系性思考。因此，如果说德国刑法学因过度的体系化，因而需要从体系性思考向问题性思考的转变，那么我国刑法学现在缺乏的正是体系性思考，因而更需要强调的是体系性的思考。"[1] 所以说，体系性思考在我国现阶段的刑法学中仍有强调的必要。

接下来分析第二个疑问。尽管问题性思考对于问题的解决不是从体系中而是从具体案件状况的讨论获得，但决不能认为，只有问题性思考才是解决问题的，而体系性思考不解决问题；体系性思考与问题性思考之间，只不过是解决问题的方法不同而已。[2] 事实上，从上文对体系性思考优点的描述来看，体系性的思考也同样可以有利于具体问题的解决，超法规的正当化事由和阻却责任事由即是典型例证。

最后，再来看第三个疑问。问题性思考代替体系性思考究竟存在什么样的危险？对此，罗克辛教授认为，问题性思考会牺牲了体系性思考在实践上的一些优点，例如简化案件审查工作，一目了然地安排材料和减轻寻找法律的困难；它还可能损害体系性思考保证法律能得到平等和

---

〔1〕 陈兴良："体系性的思考与问题性的思考——刑法方法论之二"，载《人民检察》2009 年第 23 期。

〔2〕 参见陈兴良："体系性的思考与问题性的思考——刑法方法论之二"，载《人民检察》2009 年第 23 期。

理性的适用，从而有损法安全性；此外，问题性思考还可能陷入与法学方法理论或法律渊源理论尖锐对立的地位。[1] 普珀教授也表达了相似的见解，如果我们只注重问题性思维，我们对问题的决定往往会陷入和自己先前已作出的其他决定相互扞格的危险，"换句话说，我们所冒的危险，就是对于那些已经（通过概念之确定及运用）定义成标准上相同的事物，作出不平等的处理。如此一来，我们便没有实现法律适用的一个重要诉求：平等意义之下的正义"。[2]

总而言之，不管我们是从我国现阶段刑法学的发展水平来看，还是从"问题性思考"与"体系性思考"的关系来看，"问题性思考"不可能替代"体系性思考"，我们不应该也不可能放弃"体系性思考"。

（三）体系性思考与问题性思考的融合

需要指出的是，尽管本书不认为"问题性思考"可以代替"体系性思考"，但这并不意味着我们可以忽视问题性思考。问题性思考至少提醒了我们应当注意体系性思考可能存在的缺陷，让我们不要陷入"为体系而体系"，"对于需要放在体系当中的那些本来意义却不闻不问，并且固执地认为，不符合体系的结论是错误的，不知不觉地游离于实体刑法的研究之外，逐渐偏离了刑法学研究的本来目的"。[3]

事实上，通过以上对体系性思考与问题性思考的论述，我们也可以发现，无论是对待体系性思考，还是对待问题性思考，我们都应当辩证地来看待。一方面，完全脱离了问题性思考的体系性思考，既可能会导致刑法适用的僵化，不利于解决具体问题，同时也可能为了维护体系而得出明显不正义的结论；另一方面，完全脱离了体系性思考的问题性思考，既可能导致对相同的案件做出相互矛盾的处理，也可能会使对犯罪行为的入罪和出罪流于裁判者的偶然或专断。

正如周光权教授所言，"刑法学的发展始终面临双重任务：理论体

---

〔1〕　参见［德］克劳斯·罗克辛：《德国刑法学总论（第1卷）——犯罪原理的基础构造》，王世洲译，法律出版社2005年版，第132页。

〔2〕　［德］英格博格·普珀：《法律思维小学堂——法律人的6堂思维训练课》，蔡圣伟译，北京大学出版社2011年版，第181页。

〔3〕　黎宏："我国犯罪构成体系不必重构"，载《法学研究》2006年第1期。

系的构建和解决具体问题"。[1] 因此，体系性思考与问题性思考应当并重。由于德日现代刑法理论起步发展比较早，对刑法体系化尤其是犯罪论体系化的建构基本日臻完善，故而理论上有人提出从"体系性思考"到"问题性思考"有一定的合理性。但我国现代刑法理论起步晚，刑法体系尤其是犯罪论体系仍然不够完善，因此，就目前而言，在刑法学中强调体系化的建构依然具有很重要的意义，不能盲从德日有些刑法学者提出的从"体系性思考"到"问题性思考"的转向。但是，这也并不意味着我们要必须先进行体系性思考，待体系性思考成熟完善时，再进行问题性思考。实际上，体系性思考与问题性思考是一个相互的过程，"在思考问题的基础上，才谈得上体系建构的问题"，"在犯罪论体系确立之后，人们才能反过来在更高的层次上重视对问题的思考"。[2] 所以，体系性思考与问题性思考之间必须是有机的融合，两者既各守其畛域，也彼此相互促进。那么，如何才能实现体系性思考与问题性思考的有机融合呢？本书想用"刑事制定法与习惯法冲突之解决"这样一个问题来进行详细而具体的说明，但基于这一分析可能会远远超出本章的主题即刑法裁判规范之逻辑证成的讨论范畴，所以拟将其放在下一章的最后一节予以说明。

---

〔1〕 周光权："刑法学的西方经验与中国现实"，载《政法论坛》2006 年第 2 期。
〔2〕 周光权："刑法学的西方经验与中国现实"，载《政法论坛》2006 年第 2 期。

第四章　合理化论证：刑法裁判规范之实质权衡

　　尽管上一章的分析已充分表明，形式逻辑在刑法裁判规范证成中有着极为重要的作用，即它有效地保障了刑法裁判规范合法化论证的实现，但不容否认的是，以上的分析同样表明，刑法裁判规范的证成也不仅仅是一个逻辑的运用过程，逻辑在裁判规范证成中的作用无疑也是有限的。倘若我们寄希望于通过纯粹的逻辑推理与体系性思考就可以实现所有案件之刑法裁判规范的理性证成，这注定终将会是失败的。即使是在以上裁判规范之逻辑证成的过程中，如在演绎推理大小前提的确立之际，尤其是类比推理相似性程度的判断之际，也离不开裁判者的评价或判断。质言之，裁判者不可避免地要将一些实质性因素"隐藏在那些明显遵从逻辑的、形式合理性的语句公式背后"。[1] 这种在裁判规范的证成中对各种实质性因素的考量，就是本书所称的"实质权衡"。事实上，除了在上一章已提到过的小前提不甚明确之"分类问题"疑难案件（即案件事实与某个法律规范所指称的事实是否一致存有争议的案件）中，实质权衡对刑法裁判规范的证成是有必要的；在那些大前提模糊不清之"解释问题"疑难案件（即由于不能确定某一既存法律规范中事实构成命题的含义而产生的疑难案件）中，实质权衡对于刑法裁判规范的证成更加是必不可少的，因为唯有此，裁判者才可能确定含混不清之规范的含义；此外，在那些虽可根据既有法律规范和逻辑方法得出裁判结论，但裁判结论明显违背事理之"相关性问题"疑难案件中，

---

　　[1]　参见陈林林：《裁判的进路与方法——司法论证理论导论》，中国政法大学出版社2007年版，第142页。

实质权衡对于刑法裁判规范的证成也是不可或缺的。

然而，就是这样一个在我们看来是极为重要的司法裁判技术，却长期不受到裁判者的"正式待见"，之所以在这里强调"正式"的待见，是因为裁判者事实上已深受其影响，在裁判中也经常会有意识或无意识地用到，但他们却不愿意向公众公开表明，他们裁决很大程度上是依据一些实质性因素做出的。[1] 博登海默认为，"其根源在于，人们往往把它视为纯粹意志性政策判决的合理化之帷幕，或者把它作为不合理的或者潜意识的价值偏好的修辞性伪装的工具"。[2] 虽说事实可能并非如此，但人们的这一普遍性疑虑却也提示了我们，在刑法裁判规范之实质权衡问题的讨论中，为消除这一疑虑我们至少应该解决这样几个问题：①实质权衡这一在很大程度上要依赖于裁判者主观评价性判断的司法裁判技术，能否达到刑法裁判规范证成的理性要求？②刑法裁判规范证成中的实质权衡主要存在哪些具体的类型？③刑法裁判规范之实质权衡有无限度要求？换句话说，本章的刑法裁判规范之实质权衡，与上一章的刑法裁判规范之逻辑证成应如何妥当地加以协调？[3] 以下本章就将围绕这三个问题进行探讨。

---

[1] Max Rheinstein, *Introduction to Max Weber on Law in Economy and Society*, Simon and Schuster, 1967, p. 47.

[2] Edgar Bodenheimer, "A Neglected Theory of Legal Reasoning", *Journal of Legal Education*, Vol. 21, No. 4, 1969.

[3] 事实上，可能还有人会关注另一个问题，即在刑法裁判规范的证成中，可以提供权衡实质性因素有哪些？鉴于目前学者就此方面的研究已经比较丰富，本书不在此进行讨论。（张心向：《在遵从与超越之间——社会学视域下刑法裁判规范实践建构研究》，法律出版社2012年版，第92~185页；[美] 博登海默：《法理学：法律哲学与法律方法》，邓正来译，中国政法大学出版社2004年版，第427~500页。）当然，不对提供实质权衡的因素进行考虑，一个更重要的原因是，可供权衡的实质性因素无论在数量上还是在形式上都是多元的，我们很难列出一个清晰而又无遗漏的清单。

第一节　实质权衡与刑法裁判规范的 "理性" 证成

　　"我们对于法律的信仰并非纯粹的信仰而是一种理性的信仰。"[1]
实践中，我们之所以能够对裁判者作出的判决表示认可，并不仅仅是因
为对裁判者之权威的认可，而更多地是由于我们相信裁判者能够依据法
律理性地作出判决。因此，裁判理性一直都是司法裁决理论中永恒的思
考主题。对于特别强调法安定性的刑事裁判活动而言，能否"理性"
证成刑法裁判规范，不仅关涉刑事判决的质量高低，更可能关涉刑事判
决的合法与否。由于"理性"于哲学中很大程度上被认为是在用逻辑
的思维方式进行思维的活动，所以，运用逻辑推理（如三段论的推理）
对刑法裁判规范的证成，很自然地被理解为一个理性决策的过程，亦因
为此，逻辑推理被普遍视为最有力量的法律论证形式之一。但是，由于
"实质权衡"必须依赖于裁判者主观的评价性判断，而这种主观的评价
性判断常被断言为"由情感因素决定，从而只是一种主观感受，只对判
断主体有效，所以是相对的、是无法通过理性来认识和把握的"，[2]因
此，实质权衡往往被认为已然超出了理性论证的范围。如果实质权衡果
真超出理性论证的范围，以实质权衡的方法来证成刑法裁判规范必然会
将其引入歧途，但这显然不能为广大司法裁判者所接受。在本书看来，
尽管实质权衡不可避免地需要裁判者主观的评价性判断，但这并不能否
认，实质权衡同样具备刑事司法裁判理性的特征。为了使这一论断成
立，以下拟将从三个方面来进行论述。

一、实质权衡作为判决理由之必要性

　　尽管本书并非是要借助黑格尔的哲学命题——"凡是合乎理性的东

---

〔1〕　王申："论法律与理性"，载《法制与社会发展》2004 年第 6 期。

〔2〕　Hans Kelsen, *What is Justice*, ed in What Is Justice: Justice, Law, and Politics in the Mirror of Science, University of California Press, 1957, p. 4. 转引自陈林林："法治语境中的判决
正当性分析"，载《国家检察官学院学报》2015 年第 1 期。

西都是现实的，凡是现实的东西都是合乎理性的"——来论证，因为实质权衡作为判决理由是必要的，所以实质权衡是理性的，但本书的确想通过这种必要性的说明来阐述一个重要观点：实质权衡在刑法裁判规范的证成中是需要我们理性对待的一个问题。

人们曾经以为裁判者只能机械地适用法律，通过逻辑推理特别是演绎三段论即可获得所有案件的裁判结论，近代刑法学的开创者——切萨雷·贝卡利亚即是如此认为的。人们会有如此期冀，是因为他们假定存在这样一个正式的法治理想体系："在这样的一个正式体系中，无论在现实生活中出现何种情况，该体系总会为之提供一个以作为大前提的、明确无疑的法律规则"，体系中的命题相互衔接和协调且毫无矛盾；此外，"就这一体系中所表述的每一个命题来说，我们随时都能证明它们的真假，该体系提供了肯定的答复。该体系中不会出现宣称不可解决的问题"[1] 但是，现实的实践和司法的历史告诉我们，这种理想从来就未能真正地实现过，也不可能实现，即使是在概念法学极为鼎盛的时期，因为不仅法律语言的模糊性永远无法从根本上加以克服，体系本身也具有内在的不和谐性与不完备性[2] 所以，仅寄希望于逻辑和法律规范本身，是无法解决所有案件的，甚至在疑难案件中可能会产生错误或违背事理的结论，此时就需要依赖于法律规范之外的实质权衡。为了避免实质性因素的介入而给法安定性造成的威胁，可能有一些人认为，"只要我们不把司法视为一个机械的过程，那么就可以通过各种解释技术来克服这种不确定性，并发现一个大致妥当的答案"，故无需引入实质性因素进行权衡。[3] 问题是，文义解释、历史解释、体系解释与目的解释等这些解释技术，真的可以克服疑难案件中的不确定性，从而获致一个妥当结论吗？

---

〔1〕 参见解兴权：《通向正义之路——法律推理的方法论研究》，中国政法大学出版社2000年版，第146页。

〔2〕 参见解兴权：《通向正义之路——法律推理的方法论研究》，中国政法大学出版社2000年版，第147~148页。

〔3〕 参见陈坤："疑难案件、司法判决与实质权衡"，载《法律科学（西北政法大学学报）》2012年第1期。

答案无疑是否定的。理由主要有：首先，依据不同的解释技术往往会得出完全不同的解释结论，当面对完全不同的解释结论进行选择时，解释技术本身无法再为这种选择提供有力的智力支持。当然，为解决这种选择的难题，有学者尝试在解释技术之间建立一种位阶关系，但这遭到了其他学者较有说服力的批判，如埃塞尔认为，"指望人们能够在'解释步骤的先后顺序'中编出一个分层目录，注定是要失败的"[1]此外，即使是位阶论的支持者，至今也未能提供一个较为可信的位阶排序。其次，解释技术本身具有较大的局限性，即使运用同一种解释技术也可能得出不同的解释结论。以目的解释为例，即使都是运用目的解释这一解释技术，当不同的裁判者分别对所及规范的目的抱有不同的看法时，那么也可能出现彼此不统一的结果。此外，文义解释也存在类似的情况，对于同一术语，有论者作出这样一种解释，而另一论者会作出另外一种解释。例如，在《刑法》第263条"冒充军警人员抢劫"之"冒充"一词的理解上，有见解认为"冒充"可理解为"假冒"与"充当"，故真军警人员显示其身份进行抢劫的，可以认定为"冒充军警人员抢劫"；[2]但也有见解认为，"冒充"就是"假冒"，将真军警人员显示其身份进行抢劫的情形解释为"冒充"，已然超过"冒充"一词应有含义以及所可能具有的最大含义范围[3]再次，即使承认解释技术对于澄清法律规则语义上的含混有意义，但在解决法律规则语用上的难题时，就很难发挥具体的作用[4]最后，解释技术本身也是需要

---

[1] J.埃塞尔：《法律发现中的前理解和方法选择》，第124~125页。转引自[德]罗伯特·阿列克西：《法律论证理论——作为法律证立理论的理性论辩理论》，舒国滢译，中国法制出版社2002年版，第306页。

[2] 参见张明楷：《刑法学（第四版）》，法律出版社2011年版，第864页。

[3] 参见梁根林主编：《刑法方法论》，北京大学出版社2006年版，第175~176页。

[4] 关于语义的含混与语用难题的区别，陈坤博士举了个简单例子，即：对于"禁止车辆进入公园"这一规则而言，"玩具车"是否适用是一个语义问题，而"救火车"是否适用则是一个语用问题。玩具车是不是车辆是存在争议的，这是导致是否适用这一规则并不明确的原因；而救火车是不是车辆则不存在争议，它显然是车辆，人们不知道是否适用这一规则的原因是，存在另外一些值得考虑的因素，它可能会压倒这一规则背后的理由。（陈坤："疑难案件、司法判决与实质权衡"，载《法律科学》2012年第1期。）

证立的，而证立这些解释技术，肯定会以某些评价为基础，诚如克里斯认为的，人们绝对不可能"逃脱那些潜伏在任何解释中的评价性的、规范目的论的和法律政策性的因素"。[1] 换言之，解释技术的运用也需要进行实质权衡。

近年来，实践中也出现了多起因对实质权衡的忽视，导致判决结果引起公众广泛质疑的案件。例如，在内蒙古农民王力军收购玉米被判非法经营罪一案[2]中，一审法院由于对实质性因素考虑的欠缺，只从形式上理解行为是否达到了"情节严重"的程度，认定王力军构成非法经营罪，从而招致了公众的广泛质疑。基于此，2016 年 12 月 16 日，最高人民法院作出了再审决定书，指令巴彦淖尔市中级人民法院对该案进行再审。2017 年 2 月 17 日，巴彦淖尔市中级人民法院再审认为，王力军的行为虽然违反了当时的国家粮食流通有关管理，但尚未达到严重扰乱市场秩序的危害程度，不具备与《刑法》第 225 条规定的非法经营罪相当的社会危害性和刑事处罚的必要性，不构成非法经营罪。此外，在广州许霆盗窃案中，一审法院也是仅从法律规范直接演绎得出判处无期徒刑的结论，而实际忽略了许霆行为的社会危害性与主观恶性。事实上，不论是大前提模糊的案件，还是小前提不明确的案件，抑或大小前提虽然明确，但根据大小前提所推之结论明显违背事理的案件，实质权衡都是不可或缺的。只有正视这一点，我们才可能理性地看待这一问题，也才可能为刑法裁判规范证成的理性实现提供前提。

二、实质权衡是实质理性要求之所在

上文强调实质权衡作为判决理由之必要性，只是说明刑法裁判规范的理性证成无法离开实质权衡，却并没有说明，实质权衡是如何符合我们对刑事裁判理性追求的。那么，实质权衡是否符合我们对刑事裁判理

---

〔1〕 M. 克里勒：《法律获取理论》，第 96 页。转引自 ［德］ 罗伯特·阿列克西：《法律论证理论——作为法律证立理论的理性论辩理论》，舒国滢译，中国法制出版社 2002 年版，第 9 页。

〔2〕 参见 （2016）内 0802 刑初 54 号刑事判决书；（2016）最高法刑监 6 号再审决定书；（2017）内 08 刑再 1 号刑事判决书。

性的追求呢？对此，本书的答案显然是肯定的。在本书看来，实质权衡的理性基础是法律。尽管我们经常说，是理性使得法律与其他社会调控的手段区分开来，理性是法律最为重要的特征，但我们很少有人清楚地知道，究竟什么是"理性"。事实上，由于我们对"理性"一词所持理解的不同，可能会对同一事物是否符合"理性"产生认识上的分歧。在本书看来，认为实质权衡已然超出裁判理性论证范围的观点，就是基于对"理性"的偏狭性认识。

可以说，对于"理性"的探讨，始于西方哲学的讨论，所以，"求诸理性通常已经成为哲学话语的特点"。[1] "理性"在哲学上一般是指进行逻辑推理的能力和过程，是与感性、直觉、情感、欲望和冲动等相对应的概念，如古希腊时期的著名哲学家亚里士多德就把理性概念改造为与人的感性能力以及动物的感性能力相对应的所有理智认识的活动，并将理性与感性能力区别开来。[2] 由此可见，理性思维的特点是抽象性与普遍性。应当说，人们在哲学上对于理性的认识，实际上也影响了对于法律理性的认识。例如，有论者指出，"理性几个世纪以来一直跟自然法的观念相联系：'法律中的理性对应于坚守那种不可变的神性标准，或者逻辑体系的精神以及融贯性，坚守跟前例相一致，坚守目的性'。"[3] 人们长期对法律理性的认识，实际上就是马克斯·韦伯所说的形式理性，即：理性意味着一种合乎逻辑的、前后一贯的原则和规则体系。[4]

之所以认为形式理性的法律是有理性特质的，是因为：①形式理性并不直接调整那些个别存在的利益和行为，而是运用理性的抽象来形成各种形式化的法律概念和范畴，来适用于那些需要由法律来调整的社会

---

〔1〕　焦宝乾：《法律论证导论》，山东人民出版社 2006 年版，第 256 页。

〔2〕　参见韩哲：《刑事判决合理性研究》，中国人民公安大学出版社 2008 年版，第 6～7页。

〔3〕　James L. Golden and Joseph J. Pilotta, *Practical Reasoning in Human Affairs：Studies in Honor of Chaim Perelman*, D. Reidel Publishing Company, 1986, p. 232.

〔4〕　参见［德］马克斯·韦伯：《经济与社会（上卷）》，林荣远译，商务印书馆 1997年版，第 64 页。

关系；②形式理性有着逻辑严谨的形式合理化的运算规则，它保证了法律制度中一定要件事实与一定法律效果的固定联系；③形式理性能够使得类似案件类似处理，使法律具有可预测性。[1] 简言之，形式理性的法律可以实现法的确定性、一致性和可预测性。应当说，形式理性是现代法治的典型特征，诚如韦伯所言，"法律之所以可能达成现代意义上的那种特殊专门的、法学上的提升纯化，唯因其具有形式的性格"。[2]

倘若将法律理性理解为只具备这种形式理性的话，那么，"实质权衡"在上述三个方面的欠缺似乎的确不具备法律理性的特质。但经验与事实告诉我们，形式理性不可能构成法律理性的全部内容。单纯追求形式理性会使我们频繁遭遇两个实践性的难题：一是当个案遭遇法律规则的不明确时，仅具形式理性裁判者将会束手无策；二是尽管法律规则明确但根据形式理性得出的结论，也可能会严重损害人们对正义的认知。也正因为此，实质理性作为法律理性的另一侧面逐渐被人们所认识与提倡。

韦伯便提出了将法律理性分为形式理性和实质理性两个侧面。尽管韦伯也认可近代法律的理性化主要表现为以形式法为取向，但由于它与法的意识形态所提出的实质要求相冲突，故近代法的发展中也呈现出一种反形式主义的倾向，这种对形式束缚的破除乃是实质理性化的产物。[3] 质言之，形式理性虽然是现代法治社会法律理性的典型特征，但并不是唯一特征，实质理性作为法律理性的另一侧面同样重要。对于法律形式理性与法律实质理性的区别与联系，学者杨高峰总结道：形式理性强调以文本为中心进行法律推理，而实质理性强调以案件事实为中心进行个案分析；在奠基于形式理性的司法过程中，法官处于相对被动的地位，而实质理性基础上的法官更处于一种主动的地位；形式强调

---

〔1〕 参见郑成良："论法律形式合理性的十个问题"，载《法制与社会发展》2005年第6期。

〔2〕 ［德］马克斯·韦伯：《韦伯作品集Ⅸ 法律社会学》，康乐、简惠美译，广西师范大学出版社2005年版，第28页。

〔3〕 参见周少华：《刑法之适应性：刑事法治的实践逻辑》，法律出版社2012年版，第172页。

"相同的事相同处理"，更多寻找案件事实中的共性，侧重于一般正义的实现，而实质理性则强调"不同的事不同处理"，更多寻找案件中的特殊性，追求个案正义；形式理性是"紧贴文本"的，而实质理性可以对法律文本进行一定程度的超越。[1]

　　然而，需要注意的是，"坚持形式理性并不意味着将实质理性彻底从司法中驱逐出去，在坚持形式理性这一底线的前提下运用实质理性的思维可以使司法在合法的基础之上更合理、在符合一般正义的基础上体现个别正义"。[2] 对此，学者高金桂也曾表达了相似的立场，他说，"刑法论理须严守两个重要的规准：（一）合乎实质正当性之个案判断原则；（二）维持体系内之无矛盾原则。违背实质正当性之要求，法律将远离实质正义及社会现实；违背体系内之无矛盾原则，法律之一致性原则及法律明确性原则将难以确保。因而，为了兼顾法安定性及实质正义之维护，形式理性及实质理性之间应兼容并顾"。[3] 换句话说，在罪刑法定原则的要求下，为确保刑法适用的明确性、确定性和可预测性，裁判者应努力采取一种旨在促进法律理性及避免法律恣意适用的手段，这是法律形式理性要求之所在；但同时也要注意，由于刑法文本规范的模糊性、不确定性以及规范的机械适用可能导致明显违背事理之结局，此时，形式理性之要求显然无法满足刑法适用的需要，所以，应积极权衡与规范相关联的实质性因素，以实现刑法规范本欲达之社会价值和社会期望，这是法律实质理性要求之所在。

三、实质权衡理性否定说命题之证伪

　　陈瑞华教授曾言："许多学术高手在论证自己的理论时不仅满足于正面的证实——证明其成立，而且还要对相反命题加以证伪——也就是证明相反的命题不成立。"[4] 质言之，为论证某一理论的成立，不仅可

---

〔1〕　参见杨高峰：《刑法解释过程论纲》，光明日报出版社 2013 年版，第 10～11 页。

〔2〕　邓楚开："刑事司法中的形式理性与实质理性"，载《检察日报》2009 年 1 月 13 日，第 3 版。

〔3〕　高金桂：《利益衡量与刑法之犯罪判断》，元照出版有限公司 2003 年版，第 11～12 页。

〔4〕　陈瑞华：《论法学研究方法》，北京大学出版社 2009 年版，第 172 页。

用正面证实的方法，也可使用反面证伪的方法，尤其是当用论据来证实某一理论很困难时，运用证伪的方法，即驳斥与之相反观点的不成立，同样可以达到论证某一理论成立之目的。以上就"实质权衡是实质理性要求之所在"的论述，实际上是对本节一开始所提出的命题"实质权衡同样具有裁判理性的特征"的正面证实，为了能使上述命题显得更具说服力，以下用证伪的方法，即就几点可能针对实质权衡具有裁判理性特征的反驳意见进行具体驳斥。可以说，目前学界对实质权衡具有裁判理性提出的反驳论据，主要为实质权衡有损司法裁判的客观性、确定性和合法性这样三个方面。[1] 以下将依次对其进行驳斥：

首先，就客观性的反驳进行分析。由于实质权衡表现出明显的主观评价性判断，有学者抓住这一特征来怀疑或否定实质权衡的客观性。但以实质权衡具有主观评价性判断来否定实质权衡具有"客观性"，是对法律"客观性"的误解。法律的客观性，既不是本体论上的客观性也不是科学意义上的客观性，而是一种交谈意义上的客观性；这种交谈意义上的客观性，既不要求客观性被理解为与外部实体相符，也不要求客观性像自然科学一样具有可复现性，它强调理由的合乎情理，故除了个人偏好或（狭义上的）政治化的价值观以外，并不截然排斥裁判者主观评价性判断。[2] 也许有论者会以主观评价性判断在主体间的差异——对同一事物不同的主体可能有不同的判断——来否定裁判的客观性，然而诚如有学者指出的，表面上似乎是主观评价性判断损害了司法裁判的客观性，但事实上是疑难案件的性质本身，损害了司法裁判的客观性。[3] 由此可见，以实质权衡的主观评价性判断来否定裁判之客观性的反驳意见，并不能成立。

其次，对确定性的反驳进行讨论。尽管裁判的客观性与裁判的确定性有一定关联，但客观性所要解决的是，判决是否依据某种标准得出正

---

〔1〕 参见陈坤："疑难案件、司法判决与实质权衡"，载《法律科学》2012 年第 1 期。

〔2〕 参见刘远："司法刑法学的视域与范式"，载《现代法学》2010 年第 4 期。

〔3〕 参见陈坤："疑难案件、司法判决与实质权衡"，载《法律科学》2012 年第 1 期。

确性的结论，而确定性所要解决的是判决的可预测性。[1] 丹麦学者罗斯认为，"当形式逻辑作为推理方法失败时，法官的判决将必然地取决于他的个人价值观或社会偏好，因而就包含了武断的成分"。[2] 美国学者弗兰克也认为，裁判中起决定作用的是裁判者的个性，因而判决是无法预测的。[3] 那么，事实是否果真如此呢？客观地说，由于主观评价性判断的不确定性，实质权衡的确会对裁判的确定性有所影响，但并非如上述学者所认为，会陷入武断或无法预测之中。理由是，裁判者的主观评价性判断并不是毫无根据的猜断，它既建立在一定司法预感的信息基础之上，同时也是裁判者长期接受过法学教育和法律职业训练后在对法律制度的习知的作用下作出的裁决。[4] 此外，这种评价性判断也并非裁判者个体的，而是人们对某种事物的集体文化认同或共同信念。而这恰恰最能保障司法裁判的可预测性，就如道尔顿所说，"我们预测一个判决的能力与法律教条并没有太大的关系，而更主要地是因为我们知道哪些影响法官的文化认同与价值观"。[5] 当然，难免存在个人的偏好混入评价性判断之中，但在法律论证的场域中，它会遭到不断地检验和修正，从而保证评价性判断尽量免受个人偏好的影响，并进而保障裁判的确定性或可预测性。

最后，再来看对合法性的反驳。如果认为司法裁判中的实质权衡是指仅依赖于法律规范之外的实质性因素进行说理与论证，那么，实质权衡便违背了罪刑法定原则的要求，亦即不具有合法性，理当受到禁止。但主张进行实质权衡，并不意味要截然排斥裁判规范证成的合法化要求。我们可以在疑难案件的裁判中发现，尽管裁判者运用了法外理由来进行说理论证，但也都会将这种说理和论证放在刑事制定法的框架内进

〔1〕　参见陈坤："疑难案件、司法判决与实质权衡"，载《法律科学》2012 年第 1 期。

〔2〕　A. Ross, *On Law and Justice*, Stevens Press, 1958, pp. 140 ~ 141.

〔3〕　参见季卫东：《法治秩序的建构》，中国政法大学出版社 1999 年版，第 95 页。

〔4〕　参见解兴权：《通向正义之路——法律推理的方法论研究》，中国政法大学出版社 2000 年版，第 188 页。

〔5〕　Clare Dalton, An Essay in the Deconstruction of Contract Doctrine, *Journal of Yale Law*, Vol. 94, No. 4, 1985.

行，前述王力军非法经营案和许霆盗窃案都是如此。例如，在许霆盗窃案中，尽管重审法院基于该案的特殊情况，如许霆"主观恶性相对较小""犯罪情节相对较轻"这样一些实质性因素准备对许霆在法定刑以下量刑，但并未仅限于此，最终还是将这一判断放在制定法的框架下（即《刑法》第63条第2款）进行了处理。事实上，如果不将实质权衡与合法性论证相结合，"是无法正确地决定在什么时候以及在多大程度上，可以将个案相关的各种实质性因素考虑进来"，"在遇有不确定法律概念、概括性条款和法律原则的场合，法律仍然规定了一个一般性的'框'，法官的评价必须在这个框架内展开"。[1] 换句话说，在刑法裁判规范的实质权衡中，"虽然法律适用不再被视为单纯的逻辑涵摄，制定法也可能不再是事实上的判决基础，但它却是法官进行合目的性的个案裁判活动的下限"，或者更明确地说，"政治的、经济的、道德的因素即使可以进入司法裁判与论证之中，也必须借由法律本身的'渠道'来进行"。[2]

综合以上论述可以得出，尽管实质权衡依赖于裁判者的主观评价性判断，但这并不能否认实质权衡在实现刑法裁判规范理性证成中的可能作用。当然，我们也不得不承认的是，裁判规范中的实质权衡也可能潜伏一些对裁判理性的冲击，倘若不对其加以正确的引导和控制，可能导致裁判者自由裁量权的滥用，并进而造成对法治的偏离。职是之故，为了能使实质权衡在刑法裁判规范的理性证成中获得妥当的安顿，我们除了需要肯定实质权衡在刑法裁判规范证成中的作用之外，更为重要的任务恐怕是要明确这样两个问题：一个问题是，在刑法裁判规范的证成中实质权衡究竟可能存在哪几种具体的类型？每个具体类型的实质权衡是如何具体应用的，又可能存在哪些缺陷？另一个问题是，刑法裁判规范证成中的实质权衡有无限度要求？或者说，刑法裁判规范之实质权衡与刑法裁判规范之逻辑证成应如何妥当地加以协调？

---

〔1〕 陈林林："法治语境中的判决正当性分析"，载《国家检察官学院学报》2015年第1期。

〔2〕 雷磊："法教义学的基本立场"，载《中外法学》2015年第1期。

第二节　刑法裁判规范证成中实质权衡的主要类型

可以说，今时今日在刑法解释中备受推崇的"目的解释"，事实上就可以被视为是"实质权衡"在目前刑法学中一种最常见的表达。无论是从目的解释与实质权衡的产生背景出发，还是从目的解释与实质权衡的适用特征、抑或是目前所遭受的质疑来看，我想这都很容易得到论证。但在这里，本书却并不愿意用"目的解释"来简单替代"实质权衡"。理由是，目前刑法学界对于目的解释之标准的确立都过分地集中于，是选择立法原意还是选择文本的客观意思这样具有形式化的标准之上，学者们也似乎普遍以为只要解决了这一标准，目的解释的绝大多数问题就迎刃而解。事实告诉我们，不仅主观的立法原意我们难以确定，而且即使确定了也可能存在该目的设定是否依然有效的问题，对此，虽然以文本客观意思为标准的客观目的解释，能解决目的设定是否依然有效的问题，但对于什么是"法律的客观目的"显然更加难以确定，正如有学者所说的，"客观的目的解释犹如神奇的魔棍，总是能指引其到达自己想要到达的地方"。[1] 这一现象的症结就在于，目前学界对于刑法目的解释之标准的讨论，实际上忽略了真正使目的解释这一方法发挥作用的实质性媒介或标准，以及究竟是如何通过这些媒介和标准发挥作用的。[2] 在本书看来，"实质权衡"的概念在某种程度上为我们反思刑法目的解释的上述疏漏提供了契机。之所以认为实质权衡的概念具有某种反思功能，或许是因为，实质权衡的概念表述以及其抽象特征会促使人们不得不去努力探寻，实质权衡在个案中究竟是通过哪些标准以及又是如何通过这些标准来实现权衡的，事实上这也就是实质权衡之具体类型的划分问题，而这正好有助于弥补目前刑法目的解释对其实质标准重视的不足。

那么，接下来所要面临的问题是，实质权衡可能存在哪些具体的类

---

[1] 劳东燕："刑法中目的解释的方法论反思"，载《政法论坛》2014 年第 3 期。

[2] 参见姜涛："后果考察与刑法目的解释"，载《政法论坛》2014 年第 4 期。

型？对这一问题的回答，如在本章第一节结束时所说，它实际上影响了我们能否在刑法裁判规范的理性证成中，妥当安顿实质权衡。对此，有学者借助韦伯对于价值合理性与目的合理性的划分，也将基于合理化的实质权衡的裁判进路划分为，基于价值之合理性证成和基于目的之合理性证成两个具体类型。该学者认为，基于价值之合理性证成就是原则权衡（实际上也就是价值权衡），它强调判决理由上的正当性依据，"正当性依据则是一些社会或团体所持的价值规范，这些规范涉及平等、公正、善意、合理信赖等观念，并一直得到相关成员的普遍遵从和认可"；而基于目的之合理性证成就是利益衡量，它则强调判决理由上的目的性依据，"目的性依据的准用性或说服力源自这一事实，即当裁判者提出这种论据时，能够预测到它所支持的判决将有助于社会福利"。[1] 客观地说，该学者的这一划分既是明确的，同时也是周延的。本书也基本采纳了这一划分。但是，为了能让我们对疑难案件中刑法裁判规范的证成理由，有更加清晰的认识，本书在"基于目的之合理性证成"上又进一步地进行了划分，即划分为利益衡量与后果考察两种类型。尽管后果考察在某种程度上也是基于目的之合理性证成的，但它并不属于狭义的目的论解释，"因为它并不是以法律应积极服务之目的作为出发点，而是却追问那些不希望发生的附随后果"。[2] 是故，在本书看来，刑法裁判规范证成中的实质权衡有这样三种类型：价值权衡、利益衡量和后果考察。[3] 鉴于目前利益衡量方法在法律适用中的普遍性，以下本书将

---

〔1〕 陈林林：《裁判的进路与方法——司法论证理论导论》，中国政法大学出版社 2007 年版，第 144～145 页。

〔2〕 ［德］英格博格·普珀：《法律思维小学堂——法律人的 6 堂思维训练课》，蔡圣伟译，北京大学出版社 2011 年版，第 70 页。

〔3〕 值得一提的是，德国学者普珀对客观目的解释提出的检验与这种类型的划分具有高度的一致，他认为，对于客观目的解释"客观"的确定"必须要通过三种检验：①必须确认所要追求的目的本身是正义的、理性的、以及有益的。②对于完整实现这个目的而言，规范必须是一个适当的手段。③实现这个规范的目的不得引起超乎规范目的价值的不利附属后果。"并且，他将 1 称之为"外部批判"，将②称之为"内部批判"，将③称之为"后果考察"。（参见 ［德］英格博格·普珀：《法律思维小学堂——法律人的 6 堂思维训练课》，蔡圣伟译，北京大学出版社 2011 年版，第 69～70 页。）事实上，普珀的外部批判大体可以看成是本书所说的"价值权衡"，而"内部批判"是本书所说的"利益衡量"。

先介绍利益衡量的方法在刑法裁判规范证成中的运用，再接着介绍价值权衡的方法与后果考察的方法。

一、利益衡量

对于利益衡量不仅限于立法之中，它也同样存在于司法之中，人们已经基本达成共识。那么，什么是司法中的利益衡量？学者们的具体表述虽各有不同，但实质内涵都大体相同，故在此择其一者即可。例如，学者杨仁寿认为，"若有许多解释可能性时，法官自需衡量现行环境及各种利益之变化，以探求立法者若处于今日立法时，所可能表示之意思，而加取舍。斯即利益衡量。换言之，利益衡量乃在发现立法者对各种问题或利害冲突，表现在法律秩序内，由法律秩序可观察而得之立法者的价值判断"。[1] 由此可知，利益衡量至少具有这样几个特征：第一，它是个案裁判中的一种价值判断方法。当然，需要指出的是，这里的"价值判断"与后文即将介绍到的"价值权衡"并非同一概念，前者中的"价值"侧重的是一种主观性的评价或判断，后者中的"价值"侧重的是像正义、平等、善意等这样一些观念或理念。第二，它并非是为了导出结论的方法，而是为"结论"赋予理由并据以检验结论之妥当性的方法。第三，它关切的是如何在个案之中妥当处理当事人之间的利益冲突，从而使判决合法、合情、合理，而不仅仅关注法教义分析的严谨性或规范体系的完备性。[2]

（一）利益衡量在刑事司法裁判中的命运

理论上一般认为，利益衡量的方法是我们在对概念法学进行反思和批判的基础上发展起来的，与概念法学倡导逻辑体系的封闭性和强调法律适用的机械性不同，利益衡量注重对法律目的、价值观念、社会需求等多方面因素的考虑以及追求在个案中法律适用的灵活性，所以，利益衡量是一种具有一定弹性的、实质性的判断方法。在司法适用中，利益衡量也主要适用于私法领域，而在公法领域，利益衡量受到了严格限

---

〔1〕　杨仁寿：《法学方法论（第二版）》，中国政法大学出版社 2013 年版，第 222 页。

〔2〕　参见秦策、张镭：《司法方法与法学流派》，人民出版社 2011 年版，第 310 页。

制，即使在利益衡量首先出现的宪法领域亦是如此。因此，对于以罪刑法定主义为基本原则的刑法来说，其司法适用中是否存在利益衡量的可能性，理论上颇有争议。例如，陈林林教授就主张，依据利益衡量的裁判，实质上是一种超法律的法律续造，在裁判之际，须注意将这一论证模式排除在刑事法域之外。[1] 此外，即使是坚持刑法裁判规范的建构应当考虑非制定法法源的张心向教授，她也认为，"利益衡量是民事裁判特有的方法，它主要适用于民事裁判过程中，最多再适用于行政裁判，而很难完全适用于刑事裁判，因为刑事裁判的核心不是关于该不该以及如何保护谁的权益的利益衡量，而是关于该不该以及如何处罚谁的行为（当然包括行为者的权益）的危害衡量"。[2]

事实上，主张利益衡量不适用于刑事司法裁判领域的，并非仅仅是我国学者。就像有学者考察后得出的，即使是在今日利益衡量理论极为兴盛的日本，利益衡量也没有受到刑法学界足够的青睐，甚至也有刑法学者极力反对利益衡量，其中最具代表性的人物就是藤木英雄教授。[3] 为了反对利益衡量在刑事裁判领域中的应用，藤木英雄教授指出利益衡量存在四个缺陷：由于异质利益之间不存在明显的位阶关系，故会很难在异质利益之间进行衡量；即使承认异质利益之间的衡量是可能的，但很大程度上依赖于裁判者的主观价值判断，缺乏客观的标准，容易导致恣意和专断；利益衡量可能会衍化为极端的功利主义，并可能会导致弱者的利益遭到践踏；过于注重个别案件，缺乏的宏观历史视角，是一种缺乏长远考虑的短视的方法论。[4]

然而，理论上也有学者认为，利益衡量不应限于民事法领域，在刑事法领域同样存在利益衡量的问题。例如，学者朱良好就认为，不管是

─────────────

〔1〕 参见陈林林：《裁判的进路与方法——司法论证理论导论》，中国政法大学出版社2007年版，第203页。

〔2〕 张心向：《在遵从与超越之间——社会学视域下刑法裁判规范实践建构研究》，法律出版社2012年版，第299页。

〔3〕 参见蔡淮涛："刑法解释中的利益衡量——兼论利益衡量在正当防卫案件中的运用"，载《河南警察学院学报》2011年第4期。

〔4〕 参见［日］藤木英雄：《刑法指南》，有斐阁1980年版，第102～103页。

在民事领域还是非民事领域中，利益衡量都应该有其广泛的适用空间。[1] 学者焦宝乾也认为，利益衡量方法在刑事审判中也有用武之地。[2] 学者任彦君、蔡淮涛也曾发表了有关利益衡量在刑事裁判和刑法解释中运用的论文，尤其是我国台湾学者高金桂还出版了《利益衡量与刑法之犯罪判断》的专著。[3] 同样，日本也有学者在刑法领域提倡利益衡量的方法，如平野龙一教授和关哲夫教授，其中关哲夫教授还针对藤木英雄教授就利益衡量的上述四点缺陷提出了反驳。他认为，尽管异质利益之间的衡量存在一定困难，但并非不可能，宪法规定的价值判断标准、法定刑的轻重以及如"社会相当性"之类的概念都为异质利益之间的衡量提供了基础；利益衡量中裁判者的自由裁量权是不可避免的，但裁判者将会受到价值、程序以及制度等的制约，并不必然会导致恣意或专断；利益衡量受刑法目的和刑法原则的指导，有特定的价值取向，不能简单等同于功利主义；利益衡量虽然以解决个案为出发点，但并未将视野局限于眼前利益和微观利益，所以并不必然导致宏观视角的缺失。[4]

在本书看来，利益衡量不仅可以适用于刑事司法裁判领域，而且还是疑难案件中裁判者理性证成刑法裁判规范的一种重要思维方法。理由是：其一，疑难案件需要我们进行利益衡量。现实中的刑事案件并不总以简单形式存在，由于法律语词本身的内在局限、立法者自身的局限、法的稳定性与现实生活的流变性之间的矛盾以及法律的抽象性和个案的具体性之落差，案件往往会呈现出法律上的疑难。当出现"解释问题"的疑难案件时，即对刑法文本规范存在的两种或两种以上的解释，这时

---

〔1〕 参见朱良好："司法裁判视域中的利益衡量论略"，载《辽宁师范大学学报（社会科学版）》2008 年第 4 期。

〔2〕 参见焦宝乾："利益衡量司法应用的场合、领域及步骤"，载《人大法律评论（第 1 辑）》，法律出版社 2012 年版，第 22 页。

〔3〕 参见任彦君："论利益衡量方法在我国刑事裁判中的运用"，载《法学评论》2013 年第 5 期；蔡淮涛："刑法解释中的利益衡量——兼论利益衡量在正当防卫案件中的运用"，载《河南警察学院学报》2011 年第 4 期；高金桂：《利益衡量与刑法之犯罪判断》，元照出版有限公司 2003 年版。

〔4〕 参见［日］关哲夫：《刑法解释的研究》，成文堂 2006 年版，第 180～187 页。

就需要我们通过利益衡量为我们的最终选择提供依据；此外，当出现"相关性问题"的疑难案件时，亦即直接适用规范可能出现明显违背正义的结果，这时通过进行利益衡量可以实现个案的实质合理性要求，如在许霆案中就是如此。其二，利益衡量并不必然违背罪刑法定原则。之所以学者们认为在刑事司法裁判领域不宜进行利益衡量，很大程度上就是受罪刑法定主义的影响。但是，利益衡量并不必然与罪刑法定原则相冲突，甚至罪刑法定原则实质侧面的要求很多时候就需要通过利益衡量来加以实现。此外，刑事司法裁判中的利益衡量并不必然是一种法外的衡量，我们完全可以将其限定在刑事制定法的框架下进行衡量。其三，不仅从刑事制定法的角度看我国刑法规范存在诸多可进行利益衡量的空间，如酌定量刑情节，此外，从刑事司法实践的角度看，法官在刑事审判中不自觉地运用着利益衡量的方法，包括定罪量刑，或者说，利益衡量以一种"看不见"的方式无时无刻不在法官判案过程中发挥着重要作用。[1]

在此，有一个值得注意的问题是，在刑法文献中"法益衡量"一词频繁出现，那么问题是，它与这里所说的"利益衡量"到底是什么关系？目前相当多的文献一般将利益衡量与法益衡量等同使用，这不仅仅在我国是这样，在德国亦如此，如学者高金桂在考察了德国的文献后提到，"刑法文献上，法益衡量与利益衡量是交互使用之概念，甚至在宪法及行政法领域也是如此，且学说及实务上也不经意的混合使用"。[2]理论上也有学者提出，应对两者加以区别，并认为利益衡量是一种事实衡量（基于事实/结果的衡量），而法益衡量是规范衡量（基于规范/权利的衡量），质言之，裁判者抛开规范的利益表达，直接诉诸法外的利益逻辑进行的衡量才是利益衡量，在规范之下的衡量是法益衡量。[3]但是，这种观点将利益衡量认为是抛开规范的利益表达，着实

---

〔1〕 任彦君："论利益衡量方法在我国刑事裁判中的运用"，载《法学评论》2013 年第 5 期。

〔2〕 高金桂：《利益衡量与刑法之犯罪判断》，元照出版有限公司 2003 年版，第 60 页。

〔3〕 参见李可："法益衡量的方法论构造——一项对被忽视或混淆之问题的微观研究"，载陈金钊、谢晖主编：《法律方法（第 12 卷）》，山东人民出版社 2012 年版，第 393～394 页。

让人难以认可。至少就目前来看，本书不大主张对两者进行严格区分，但如果真要加以区分，就如德国较新文献上的说法，"认为利益衡量涉及之范围较广，不只涉及法益位阶、法益的质及法益的量，尚包括情境、间接利益（第三人利益）、危险的急迫性、救援之机会……等之衡量"[1]。因此，目前我国刑法文献上的"法益衡量"似乎更多地应为"利益衡量"，这是因为，倡导法益衡量说的学者也认为，"法益衡量说并非主张只是考虑行为的结果、法益的价值，而是主张也考虑事态的紧迫性、行为的必要性、手段的适当性等……"[2]

（二）利益衡量在刑法裁判规范证成中的运用

对于利益衡量在刑法中的运行空间，一般认为既可及于构成要件符合性的判断，又可及于违法性的判断，甚至还可及于有责性的判断，故其放射效力范围甚广。

首先，在构成要件符合性判断阶段中，对于在规范构成要件要素的判断以及开放构成要件的确立中，利益衡量便均有渗透的余地。例如，对于强制猥亵妇女罪中"猥亵"的判断，往往就需要在妇女的性自主权和社会伦理之间进行利益衡量，特别是对于少数民族地区的"猥亵"行为的判断更是如此；在开放的构成要件如过失犯的注意义务的判断中亦是如此，例如，在小偷行窃被发现仓皇逃跑，为避免被抓误入隔壁独栋别墅，结果被院内的狼狗咬死的案例[3]中，判断别墅的主人是否有过失致人死亡罪的注意义务，恐怕也需要借助利益衡量的方法。此外，对于同一案件存在两个或多个都可能适用的构成要件时，利益衡量的方法将会起到重要作用。例如，在2009年发生于江苏盐城的"2·20"水污染一案中，盐都区人民法院最终以"投放危险物质罪"判处肇事企业标新化工有限公司原董事长胡文标有期徒刑10年，而未像锦江区人民法院在2005年发生在四川的沱江特大水污染案中以"重大环境污染

---

〔1〕　高金桂：《利益衡量与刑法之犯罪判断》，元照出版有限公司2003年版，第60~61页。

〔2〕　张明楷：《刑法学》，法律出版社2011年版，第189页。

〔3〕　参见"小偷翻墙进别墅被狼狗咬死"，载《重庆晨报》2009年11月28日，第11版。

事故罪"追究被告人的刑事责任，该案的审理法官就明显进行了利益衡量，即认为以"投放危险物质罪"论处有利于加大对环境污染的刑事惩罚力度，更有利于我们应对日益恶化的环境污染问题。[1]

其次，在违法性判断中，对于行为是否具有违法性的判断，利益衡量发挥着极为重要的作用。甚至如学者高金桂所说，利益衡量在刑法领域的放射效力范围，主要就在违法性判断领域，其理由是："犯罪构成要件本为法益保护之规定，但阻却违法事由又为法益保护（非侵害）之否定（并未否定诸如正当防卫所造成之法益侵害事实），其中似乎隐含了重大之目的：即行为之阻却违法，可能系因其涉及其他重大法益之保护，此即涉及法益衡量或利益衡量"。[2] 可以说，几乎在所有的违法阻却事由的判断中，利益衡量都具有较大的运行空间，当然表现方式可能不同。特别是在紧急避险中，理论与实务的通说都认为，紧急避险得以阻却违法的法理基础就在于利益衡量，德国刑法第34条甚至明文将"利益衡量"规定在紧急避险的规定中。尽管目前学界对于利益衡量在正当防卫的判断中是否像我们在紧急避险的判断中一样居于核心地位尚有较大分歧，但不可否认的是，利益衡量依然存在于正当防卫的确定中。例如，在防卫限度的认定上，即是否明显超过必要限度造成重大损害的判断上，利益衡量便是至为关键的方法。此外，不仅仅在违法阻却事由成立与否上存在利益衡量，在违法程度的判断上，利益衡量也有渗透的余地。例如，对于许霆行为违法性的判断，重审法院认为许霆"采用持卡窃取金融机构经营资金的手段，其行为与有预谋或者采取破坏手段盗窃金融机构的犯罪有所不同"，实际上也是一个利益衡量的过程。

最后，在有责性的判断中，尽管抽象地说责任阻却事由是判断行为人在特定情况下无非难之可能性，似与利益衡量之客观判断较无关系，然而具体来看，特别是在涉及行为人是否有依其不法认识而为合法行为

---

〔1〕 参见任彦君："论利益衡量方法在我国刑事裁判中的运用"，载《法学评论》2013年第5期。

〔2〕 高金桂：《利益衡量与刑法之犯罪判断》，元照出版有限公司2003年版，第116～117页。

之可能性的场合，仍有利益衡量介入的余地，但较之违法性中的利益衡量显然不如其强烈。[1]

为了能使大家更加直观而清晰地理解利益衡量在刑法裁判规范证成中的运用，下面拟以一个真实案例进行分析：

> 1997 年史某因收购虫草拖欠了陈某 78 万元货款后下落不明，陈某多次追讨未果，1999 年 9 月，陈某得知史某仍在做虫草生意，即与其女婿李某商定假装买主引诱史某前来交易。同年 9 月 21 日，史某协同朱某等人携带现金 55 万元前来交易，陈某带领数人到现场，出示史某曾经出具的欠条要其归还欠款，史某、朱某声称虽携带现金但现金是别人的拒绝还款，陈某即以语言对史某相威胁并打了其两耳光，随即令司机打开车门，从汽车内拿出现金 55 万元，并出具了一张"收到 55 万元还款"的欠条。一审法院经审理认为，陈某收取债务过程中，对方一再声明该款不属史某个人所有，陈某应当明知自己的行为会侵犯债务人以外的第三人财产所有权，仍执意不听申辩，也不采取其他相应措施，仍然强行劫走现金，放任侵害结果发生，主观上具有非法占有他人钱财的故意，其行为已构成抢劫罪。一审宣判后，陈某不服，提出上诉。二审法院经审理认为，陈某作为债权人，在债务人不履行还债义务的情况下强行索债，其行为在客观上使用了暴力及胁迫手段，也侵害了第三人的财产权利，但其行为仅针对债务人，目的是为了实现自己的合法债权，在主观上并没有非法占有公私财物的目的，不符合抢劫罪的构成要件，不构成抢劫罪；陈某在讨债过程中采用了威胁和暴力手段，其行为确有不妥，但情节显著轻微，亦不构成其他犯罪。因此，二审撤销一审判决，宣告陈某无罪。[2]

---

[1]　参见高金桂：《利益衡量与刑法之犯罪判断》，元照出版有限公司 2003 年版，第 149～152 页。

[2]　参见沈德咏主编：《经济犯罪审判指导（2004 年第 1 辑）》，法律出版社 2004 年版，第 22～26 页。

这是一个典型的债权人不正当行使债权的行为能否成立财产犯罪的案件，类似事案在实践中也常有发生。本案一审法院忽视了这种不当权利行使行为与一般抢劫行为的不同，直接认定为抢劫罪，显然与公众对此行为的认知存在差异。二审法院考虑到了这一点，认为陈某在客观上使用了暴力侵害了他人财产，但目的是为了实现自己的合法债权，从而在主观上不具有非法占有公私财物的目的，即不符合抢劫罪的构成要件，不构成抢劫罪。尽管二审法院以欠缺非法占有目的从而否定被告人成立抢劫罪，似乎是一个纯教义的分析，但事实上已然使用了利益衡量的方法。就如有学者在分析一个类似事案中所指出的，"债务人对物之持有支配关系（利益）受到侵害，但债权人意在保护其债的请求权利益，于此利益冲突中，经由盗窃罪之主观不法意图之设定，限缩盗窃罪成立之可能性，即具有利益衡量之作用"。[1]

然而，在本书看来，对类似事案的利益衡量通过设定主观不法意图即非法占有目的来限定处罚范围，值得商榷，[2] 但这并不意味着利益衡量在此案中不重要，而是认为应另寻路径，即通过违法性的判断来实现，这既有利于避免非法占有目的否定说主观判断的随意性，同时还能合理划定犯罪圈。这种违法性判断中的利益衡量，应当结合权利性的有无、手段的必要性和手段的相当性进行综合性判断。[3] 就本案来说，由于陈某采取言语上的威胁和轻微的暴力（打耳光）强制债务人履行确实存在的债务，且未超出正当的权利范围，应当认为不具有实质的违法性，应以无罪论处，从这个角度来看，二审法院的判决结论是妥当的。

（三）利益衡量的内在风险与衡量标准的确立

尽管利益衡量的方法有效避免了裁判者对刑法机械适用带来的诸多弊端，尽可能地实现了个案正义，并使裁判者"不再觉得自己是一台机

---

〔1〕 高金桂：《利益衡量与刑法之犯罪判断》，元照出版有限公司 2003 年版，第 107 页。

〔2〕 这种商榷之处，本书将在后文中有较为详细的分析。

〔3〕 参见武良军："暴力、胁迫行使债权行为的刑法评价——以司法案例为中心展开分析"，载《政治与法律》2011 年第 10 期。

器，而是作为立法者的助手，担负着更高的责任，同时也享受着解决疑难问题所带来的自豪"，[1] 然而，我们不得不承认的是，由于利益衡量天然依赖于裁判者主观性的介入，以及利益自身的复杂性、多元性在实际中难以把握，因此，利益衡量往往蕴含着不确定性的内在风险。[2]

对此，理论上有学者从以下三个方面分析了利益衡量的内在风险：第一个是利益概念的局限性。虽说"利益"这种开放式、生活化的定义克服了概念法学的机械化和吹毛求疵的倾向，但它同时也抛弃了专门学科中的专业化和精细化的术语要求，难保沦落为一个空洞、无用的概念，由此带来的概念上的不确定性和模糊性不但无助于明晰化的思考追求，也会给结论的客观性和确定性打上问号；第二个是利益基准的不确定性。由于对利益评判基准的选择实际上是一个价值判断问题，而法律一旦涉足价值评判，就会遭遇"价值判断是否具有可通约性"的难题，也可能会陷入哲学上所称的"明希豪森三重困境"，即无穷地递归（无限倒退），循环论证，或者武断地中止论证；第三个是权衡思维与法学思考定位的偏离。利益衡量方法所奉行的利益划分和权衡思维，既背离了既定的法律秩序，也忽视了作为法学思维之特色的"明晰性－确定性"和"客观性－合法性"要求，因而不免落入学科迷失和思维迷糊的境地，乃至沦落为方法论上的"盲目飞行指南"。[3]

那么问题是，我们是否因此就要在刑事司法裁判中抛弃这一方法？本书的答案无疑是否定的。理由是：其一，尽管我们一直追求法律的确定性，但科学意义上的确定性在法律中是不可能存在的，法律绝大多数时候都在进行"意义"的判断，而但凡关于"意义"的判断，总会呈现出某种不确定性，因此，利益衡量存在不确定性本就是法律的宿

---

〔1〕　［德］菲利普·黑克："利益法学"，傅广宇译，载《比较法研究》2006年第6期。

〔2〕　参见秦策、张镭：《司法方法与法学流派》，人民出版社2011年版，第316页；杨素云："利益衡量：理论、标准和方法"，载《学海》2011年第5期。

〔3〕　参见陈林林：《裁判的进路与方法——司法论证理论导论》，中国政法大学出版社2007年版，第192～198页。

命。[1] 其二，不能认为由于利益衡量涉足裁判者的主观性评价，裁判规范的证成就会陷入"明希豪森三重困境"，如恩吉施所言，"'主观认为正确'不仅是一个……人们遗憾地（首先是在作出评价的地方）不能完全排除的东西，而且也是法律文化中值得赞赏的地方。"[2] 其三，利益衡量中裁判者的自由裁量权虽然存在，但并非是毫无限制的。利益衡量虽然会对法律规范之外的利益进行权衡，但仍然可以保持在法律的框架下进行，而且利益衡量的结论时刻要受到法律规范的检验和修正。其四，风险与价值往往是如影相随的，"如果利益衡量方法的主观性被彻底消除，其蕴含的能动性价值也就会完全泯灭"。[3] 所以，我们不应以利益衡量方法具有这些可能存在的风险就将其抛弃。

但是，这也绝非意味着我们可以忽视利益衡量方法可能存在的这些风险，特别是在尤为注重法的安定性的刑事司法裁判中，我们既要正视这些可能的风险，同时也应当积极寻求克服这些风险的规则和措施。从方法论的角度来看，对利益衡量标准的确立无疑是人们为克服这些风险所做的努力。根据目前国内外学者的研究，对于利益衡量标准的确立，一般存在这样几个方面的讨论：[4]

第一，利益的排序问题。尽管并不存在严格的位阶来判断何种利益在冲突中具有优越性，但学界大体上还是认可可以确立一种倾向性的序列。例如，罗克辛教授指出，"秩序性的规定后撤到对具体损害保护之后；人格的价值应当优于实物财产；面对保护其他人格价值或超个人的法益，对身体和生命的保护处于一种更高利益的基础之上"，但这些规则的适用并不是牢不可破的，如为了挽救较大物品的价值，就允许对人

---

〔1〕 参见朱良好："司法裁判视域中的利益衡量论略"，载《辽宁师范大学学报（社会科学版）》2008 年第 4 期。

〔2〕 ［德］卡尔·恩吉施：《法律思维导论》，郑永流译，法律出版社 2013 年版，第 163 页。

〔3〕 秦策、张镭：《司法方法与法学流派》，人民出版社 2011 年版，第 317 页。

〔4〕 目前学界就利益衡量标准确立的论述已经比较丰富，囿于本书篇幅所限和本书主旨的需要，在此不作详细分析，仅就一些争论提出来。更详细的论述可以参见焦宝乾博士的"衡量的难题——对几种利益衡量标准的探讨"（《杭州师范大学学报（社会科学版）》2010 年第 5 期）一文。

格权进行较轻微的侵犯。[1] 此外，特别值得注意的是，基于利益的排序进行的衡量必须要受到价值的限制，如在紧急避险中，生命之间不允许进行数量化的衡量，即不得以牺牲他人生命来拯救自己的生命，此外还要考虑到对自然人尊严的尊重等。

第二，利益衡量对法律规范的态度问题。有学者认为，对于利益冲突的判断，应当通过法律所表达出来的对利益状况的评价，这实际上是为利益衡量设置了一道红线，即将利益衡量放在法律的框架内进行；但有学者却认为，不应当为利益衡量设置这道红线，也不可能为利益衡量设置这道红线，应当通过外在的标准来判断裁判的合理与否。

第三，利益衡量是应立足于法律专家的立场还是一般人的立场。有见解采取法律专家的立场，有人采取一般人的立场。持一般人立场者认为，持法律专家立场容易导致判决偏离公众常识；而持法律专家立场者认为，持一般人立场容易导致衡量结果的难以把握，并可能导致衡量结果过分迁就民意。这种立场的二元对立，诚如有学者所言，归根结底是以"职业自治"为基本特征的近代法治所形成的大众话语与精英话语这两种叙事之争。[2]

当然，尽管我们不能因为利益衡量可能蕴含的风险就主张在刑事司法裁判中应弃置这一方法。然而，通过以上关于利益衡量标准确立的讨论，我们也发现了利益衡量"不能成为一种独立的或自足的法学方法"，[3] 故而需要其他方法加以补充，但绝不是应该弃之不用。

二、价值权衡

（一）价值判断、价值权衡与利益衡量

应当说，目前恐怕已经没有人还会怀疑"价值判断"之于司法裁判的重要作用。如有学者所言，"裁判结论的证立从表面上看是一个彰

---

〔1〕参见［德］克劳斯·罗克辛：《德国刑法学总论（第1卷）——犯罪原理的基础构造》，王世洲译，法律出版社2005年版，第475~476页。

〔2〕参见焦宝乾："衡量的难题——对几种利益衡量标准的探讨"，载《杭州师范大学学报（社会科学版）》2010年第5期。

〔3〕陈林林：《裁判的进路与方法——司法论证理论导论》，中国政法大学出版社2007年版，第199页。

显逻辑推理的玄妙过程，但其内里却始终有价值判断在如影随从"。[1]
当然，这并不排除不同学者在价值判断作用的大小、存在的范围以及表现的方式上还会存在分歧，如有人可能认为价值判断不过在法律的缝隙之间找到了安身之地，而有人却可能认为这是个又大又深的峡谷。[2]
对于价值判断为何能在司法判断中起作用，或许有人可能将其归结于法律本身就是为了实现一定的社会价值，故裁判者也具有实现社会价值的义务。但这一观点并未能完整回答上述问题。理由是：倘若仅仅如此，那么我们就可以认为，司法裁判只需要裁判者依据法律文本规范进行逻辑推理就可以了，因为在法律文本规范制定时，立法者显然已经考虑了法律的价值。但应该没有人会同意这一点，即使是在特别强调法的安定性的刑事司法裁判活动中，亦是如此。

事实上，今日我们之所以不断强调价值判断之于司法裁判的作用，一个最主要的原因，或者也可以说一个最直接的原因，那就是疑难案件的出现，这既包括因案件事实的非典型性难以归入某一既存文本规范的"分类问题"疑难案件，也包括因文本规范的概括性和模糊性导致对同一文本规范出现多解而难以抉择的"解释问题"疑难案件，同时还包括依据文本规范进行逻辑推理的结果与文本规范本欲追求的价值不一致的"相关性问题"疑难案件。这也是博登海默为什么会说，"当法官在未规定案件中创制新的规范或废弃过时的规则以采纳某种适时规则的时候，价值判断在司法过程中会发挥最大限度的作用"。[3] 当然，反对者会认为，价值判断是一项贯穿于裁判始终的工作，即使在简单案件亦是如此，[4] 但诚如卜元石教授所认为的那样，将司法过程中的价值判断

---

〔1〕 张心向：《在遵从与超越之间——社会学视域下刑法裁判规范实践建构研究》，法律出版社 2012 年版，第 284 页。

〔2〕 参见〔英〕拉斐尔：《道德哲学》，邱仁宗译，辽宁教育出版社 1998 年版，第 15 页。

〔3〕 〔美〕博登海默：《法理学——法律哲学与法律方法》，邓正来译，中国政法大学出版社 2004 年版，第 527 页。

〔4〕 参见许德风："论基于法教义学的案例解析规则——评卜元石：《法教义学：建立司法、学术与法学教育良心互动的途径》"，载田士永、王洪亮、张双根主编：《中德私法研究（总第 6 卷）》，北京大学出版社 2010 年版，第 27~28 页。

视为一种常态，可能会使我们的立法失去意义[1]。如果非要承认简单案件中的价值判断，那么就有必要对简单案件与疑难案件中的价值判断进行区分，即简单案件中只是一种"弱价值判断"，而疑难案件中则是一种"强价值判断"[2]。

尽管人们对于价值判断之于司法裁判的作用已基本达成了共识，但在什么是价值判断的问题上却是众说纷纭。或许对价值判断的界定就像康德曾经所作的一个类比，"问一个法学家'什么是权利？'就像问一个逻辑学家一个众所周知的问题'什么是真理？'同样使他感到为难"[3]。在此，本书并不想就这一难题提出挑战，但为了使讨论能够顺利进行下去，还是有必要在此就价值判断的内涵或范围进行一个大概界定。倘若按照法的发现与证立二分理论来看待价值判断，那么可以将价值判断分为发现法律阶段的价值判断和论证法律阶段的价值判断[4]。发现法律阶段的价值判断，实际上就是裁判者依凭直觉和预感（法律感）对事物去做的某种反映，即价值判断是作为司法裁判的出发点存在的。换句话说，此阶段的价值判断是我们为了获知（发现）某种解释结果而采用的工具，亦即一种主观性评价。而论证法律阶段的价值判断则有两个表现：一个表现为对某个行为是否符合某个价值要求的判断，在这种情形下，判断标准涉及对某个价值的内涵衡量；另一个表现为在两个或多个价值间进行比较衡量选择的过程，在此情形下，不仅仅在于对价值内涵的确定上，还涉及两个或多个相矛盾或相冲突的价值之间的取舍[5]。由此看来，论证法律阶段的价值判断实际上是对发现结论所进行的一种价值权衡。由于本书的主旨都是在证立意义上讨论刑法裁判

---

〔1〕　参见卜元石："法教义学：建立司法、学术与法学教育良心互动的途径"，载田士永、王洪亮、张双根主编：《中德私法研究（总第6卷）》，北京大学出版社2010年版，第6页。

〔2〕　参见孙海波："在'规范拘束'与'个案正义'之间——论法教义学视野下的价值判断"，载《法学论坛》2014年第1期。

〔3〕　[德]康德：《法的形而上学原理》，沈叔平译，商务印书馆1997年版，第39页。

〔4〕　参见董玉庭：《疑罪论》，法律出版社2010年版，第142页。

〔5〕　参见张心向：《在规范与事实之间——社会学视域下的刑法运作实践研究》，法律出版社2008年版，第328页。

规范，并且为了尽可能地区分这两种不同意义的价值判断，所以本书选用"价值权衡"一词而不是"价值判断"一词。

接下来的一个重要问题是，价值权衡与上述的利益衡量之间有何不同？有见解认为，尽管价值的概念范围较之于利益要广，但在个案中，不同的价值往往体现为具体的利益，价值权衡、利益衡量只是强调的重点不同，实际上却并无本质上的重大差异，利益衡量本质上仍然是价值权衡，故没有必要对两者进行区分。[1] 但也有见解不赞同将价值权衡与利益衡量等同，如学者魏治勋认为，"价值衡量"与"利益衡量"中的"价值"和"利益"具有不同的指向，"价值"一般包括公平、正义、自由、民主、人权、秩序、效率等方面，但"利益"只是"价值"的一种，很大程度上与效率具有共同的指向，倘若将"价值"简化为"利益"会导致将"权利"庸俗地利益化，必然会对法治和司法正义产生损害。[2] 张心向教授也认为，虽然说利益的衡平和选择必然会涉及价值权衡，而价值的权衡必然涉及对利益的比较、权衡和选择，但不能将二者等同，这不仅是因为利益和价值的判断标准和方法不同，更是因为在刑事裁判中，只能考虑价值权衡而不能进行利益衡量。[3] 在本书看来，尽管我们承认在某个特定的个案中，价值权衡和利益权衡可能并不是截然区分的，即价值权衡可能涉及利益衡量，而利益衡量涉及价值权衡，甚至可以是"可相互通约的"，但是，我们仍然应该在裁判规范的论证中尽可能地将二者进行区分，这不仅仅因为"当我们在一种合理化论证进路受困时，裁判者可以转换路径诉诸另一种合理性证明"，更是因为这种区分能使人更加明晰"裁判者提出某一条依据时，他是以何

---

〔1〕 参见武飞：《法律解释：服从抑或创造》，北京大学出版社 2010 年版，第 109 页。

〔2〕 参见魏治勋："司法过程中的利益衡量批判"，载《学习与探索》2006 年第 2 期。

〔3〕 参见张心向：《在遵从与超越之间——社会学视域下刑法裁判规范实践建构研究》，法律出版社 2012 年版，第 298~299 页。

种方式表述其合理性的".[1]

（二）价值权衡在刑法裁判规范证成中的运用

一般来说，价值权衡容易在私法领域如民法裁判规范的证成中获得认可，而在刑法裁判规范的证成中，人们对于价值权衡一般持极为审慎的态度。这很大程度上是由于民法的相对开放性和刑法的相对封闭性所决定的。就像在第二章中曾提到的，在民法裁判规范的证成中，即便没有制定法的规定，出于公正和妥当处理的需要，裁判者可以借助习惯、道德等直接做出决断，但在刑法裁判规范的证成中，当制定法欠缺时，我们并不能直接借助习惯、道德等作为定罪处刑的依据。但是，这并非意味着在刑法裁判规范的证成中，裁判者不需要也不能进行价值权衡。疑难刑事案件的存在，不得不迫使我们经常在刑事司法裁判中寻求价值权衡。劳东燕博士曾将刑法解释中价值权衡的必要性归结于四个方面：一是刑法规范背后的价值往往存在多种解释的可能性；二是作为规范体系中的刑法规范处于持续变动中，往往会影响其他规范的内容与意义；三是随着时代的发展，有必要对刑法规范背后的价值取向进行重新解读；四是个案按照某一既存的价值取向得出的结论未必当然符合整个价值上的合理性。据此，她认为，赋予刑法规范以合乎时代精神与现实需要的价值权衡，"可以使规范历久而弥新，始终保持旺盛的生命力；而规范本身的生命力，不仅为刑法体系保持一定开放性所必须，也是确保个案正义得以实现的必要前提".[2] 方文军博士也认为，价值权衡是"刑事法官不可旁贷的职责".[3]

问题是，价值权衡是如何在刑法裁判规范的证成中进行运用的？显然，要想回答上述问题，首先必须解决刑法裁判规范证成中价值权衡的

---

〔1〕 对此，陈林林教授还举个这样一个例子来说明："在当事人之合理信赖义务（一条明白的价值合理性依据）背后，存在着一个简化和保障经济交易的目的（一条明白的目的合理性依据）；合理注意义务（一条明白的价值合理性依据）背后，存在保护公民人身和个人财产安全的目的（一条明白的目的合理性依据）。"（陈林林：《裁判的进路与方法——司法论证理论导论》，中国政法大学出版社 2007 年版，第 173～174 页。）

〔2〕 劳东燕："刑事政策与刑法解释中的价值判断"，载《政法论坛》2012 年第 4 期。

〔3〕 方文军："边缘刑事案件中的法官解释"，载《金陵法律评论》2005 年秋季卷，第 75 页。

权衡内容，亦即刑法的价值问题。尽管对于什么是刑法的价值，目前学界有诸多观点，但目前学界的通说认为，刑法的价值主要是自由和秩序、正义和功利，而且这一说法能相对完整地表现出刑法在各个向度上的价值追求，[1] 本书也暂时采用这一说法而展开论述。

自由与秩序无疑是一个社会维系其生产和发展的最基本的条件，故而自由与秩序也是刑法所追求的根本价值。自由是尊重人作为社会活动主体的自决权利的必然要求，它是各种价值体系中最基本的抽象价值之一，刑法对自由的追求意味着对公民权利的保障；而秩序是维持人类生活最基本的现实需要，也是人类追求有序生活的心理需要，每当秩序遭到严重破坏时刑法应当能给予必要的制裁，因此，刑法对秩序的追求意味着对社会秩序的保护。尽管我们一般可以认为，自由与秩序可以统一在特定的法律制度中，事实似乎也的确如此，如目前绝大多数刑法规范都是自由与秩序的统一，但却并不总是如此。在刑事司法实践中，自由与秩序也可能会发生冲突，此时，我们是选择自由即对公民权利的保障，还是选择秩序即对社会秩序的保护，便会处于一个明显的价值权衡中。例如，在 2001 年发生于上海的肖永灵投放虚假炭疽杆菌一案中，就存在着被告人的权利保障和社会秩序的保护的价值权衡问题。同样，在曾经沸沸扬扬的南京副教授马某聚众淫乱一案中，也存在着对社会管理秩序的保护和对公民性生活自主选择权的尊重之间的价值权衡。

除了刑法价值中的自由和秩序会产生冲突从而需要进行价值权衡，在刑法的另一对价值，即公正与功利中，同样也可能会产生冲突从而需要我们进行价值权衡。尽管我们也可以认为公正与功利在绝大多数情形下是统一的，但也并非总是如此。从刑事司法实践来看，自由和秩序价值之间的衡平，似乎主要解决的是刑事判决定罪的合理性问题，而公正和功利之间的衡平，似乎主要解决的是刑事判决的量刑合理性问题，但

---

〔1〕 以下关于自由与秩序、公正与功利的讨论主要参见沈琪：《刑法推理方法研究》，浙江大学出版社 2008 年版，第 129 页；韩哲：《刑事判决合理性研究》，中国人民公安大学出版社 2008 年版，第 258 页；方文军："边缘刑事案件中的法官解释"，载《金陵法律评论》2005 年秋季卷，第 76 页；张智辉：《刑法理性论》，北京大学出版社 2006 年版，第 56～61 页。

是我们并不能将二者截然分开。[1] 虽说绝大多数的公正与功利间的价值衡量都体现在刑罚的运用上，如许霆盗窃案的量刑即是如此，但在部分案件中，是否判决有罪也可能体现刑法公正与功利之间的价值权衡。[2] 例如，在喝了酒的父亲与小孩逗乐时，由于失手没有将孩子抱住，导致孩子头冲地摔下因伤势过重而死亡的案例中，[3] 既可能在量刑上存在公正与功利之间的价值权衡，也可能在此罪与彼罪（罪重与罪轻）以及无罪和有罪上存在公正与功利之间的价值权衡。

既然我们已知晓了刑法裁判规范证成中价值权衡的实质内容，接下来的任务就是要回到上述问题上，即在刑法裁判规范的证成中，我们应如何去具体权衡特定个案的自由与秩序或公正与功利之间的冲突？客观地说，这是一个极为复杂且难以回答的问题，甚至这个问题比什么是价值判断还要难以回答。这是因为刑法裁判规范证成中的价值权衡不可能仅停留在抽象意义去探讨，它必须不断回应特定个案的具体情形，但这也并不意味着我们完全不可能对这种裁判方法进行某种程度的抽象把握。在本书看来，尽管我们不可能准确回答，如何去具体权衡一个特定刑事个案中的价值或价值冲突，但仍然还可以提出一些可能的价值权衡规则，以为刑法裁判规范证成中的价值权衡提供指导。

第一，应当将对自由与秩序、公正与功利的价值衡量限于疑难刑事案件中，这是价值权衡的事实性前提。由于刑法文本规范本身就已经包含了立法者的价值权衡在内，所以，在绝大多数情况下，裁判者只需要遵守刑法文本规范的规定对犯罪进行定罪量刑，就可以实现自由与秩序、公正与功利的价值统一。对简单的刑事案件也进行价值权衡，不仅可能会使我们的立法成为无意义的工作，更可能会增加刑法规范的不确定性，从而损害刑法对法的安定性的追求。当然，由于简单案件和疑难

---

〔1〕　参见韩哲：《刑事判决合理性研究》，中国人民公安大学出版社 2008 年版，第 258 页。

〔2〕　参见方文军："边缘刑事案件中的法官解释"，载《金陵法律评论》2005 年秋季卷，第 77 页。

〔3〕　参见欧阳春：《在法律的边缘上——56 个刑事疑难案例评析》，辽海出版社 2000 年版，第 1～8 页。

案件的划分并不总是清晰的，所以对价值权衡进行的这种事实性前提的限定，并不能机械地理解和掌握。

第二，应当给出最终选择某一种价值而不选择另一种价值的裁判理由，这是价值权衡的论理性前提。换句话说，对于在特定个案中为何否定这一价值而去采纳另一价值，以及为何是此价值而不是彼价值，"裁判者皆须给出一个'更强理由'的说明"。[1] 亦如方文军法官所洞悉的，对于自由与秩序、公正与功利的权衡很难直接进行，倘若仅将裁判理由落实在自由和秩序、公正和功利这样的"大词"上，那么裁判的理由将华而不实，也不可能做到以理服人；自由与秩序、公正与功利毋宁是刑事司法的基底观念，都无法通过其本身来否定另一方，所以法官对疑难案件的价值权衡肯定是综合了各种因素所作出的最终选择。[2]

第三，应当特别注意刑法裁判规范证成中价值权衡的规范化，这是罪刑法定原则的当然要求。学者许德风曾在谈及民法中的价值判断中指出，为了维护法律的确定性以及法律的拘束力，"必须规定价值判断不能直接用于裁判，只有通过法教义学上的'连接点'如一般条款、法律解释（目的解释）、法律漏洞补充等才能将其引入法律论证"，"一旦通过一般条款将价值判断订入法律，这些条款便再也不能被等同于伦理或日常的价值判断"。[3] 这对价值权衡的规范化提供了一个不错的见地。但与民法的开放性相比，刑法更具封闭性，且受罪刑法定原则的制约，刑法裁判规范的证成不允许对漏洞的补充，是故在价值权衡与教义学上的"连接点"上的要求更加严格。诚如劳东燕博士指出的，只有当法外的价值权衡能够为刑法文本的开放性所容纳，并可经由解释完成由外在的价值向内在的价值的转化之后，才能成为刑法体系本身的价值判断，如若不能为既有的刑法文本所容纳，除非立法做出相应的修改，

---

〔1〕 陈林林：《裁判的进路与方法——司法论证理论导论》，中国政法大学出版社 2007 年版，第 159 页。

〔2〕 参见方文军："边缘刑事案件中的法官解释"，载《金陵法律评论》2005 年秋季卷，第 76 页。

〔3〕 许德风："论法教义学与价值判断——以民法方法为重点"，载《中外法学》2008 年第 2 期。

否则只能保持法外状态；所以，在刑法领域，由于其结构的相对封闭性与内敛性，价值权衡与教义学上的良好"连接点"往往不像在民法中那样表现为抽象性的一般原则条款，而是比原则更为具体的概括性条款和规范构成要件要素等。[1]

第四，应当确立价值权衡在刑法裁判规范证成中逻辑上的优先性，这是相较于利益衡量与后果考察而言的。之所以如此，就像普珀所说，我们"必须确认我们所要追求的目的本身是正义的、理性的，以及有益的"，倘若一个目的本身不正当，即使它可能带来些许利益，也不可能得到承认。[2] 当然，价值权衡的这种逻辑上的优先性并不意味着，我们一定要先就价值进行权衡才可就利益进行衡量，事实却往往是，我们先就利益进行衡量再就价值进行权衡。其理由有点类似于我们在回答正义的问题所遭遇到的一样，即我们虽然很难回答什么是正义，但却可以清楚地知道什么是不正义，对于价值也一样，我们也很难从正面回答什么是刑法所欲确认的价值，但有时却能比较清楚地知道什么不符合刑法所确认的价值。

在此，有一个很典型的例子，即：行为人对于不满 14 周岁的小孩或精神病人等无罪责之人的攻击行为进行了防卫，最终能否认定为行为人成立正当防卫。对此，除了需要就行为人保护的利益和防卫行为造成的损害进行权衡以外，显然还需要对行为人的防卫行为进行价值权衡，即行为人的行为是否符合法规范和社会伦理的要求，也就是要判断在当时的情形下，对于无罪责者的侵害或攻击，行为人是否有回避的可能性，是否采取了最轻微的防卫方法。此外，对于在将危险转嫁给无辜第三人的攻击性的紧急避险中，除了需要衡量保护的法益和损害的法益之外，还需要额外考虑对个人自主决定权的保护，并且当生命法益和生命法益陷入利益冲突之际，也不能以生命的数量或以生命的质量作为利益

---

〔1〕　参见劳东燕："刑事政策与刑法解释中的价值判断"，载《政法论坛》2012 年第 4 期。

〔2〕　参见［德］英格博格·普珀：《法律思维小学堂——法律人的 6 堂思维训练课》，蔡圣伟译，北京大学出版社 2011 年版，第 69~70 页。

衡量的标准，[1] 这都是基于价值权衡逻辑上优先性的结果。当然，这绝不是说利益衡量较之于价值权衡不重要，就像普珀对此作出的回应一样，尽管价值权衡具有优先性，但利益衡量则较为有利，"因为，人们总是可以去争执那些被建议的目的确定是否正当，但如果一个规范被证实根本无法实现其所建议的目的，这个目的确定就会被否定。如果一个规范对人民施予不利益或限制人民的行为自由（像犯罪构成要件始终是如此），当这个规范只能破碎地实现相关之目的时，这个目的确定也是被否认的"。[2] 质言之，即使一个理由在价值上再怎么具有正当性，但是依据这一理由我们根本无法实现其目的，那么这个理由就是值得怀疑的。

（三）问题与回应：价值权衡的主观性与客观性

虽然人们普遍承认价值权衡在裁判规范证成中的作用，但并非每一个人对其都能坦然受之。不仅学者们担心价值权衡的适用可能会使司法失去确定性，如有论者认为，"法的解释如果依据解释者的价值判断恣意进行，那无疑是法的自杀行为"，[3] 而且那些被称之为先进的法律制度，也往往会倾向于限制价值权衡在司法过程中的适用范围，其原因在于，"以主观的司法价值偏爱为基础的判决，通常要比以正式或非正式的社会规范为基础的判决表现出更大程度的不确定性和不可预见性"。[4] 客观地说，这种担心并非毫无道理。与利益衡量的内在风险即不确定性相比，价值权衡的主观性或不确定性显得更为突出。由此，一个很自然的问题就是，价值权衡内在的主观性是否足以影响我们对刑事裁判的客观性或确定性的追求？

在本书看来，尽管价值权衡具有不可避免的或者说无法摆脱的主观性，这种主观性既可能来源于价值本身缺乏客观化的形式、不同价值之

---

〔1〕 参见林山田：《刑法通论（上册）》，北京大学出版社 2012 年版，第 220～222 页。

〔2〕 ［德］英格博格·普珀：《法律思维小学堂——法律人的 6 堂思维训练课》，蔡圣伟译，北京大学出版社 2011 年版，第 70 页。

〔3〕 段匡：《日本的民法解释学》，复旦大学出版社 2005 年版，第 259 页。

〔4〕 ［美］博登海默：《法理学——法律哲学与法律方法》，邓正来译，中国政法大学出版社 2004 年版，第 528 页。

间可能会发生冲突而对冲突的取舍却没有确定的标准，[1] 也可能来源于价值权衡"往往是在场域行动者自觉或不自觉的情况下发挥作用的，是其对于特定案件的事实状态和适用规范作出的一种表现为个体经验的主观心理活动的反映，而且这种心理活动尽管有其思维定势的一面，但仍然极易受各种司法的以及非司法的变量因素的影响"，[2] 但是，它绝非仅仅是判断主体的主观偏见，价值权衡同样具有一定的客观性。理由如下：

第一，价值本身虽然缺乏客观化的形式，但裁判者在进行价值权衡时适用的并非是裁判者自己的价值标准，而是像卡多佐所说，裁判者适用的是"在阅读社会观念时所揭示的价值标准"，[3] 亦即社会主流的价值观念。尽管价值在社会中经常呈现出分歧，但一个国家、一个民族、一个社会在一定时期总有相对的价值共识，这就是社会主流价值。[4]当然，在呈现多元化的现代社会，这种主流价值的判断会存在一定的困难，但通过一定的方法（如下一章将介绍到的程序论辩或商谈），在某种程度上也可能促进形成共识。

第二，价值权衡尽管极易受到各种司法的以及非司法的变量因素的影响，但也不仅仅是判断主体的纯主观的肆意妄为。诚如张心向教授所指出的，法律的信念之网"在一定程度上遏制了一部分法官仅以主观的个性、情感、偏好等自身价值因素恣意判决的危险"，从而保证了价值权衡鲜明的客观性特征，具体体现在这样几个方面：裁判者的价值偏好是被场域价值系统形塑过的个人价值偏好，必然受到社会公众价值观的限制；裁判者的价值权衡不可能完全抛开司法裁判的目标而肆意为之；裁判者的价值权衡受到其他场域行动者，主要是法学共同体价值观的限制；裁判者的价值权衡还会受到社会其他场域，如经济场域、文化场

---

〔1〕　参见秦策、张镭：《司法方法与法学流派》，人民出版社2011年版，第290～291页。

〔2〕　张心向：《在规范与事实之间——社会学视域下的刑法运作实践研究》，法律出版社2008年版，第331页。

〔3〕　[美]本杰明·卡多佐：《法律的成长·法律科学的悖论》，董炯、彭冰译，中国法制出版社2002年版，第125页。

〔4〕　参见秦策、张镭：《司法方法与法学流派》，人民出版社2011年版，第292页。

域、学术场域等的影响。[1]

第三，刑事司法裁判中的价值权衡不是毫无节制的、任意的，它受到了刑法文本规范和刑法教义学的约束。前已述及，受罪刑法定原则的制约，并非任何价值权衡都为刑事司法裁判所接受，只有在法外的价值权衡被刑法文本的开放性所容纳，并且可由法外的价值转化为内在的价值时才可能作用于刑法裁判规范的证成。此外，价值权衡也不是直接作为刑事裁判的依据的，而往往是通过一些"连接点"，如概括性条款和规范构成要件要素等进入刑法裁判规范的证成。

总而言之，价值权衡不只是判断主体的主观偏见，价值权衡是具有客观性的，当然，这种客观性已并非科学意义上的客观性，而是一种相对的客观性。并且，以目前观之，这种价值权衡的客观性可能还处于价值权衡主观性的遮蔽之下，因此，充分挖掘价值权衡的客观性，在当前显然具有十分重要的意义。

三、后果考察

除了上述"利益衡量"和"价值权衡"两种类型以外，裁判规范的实质权衡还有一种极为重要的类型，那就是这里所称的"后果考察"。后果考察，又有人称之结果取向、后果取向或后果评价，但不同的学者之间可能会对"后果"或"结果"所蕴含范围的认识有差异，如有学者认为，结果取向的"结果"包含了"利益权衡""价值"等实体法上的多种相关因素，[2] 也有学者认为，后果考察的"后果"并不是利益衡量或价值权衡的后果，而是法律适用所附带的后果。[3] 就像在本节开篇中所提到的，为了能使大家更加明晰实质权衡三种类型之间可能存在的不同，本书将后果考察与利益衡量进行区分考察，故而这里

---

〔1〕 参见张心向：《在规范与事实之间——社会学视域下的刑法运作实践研究》，法律出版社 2008 年版，第 336～346 页。

〔2〕 参见刘飞："宪法解释的规则综合模式与结果取向——以德国联邦宪法为中心的宪法解释方法考察"，载《中国法学》2011 年第 2 期。

〔3〕 参见〔德〕英格博格·普珀：《法学思维小学堂——法律人的 6 堂思维训练课》，蔡圣伟译，北京大学出版社 2011 年版，第 70 页。

的后果考察应该是在后一种意义上的理解。[1] 当然，这既不意味着后果考察与利益衡量毫无关联，也不意味着在实践中二者总是可以进行比较清晰的划分，不仅对后果的考察经常会涉及利益与价值的问题，对利益的衡量也时而会考虑到这里的后果，所以，这种划分很大程度上是出于思维便利的考虑。

可以说，在经历了一个缓慢发展和受质疑的过程之后，后果考察的方法逐渐得到了理论与实践的认可。不仅国外的诸多学者都发表论著表明这一立场，在判例中运用这一方法也是司空见惯之事，如约翰·奥斯汀就说过："他们的判决结论，通常依赖于对判决理由作为一般性法律或规则所可能导致的后果所做的审慎权衡。"[2] 国内近来也已有诸多学者关注这一议题，[3] 然而就刑法学而言，此仍可谓一个比较崭新的议题。当然，国内刑法学者对此也并非毫无涉猎，但要么是有学者对后果考察的论述过于简略，[4] 要么是有学者对后果考察的界定过于宽泛，难以凸显此处这种附带后果在刑法裁判规范证成中的作用，而且在此基础上仍有值得进一步挖掘的空间，[5] 鉴于此，以下本书拟将对这一方法在我们刑法裁判规范证成中的运用问题进行一些必要的探讨。

---

〔1〕 解兴权博士认为利益与后果有着实质的不同，后果一般与个体无关，在客观的事实领域发生，而利益显的更主观些，因为对个体的利益而言，利益的极端是按照对他们是否有益来进行的。（参见解兴权：《通向正义之路——法律推理的方法论研究》，中国政法大学出版社2000年版，第244页。）

〔2〕 ［英］尼尔·麦考密克：《法律推理与法律理论》，姜峰译，法律出版社2005年版，第125~126页。

〔3〕 如杨知文博士的《司法裁决的后果主义论证》《基于后果评价的法律适用方法》，刘飞教授的《宪法解释的规则综合模式与结果取向》，刘国博士的《结果取向解释方法的正当性探究》，我国台湾地区苏永钦教授的《结果取向的宪法解释》，等等。

〔4〕 如劳东燕博士仅在"刑法目的的解释的方法论反思"一文中稍微提及了这种后果考察方法在目的解释控制中的作用。（参见劳东燕："刑法目的的解释的方法论反思"，载《政法论坛》2014年第3期。）

〔5〕 例如，任彦君博士的"刑事疑难案件中结果导向思维的运用"一文和姜涛博士的"后果考察与刑法目的解释"一文都对后果考察方法在刑事裁判中的运用做了比较详细的分析，但两者对于"结果"和"后果"的界定都过于宽泛，未能突出附带后果在刑事裁判中的意义。（参见任彦君："刑事疑难案件中结果导向思维的运用"，载《法学评论》2012年第2期；姜涛："后果考察与刑法目的解释"，载《政法论坛》2014年第3期。）

但是，在本书对此正式展开讨论之前，意图如麦考密克一样，先对有关这一方法可能存在的两个极端立场表示反对。一个极端的立场是，我们所处理的是法律问题，而非法律中所涉及的道德问题或政治问题，答案总是能够通过法律获得，无论后果多么相关，都不是一个判决应当考虑的；另一个极端的立场是，一个判决的唯一证成就是从其结果出发做出的证成，因此可将任何可能证成判决合理性的其他可能性都排除在外。[1] 必须说，这两种极端的立场都是错误的，妥当的做法是在二者之间寻求一个可平衡的点。为什么会说这两种极端的立场都是错误的呢？这也是本书即将要讨论的主要内容。

（一）为什么刑法裁判规范的证成要考察后果

为了使本书所说的"第一种极端的立场是错误的"能够成立，那么在此首要解决的问题便是，为什么刑法裁判规范的证成要考察后果。应当说，在过去很长一段时期内，我们一直都受着这样一种传统的司法观念影响。这种传统的观念认为，司法决定"是把法律适用于已经发生的事实，相对于总结过去前瞻未来的立法决定，司法决定的本质不在规范将来，而在把规范实践过去"，所以，"司法决定的过程中不应加入决定'后果'的考虑，无论如何，就一个裁判来说，解释只是把事实归摄于法律的过程，没有把裁判影响这个未来事实提前在解释中斟酌的余地"。[2] 这种传统的观念习惯认为，对于刑法规范之后果的考察是立法者的事情，立法者在立法时就已经考虑了刑法规范适用所可能造成的后果，裁判者只需根据这些既有的刑法规范进行适用就可以了，裁判者在司法过程中去考察后果，无疑有僭越立法权之嫌。如果说裁判者对于现实生活中的所有案件的解答，都能够从既有的刑法文本规范并借助演绎推理的逻辑方法获得合理的结论，那么，在司法裁判中对后果的考察，的确就没有存在的必要。

---

〔1〕 参见［英］尼尔·麦考密克：《修辞与法治：一种法律推理理论》，程朝阳、孙光宁译，北京大学出版社 2014 年版，第 137 ~ 138 页。

〔2〕 苏永钦：《合宪性控制的理论与实际》，月旦出版社股份有限公司 1994 年版，第 253 ~ 254 页。

　　问题是，事实是否真的如此呢？答案显然是否定的。首先，疑难刑事案件的存在为裁判者进行后果考察留出了决定的空间。诚如麦考密克所言："一个显而易见的事实是，并不是所有的法律规则，即使是那些'用确定的语言表述'的规则，也不可能对于每一个具体问题都能给出精确的结论。"[1] 所以，对于同一法律规范或同一案件事实的归属在实践中往往可能存在多种相互竞争的理解，仅仅依照既有的刑法文本规范和演绎推理的形式，是不可能告诉我们在这些相互竞争的理解中应该选择哪一种。此时，后果考察的方法就为裁判者从这些相互竞争中的理解（实际上很多时候就是经生成的刑法裁判规范）中选择一种最合理的，提供了一种颇具可操作性的裁判技术。

　　其次，刑事司法塑造社会的功能，也要求裁判者在裁判规范的证成中，应当考察裁判可能造成的后果。法院除了应具备传统的解决纠纷的职能以外，还应兼具对社会的塑造功能，即通过在新的情况下阐释社会既存标准的含义、适用来实现对社会的塑造。[2] 虽说立法者在制定刑法规范时已然考虑了规范可能的后果，但由于社会事实总是复杂多变的，立法者在规范制定时对规范可能造成的后果的预期并不总是与刑法规范适用时相一致，事实告诉我们，刑法规范适用也可能会出现立法者未预见之严重不利后果，许霆案即是如此。所以，裁判者理当在刑法规范的允许范围内选取对社会最有利的结果。

　　最后，利益衡量和价值权衡的局限性有时需要通过后果考察来加以克服。利益衡量与价值权衡，特别是价值权衡，往往是从一些先验的概念或原则出发作出的判断，对于衡量和权衡的结果我们有时很难检验正确抑或妥当与否，此时就可以结合刑法规范适用所可能造成的后果来加以综合判定。此外，当某一裁判规范在价值权衡中可能因某一微弱的价值而取得了暂时胜利，但可能会导致其他具有灾难性的后果发生时，也

---

　　〔1〕　[英] 尼尔·麦考密克：《法律推理与法律理论》，姜峰译，法律出版社 2005 年版，第 125～126 页。

　　〔2〕　参见杨知文等：《法律论证具体方法的规范研究》，中国社会科学出版社 2013 年版，第 176 页。

不能断然采取此裁判规范。在刑法中是否应当承认安乐死即是一个很好的适例。虽然说从价值权衡的角度来看，安乐死并非没有合法化的余地，但允许安乐死可能会造成对生命保护不利的后果，就像有学者认为的，"一方面，医生不会尽力救助那些患有重病的患者；另一方面，家属也可能会因为医疗费用昂贵、照顾病人花费时间太多等，而引诱或劝说患病者自行做出实施安乐死的决定"[1]之所以认为后果考察往往可以克服利益衡量和价值权衡的局限，另一个比较重要的原因就是，对于"后果"的预测往往比对"利益""价值"的预测更加直观和客观，从而可以"导致更多的法安定性"，也有助于"裁判被接受而打开了合意的机会"，因为"经验性社会科学为后果取向提供了足够帮助，从而让预测风险可以承受"[2]

此外，为了能够更进一步地说明裁判规范证成中考察后果的正当性，对此，还需要就理论上出现的一种颇为有力的否定性意见做出回应。苏永钦教授曾对这种否定性意见做过比较详细的介绍，这种否定性意见的一个坚强的支持者就是德国社会学家尼克拉斯·卢曼。卢曼认为，法律在高度复杂的现代社会中承担的主要功能，就是透过一组当为程式来简化人与人间期待与被期待的无限复杂关系，透过一群超然独立、价值中立的专业人员操作这组程式，再藉法律教义的豆丁功夫来适应社会分殊化的需求；而后果考察的新尝试，是把法律体系从"输入"这边推到"产出"那边，无异将法律论证最有说服力者（指事实归摄的三段论法）弃如敝屣，而最糟糕的，这样做将无法满足高度社会分殊化的需求，也不可能在社会体系中建立一套法律自身（非源自政治体系）的"正义政策"；现代社会的基本特质就在以行为结果为取向，将

<hr/>

〔1〕 姜涛："后果考察与刑法目的解释"，载《政法论坛》2014 年第 3 期。

〔2〕 张青波：《理性实践法律：当代德国的法之适用理论》，法律出版社 2012 年版，第 267 ~ 269 页。对此，姜涛博士也认为，"刑法的解释在于论证，以实现刑罚处罚的妥当性。如果我们能够在后果考察问题上形成广泛的共识，那么对我国刑法目的解释在诸多解释方案中具有终极性的认识也将趋于一致，也必然为刑法解释理论注入了新的活力。唯有解释者将后果考察纳入到目的解释的外在参数，并与刑法文本结合，才能将利益衡量、政策考量、民意等纳入解释的地平线，它才有提出解释理由的可能性，也才有确保刑法目的解释结论之可接受性的'资本'"。（姜涛："后果考察与刑法目的解释"，载《政法论坛》2014 年第 3 期。）

法律判决的结果建立在对其结果的预期上，必然迫使人们要在对其行为的预期基础上再加以预期，倘若如此，不但不能解决问题反而丧失了原来可以达成的社会功能，可谓治丝益棼。[1]

针对卢曼的上述观点，我们可从以下几个方面进行回应：其一，对裁判规范进行后果考察并非是要在司法裁判中抛弃事实归摄的三段论法，而是为了给三段论的大前提所需要的裁判规范提供更好的理由。倘若从司法裁决证立的层级结构来看，后果考察属于麦考密克所说的二次证明或阿列克西所言的外部证成中的论证模式，是相对于第一层次证明或内部证成即演绎性证明而言的次级证立过程的构成要件要素。[2] 其二，虽然承认后果考察在裁判规范证成中的作用，但并非就主张在所有案件中都应考察后果，只在存有竞争性理解或者裁判结论可能导致有明显灾难性的后果的疑难案件中，才可以有限度地考察规范适用的后果，所以并不会造成对现代社会的法律制度的根本冲击。其三，后果考察中的"后果"也并非指所有规范适用带来的后果，它以规范目的的关联为其适用的界限。与单纯强调法律正义的目的解释相比，后果考察更具客观性，在目的解释之外，"增加'后果考察'这一客观标准，不仅可以纠正和弥补在刑法目的确定中可能出现的偏差，而且可以确保刑法解释与现阶段之国情民意、政策诉求等相符合"。[3] 据此可以得出，后果考察不但不会像卢曼所担心的那样会阻碍人们对行为的预期，反而会增加人们对行为的预期。

由此看来，无论是从疑难刑事案件对后果考察的需要，还是从刑事司法有塑造社会功能的要求，抑或是后果考察的客观性和可行性来看，后果考察对于理性证成刑法裁判规范都是一种不错且不容忽视的方法。

（二）后果考察在刑法裁判规范证成中的运用

倘若仅仅像上述这样只能从抽象的理论层面，而不能联系真实的案

---

〔1〕 参见苏永钦：《合宪性控制的理论与实际》，月旦出版社股份有限公司1994年版，第254~255页。

〔2〕 参见杨知文等：《法律论证具体方法的规范研究》，中国社会科学出版社2013年版，第176页。

〔3〕 姜涛："后果考察与刑法目的解释"，载《政法论坛》2014年第3期。

件来具体探讨后果考察在刑法裁判规范证成中的作用，那么，以上论述将无法令绝大多数人信服，甚至可能会被有些人斥为一种无用且有害的方法。因此，以下将用两个例子来说明后果考察在刑法裁判规范证成中的运用情况。

第一个例子就是那起著名的"女王诉达德利和斯蒂芬斯案"。之所以在此选取这起发生于 19 世纪的英国案例，不仅是因为它受到了德、法、英、美学界的普遍重视，更是由于它是我们分析刑法裁判规范证成中实质权衡问题的一个难得的经典范本。对于这起案例的探讨，不仅涉及了此处所讨论的后果考察问题，还涉及了前述利益衡量与价值权衡的问题。该案的大致情况是这样的：两名海难幸存的船员被控在海上谋杀了一名男孩，是因为，他们在海难发生后乘坐一艘救生艇一直漂浮在海上，在经过了八天断粮和六天断水的情况下，两被告杀死了一名生命垂危的船舱男服务员，并靠吃他的尸体又支撑了四天而获救回到英格兰，但接着他们就面临了谋杀的指控。在本案中，辩护一方试图建立起一条必要性的原则来作为两被告为救自身性命而杀人的正当理由。[1]

对于此案，辩护人最直接的理由就是两被告为了拯救三人（船上还有一人但未参与杀人行为）的性命，杀死一人是正当的，因为"违法的便利如此之大，以至于可以使人们的违法正当化"。显然，这就是一种基于利益衡量的考虑。尽管这种基于功利主义出发的利益衡量，也受到了美国《模范刑法典》部分起草者的肯定，但却遭到了绝大多数学者的反对，其中一个重要的理由就是"它显然违背了不得杀死无辜者的绝对命令"。美国学者弗莱彻就说过："没有哪位大学者会认真考虑这样的可能性：为了拯救更多的生命，杀害无辜者就是正当的。"在这里，反对者否定可以像上述那样进行利益衡量最主要的理由，实际上就是康德的道德律令——"应将人作为目的而非手段来对待"，换句话说，反对者是基于价值权衡所做的判断。[2] 可以说，反对者在这场争论中占

---

〔1〕 Regina v. Dudley & Stephens, 14 Q. B. D. 273（1984）.

〔2〕 参见〔美〕乔治·弗莱彻：《反思刑法》，邓子滨译，华夏出版社 2008 年版，第 571、599 页。

据了有利地位。但问题并没有到此终结，这是因为，即使认为像本案中杀害一个无辜者是违法的，但多数学者却认为可以堂而皇之地以紧急状态为由得到免责，甚至连康德在类似事案中也认为处罚这种压力下的行为人是不公正的。由此看来，一个可能被今天绝大多数学者都可能接受的答案就是：两被告违法但可以阻却责任。但是，参与该案审理的大法官科尔里奇勋爵并没有接受这一观点。之所以没有接受这一观点，是因为这一原则一旦被采用而将从该原则中逻辑推导出可怕的危险，那就是让那些身处迫近危险中的人有权判断，他们为了挽救自身性命是否应该杀死另外一个身处同一险境的无辜受害者，用他自己的话来说，"这一原则一旦被承认，则有可能会被用作肆意激情和凶残犯罪的合法外衣"。[1] 很显然，在这里，科尔里奇勋爵便是使用通过判决后果的考察来对该案作出了准确的判决。

众所周知，与国外的判决书相比，我国法院的判决书向来疏于说理，所以我们似乎很难找出一个可以像上述英国的例子一样，法官在判决书中明确承认是基于对后果考察所作出的决定。但是，如果以此认为我国的法官在作出判决时不会受到因考虑到判决的可能后果而带来的影响，那么，这显然是一个错误。事实上，最高人民法院数年来将"法律效果与社会效果的统一"作为一项基本的司法政策提出，并要求各级法院在审判实践中予以贯彻，[2] 就已经表明了我们的法官在判决时不可能不考虑到裁判的后果，当然，社会效果在何种程度上才是我们在裁判中应当考虑的后果，这颇为值得研究，本书随后也将略有分析。下面本书拟以我国司法实践中比较有争议的入户盗窃既遂与未遂认定的例子，来具体说明后果考察这一方法在刑法裁判规范证成中的可能作用。

我国司法实务和刑法理论的通说认为，盗窃罪的既遂应当以实际控制数额较大的财物为标准，对于未取得财物或较大数额的财物，均只能认定为盗窃未遂。对于《刑法修正案（八）》新增的"入户盗窃"来

---

〔1〕　[英]尼尔·麦考密克：《修辞与法治：一种法律推理理论》，程朝阳、孙光宁译，北京大学出版社2014年版，第139~140页。

〔2〕　参见杨知文："基于后果评价的法律适用方法"，载《现代法学》2014年第4期。

说，由于未规定以数额较大为构成要件要素，所以，即便控制财物价值未达数额较大，也应以盗窃既遂论处，这并不存在什么异议。但问题是，在《刑法修正案（八）》实施后，当行为人实施了"入户盗窃"行为，但尚未取得分文财物或尚未实际控制财物的，是应当认定为盗窃既遂抑或是盗窃未遂？例如，在行为人符某走到被害人黎某家门前，见黎某家大门未关，便窜进一楼卧室寻找财物盗窃，当行为人盗得财物正欲离开时，被回来的黎某抓获一案中，对于符某究竟是定盗窃罪的既遂还是盗窃罪的未遂？对此，实务中可能存在着两种不同的意见：一种意见认为对于行为人只能认定为盗窃罪的未遂；而另一种意见认为行为人成立盗窃罪的既遂。一般认为，争议的关键就在《刑法》第264条的"入户盗窃"是结果犯还是行为犯。如果认为入户盗窃是结果犯，那么行为人尚未实际控制财物，故只能认定为盗窃罪的未遂；但倘若认为入户盗窃是行为犯，那么行为人即使尚未实际控制财物，也有可能成立盗窃罪的既遂。

可以说，主张入户盗窃是行为犯的和主张入户盗窃是结果犯的仍然处于胶着状况，这是因为无论是主张行为犯说还是主张结果犯说，都似乎具有一定的合理理由。在本书看来，不妨对两种选择做出结果上的考量。倘若认为入户盗窃是结果犯，那么对于入户盗窃尚未窃得财物或窃得财物即被抓获的情形，只能认定为盗窃罪的未遂，此时，根据有关盗窃罪司法解释的规定，[1] 除非入户盗窃情节严重，一般不得追究刑事责任。而在司法实践中，绝大多数被起诉的入户盗窃都是尚未取得财物或尚未实际控制财物的情形，而且很少有情节严重的情形，那么，将入户盗窃认定是结果犯一个可能的后果就是，绝大多数入户盗窃在实践中都将得不到刑事责任的追究，这既会使得增设入户盗窃这一条款成为摆设，也难以为司法实务部门或社会公众所接受。如果非要以盗窃罪的未遂处理，那么就可能存在于司法解释的相关规定存在冲突。所以，从裁

---

〔1〕 最高人民法院与最高人民检察院《关于办理盗窃刑事案件适用法律若干问题的解释》第十二条："盗窃未遂，具有下列情形之一的，应当依法追究刑事责任：（一）以数额巨大的财物为盗窃目标的；（二）以珍贵文物为盗窃目标的；（三）其他情节严重的情形。"

判的结果上考量，结果犯说并不妥当，宜采行为犯说，故对于行为人入户盗窃尚未取得财物或尚未实际控制财物的，也可能成立盗窃罪的既遂。当然，究竟盗窃罪的既遂与未遂如何进一步区分，以及是否对盗窃罪既遂的都要进行处罚，这显然还需要进一步的研究。但限于篇幅所限，本书不在此赘述。

以上，本书通过两个例子简要描述了后果考察在刑法裁判规范证成中的运用。第一个例子向我们显示出，通过利益衡量或价值权衡对某一裁判规范进行证成之后，有必要进一步留意到据此证成的裁判规范如果适用可能造成的实践后果。换句话说，后果考察往往可以对其他论证方法起着验证的作用。第二个例子主要向我们显示出，当存在两个或两个以上相互竞争之裁判规范的时候，通过对如果适用裁判规范可能造成的实践后果的考察，可以为我们选择其中一种最合理的裁判规范提供帮助。

（三）司法裁判中后果考察的内在风险与控制

必须承认的是，尽管在某一特定的案件中，裁判者事实上也就规范适用的可能后果进行了考察，但我们并不能就此肯定这是一个理性的裁判。这是因为：一方面，即使裁判者进行了后果考察，但这并不意味着这一后果考察一定是以正确而妥当的方式进行的，在实践中，既可能出现对本不应予考虑的后果而加以考虑，也可能出现对所应考虑的后果产生了评价上的错误；另一方面，即使后果考察对于实现裁判规范的理性证成是重要的，但这并不意味着它是一个终局性的论证形式，换句话说，裁判者仅仅依赖于对裁判后果的考察，并不能一定保证可以获得一个理性的裁判规范裁判规范的理性证成是依赖于多种论证形式的。

显然，以上的论述的目的，不仅是为了验证前述那种极端的立场——判决的唯一证成就是从其结果出发做出的证成——是错误的，更主要的目的是告诉我们，裁判者在规范证成中对后果的考察亦可能面临着一些风险，为了确保这一方法能够正确而妥当地进行，需要我们予以必要的控制或引导。后果考察的风险主要来自于两个方面：一是后果的预测，即什么样的后果才是法官应当考虑的后果；二是后果的评价，即所选取的后果能否作为裁判规范的论证理由。尽管要认真控制后果预测和后果评价中的风险，殊非易事，但我们还是可以采取一些措施来降低这些风险的实际影响。

第一，后果预测的控制。倘若不能确定什么样的后果是应当考虑的后果，那么后果考察在裁判规范的证成中就是一个模糊不清且容易混淆的概念，因此，厘清后果考察中的后果，是改变人们对后果考察能否为裁判规范的证成提供正当理由之认识窘境的中心主题。[1] 众所周知，裁判可能导致的后果是多种多样的，既有直接后果又有间接后果，前者如被告人被判处了无期徒刑其人身自由就会受到限制，后者如被告人被判处了无期徒刑可能会导致失去工作，甚至是妻离子散。但是，这些都不是裁判者应当考虑的后果。诚如有学者所说，这些特定的结果"都被认为是案件当事人所应得，是司法者对诉诸纠纷的权威性解决的结果，也是一种循法而行的法律效果"。[2] 如果将后果局限于这些后果，将难以澄清后果考察在论证裁判规范中的作用。能够作为后果考察中的后果，应当是超越个案的、更具普遍化的规范性后果，就像上述"女王诉达德利和斯蒂芬斯案"和"入户盗窃"中所考察的后果一样，这种后果不仅仅限于特定的当事人。这种可普遍化的规范性后果至少应具备这样两个特征：一是要具有一般性，即裁判者所考虑的后果是一般性裁判规范所可能导致的后果，而不仅仅是判决对某个特定当事人的特定影响；二是要具有前瞻性，即判决后果的考量不仅要考虑当前案件，更要考虑未来可能发生的类似案件。[3] 只有将后果考察的"后果"限定于这种可普遍化的规范性后果，我们才可能造就出"正确而且妥当"的后果考察。

在此，一个颇值得我们关注的议题是，最高人民法院一直所倡导的"社会效果"是否属于后果考察中应当考虑的后果？可以说，强调司法

---

[1] 参见杨知文等：《法律论证具体方法的规范研究》，中国社会科学出版社2013年版，第162页。

[2] 杨知文："基于后果评价的法律适用方法"，载《现代法学》2014年第4期。

[3] 参见秦策、张镭：《司法方法与法学流派》，人民出版社出版2011年版，第350~351页。

判决要考虑判决的社会效果，在性质上与后果考察同源，具有一定的意义。但是，从司法实践的具体操作来看，社会效果的范围过于宽泛，甚至将一些案件的直接后果和间接后果都纳入到后果考察之中，从而在某种程度上已经背离了后果考察方法"所赖以依托的法治主义的'领域依赖'性和司法职业的思维属性"。[1] 例如，案件判决后当事人会不会可能因此闹事或上访，仍然是我国很多法院在作出裁判时所主要考虑的后果。因此，如果要将"社会效果"纳入后果考察方法中的后果，必须对社会效果加以规范化。亦如学者杨知文所说："以强调司法实现社会效果为趋向的努力，如果没有相应的规范性要求和合理的程序性准则的制约，这种司法理念恐怕不仅难以对理性的司法和纠纷的解决有所助益，反而会助长恣意司法危及法治的可能性。"[2]

第二，后果评价的控制。即使我们确立了后果考察中的后果概念，这也仍然不能保证后果对裁判规范的证成是合适的，这是因为实现后果考察对裁判规范的证成，还必将涉及对后果的评价问题。为了避免后果评价标准的多样性所可能带来的风险，可从以下两个方面加以控制：

一方面，要尽量确保论证的相干性。一个充分的理由不仅需要论证所用推理形式的支持力、主体对结论的置信度，同时还需要理由的相干性；一些论证提供的"理由"虽然表面上看对结论提供了支持，但实际上它们与结论的可接受性没有关系，那么就不能认为这是一个适合的理由。[3] 在实践中，尽管裁判者认为他就某种后果的评价和阐述也是基于规范性后果进行的，但实际上这种后果与可能的裁判结论在逻辑上并不相干。"逻辑不相干的实质是论证的论据与论题虽然在心理上相关但是在逻辑上不相关，如果人们对论证中的心理相关与逻辑相关发生混淆，评价受感情的左右和支配，以感情代替逻辑和理性，就会犯相干性错误，而此时思想就不具有论证性的。"[4] 因此，在后果考察的评价

---

〔1〕 杨知文："基于后果评价的法律适用方法"，载《现代法学》2014 年第 4 期。

〔2〕 杨知文："基于后果评价的法律适用方法"，载《现代法学》2014 年第 4 期。

〔3〕 参见贺南寿：《司法裁判中的理性实现研究》，中国社会科学出版社 2013 年版，第 222 页。

〔4〕 杨知文："基于后果评价的法律适用方法"，载《现代法学》2014 年第 4 期。

中，应当将论证逻辑上的相干性作为这一方法评价标准的最低界限。

另一方面，适度引入社会科学方法。对于后果的评价，往往要依赖于直觉、经验、常识等这些情感性标准，由于这些标准往往并不具有十分确定的内涵与外延，所以，对于后果的评价往往具有很强的主观性，但是这绝不意味着法官可以全凭主观恣意做出决断。为了避免直觉、经验、常识等这些标准可能对后果评价带来的恣意性，在此，有必要引入社会科学方法。之所以认为社会科学方法可以为后果的评价提供帮助，这是因为，当裁判者被期待基于社会或经济政策的考量来审判眼前个案的时候，他势必要评估审判作成所带来的种种现实效应及社会后果，才能做出一个对眼前个案而言最明智的裁判选择，而这种评估显然不能是凭空的预测，社会科学在此意义上当然就被认为足以提供客观的基础[1]。然而，值得注意的是，虽然应该承认社会科学方法的重要性，但同样不能高估社会科学方法，因为，"个案究竟应如何审判才能实现真正的个案正义，终究必须依赖法官的裁决，而无法也不应该单凭社会科学研究资源表明所释放的（中性）讯息"，"法官若是一味地将所有应然评价的任务全数诉诸实证数据，并藉以宣称其裁判正如科学真理一般地绝对客观，这样的观点显然将再度落入如同过去形式论误以为法官审判能够且必须秉持绝对中立客观立场的迷思"[2]。

第三节　实质权衡的限度要求：受法教义学之拘束
——以法教义学下习惯法的运行逻辑为例的说明

概括而言，通过以上的论述实际上是想告诉大家，在疑难案件中，逻辑在裁判中的作用是相对有限的，并不能单独完成对刑法裁判规范进

---

〔1〕　参见黄舒芃："社会科学研究的民主意涵：美国法律唯实论的民主观及其启示"，载《政治与社会哲学评论》2008 年第 25 期。

〔2〕　黄舒芃："社会科学研究的民主意涵：美国法律唯实论的民主观及其启示"，载《政治与社会哲学评论》2008 年第 25 期。

行理性证成的要求，所以，裁判者不得不借助于一些实质性因素来对裁判规范来进行论证。裁判者借助这些实质性因素通过利益衡量、价值权衡和后果考察的具体方法，来为疑难案件最终确立一个合理的裁判规范。然而，一个随之而来的问题是，实质权衡这种对文本规范外实质性因素的参照，必须接受一个什么样的限度，才不至于会被裁判者随意地用来为任何其所欲求的结论辩护，从而避免出现许多人所担心的那样一种局面，即"法治异化为法官之治"？[1] 换句话说，如何才能将本章基于合理化的实质权衡与上一章基于合法化的逻辑证成相协调？事实上，这也是人们在刑事司法实践中一直所困扰的难题。应当说，这一难题很难得到根本有效的解决，否则也不会一直困扰刑事司法实务人员，但也绝非意味着我们已经对此毫无作为可言。

在本书看来，法教义学的路径在某种程度上或许可以缓和这一困境。当然，我们曾经一度将法教义学看成一个完全封闭的体系，但实践已经证明这是一个误解。法教义学的体系不再被视为封闭、静态的系统，而是被看作一个开放、灵活的体系，法教义学亦可容纳对规范外实质性因素的考虑，应当说已近乎为通说。[2] 之所以要将实质权衡置于法教义学的架构下考虑，是因为"它提供了法官审判的实体依据，从而构成欧陆法传统强调'法官受法拘束'的诫命之下拘束法官活动的来源"。[3] 因此，只有将利益衡量、价值权衡以及后果考察融入法教义学的论述中，才能确定它们在法学讨论脉络中的意涵，从而使得法官所作出的裁决既不是呆板的逻辑涵摄，也不会离法治太远，从而在个案正义与法律拘束之间寻求平衡。既然如此，接下来的问题是，我们究竟应当如何在法教义学下进行刑法裁判规范的实质权衡？质言之，应当在法教义学的哪一个环节下、哪一种意义上，完成刑法裁判规范的实质权衡？以下本节将以我国司法实践中一个比较常见的问题——刑事制定法与习

---

〔1〕　陈坤："疑案审理中的实质权衡与最小损害原则"，载《交大法学》2012 年第 2 期。

〔2〕　参见冯军："刑法教义学的立场和方法"，载《中外法学》2014 年第 1 期。

〔3〕　黄舒芃："社会科学研究的民主意涵：美国法律唯实论的民主观及其启示"，载《政治与社会哲学评论》2008 年第 25 期。

惯法的冲突为例进行分析，来展示在法教义学的架构下实质权衡究竟是如何具体运作的。

一、问题的提出与分析的理路

应当说，不论是在我国少数民族聚居地区，还是在我国法制发展相对发达地区，习惯法都以不同形式在不同程度上于我国刑事司法实践中真实存在着。[1] 由于制定法与习惯法各自赖以存在的文化基础的巨大差异，对同一行为之评价常有抵牾与冲突。因此，在司法实践中常有某行为在习惯法上被认为是正当但制定法认为是犯罪的情形，反之，某行为被习惯法认为是"犯罪"而制定法不作评价的情形亦有之。对于后一情形，因依《刑法》确立的罪刑法定主义原则，在制定法上没有规定为犯罪的行为自不应当作为犯罪处理，实践中也罕有异议。然而，对于前一情形，究竟是要舍习惯法于不顾还是应弃制定法于一旁，司法人员时常倍感困惑。让我们先看下面三则事案：

（一）案例与问题

[案例1] 地处云南的哈尼族有一习俗，如果几个小伙子看到长得好的姑娘就会一同上去用手乱摸，在当地看来这并不是对姑娘的凌辱，反而表示姑娘很受欢迎，俗称"然民干"习俗。一天，几个汉族男子在乘车时看到两个哈尼族小姑娘坐在路边，便商量好去摸，把这两个小姑娘弄得乱叫，内衣也被扯掉了。该案进入了司法程序后，对于行为人是否因习俗不成立犯罪，被告辩护律师与检察官存在激烈分歧。[2]

[案例2] 家住重庆市巴南区但长期在工地守夜的丈夫张某发现，妻子李某与佃租户中一工程师王某有暧昧关系，但一直没有抓住两人奸情的证据。后，张某于某夜乘夜悄悄溜入家中，将妻子李

---

〔1〕 参见杜宇：《重拾一种被放逐的知识传统——刑法视域中"习惯法"的初步考察》，北京大学出版社 2005 年版，第 54 页以下。

〔2〕 参见方慧主编：《少数民族地区习俗与法律的调适——以云南省金平苗族瑶族傣族自治县为中心的案例研究》，中国社会科学出版社 2006 年版，第 323 页。

某与工程师王某捉奸在床。于是，张某提出要王某拿几十万来"了事"，否则便不客并且要报案。经过"协商"，王某答应拿出 4 万元作为补偿。然半年后，王某向警方报案称被敲诈勒索。后，法院以敲诈勒索罪判处张某有期徒刑 3 年，缓刑 3 年。[1]

[案例 3] 每当稻田里的谷子渐渐饱满成熟之际，便会有成群的麻雀来抢食，有时成群地在同一片地里啄谷子，若不加以制止，很快便会颗粒无收。庄稼汉陈某想了诸多办法驱赶均不能奏效，出于无奈用粘网捕杀，不出几天便粘到上百只麻雀。因陈某听说麻雀可卖钱，便将捕捉的麻雀卖给了收购麻雀的商贩。后此事被民警知晓，以涉嫌非法狩猎罪将陈某刑事拘留。听说陈某被抓，乡民十分不解，认为不构成犯罪。[2]

显然，以上事案向我们直观展现了实践中刑事制定法与习惯法之间的冲突。对于类似上述事案的处理，既有的研究向我们展示了过去实践中一种普遍而有效的做法。即司法人员常以"刑转民调解""不立案"等方式将案件堵截在正式司法程序的入口，从而将制定法与习惯法的冲突遏制在萌芽状态，避免案件进入正当司法程序之后的正面冲突，即使案件最终进入司法程序，也会以各种方式避免制定法的直接适用。[3] 类似案例 2 的捉奸事案即如此。[4] 不得不承认，这种做法在我们过去的刑事司法语境中取得了非常好的效果。然而，随着中国社会转型的深入以及传媒方式发展带来法律知识的普及，刑事司法语境已有较大改观，这一做法也正渐显尴尬。因为，随着法律知识的普及和转型深入导致习惯规则对当事人约束力的式微，当事人因对利益之追求而在司法人

---

〔1〕　参见邱旭："丈夫捉奸 索要补偿被判刑"，载《重庆商报》2006 年 7 月 9 日，第 4 版。

〔2〕　此案是根据某基层人民检察院提供的真实案例改写而成。

〔3〕　杜宇：《重拾一种被放逐的知识传统——刑法视域中"习惯法"的初步考察》，北京大学出版社 2005 年版，第 124 ~ 126 页。

〔4〕　参见苏力："中国当代法律中的习惯法——从司法个案透视"，载《中国社会科学》2000 年第 3 期。

员主导下就案例处理的合意已越发难以达成，进入正式司法程序的刑事案件越来越多。此时，当司法人员再像既往那样依习惯法努力给当事人讲"情理"时，却发现当事人却在依制定法努力给法官讲"法律"[1]。质言之，刑事制定法与习惯法之间的正面冲突增多，而过于那种对于处理两者之间幕后冲突颇为有效的做法，已然不能再有效应对这些逐渐走向台前的冲突。

（二）分析的理路：法教义学路径的提倡

对于这种冲突正面化的增多，或许有见解想到了习惯法的制定法化，且不说这一路径是否会使习惯"失去其作为习惯的活力"[2]，至少实践表明这一路径在目前是不会有多大成效的，《刑法》第 90 条的民族地区刑法变通权在实践中虚置就是例证。况且，对于司法人员来说，追求立法的方式过于"遥远"，他们更为关心的问题是，目前该如何具体面对这些从幕后走向台前的制定法与习惯法冲突事案？如何对这些事案的处理既能考虑习惯法的特殊性，又不能与制定法发生抵牾，同时还能经得起刑法学理的深层检验？

在本书看来，要想很好地回答上述问题，必须得回到法教义学的路径上。所谓法教义学的路径，在部门法刑法中又称刑法教义学路径，主要是指以现行有效的刑法规范为基础和界限，通过对法条的概念性内容和构造的阐释来解决具体个案，并尽可能使裁判知识体系化[3]。重视对现行有效法律的描述、提出解决个案的建议和对裁判知识体系化的研究是法教义学三个最为核心的内容[4]。根据教义学的要求，犯罪的成立与否必须合于现有刑法规范及根据现有规范发展出来的概念、体系和

〔1〕 王国龙："从难办案件透视当下中国司法权的运行逻辑"，载《法学》2013 年第 7 期。

〔2〕 苏力："中国当代法律中的习惯法——从司法个案透视"，载《中国社会科学》2000 年第 3 期。

〔3〕 参见〔德〕汉斯·海因里希·耶赛克、托马斯·魏根特：《德国刑法教科书（总论）》，徐久生译，中国法制出版社 2001 年版，第 53 页。

〔4〕 参见王春业、张忱子："论法官的依法裁判——兼论法教义学方法对法官裁判的意义"，载《福建行政学院学报》2012 年第 4 期；〔德〕罗伯特·阿列克西：《法律论证理论——作为法律证立理论的理性论辩理论》，舒国滢译，中国法制出版社 2002 年版，第 310～312 页。

判断规则。对于具体事案中涉及习惯法因素，我们既不能在犯罪成立与否的判断时全然忽视，也不能直接作为成立或者否定犯罪的理由，而须将其判断"能够融入既有的刑法体系，并关涉犯罪成立各项条件中的某个要素，才能对刑事责任成立或排除发挥影响力，否则仍然仅是外于犯罪结构的文化或族群感情问题。"[1] 换言之，对于事案中习惯法的判断，必须要在体系化的犯罪构成下探讨。

目前，大陆刑法学界就犯罪构成体系有"四要件说"与"三阶层说"的争论，孰优孰劣这已不是本书要讨论的范围，也不会影响事案分析的结论。然而，体系的选取无疑会影响本书的论述方式与进路，故有必要在二者之间做出选择。在本书看来，我国大陆刑法学界通说采取的是耦合式的、平面的、四要件的犯罪构成体系，尽管其存在有其合理之处，但是难以反映犯罪构成的层次性与位阶性，[2] 在方法论上较之于大陆法系国家通行的递进式的、阶层的犯罪构成体系欠缺科学性；此外，在行为出罪与入罪问题的判断上，阶层的犯罪论体系较四要件体系更为明晰与合理。鉴于此，下文拟以阶层的犯罪论体系为分析结构阐述法教义学视野下习惯法在刑事制定法中的运行逻辑，并拟结合前述所举事案详细分析在阶层犯罪论体系下即构成要件的解释、违法性的判断与有责性的判断中习惯法的判断路径和作用空间。

二、构成要件解释中习惯法的运行逻辑

根据三阶层的犯罪论体系，犯罪的成立需要满足构成要件符合性、违法性与有责性三个层次的判断，构成要件符合性无疑是犯罪成立判断的首要要件，如行为人的行为不符合构成要件的规定，即使行为具有再严重的社会危害性，也不能将其作为犯罪论处。

（一）路径：规范构成要件要素与开放构成要件要素

在构成要件理论提出的初期，其始倡者贝林格主张构成要件乃是一

---

〔1〕　许恒达："国家规范、部落传统与文化冲突——从刑法理论反思原住民犯罪的刑责问题"，载《台湾原住民族研究季刊》2013年第2期。

〔2〕　参见陈兴良、陈子平：《两岸刑法案例比较研究》，北京大学出版社2010年版，第94页。

种"纯粹记述的""完全不包含价值判断"的要件。[1] 对于构成要件即使认为存在解释，但也无需进行价值判断，只需要进行事实判断、知觉的、认识的活动即可确立。[2] 所以，此情形下富含价值判断的习惯法在构成要件解释中难以有存在的余地。然而，随着人们对构成要件理论的不断认识，理论上普遍主张除记述构成要件要素以外，还存在一些在解释时需要法官的规范评价、补充价值判断才可确立的要素，即规范构成要件要素。例如，就刑法中的"猥亵"概念来说，尽管判例与学说将其定义为"引起性的兴奋或刺激性欲，危害普通人的性的羞耻心并违反善良的性的道德观念"，"但是单凭此定义并不能认定猥亵，还必须经过一般的社会文化的评价才能予以认定。"[3] 由于规范构成要件要素依赖于法官价值上的评判，而且这种价值的评判又依赖于"一般人的社会文化的评价"，所以，这也给习惯法的判断在此要素的解释中提供了空间。诚如有见解所言，"作为一种文化观念和生活共识的重要载体，习惯规则在法官的这种评价与解释中发挥着重要的参考价值。"[4]

是故，对于案例 1 中的几位被告是否该当《刑法》第 237 条"猥亵"的判断，就需依"社会文化的评价"，或更明确地说，要"参照当时当地的社会风俗与习惯规则而加以确定"，[5] 不能脱离于哈尼族的习俗而予以简单认定。对于哈尼族来说，由于存在"然民干"的习俗，哈尼族男子对看上的哈尼族女子进行乱摸并不被认为是对健康性风俗和习惯的违反，反而会认为这姑娘漂亮而受到更多人喜爱。因此，在族人之间男子对心仪女子的乱摸并不违反哈尼族一般人对性的羞耻心和善良的性的道德观念，进而也就不能将类似行为认定为"猥亵"。然而，习惯法规则既有地域属性也有时间属性的特点，故随着时代的变迁可能会

---

〔1〕 参见马克昌:《比较刑法原理——外国学刑法总论》，武汉大学出版社 2002 年版，第 112 页。

〔2〕 参见张明楷:《刑法学》，法律出版社 2007 年版，第 110 页。

〔3〕 ［日］野村稔:《刑法总论》，全理其、何力译，法律出版社 2001 年版，第 112 页。

〔4〕 杜宇:《重拾一种被放逐的知识传统——刑法视域中"习惯法"的初步考察》，北京大学出版社 2005 年版，第 202 页。

〔5〕 杜宇:《重拾一种被放逐的知识传统——刑法视域中"习惯法"的初步考察》，北京大学出版社 2005 年版，第 202 页。

发生变化。例如，"然民干"这一习俗在哈尼族的接受程度也在发生变化，有些地域聚集的哈尼族人慢慢对这一习俗开始抵触，这一习俗也渐被视为"陋习"，故而对是否该当"猥亵"也需结合变化了的情势而定。此外，部分习惯法还具有社会属性的特点，例如"然民干"的习俗是存在于哈尼族熟人或恋人之间的，对于哈尼族以外的人是不适用的。[1] 是故，对于案例 1 的汉族男子来说，是不能以哈尼族人之间的"然民干"习俗而否定其行为的猥亵性。

尽管上述分析展现了习惯法在构成要件解释中的作用方向是"出罪性"的，但习惯法在构成要件解释上也有"入罪性"的功能。我们不能简单认为，"出罪"因为有利于被告就与罪刑法定主义不相违背，而"入罪"因为不利于被告而就与罪刑法定主义相冲突。这里主张习惯法的"入罪性"功能并不是指单纯以习惯法为由直接将行为人定罪，而是指习惯法可与制定法一并起作用，从而进行"入罪性"的判断。例如，尽管在大多数汉族地区和一些少数民族地区都难以将公然接吻和拥抱视为刑法上的"猥亵"行为，但在我国部分少数民族地区，基于风俗的原因，类似的行为就可能被视为严重的猥亵，譬如在藏族地区，公然接吻"便是一种相当严重的伤害风化的猥亵行为"，所以"猥亵"的判断较之其他地区有差异。[2] 当然，鉴于罪刑法定主义的缘故，习惯法"入罪"方向的判断，理当严格要求，否则容易造成对人权的践踏。

此外，除了可通过规范构成要件要素的解释实现制定法中习惯法的评价以外，通过对开放构成要件要素的解释，也可实现。例如，苏永生教授认为，"民族习惯法上的犯罪就完全有可能通过开放的构成要件要素被解释为刑法上的犯罪；同样，民族习惯法不认为是犯罪而刑法规定为犯罪的行为也可以通过开放的构成要件将其解释为非罪。"[3] 当然，这不仅限于民族习惯法。所谓开放构成要件要素，是"指刑罚法规的构

---

〔1〕　参见方慧主编：《少数民族地区习俗与法律的调适——以云南省金平苗族瑶族傣族自治县为中心的案例研究》，中国社会科学出版社 2006 年版，第 323 页。

〔2〕　参见杜宇：《重拾一种被放逐的知识传统——刑法视域中"习惯法"的初步考察》，北京大学出版社 2005 年版，第 202 页。

〔3〕　苏永生：《刑法与民族习惯法的互动关系研究》，科学出版社 2012 年版，第 58 页。

成要件规定上仅仅记载着犯罪要素的一部分，其他部分当其适用时预期由法官予以补充的构成要件"，[1] 其中最典型的是不真正不作为犯与过失犯。例如，对于不作为犯之作为义务的理解，日本判例认为"不只限违反各个法规上明确规定的义务，还要根据具体的情况而定，按照公共秩序、善良风俗，未采取社会一般的共同观点上理应采取的一定措施……"[2] 此外，对于过失犯之注意义务的判断，有见解认为，"除由法令规定的注意义务之外，还承认基于习惯或条理的注意义务。这样的注意义务，必须根据具体案件，一方面考虑社会的现实的要求，一方面由法官适当地论定。"[3]

（二）误解澄清："非法占有目的"之否定的曲解

值得注意的是，尽管在规范构成要件要素与开放构成要件要素的解释中习惯法均有较大的运行空间，但构成要件符合性的判断大体仍是一种抽象的、定型的判断，除本需价值补充判断的要素以外，其要素的解释尽可能采取相同的标准予以认定，以保证要件的客观定型意义，避免"因人设事或处罚范围的游移不定"，从而"维持法域内在的一致性"。[4] 所以，对于除规范构成要件要素和开放构成要件要素之外的构成要件要素的解释，应尽可能排除习惯法的影响，不能因习惯法之缘由而过分曲解刑法中部分构成要件要素的内涵。遗憾的是，理论与实务对此并非全然清楚。其中，最常见就是对"非法占有目的"的曲解。

例如，针对类似案例 2 的事案，有见解提出，丈夫索要赔偿金的行为，表面上似乎是"以非法占有目的"进行索取，但在实质上这并不是纯粹基于直接故意的非法占有，"勒索者"勒索财物的目的并非完全

---

〔1〕 马克昌：《比较刑法原理——外国学刑法总论》，武汉大学出版社 2002 年版，第 127 页。

〔2〕 [日] 日高义博：《不作为犯的理论》，王树平译，中国人民公安大学出版社 1992 年版，第 47 页。

〔3〕 马克昌：《比较刑法原理——外国学刑法总论》，武汉大学出版社 2002 年版，第 258 页。

〔4〕 许恒达："国家规范、部落传统与文化冲突——从刑法理论反思原住民犯罪的刑责问题"，载《台湾原住民族研究季刊》2013 年第 2 期。

是非法、无故占有他人财物。[1] 换言之，由于丈夫在习惯法上有请求赔偿的理由，所以，习惯法上主张权利的行为不存在非法占有目的。实践中，对于部分未进入审判的捉奸事案，也有公安或检察官以不具有非法占有目的而不立案或不起诉的。[2] 问题是，我们能否因行为人的行为是在基于对习惯法规则的认同下进行的，从而就认定行为人主观上欠缺非法占有目的？

在本书看来，要解明这一问题，关键在于如何理解非法占有目的中"非法"的涵义。张明楷教授认为，"行为为虽然对某物享有所有权，但如果对方具有合法的占有权利时，行为人采取欺骗手段骗取该财物的，侵犯了诈骗罪的保护法益，行为人的占有目的也具有非法性。"[3] 也有见解从实体法与程序法双重角度来理解非法性，认为"从实体法角度看，'非法'应该是指没有法律依据；从程序法角度理解，'非法'则是指没有遵守法律规定的程序或者采用了法律不允许的手段"[4]。由此看来，"非法占有目的"只要行为人认识到行为手段不被现行法规范所允许即可，不论是实体规范还是程序规范，即使行为人认为具有习惯法上的实体权利，但只要认识到法规范的存在就可以认定具有非法占有目的。亦如台湾学者许恒达所言，"财产犯罪的不法所有意图，只要求行为人知悉他将违反民事法律秩序而侵夺他人财产的终局利益即足。"[5] 是故，对于案例 2 来说，张某显然知晓法律不允许以胁迫手段从他人处取得财产，即使主观上认为行为具有习惯上的正当理由，但也应知晓需通过正当法律程序维护自己的权利，张某以采取胁迫之手段迫使王某答应交付财物，已经具备非法占有目的。由此可见，部分见解以

---

〔1〕　参见庄绪龙："敲诈勒索罪的理论反思与区别性认定"，载《江西公安专科学校学报》2010 年第 5 期。

〔2〕　作者就曾在 H 市某区检察院遇到一例，即以不具"非法占有目的"否定成立犯罪，但对于该出罪理由，检察院内部也存在较大分歧。

〔3〕　张明楷：《诈骗罪与金融诈骗罪研究》，清华大学出版社 2006 年版，第 304 页。

〔4〕　黄冬生："行使财产权行为的刑法评价问题"，载《厦门大学法律评论》（第 9 辑），厦门大学出版社 2005 年版，第 289 页。

〔5〕　许恒达："国家规范、部落传统与文化冲突——从刑法理论反思原住民犯罪的刑责问题"，载《台湾原住民族研究季刊》2013 年第 2 期。

张某主观上认为自己权利遭受损害有权从他人处获得赔偿这一理由，进而否定主观上所具有的非法占有目的，是不能成立的。

综上所述，因考虑到构成要件的定型性，其解释标准应尽可能明确与客观，除本需依赖于价值补充判断的规范构成要件要素和开放构成要件要素的解释需仔细考量习惯法的影响外，其余构成要件要素的解释应尽量排除习惯法的影响，采取相同之标准来决定要件要素的成立与否，否则"势必造成刑事责任不公平的结果"。[1] 当然，否定案例2中构成要件解释时习惯法的影响，并不意味着对案例2及相类似的事案就一定要以犯罪论处。理由是，犯罪的成立除需判断构成要件符合性以外，尚需进一步判断行为的违法与有责。所以，即使在构成要件解释阶段，习惯法在类似事案中难以有效发挥作用，也并不意味着就没有其他判断路径。

三、违法性判断中习惯法的运行逻辑

前已述及，按照阶层犯罪论体系，犯罪的成立除了满足构成要件符合性以外，尚需满足违法性与有责性的判断。由于构成要件是对法益侵害行为的类型化，行为符合构成要件原则上就具备了违法性，所以违法性的判断事实上通常表现为一种消极的判断，即主要判断是否存在违法阻却事由。与构成要件符合性的判断大体属于一种类型性的、抽象性的和形式的判断不同，违法性的判断属于非类型性的、具体性的和实质的判断。[2] 因此，尽管违法性判断在实务中一般表现为判断是否有违法阻却事由的存在，具有形式性的特点，但事实上，判断是否存在违法阻却事由，"则必须做实质、具体的判断，否则无法确认"。[3]

（一）路径：社会相当性理论

对于刑法中违法性的判断，显然不意味着违反一种法律上的禁令即

---

〔1〕 许恒达："国家规范、部落传统与文化冲突——从刑法理论反思原住民犯罪的刑责问题"，载《台湾原住民族研究季刊》2013年第2期。

〔2〕 参见陈子平：《刑法总论（2008年增修版）》，中国人民大学出版社2009年版，第160页。

〔3〕 陈子平：《刑法总论（2008年增修版）》，中国人民大学出版社2009年版，第160页。

足，尚需实质上的理由。尽管基于学者学说立场的差异，就实质违法性之内涵有规范违反说和法益侵害说等学说的激烈争论，然而理论上的通说和实务上一贯的立场都采取的是一种二元的立场，即"违法性的实质是违反社会伦理规范的法益侵害"[1]据此，违法阻却事由的根据也可被认为是符合社会伦理规范，亦即具有"社会的相当性"，进而，违法阻却事由之判断的根本落脚点也就在于社会伦理规范的判断。然而，社会伦理规范的判断，"常常很困难……只有以人性为基础的、历史地形成的社会一般观念为基准，才能发现在社会中占支配地位的社会伦理。"[2] 这正好给违法性判断中对习惯法的考量提供了巨大的运行空间。杜宇博士就提出习惯法是可以作为一种违法阻却事由存在的，"习惯法规则与社会相当性具有紧密的内在勾连"；在违法性之社会相当性的判断中引入习惯法，将深化和拓展我们对社会相当性之"社会"这一范畴的横向理解和空间理解[3] 此外，苏永生教授也结合社会相当性理论和我国《刑法》第13条"但书"的规定阐述了依据民族习惯法进行出罪的路径与理由[4]

（二）维度：违法性判断中习惯法考量的具体化

然而，以上仅是从抽象意义上就习惯法在违法性判断中发挥作用的可能性及路径的简单说明。纷繁复杂的社会现实告诉我们，对于制定法与习惯法产生冲突之情势，并不能抽象和简单地认为"行为符合习惯法规则，就是应合了这个社会的生活秩序，就是该当了这个社会的生活伦理，就是一种具备社会相当性的行为"[5] 质言之，违法性判断中是否

---

[1]　[日] 大谷实：《刑法讲义总论》，黎宏译，中国人民大学出版社2008年版，第215页。

[2]　[日] 大谷实：《刑法讲义总论》，黎宏译，中国人民大学出版社2008年版，第215页。

[3]　参见杜宇：《重拾一种被放逐的知识传统——刑法视域中"习惯法"的初步考察》，北京大学出版社2005年版，第208～210页。

[4]　参见苏永生：《刑法与民族习惯法的互动关系研究》，科学出版社2012年版，第59页。

[5]　杜宇：《重拾一种被放逐的知识传统——刑法视域中"习惯法"的初步考察》，北京大学出版社2005年版，第208页。

该考量习惯法以及习惯法究竟是出罪还是仅降低行为部分违法性，是要视个案的具体情况来定的。有些事案尽管存在习惯法上的理由，但也许并不影响违法性的判断，有些事案习惯法的存在也许仅仅是对行为违法性程度的降低。接下来让我们回到案例2的讨论。

案例2在今日中国极具普遍意义，[1] 不论是少数民族地区抑或是法制相对发达地区，类似的事案时有发生。尽管目前诸多判决几乎完全无视丈夫习惯法上的赔偿请求权不值得认可，但那种认为"丈夫有习惯法上的依据，不存在违法性，故不能作为犯罪的处理"的观点也不能全然赞同。事实上，违法性是实质的与具体的判断这一性质本身决定了，对于类似"捉奸敲诈勒索案"不可能提供一个"统一"的阻却违法还是降低违法的结论，而需要根据个案情形的仔细辨别来进行具体判断。然而，虽说无法为类似事案提供一个统一的结论，但或许可以提供一个较为简单、可操作的判断规则。在本书看来，对于类似"捉奸敲诈勒索案"中能否因习惯法阻却行为人之违法，可从以下两个方面判断：

第一，案发地区民众对习惯法的所持态度。虽说在制定法上，丈夫对与妻子通奸的"第三者"的赔偿请求权并无法律上的依据，但长期以来形成的文化惯习已将事案中的丈夫视为事实上的受害者，习惯上也都默认丈夫有向第三者提出赔偿请求的权利。然而，其惯习的内容很大程度上受地域性影响。换言之，在法制化程度相对较高的地区与国家法尚未深入渗透的少数民族聚居地区，这一习惯法的内涵和约束程度是不一样的，人们对其认可的程度也存在差异。例如，瑶族的习惯法对于与有夫之妇通奸的，可以捉到后剥光通奸者的衣服游街并摇铃招众观看，捆绑两三天后释放，并罚款；而在景颇族，习惯法认为妻子和别人通奸侵犯了夫权，丈夫抓住奸夫奸妇可当场杀死，不仅无罪还不用赔偿，只需用一头牛"洗寨子"，倘若丈夫抓住与妻子与人通奸的证据，可到姘

---

[1] 杜宇博士也曾表示，类似案例2的事案"在中国农村具有普遍意义"，但事实上，类似事案在城市也时有发生。参见杜宇：《重拾一种被放逐的知识传统——刑法视域中"习惯法"的初步考察》，北京大学出版社2005年版，第66页。

夫家论理，并可以索赔十几头牛。[1] 此外，在乡土气息浓郁的农村与文明化程度较高的城市，对于丈夫可以向奸夫提出赔偿请求权的习惯法的认同程度也是有差异的。这说明，当案件发生于不同地区时，由于辖区内民众对这一习惯法认同度的不同，自然对因遵循这一习惯法而形式上触犯敲诈勒索罪之行为违法阻却的程度也会大不相同。当案件发生于部分少数民族地区，完全有可能将这一因遵循习惯法而形式上触犯刑法规定的行为视为具有社会相当性的行为，而当案件发生于法制化程度较高的城市，可能认为只是对违法性程度有影响，但不完全阻却违法。或许有见解会对因地域性差异而导致违法性判断的不一产生质疑，但违法性本身就是非类型的、具体的和实质的判断，因不同地域的社会结构的不同，社会伦理规范内容的不一，社会相当性的认定也自然会不一致，这并不奇怪。

第二，行为人所采取手段的方式与程度。尽管习惯法不同程度地赋予了"捉奸"丈夫对第三者的惩罚措施和赔偿请求权，但是权利的行使从来不是漫无边界的。所以，习惯法赋予的权利，其行使的手段也不能超过一定限度，应符合社会相当性的要求。当权利行使的手段远远超出了人们可以接受的程度时，自然不能全然阻却违法。例如，丈夫用对奸夫生命权夺取或对其重大身体健康的伤害以胁迫并提出显然不当的"赔偿数额"，就超出了绝大多数公众所能接受的程度，不能阻却违法。当然，在违法性程度的判断上，应当将其与一般的故意伤害和敲诈勒索案件相区别，所以最终可能体现在量刑上。

在此，可能有人会产生这样的疑问，即丈夫索取的"数额"能否成为手段相当性判断的重要标准？质言之，能否认为案例2中张某索取4万元的数额没有超出社会相当性，而类似事案的甲某索取16万元的数额就超出了社会相当性？这是一个很难以回答但又需要面对的问题。理论上，如果承认丈夫的夫权受到了侵害，丈夫提出多大"数额"都属权利行使的范畴。此外，实践中我们难以就"合理的赔偿数额"划

---

〔1〕　参见高其才：《中国少数民族习惯法研究》，清华大学出版社2003年版，第179页。

定一个明晰的界限，不能说3万合适4万就不合适。所以结论是，无法以数额来决定是否超出了相当性。但这并不能否定数额在判断中的意义。首先，索赔数额可与手段相结合判断行为是否超过相当性，若丈夫反复以此事为由威胁从第三者处获取财产，就可能超出相当性的范畴，但每次数额均不大的也可认没有超出相当性，而手段极为严厉，即使数额不大也可能超出相当性；此外，当丈夫索取的数额明显与第三者的承受能力不相当时，民众基于通常的伦理规范也可能会认为超出了相当性的范畴。是故，数额在实践中并非是毫不考虑的因素，只不过不是作为单独因素而影响相当性的判断，而是结合了手段严厉性和第三者可能承受程度以及其他相关因素进行综合判断。

对于案例2的张某来说，由于案发地区尚属法制发展程度化较高的地区，所以不能完全阻却其行为违法，但违法程度较一般敲诈勒索行为显然要低。就案例3中陈某行为的违法性判断来说，尽管陈某对麻雀进行捕杀具有部分正当性，然从实质法益衡量来看，陈某财产的受损程度与国家对野生动物的保护相比，所保护法益要低，故也不能完全阻却行为的违法，当然，陈某毕竟存在部分权利行使的正当理由，无疑很大程度上降低了行为的违法。

四、有责性判断中习惯法的运行逻辑

通过上文的分析可知，在很多情形下，符合习惯法的行为既不能否定行为构成要件的符合性，也不能完全阻却行为违法，但是，法教义学视野下习惯法的判断并未终结。按照阶层犯罪论体系，犯罪的成立除了要具备构成要件符合性和违法性以外，还需具有有责性。"并非所有该当于构成要件之违法行为皆能成立犯罪，必须能将责任归属或归责于行为人时，犯罪始得成立。"[1]

（一）路径一：违法性认识的判断及局限

对于有责性判断中习惯法有无作用的空间，杜宇博士给予了肯定回

---

[1] 陈子平：《刑法总论（2008年增修版）》，中国人民大学出版社2009年版，第213页。

答，"当我们就此行为对行为人进行非难之时，我们却可能发现，习惯法上的规定已成为行为人责任上的一种宽恕事由，使我们难以对行为人予以主观的、伦理性的非难。"[1] 更准确地说，"当行为人本着习惯法上的合理确信而行事，从而陷入违法性认识的错误时，此种错误的发生是不可避免的事情，因而可以考虑阻却行为人的责任。"[2] 显然，杜宇博士认为违法性认识是习惯法阻却责任的一条重要路径。将违法性认识作为习惯法阻却责任的路径，是源于现代刑法之"责任"，"以行为人能够意识到自己的行为违法，并且如果意识到的话，就能够期待其形成反对动机，决意实施合法行为为根据的。"[3] 行为人仅有故意与过失，尚难以加以责任非难，必须要求行为人意识到自己行为的违法性或者是有意识的可能性。换言之，只要行为人"意识到自己之行为乃不被法所允许之可能性"即足，[4] 当行为人对违法性意识的欠缺是不可避免的时候，才可阻却责任，行为人不成立犯罪。

虽然说，在违法性认识的判断中考虑习惯法因素，于理论上来说似乎可以有效排除部分因遵循习惯法规则而与制定法发生冲突之行为的有责性。然而，因这一路径而阻却责任之情形在实践中极为少见，故其实际功用很小。理由是，对于阻却责任之违法性认识错误需对于违法性认识的欠缺是出于不可避免之情形，但事实上，今日行为人对违法性认识的欠缺仍存在不可避免之情形甚为少见，即使在国家法渗透尚不足的少数民族地区恐怕亦是如此。像杜宇所举铁匠杨某欠缺对非法制造枪支罪

---

〔1〕 杜宇：《重拾一种被放逐的知识传统——刑法视域中"习惯法"的初步考察》，北京大学出版社 2005 年版，第 218 页。

〔2〕 杜宇：《重拾一种被放逐的知识传统——刑法视域中"习惯法"的初步考察》，北京大学出版社 2005 年版，第 223 页。

〔3〕 〔日〕大谷实：《刑法讲义总论》，黎宏译，中国人民大学出版社 2008 年版，第 308 页。

〔4〕 陈子平：《刑法总论（2008 年增修版）》，中国人民大学出版社 2009 年版，第 213 页。

的违法性认识的事案将越来越少见。[1]

问题是，当我们对行为被现行法规范所不允许已有知晓时，能否认为因遵循习惯法比遵守制定法优越，从而就否定行为人存在违法性认识？在本书看来，只要行为人清楚认知或可能认知其行为违反现有实证法规范，即可认定具有违法性认识，而行为人是否最终考虑认同其他伦理或文化规范，不影响违法性认识的满足与否。亦如有见解所言，"一个明知违反实证法，却因试图遵守其他规范而仍实行犯行的行为人，他其实已然拒绝遵守实证法行为规则，如果任何拒绝服从刑法诫命者都能基于'我信仰比实证法更优越的其他规范'而成立禁止错误，这毋宁必然导出刑法不具任何效力的结论，刑法指陈的行为规范与法益保护机能也必然成为空谈。"[2]

对于案例1中几位汉族青年，显然他们可能认识实证法规范禁止对妇女进行猥亵，只不过考虑哈尼族习惯可能将自己的行为正当化，实际存在违法性的认识，故不能阻却责任。同样，对于案例2来说，行为人无疑知道任何人通过胁迫手段获取他人财物是不法的，即也存在违法性认识的可能性。当然，如果这一类似事案发生在极为偏远和封闭的少数民族部落，国家法根本未能进入该地区，或由于特殊之原因本地区生活的人不可能知晓国家法的内容，有存在不可避免的违法性认识错误的可能，但可预见的是，这种情形恐怕已极少存在。对于案例3，由于今日大陆地区绝大数村落的农民在某种程度上都已知晓捕杀麻雀为国家法禁止，就以本案来说，事实上陈某也承认知晓国家禁止捕杀麻雀，但因出于无奈才捕杀麻雀。所以，本案中陈某具有违法性的认识，但迫于现实之压力而无强烈的遵法意识。

---

〔1〕 参见杜宇：《重拾一种被放逐的知识传统——刑法视域中"习惯法"的初步考察》，北京大学出版社2005年版，第218~219页。有学者统计，我国台湾地区"刑法"实施七十余年来，只有寥寥一则判例以违法性意识错误而否认行为成立犯罪。可见，实务中以该理由出罪之可能性是很低的，并且随着传媒方式的变革，此类事案也必将更为少见。参见林山田：《刑法通论（上册）》，北京大学出版社2012年版，第286页注释26。

〔2〕 许恒达："国家规范、部落传统与文化冲突——从刑法理论反思原住民犯罪的刑责问题"，载《台湾原住民族研究季刊》2013年第2期。

（二）路径二：期待可能性的判断与重构

然而，尽管违法性认识这一路径，事实上并不能很好地将因遵守习惯法而与制定法发生冲突的行为人阻却责任，但这不意味着在有责性的判断中就没有其他可循路径。根据今日已被理论与实务广为认可的"规范责任论"，有责性的成立，"除行为人具有责任能力、故意与过失、违法性意识或意识可能性外，尚以行为人具有合法行为之期待可能性为必要。"[1] 由于理论上通常的见解将期待可能性作为一般的超法规的排除责任事由，所以已有学者意识到在期待可能性的判断中有习惯法判断的存在空间[2]。但是，以欠缺期待可能性阻却遵循习惯法之行为人的责任，也存在着一些问题。

第一，尽管期待可能性理论在我国已不陌生，但由于这一理论的抽象性，我国刑法理论对其认同的程度尚属不高，司法实务中明确肯定该理论的判例应该还没有。所以，目前习惯法想借助期待可能性理论在法教义学框架下作用于具体事案还有一定的困难。

第二，理论上对期待可能性的理解过于偏狭。通说认为，期待可能性是指具体情势下，有期待行为人不实施违法行为而实施合法行为的可能性[3]。只有足够证据证明行为当时行为人的意志自由遭受了强制状态，才能认为不具有期待可能性。从这一概念来看，在具体情势下，只有当行为人在实施合法行为与实施违法行为无从选择之时，才能对行为人进行免责，而在意志自由论来看，这一情形也是极为罕见的。就前述事案来看，案例1由于不存在实施违法行为与合法行为选择之情势，所以不存在期待可能性的判断，案例2、案例3可能存在期待可能性的判断。倘若按照目前我们对期待可能性的理解，并无对案例2中的张某和案例3中的陈某绝对心理强制的事由，所以两被告均有实施适法行为的

---

〔1〕　陈子平：《刑法总论（2008年增修版）》，中国人民大学出版社2009年版，第248页。

〔2〕　杜宇：《重拾一种被放逐的知识传统——刑法视域中"习惯法"的初步考察》，北京大学出版社2005年版，第223～225页。

〔3〕　[日]大谷实：《刑法讲义总论》，黎宏译，中国人民大学出版社2008年版，第321页。

可能，进而也都不能阻却责任，当然，可能部分地减轻被告的责任，这是因为期待可能性除了有无之分外，还有程度之别。

然而，期待可能性作为规范责任论的基础与核心概念，我们对其如此加以限定性的理解，显然过于偏狭，事实上也不利于发挥这一概念创设的本来功能。况且我们对其解释赖以的意志自由，在现实生活中也总是受限制的意志自由，绝对的意志自由是根本不存在的。正如杜宇博士所言，"对基层民众而言，习惯法的力量是真实而强大的。人们在长期实践中已牢固地树立起对它的信赖和尊重。在此种具体情况下，当行为人基于对习惯法的确信而行事时，习惯法是如此有力地控制和笼罩着行为人的认识和观念，以至于行为人完全认为自己是在从事一种合法且正当的行为。此情此景下，我们很难再去期待行为人会对另一种规则保持足够的警惕，再去考虑自己的行为在另一种制度和规则中的实际意义和性质，更何况此种制度和规则，对他们而言是如此陌生和难以理解。"[1] 因此，对于期待可能性的理解，理应重新加以理解。如果行为人"已经被他固有的背景意识强制去违反法律，刑罚在这个意义下，基本上几乎等同于一个违反人性尊严的国家行为，必须考量行为人欠缺期待可能性的特点，而认定为阻却罪责事由，排除刑责。"[2] 这才是期待可能性的应有之意。必须承认，期待可能性是抽象的，亦因此导致期待可能性在实践中的作用相对低下，但是这不是我们摒弃这一理论的理由，反而是应该不断开拓期待可能性在个案中的判断规则，增强这一理论的可操作性。

对此，台湾学者许恒达就良心犯的认定标准或许可为我们利用，即①系争习惯法提供了一个明确的善恶标准，而善的行为标准将构成违法犯罪；②行为人决定优先遵守上述习惯法而放弃遵守现行法之规定，必须有不得已之情势的存在；③行善却违法的行为须被承认多元文化的一

---

〔1〕 杜宇：《重拾一种被放逐的知识传统——刑法视域中"习惯法"的初步考察》，北京大学出版社2005年版，第224~225页。

〔2〕 Rudolphi, Hans - Joachim. *Bedeutung eines Gewissenentscheides für das Strafrecht*, in: Hans Welzel - FS, 1974, S. 633. 转引自许恒达："国家规范、部落传统与文化冲突——从刑法理论反思原住民犯罪的刑责问题"，载《台湾原住民族研究季刊》2013年第2期。

个可能选项。[1] 是故，对于案例 2 来说，尽管张某具有习惯法之理由，但难以认为具有不得已之情事的存在，故而不能以欠缺期待性阻却张某的责任。但对于案例 3 中的陈某来说，由于陈某面临稻谷将被麻雀吃完之不得已情势，并且其固有背景不能期待陈某舍其可能赖以生存之稻谷而保护更为抽象的生态环境，在不主动损害其他利益之前提下，行为人以必要手段保护自身利益，与倡导多元文化之理念不相违背，所以应当认为陈某捕捉麻雀之行为欠缺期待可能性，从而不成立犯罪。

五、一个简要的总结

本书围绕以上三则事案详细阐述了法教义学视野下习惯法在刑事制定法中的运行逻辑。法教义学视野下习惯法在刑事制定法中的运行逻辑主要是通过犯罪成立的各个要件的判断来实现的，即在构成要件的解释、违法性的判断和有责性的判断中通过具体要素的判断来考察是否有习惯法判断存在的空间。在以上分析的基础上，可以延伸得出以下这样几点认识：

第一，对刑法裁判规范的实质权衡，应当仰赖于刑法教义学发展出来的概念与体系，裁判者进行个案裁判时，必须排除私人的情绪和感受，只有运用这些具有特定内涵的概念、体系认定犯罪是否成立，否则一个时时纳入法官个人感情的司法实务，必然会出现结果依凭法官恣意判决的缺点；而依现代刑法学及司法实务的定见，成立犯罪必须审查构成要件该当性、违法性及有责性三个主要层次，每个层次又有个别、具体的内在元素，每个涉及刑事责任的要素都有比较固定的定义与概念范畴，不应该因为特定被告而扭曲解释。[2] 但是，这也并不意味着这些要素的定义或概念范畴是绝不可以更改的，法教义学本身也蕴含着某种应时应势不断调整自身的发展机制，根据规范外在的实质性因素，也有

---

〔1〕 参见许恒达："国家规范、部落传统与文化冲突——从刑法理论反思原住民犯罪的刑责问题"，载《台湾原住民族研究季刊》2013 年第 2 期。

〔2〕 参见许恒达："国家规范、部落传统与文化冲突——从刑法理论反思原住民犯罪的刑责问题"，载《台湾原住民族研究季刊》2013 年第 2 期。

可能驱使教义学规则做出相应的调整以适应不断变化的情势，[1] 例如对于本节案例 3 中的期待可能性的理解即是如此，但这种调整应当是符合教义学规则的目的需要，而不是为了特定个案所作的曲解，比如对于案例 2 中的非法占有目的就不能随意做出曲解。

第二，法教义学在具有封闭性的同时，也具有一定程度的开放性。这种封闭性源于对既存刑法规范的遵从，在刑法裁判规范的证成上，这种封闭性体现为要求裁判者应在体系范围内对裁判规范加以论证；法教义学同时也是开放的，这是因为它也给刑法裁判规范的实质权衡留出了一定的弹性空间，如上所述，不论是在构成要件的判断中，还是在违法性抑或有责性的判断中，法教义学似乎都有可能为实质权衡留出这样的弹性空间。然而，值得注意的是，法教义学给刑法裁判规范的实质权衡所留出的弹性空间也是有限度的：一方面，实质权衡必须融入法教义学的论述来确定它们在讨论脉络中的意涵，如对于上述行为人基于习惯法能否入罪或出罪，必须能融入犯罪的构成要件符合性、违法性和有责性这些阶段的要素判断；另一方面，法教义学不能容忍实质权衡对实在法即刑法文本规范的突破。正是由于法教义学所同时具备的这种封闭性与开放性，在一定程度上满足了裁判者于疑难案件中对规范外实质性因素承认的同时，也守住了法律为司法审判所划定的底线："法官无论如何，都必须能够在判决中证明出'裁判论证可以站在法律基础上被导出，从而并不违反法律拘束'的样态，从而法律的功能，便在于提供法官证明其决定'受拘束'的凭据。"[2] 此外，法教义学所同时具备的这种封闭性与开放性，也为上一章所提及的、刑法裁判规范证成中体系性思考与问题性思考的融合，提供了一个不错的连接点。

第三，尽管法教义学为刑法裁判规范证成之实质权衡所提供的这种限度要求，在一定程度上也避免了裁判者在这一过程中可能产生的恣意与专断，并且也为基于合理化论证的实质权衡与基于合法化论证的逻辑

---

〔1〕 参见劳东燕："刑事政策与刑法解释中的价值判断"，载《政法论坛》2012 年第 4 期。

〔2〕 黄舒芃：《变迁社会中的法学方法》，元照出版有限公司 2009 年版，第 21 页。

证成之协调，提供了一条比较妥当的路径。但是，从上文的分析中我们也可以得出，法教义学路径的作用也是有限的。对于在法教义学框架下裁判者之间所产生的价值判断的分歧，法教义学的作用就是极为有限的，此外，在裁判者对一些讨论是否仍处于法教义学框架下发生分歧时，法教义学本身也难以提供有效的解答。以本节的几个案例来说，即使裁判者都同样遵循法教义学的架构来讨论，对于几个汉族青年的行为是否符合强制猥亵罪的构成要件、捉奸丈夫张某的行为是否具有违法性以及为避免稻谷被麻雀啄食的陈某是否具有期待可能性，也可能会有不同的认识。这事实上说明了，倘若要实现疑难案件中刑法裁判规范的理性证成，就不能止于上一章就合法化向度以及本章就合理化向度所做的讨论，可能还需要我们就刑法裁判规范证成的其他向度进行探讨，而这就是本书下一章所要讨论的正当化向度问题。

第五章 正当化论证：刑法裁判规范之程序证成

前两章的内容旨在说明这样一个事实：为了满足合法化论证的要求，作为待判案件之大前提的刑法裁判规范，应当是依据现存的刑法文本规范且经由一定的逻辑形式自洽地得出的，但是，现实中的案件并不总以简单形式呈现，当待判案件呈现"疑难"时，仅通过形式逻辑是无法理性地完成刑法裁判规范的证成；所以，我们又不得不借助一些文本规范之外的实质性因素来进行实质权衡，以此来保证经证成的刑法裁判规范能够作为合理的东西被人们所接受。由于基于合理化证成的实质权衡，不仅在权衡的来源上往往依凭于诸多非规范性因素，而且在权衡的结果上也较强地依赖于裁判者的主观价值判断，因此，实质权衡极有可能导致刑法裁判规范证成中的恣意与专断。

为了尽可能地避免裁判者在这一过程中偷渡恣意与专断，本书于上一章中也提出，应将实质权衡的使用严格置于法教义学的架构下，但前文的分析已然告诉我们，法教义学的论述在很大程度上只不过为实质权衡的使用提供了一个比较低的限度要求而已。这种限度的要求虽然在裁判者恣意的限制上，有着不可否认的重要作用，但在消弭主体之间[1]价值判断的分歧上，意义却是极为有限的。就拿上一章最后一节中提到的几个案例来说，即使同样遵循法教义学的架构来讨论，不同的裁判者对于几个汉族青年的行为是否符合强制猥亵罪的构成要件、捉奸丈夫张某的行为是否具有违法性以及为避免稻谷被麻雀啄食的庄稼汉陈某是否具有期待可能性，也可能会有截然不同的认识。事实上，在对裁判者恣

---

〔1〕 主要有裁判者与裁判者之间、裁判者与当事人之间、裁判者与社会公众之间等。

意的限制上，法教义学的作用是有限的。例如，对于将"真正军警人员抢劫"解释为"冒充军警人员抢劫"，有人可能认为这是扩大解释，有人则认为是类推解释，显然，这是法教义学本身无法解决的。那么，是什么原因导致法教义学的路径，虽可缓和但却无法更为有效地解决实质权衡存在的这一困境呢？在本书看来，这是因为，目前法教义学对实质权衡所施加的限制，主要是通过对可进入裁判的实质性因素的范围（即什么样的实质性因素可以被裁判者在裁判时所考虑）以及实质性因素进入裁判的方式（即实质性因素能否融入法教义学的论述）这两个方面来实现的，却未能直面导致实质权衡产生困境最主要的原因，也是最本质的原因，那就是裁判者之间在价值判断上产生了分歧。所以，想要破解刑法裁判规范证成中实质权衡的这一困境，我们必须从直面裁判者之间价值判断的分歧入手，换句话说，要努力寻求一条可以最大限度地克服主体之间价值分歧的裁判路径。

应当说，目前法律论证中的程序向度为这一问题的解决，提供了一个较为明确而且可行的指向。诚如有学者所认为的，尽管在价值多元和道德分歧的现状下，没有人能够拥有可以衡量裁判合理性的绝对标准，当面临争议时，当事人之间也不可能达成一个彼此同意的决定，但仍可能同意设立这样一个决定导出程序，当决定是经由这个程序公正导出来的，那么这个决定也就是为大家所共同接受的，换句话说，程序证成可以使判决正当化。[1] 这也是本书在解决这一问题上的立场，即认为，程序证成有利于我们避免实质权衡所可能导致的恣意和专断，从而也有助于实现刑法裁判规范的理性证成。然而，为什么我们可以认为，这种程序性的解决方法却可以实现具有实体意义的刑法裁判规范的理性证成？程序证成又是如何来具体保障我们刑法裁判规范的理性证成的？这都将是本章接下来所要重点讨论的问题。

---

〔1〕　参见陈林林：《裁判的进路与方法——司法论证理论导论》，中国政法大学出版社2007 年版，第 206 页。

第一节 程序证成与刑法裁判规范的 "理性" 证成

在相当长的一段时期里，我们对于法律程序的功能认识，都是将其限定在保障实体法的正确实施上。[1] 也正是在这种观念的影响下，刑事诉讼程序的功能往往只是被视为在查清存在什么样的犯罪事实上有重要意义，所以，程序仅是实体法的附庸。显然，基于这种认识的程序，对于刑法裁判规范的理性证成很难说有多大的意义。近年来，随着西方程序正义理念的输入，对程序的功能产生了一种新的认识，即认为，"不存在对正当结果的独立标准，而是存在一种或正确的或公平的程序，这种程序若被人们恰当的遵守，其结果也会是正确的或公平的，无论它们可能会是一些什么样的结果"，[2] 质言之，程序是独立于实体的。尽管这种程序观也解决了部分诉争，但其过分隔离了程序与实体之间的关系，从而它对解决法律实体问题的作用也必然是有限的。

在本书看来，真正为解决裁判者之间的价值判断分歧提供主要智力支持的，并不是上述制度外化了的程序，而是一种 "程序性论辩理论"。其代表人物有哈贝马斯、阿列克西、阿尔尼奥等人。例如，哈贝马斯认为，"确定一个判断之有效性的，当然是它的有效性条件被满足这个事实。但是，要澄清这些条件是不是被满足，不可能直接诉诸经验证据和理想直觉中提供的事实，而只能以商谈的方式，确切地说通过论辩的方式而实施的论证过程。"[3] 阿列克西也认为，当我们陷入法律实体问题判断的 "明希豪森三种困境"[4] 的处境时，并非完全无路可走，

---

〔1〕 参见陈林林：《裁判的进路与方法——司法论证理论导论》，中国政法大学出版社2007 年版，第 206 页.

〔2〕 [美] 约翰·罗尔斯：《正义论》，何怀宏等译，中国社会科学出版社1988 年版，第88 页.

〔3〕 [德] 哈贝马斯：《在事实与规范之间：关于法律和民主法治国的商谈理论》，童世骏译，生活·读书·新知三联书店 2011 年版，第 277 ~ 278 页.

〔4〕 即无穷递归、循环论证和武断地终止论证.

"假如对任何一个规范性命题不断进行证立的要求被另一个命题通过一系列有关证立活动的要求来代替的话，这个困境就能够被克服"。[1] 由此看来，解决裁判者之间价值判断分歧的程序证成，主要是一种基于内部视角的、理想应然的程序性裁判理念，即"依托程序性论辩规则，通过理性的法律论辩为最后结论的发现提供正当化的依据"，但这也并非意味着有了内部视角下的证成便可以忽视外部视角下的证成——已经成为制度性事实的裁判程序性规范和装置，事实与经验告诉我们，外部视角之程序证成同样也具有内部视角之程序证成的应然性预设。[2] 在本章后面的内容中，会再次提到这一点。

应当说，随着近年来我国刑法解释多义化问题的突出，刑法学界就明显分歧性概念的争论往往乐此不疲，司法人员和公众在热点案件中频繁出现定性或量刑上的偏差，有部分学者也开始尝试以程序证成的方法来消解不同解释主体之间的价值分歧。例如，冯军教授认为，当被告人和辩护人就某一结论是运用扩张解释还是运用类推解释得出的结论产生分歧时，应当通过法律商谈（内部视角下的程序证成——引者注）来检验结论，只有在经过了"利益关系人充分的、不强制也不扭曲的论辩"，仍未能验证这一结论是扩张解释的结果时，才能根据怀疑时有利于被告人的原则，将该结论视为类推解释的结果；此外，为了避免利害关系人或第三人对经过法律商谈的结论仍存在反对意见，需要设定一种程序性的方式（外部视角下的程序证成——引者注）解消分歧，如将反对意见提交由上级机关审定。[3] 袁林教授也认为，在面对具体个案中不同解释者的解释分歧，应当通过对话协商（内部视角下的程序证成——引者注），使不同的解释者之间互动沟通，从而消除分歧而达成

---

〔1〕 ［德］阿列克西：《法律论证的程序理论之理念》，转引自［德］阿图尔·考夫曼：《法律哲学（第二版）》，刘幸义等译，法律出版社2011年版，第233页。

〔2〕 参见陈林林：《裁判的进路与方法——司法论证理论导论》，中国政法大学出版社2007年版，第206～207页。

〔3〕 参见冯军："论刑法解释的边界和路径——以扩张解释与类推适用的区分为中心"，载《法学家》2012年第1期。

共识。[1] 王瑞君教授也认为，贯彻罪刑法定原则，不仅是一个合法性就能够解决的，还要兼顾合理性的判断，而合理性的判断必然因价值判断的差异而产生分歧，"除非我们能够建构一个合理的话语表达和交流程序，否则无法保证实质合理性。"[2]

显然，以上这些见解已经表明了，程序证成之于刑法裁判规范证成中的可能意义，但仅依凭程序证成的可能意义，恐怕我们还不能径直推导出，程序证成的方法应当在刑法裁判规范的证成中被大力提倡。这是因为，要想程序证成的方法在刑法裁判规范证成中可以被推广运用，一个前提是，程序证成的方法是符合裁判理性要求的。在本书看来，程序证成完全符合裁判理性的要求，对此，以下将围绕三个方面来展开论述。

一、程序证成的立论根据：促进共识

既然在刑法裁判规范的证成中导致实质权衡陷入困境的本质，是主体之间价值判断上的分歧，那么，寻求主体之间价值判断的趋同便理当是我们应考虑的解决进路，而寻求价值判断的趋同，最先纳入考虑的便是促进法律人共同体的形成。如董玉庭教授认为，"为了实现解释法律者的价值判断能够在一定程度上趋同，就必须促进法律人共同体的形成。"[3] 但事实和经验告诉我们，将价值判断分歧之解决完全寄托于法律人共同体的形成，往往只是一个虚幻的理论目标，亦如董玉庭教授自己所承认的那样：一方面，让所有解释法律的人都成为法律人共同体成员是不现实的；另一方面，即使同为法律人共同体成员，多数情况也可能只是保证了共同体成员在一些比较抽象问题上价值判断的趋同，而在很多具体问题的选择上仍然可能存在价值判断上的分歧。[4] 当然，本书绝不是想说法律人共同体的形成不重要，相反，本书甚至也主张不应

---

〔1〕 参见袁林：《以人为本与刑法解释范式的创新研究》，法律出版社 2010 年版，第 204 页。

〔2〕 王瑞君：《罪刑法定的实现——法律方法论角度的研究》，北京大学出版社 2010 年版，第 137 页。

〔3〕 董玉庭：《疑罪论》，法律出版社 2010 年版，第 146 页。

〔4〕 参见董玉庭：《疑罪论》，法律出版社 2010 年版，第 168～169 页。

当放弃这种尝试，因为毕竟这种抽象化的方式在揭露我们的偏见和迷惘时往往会显得十分有力。但是，我们更应该清醒地认识到，法律人共同体的形成绝对不是问题的全部，也不应该成为当前我们应对价值判断分歧的主要手段。这不仅是因为在价值多元化和异质化的当代社会，我们已愈发难以就一些价值判断产生趋同，即便可以就抽象的价值判断产生如孙斯坦所说的"未完全具体化的协议"，[1] 当涉及更为具体的价值判断时，也可能存在分歧；而且更重要的原因是，法律人共同体的形成需要一个长期法律人自觉与不自觉的过程，对于当下刑事个案的解决很难提供及时而有效的救济。例如，当裁判者与公众或裁判者与裁判者之间就前述许霆盗窃案、朱建勇故意毁坏财物案中的刑法裁判规范产生分歧时，求助于法律人共同体的形成显然就不是一个明智的选择。是故，当主体之间价值判断的分歧产生时，如何才能确立一种妥当的选择机制，是目前刑法理论甚至是整个法律理论都应当首先面对的问题。

由于在司法领域中，值得裁判者考虑的、有意义的价值判断分歧，实际上可以归结为"法律的确定性"和"法律的正确性"之间的冲突，亦即判决的合法化（判决是在现行法律秩序之内自洽地作出的）和合理化（判决能被作为合理的东西而被加以接受）之间的冲突，所以学者们为处理这个核心问题提出了这样几种不同的理论解决方案。[2]

有一种理论解决方案被称之为实在论的法律理论，该理论认为，实际上并不存在事先的法律规则来约束法官，判决也不是对法律的演绎，法官应根据法律之外的背景进行司法判决的选择，正是这些外在因素解释了法官是如何填补他们在判决中所享有的自由裁量余地，也是这些因素使人能够确定司法判决之历史的、心理的或社会学的预设。[3] 然而，实在论无疑弱化了合法律性或逻辑在司法裁判中的应有地位，导致的法

---

〔1〕　参见 ［美］凯斯·R. 孙斯坦：《法律推理与政治冲突》，金朝武等译，法律出版社2004 年版，第 39 页。

〔2〕　参见 ［德］哈贝马斯：《在事实与规范之间：关于法律和民主法治国的商谈理论》，童世骏译，生活·读书·新知三联书店 2011 年版，第 244～260 页。

〔3〕　参见 ［德］哈贝马斯：《在事实与规范之间：关于法律和民主法治国的商谈理论》，童世骏译，生活·读书·新知三联书店 2011 年版，第 247～248 页。

律怀疑论后果也是显而易见的，它可能使案件裁判"被同化为赤裸裸的权力过程"，使法律确定性"不再有任何意义"。[1] 与实在论相反，有人主张应该回归到实证规范的法律实证论。这种理论一方面认为，立法者在立法时已然考虑了合理性的问题，所以在裁判中只要遵循既存的实在法规定即可，无需再对可能产生分歧的合理论证进行考虑；另一方面又认为，即使立法者在立法时对某种因素欠缺考虑，或者这种因素随着时代的变化而应有新的评价，但为了法律的有效性，对于合理性问题就只能做一种不对称的解决，换句话说，应当强调法律确定性的优先性。[2] 客观地说，此种方案对于克服实质权衡可能造成的恣意和专断有一定积极意义，但在疑难案件的处理中，此种方案由于过分重视法律确定性而忽视法律合理性难免不妥；此外，仅仅是为了逃避责任就放弃本应采取的实质权衡，这应该不是一个什么特别正当的理由。[3] 可见，这两种解决方案都是主张在合法化与合理化的冲突中进行择一化的选择。正如本书在导论中已经提及的，倘若仅从学理的角度出发，我们为了理论的自洽固然可以进行择一化的选择，但就真实的司法裁判而言，特别是在疑难案件中，合法化与合理化始终会处于对抗与妥协之中，在二者之间很难进行择一化的选择，因此，这两种解决方案对于价值判断分歧的消弭很难获得成功。

或许是因为看到了以上两种方案在解决这一问题上的严重不足，受哲学诠释学影响的法律诠释学主张，应在"视域融合"或"诠释学循环"下来看待合法性与合理性的关系，亦即通过以情境主义的方式把理性置入历史的传统关联之中来解决司法的合理性问题，并通过诸种原则和解释循环来降低诠释过程的不确定性。[4] 可以说，法律诠释学曾一

----

〔1〕 参见［德］哈贝马斯：《在事实与规范之间：关于法律和民主法治国的商谈理论》，童世骏译，生活·读书·新知三联书店 2011 年版，第 248 页。

〔2〕 参见［德］哈贝马斯：《在事实与规范之间：关于法律和民主法治国的商谈理论》，童世骏译，生活·读书·新知三联书店 2011 年版，第 249~250 页。

〔3〕 参见［德］阿图尔·考夫曼：《法律哲学（第二版）》，刘幸义等译，法律出版社 2011 年版，第 300 页。

〔4〕 参见［德］哈贝马斯：《在事实与规范之间：关于法律和民主法治国的商谈理论》，童世骏译，生活·读书·新知三联书店 2011 年版，第 247 页。

度让人们看到在处理合法性与合理性问题上的重大转机。[1] 但是，哈贝马斯很快否定了此种解决方案的可行性。他认为，在价值多元化和异质化的社会中，诠释学并不能为规范的有效性和正确性的解决提供一个令人信服的基础，因为，"对一个人来说是作为一种被历史所确证的传统主题而有效的东西，对另一个来说却是一种意识形态，或一种纯粹的偏见"。[2] 换句话说，法律诠释学的方案仍然不可能解决不同主体之间价值判断上的分歧。美国学者德沃金为了避免诠释学解决方案之缺陷，转向了一种义务论的权利概念来解释司法判决是如何可能同时满足法律的确定性和合理可接受要求的，即通过具有义务论力量的原则来对一个具体的法律秩序进行辩护，从而使它的全部个案判决都作为一个融贯的整体的组成部分而契入其中。[3] 但是，这一解决方案却因过度的理想化可能造成更大程度的不确定性而遭到诸多批判。

尽管以上方案在解决价值判断的分歧上都是失败的，但这并不意味着在价值判断的分歧解决上我们已经无路可循。如果我们可以洞悉以上方案失败的症结，并可以就其症结加以完善，或许我们可以在此问题上寻得突破。显然，学者哈贝马斯做到了这一点。哈贝马斯认为，之所以人们对上述方案的意义与可行性提出诸多异议，一个根本的前提就是，"这个理论的作者是单数的，亦即把赫拉克勒斯当作典范的那个现任法官"，所以，"德沃金为了对判决的前提进行外在的辩护而要求一种完备的理论，这种理论，正如我们已经看到的那样，是单个法官的唯我论努力所不堪重负的"。[4] 于是，哈贝马斯进一步认为，为了弥补以上独白式思路的不足，必须对以上解决方案进行必要的重构，即"按照一种法律论辩理论的形式为那些程序原则、那些现在承担着先前由赫拉克勒

---

〔1〕　参见吴丙新：《修正的刑法解释理论》，山东人民出版社2007年版，第203页。

〔2〕　[德]哈贝马斯：《在事实与规范之间：关于法律和民主法治国的商谈理论》，童世骏译，生活·读书·新知三联书店2011年版，第247页。

〔3〕　参见[德]哈贝马斯：《在事实与规范之间：关于法律和民主法治国的商谈理论》，童世骏译，生活·读书·新知三联书店2011年版，第251页。

〔4〕　[德]哈贝马斯：《在事实与规范之间：关于法律和民主法治国的商谈理论》，童世骏译，生活·读书·新知三联书店2011年版，第273~277页。

斯所承担的那种理想要求负担的程序原则提供论证";仅仅凭借理由来检验所提出的那个有效性主张是站不住脚的,合法性与合理性的缺口,"是通过合作地寻求真理的论辩过程而理想地闭合的"[1]。在此基础上,学者阿列克西也指出,"论证必须遵循这些规则并且必须采用这些形式,以使其所提出的要求得到满足。当某个论证(论辩)符合这些规则和形式时,由它所达到的结果才可以被称为是'正确的'。由是,法律论辩的规则和形式就构成了司法判决之正确性的一个标准"[2]。

显然,以上论述足以暗含,哈贝马斯和阿列克西之所以用程序性论辩来解决我们在司法裁判中价值判断上分歧,是因为通过程序性的论辩可以促进共识,因为共识在很大程度上就是来源于其他人的接受。"一个公正的法律程序,能够通过设定一系列论辩规则和论证负担规则,创设一个理性对话、交流与选择的平台,去澄清和解决有争议的规范和标准,进而形成共识、达成一个合理的决定。"[3] 董玉庭教授也曾表达过相似的立场,即认为,倘若要在实体意义上说服价值判断之间的差异往往是十分困难的,有时甚至根本不可能,故应当从实体意义上的解决进路转移到程序意义上的解决进路,通过理性的程序论辩,即使不能在实体上解决价值判断的分歧,也会因为不同的主体基于共同尊重这个法律论证程序而更容易达成共识,进而有利于克服因价值判断分歧过大而导致问题解决的困境。[4] 此外,由于程序本身还具有一种内在的、独具的判决正当化的功能,程序也有利于增强人们对个案判决的可接受性——如果一个不甚理想的结果是通过(被认为是)公正的程序产生的,那么人们接受这种结果的可能性也会增大,[5] 这也促成了共识的形成。需要指出的是,这里的共识并非指的是科学意义上的真理,但并不妨碍

---

〔1〕 [德]哈贝马斯:《在事实与规范之间:关于法律和民主法治国的商谈理论》,童世骏译,生活·读书·新知三联书店2011年版,第276、280页。

〔2〕 [德]罗伯特·阿列克西:《法律论证理论——作为法律证立理论的理性论辩理论》,舒国滢译,中国法制出版社2002年版,第359~361页。

〔3〕 参见陈林林:"法治的三度:形式、实质与程序",载《法学研究》2012年第6期。

〔4〕 参见董玉庭:《疑罪论》,法律出版社2010年版,第173页。

〔5〕 参见陈林林:《裁判的进路与方法——司法论证理论导论》,中国政法大学出版社2007年版,第206页、第214页。

我们也将其作为一种真理。[1]

众所周知，司法裁判的本质就在于促成法律争议的解决，所以共识往往是司法论证的出发点。当前由于利益主体的多元化、司法精英化倾向以及信息传播与公众表达途径的扩展，共识危机在疑难案件刑法裁判规范的证成中普遍存在，如前述的许霆盗窃案、南京副教授马某聚众淫乱案就已然暴露出，在刑法裁判规范的证成中就共识达成方面的确出现了某种程度的危机，[2] 所以尽可能地促成不同主体之间的达成共识，是当前我国刑法裁判规范的理性证成不容忽视的艰巨任务之一。既然程序证成可以促成案件讨论中共识的形成，那么程序证成也就无疑为刑法裁判规范的理性证成提供了前提。

二、程序证成的理论基础：实践理性

事实上，只是指出程序证成的立论根据乃是促成主体之间共识的形成，尚不能充分地说明程序证成的"理性"特征。因为程序证成所促成的主体间共识并非科学意义上的真理，所以说，为什么程序证成促成的是非科学意义上的共识却仍然可以被认为实现了理性，显然，这需要额外提供一个更深层次的依据。在本书看来，这个更深层次的依据，就是实践理性。例如，有学者认为，哈贝马斯和阿列克西所采取的程序性论辩理论，实际上就是实践理性的典范转移，因此，程序性论辩理论也往往被视为与实践理性相兼容的一个概念，质言之，实践理性为程序证成提供了理论基础，程序证成也践行了实践理性。[3] 问题是，为什么可以说实践理性为程序证成提供了理论基础，程序证成践行了实践理性？对这一问题的回答，显然有赖于对"实践理性"的理解。

实践理性是否有可能在被实现的意义上存在，这是我们对实践理性理解所需要明确的前提。休谟曾否定了实践理性的概念，他将"道德"与"理性"进行区分，认为道德可以通过激发人们的情感来发生或制

---

[1] 在本节的第三部分将对这个问题有稍微详细的分析。

[2] 参见唐稷尧：《从文本中的刑法到司法中的刑法——定罪视野下犯罪成立要件确定机制研究》，法律出版社2014年版，第319~330页。

[3] 参见焦宝乾：《法律论证导论》，山东人民出版社2006年版，第266页。

止某种行为，但是理性则不能；理性的作用在于发现真或伪，真或伪取决于观念的实在关联或者实际存在与事实的相符或不相符，凡是不能进行这种相符或不相符判断的，就不能说是真或伪，从而也就不能成为我们理性的对象，所以，实践理性是一个不能被认可的概念。[1] 凯尔森也认为，实践理性是一个自相矛盾的概念，它未能在规范与陈述（或判断），尤其是在规范与关于规范的陈述之间加以区分。[2]

然而，诚如学者佩雷尔曼对此所作的批判，倘若我们依照休谟和凯尔森对于理性的理解，无疑会使理性陷入哲学的虚无主义之中，这很难对法律的实践有什么指导意义，"法律活动只要到了主张要求某种合理性的程度，那么对法官在适用中的法律以及立法者在表述法律中的作用予以考察便是有意义的。这种考察启发我们关注理性在行动中的作用。只有当我们不再将理性等同于那种阐明和认可必然和自明的判断的能力，才有可能将理性的适用范围从理性领域扩展到实践领域"。[3] 因此，在已逾百年的法哲学文献上，法律的理性基础不再是单纯的知识理性而是实践理性的这一观点，已基本获得了支配性的地位。正如葛洪义教授所言："法律既不是纯粹的理论理性，又不是单纯的实践经验，而是实践理性的对象和产物。"[4]

尽管我们已经普遍接受了实践理性这一概念，但我们对实践理性概念的界定仍然是不确定的。用学者波斯纳的话来说，这一术语还缺乏标准的含义，但最经常被用来指人们在做实践选择或伦理选择时，所使用的一些方法，即与以"纯粹理性"来决定命题的真假、论证的有效与否的一些方法形成反差的是，实践理性以行动为导向，涉及确立一个目标，以及选择最适于达到目标的手段。[5] 用伯顿的话来说，实践理性

---

〔1〕 参见〔英〕休谟：《人性论（下册）》，关文运译，商务印书馆 1980 年版，第 498 页。

〔2〕 参见焦宝乾：《法律论证导论》，山东人民出版社 2006 年版，第 262~263 页。

〔3〕 Perelman, Chaim, *The new rhetoric and humanities: essays on rhetoric and its applications*, D. Reidel Pub. Co., 1979, p. 126.

〔4〕 葛洪义：《法与实践理性》，中国政法大学出版社 2002 年版，内容摘要。

〔5〕 〔美〕理查德·A. 波斯纳：《法理学问题》，苏力译，中国政法大学出版社 2002 年版，第 90~91 页。

指的是，"在各种各样的行为理由（尤其是规范）之下，人类实施有目的行为的能力。它是与'科学理性'、'理论理性'相对的"。[1]

值得注意的是，与在上一章中所提到的法律的形式理性和法律的实质理性不同，法律的实践理性既不是完全的形式理性化，也不是纯粹的实质理性化，而是由形式理性和实质理性共同铸造的理性，"实践理性告诉我们的是把握善的原理，所以，实践理性对法律的要求必然同时包含着形式理性与实质理性。没有实质理性的法律不可能是'善'的，而没有形式理性的法律则无法实现普遍的'善'。"[2] 也就是说，一方面，实践理性反对认为裁判者可以采用逻辑的方法从既存的法律文本规范推演出司法判决；另一方面，实践理性也反对法律现实主义由于过度考量规范外的实质因素，而对既存法律文本规范的漠视与背离。

由此看来，之所以认为实践理性为程序证成提供了理论基础，而程序证成践行了实践理性，是因为，程序证成所主张理性论辩规则的适用可以作为裁判行动规范的来源，而这显然与实践理性有着异曲同工之妙，当然，尽管论辩理性无论在范围上还是在强度上都比狭义的实践理性小而弱的多，但这还是一种能得出行动规范的"权能"。[3] 诚如学者阿列克西于1991年在第15届国际法哲学和社会哲学大会的报告中所指出的：法律论辩理论的核心概念是理性裁断，它由理性之立论或理性之论证的概念来确定；在实践理性的法律论辩过程中，倘若法律论辩能满足实践论证的诸条件，那么这样一个法律论辩就是理性的，而这些条件便可以组成一个论辩规则之体系；由此，实践理性也就可被定义为这样的权能，即依据论辩规则体系而成功地作出理性判决。[4]

---

〔1〕 ［美］史蒂文·J. 伯顿：《作为实践理性的法律》，载陈锐编译：《作为实践理性的法律——约瑟夫·拉兹的法哲学思想》，清华大学出版社2011年版，第1页。

〔2〕 周少华：《刑法之适应性：刑事法治的实践逻辑》，法律出版社2012年版，第182、187页。

〔3〕 参见［德］罗伯特·阿列克西："论商讨中的实践理性概念"，张嫚译，载郑永流主编：《法哲学与法社会学论丛》（总第9期），北京大学出版社2006年版，第85～86页。

〔4〕 参见［德］罗伯特·阿列克西："论商讨中的实践理性概念"，张嫚译，载郑永流主编：《法哲学与法社会学论丛》（总第9期），北京大学出版社2006年版，第85～86页。

三、程序证成理性否定说命题之证伪

当然，必须承认的是，对于裁判规范中的程序证成方法，理论上也并非全是溢美之词。实际上，理论上已有诸多学者对上述将程序证成视为解决实践理性之问题的可能性，提出了一些异议。稍作归类就可发现，这些异议大致可体现为这样两个方面：

对程序证成第一个方面的异议事实上来源于人们对其现实性的批评，即认为，程序证成赖以存在的"理性论辩"是完全虚构的假设，在现实的法庭论辩中，理性论辩的条件往往并不完备，理性论辩的规则发挥不了实效，此外，最致命的是，无论是否在理性的论辩中，藉由论辩都不能获得绝对的共识。[1] 对此，德国学者考夫曼就认为，"罗伯特·阿列克西创制了令人印象非常深刻的规章的论证规则和优先规则……这些规则虽然适合于理性的商谈，但不适合法院的程序……法院的程序不是无控制的，参与人受法律，也受有缺陷的法律约束，程序不可能被推至无限延续……法院的判决，也包括不公正的判决，产生法律约束力，这在合乎理性的商谈中完全不可能。"[2] 我国学者桑本谦也认为，理性论辩完全是一种空想，倘若真的按照理性论辩组织法庭辩论，司法程序很可能会彻底陷入僵局，此外，交流也是不能消除道德分歧的，法律论辩的背后常常是尖锐的利益冲突，而论辩参与者的目的是争夺利益，不是合作寻求真理、消除分歧，受交易成本的控制，司法程序也不可能无限接近"理性论辩规则"。[3]

对程序证成第二个方面的异议则来源于人们对其正确性的怀疑，亦即认为，即便可以达成共识，但共识也不意味着就是真理之标准，将真

---

〔1〕 参见陈林林：《裁判的进路与方法——司法论证理论导论》，中国政法大学出版社2007年版，第239～240页。

〔2〕 ［德］阿图尔·考夫曼、温弗里德·哈斯默尔主编：《当代法哲学和法律理论导论》，郑永流译，法律出版社2002年版，第187页。奥地利学者魏因贝格尔也认为，"理想的论辩其实是一种假相。论辩规则空洞无物，丝毫没有谈及方式和内容，例如根本就没有涉及我们应该做些什么。"（［德］阿图尔·考夫曼：《后现代法哲学——告别演讲》，米健译，法律出版社2000年版，第58页。）

〔3〕 参见桑本谦：《理论法学的迷雾——以轰动案例为素材》，法律出版社2008年版，第81～92页。

理简单等同于共识，无疑将真理等同于集体信念，这显然是荒谬的。如考夫曼认为，"就论辩理论仅仅提出要理性地论辩——'一种理想的对话条件'——这种形式的规则而言。这种理论只能证明一种形式上正确地产生的合意观点，但它却不能够声称获得了诸如规范这样有内容的东西的真实性（正当性）"[1] 对此，魏因贝格尔的批评则更显尖锐。他说，真理不是透过同意的增加而是透过对假设的证明和否证所产生的，因此，理性论辩理论认为，只要遵守理性论辩规则获得的论辩结论即具有命题的真实性或者实践态度的正确性，这显然是完全站不住脚的、也是极端错误的。[2]

乍看之下，上述异议似乎不无道理，但如若我们稍作分析即可发现，这些异议对程序证成的批判并不能当然地成立。实际上，这也是我们从前述程序证成之立论根据和理论基础的讨论中就可以得出的结论。

先让我们来看上述第一个方面的异议。尽管理性论辩在很大程度上是一种理论性的重构物，在现实世界中从不可能存在理想言谈情景，但这并不意味着，理性论辩理论是虚妄的与无用的。理由是，尽管我们也许永远都不可能实现理性论辩规则所描述的理想言谈情景，但我们却可以努力地近似地实现，或者说在现实讨论中最大化地实现。诚如诺伊曼教授所言，理性论辩规则也不仅仅是理论性的构想，它实际上是为任何现实的对话或商谈提供了一种假设，这种假设有对理想言谈情境之预运用的特点，而这一预运用在现实的交往过程中发挥着作用，同时也提供了尺度，借以检验任何现实获得的合意是否是被证立之合意的充分证据。[3] 以刑事裁判活动为例，也许我们的确无法完全套用理性论辩规则来建构刑事审判程序，但这并不妨碍我们据此可以检验现实的刑事审判程序是否存有明显违背理性论辩规则的情形，如程序是否保障了被告

---

〔1〕 ［德］阿图尔·考夫曼：《后现代法哲学——告别演讲》，米健译，法律出版社 2000年版，第 48~49 页。

〔2〕 参见 ［德］罗伯特·阿列克西：《法律论证理论——作为法律证立理论的理性论辩理论》，舒国滢译，中国法制出版社 2002 年版，序第 22 页。

〔3〕 参见 ［德］乌尔弗里德·诺伊曼：《法律论证学》，张青波译，法律出版社 2014 年版，第 84 页。

人的辩护权，实现了控辩双方地位的平等，从而告诉了我们"为什么"要改善现有的刑事审判程序，同时也为"如何"改善刑事审判提供了指向。

至于异议还认为藉由论辩也不能获得绝对的共识，本书认为可以进行这样的反驳：尽管经由程序证成，我们也无法得出毫无异议的绝对共识或唯一正解，但这并不会减损程序证成在操作上的实用性，因为任何一种提供正确答案为目标的判断准则或程序，本来就不是非得提供毫无疑问的唯一正解不可，只要能帮助我们过滤掉一些明显不正确或找出某些几乎没有争议的答案，就可以发挥相当功能了，而且理性论辩所能提供的答案选项通常还更精确些〔1〕阿列克西也认为，理性论辩的确无法产生百分之百的确实性，但作为对正确性要求的阐释，作为判断规范性命题之正确性的标准，作为不合理证立的批评工具以及某种值得追求的理想的精确化，它们具有相当重要的意义〔2〕

接着再让我们来看上述第二个方面的异议。用诺伊曼教授的话来说，在论证理论视角下这是唯一有意义的异议，或许是因为此异议已然触及到了问题的关键之处，即"规范与决定之程序的和实质的'正确性'之间的关系"〔3〕在本书看来，之所以在此点上会产生异议，实际上是源于对"真理"的不同认识。事实上，我们从前面对程序证成的立论根据和理论基础的叙述中就可以看出，商谈理论或理性论辩理论对真理问题已然做出了一个不同于传统认识的视角性转化：真理问题不再是陈述和规范的语义内涵，而是与这种内涵相对应的记述性和规整性语言行为之要求〔4〕换句话说，真理不再是绝对无误的永恒客观知识，而是一种行动的理论化，即真理就是为了消除行动的疑虑，真理代表目

---

〔1〕 参见程源中："言说理论与基本权——以 Habermas 和 Alexy 的对话为讨论中心"，台湾大学法律学院法律研究所 2007 年硕士学位论文。

〔2〕 参见〔德〕罗伯特·阿列克西：《法律论证理论——作为法律证立理论的理性论辩理论》，舒国滢译，中国法制出版社 2002 年版，第 22 页。

〔3〕〔德〕乌尔弗里德·诺伊曼：《法律论证学》，张青波译，法律出版社 2014 年版，第 83、110 页。

〔4〕 参见〔德〕乌尔弗里德·诺伊曼：《法律论证学》，张青波译，法律出版社 2014 年版，第 82 页。

前所有参与者都同意这是一个公平讨论过程产生的结果，愿以此作为"行动"的依据。[1]"在法律论辩中所提出的正确性要求明显地区别于在普遍实践论辩中提出的正确性要求。它并不要求所主张、建议或作为判断表达的规范性命题绝对地符合理性，而只是要求它们在有效法秩序的框架内能够被理性地加以证立。"[2]

此外，亦如有学者所指出的，就裁判领域而言，此类异议无疑有杞人忧天的一面。理由是：一方面，法律论辩不同于普遍性的实践商谈，它要受制于既有法律体系、成规和法教义学的约束；另一方面，现实中的司法程序，不可能完全分离关于对和错的实体性观念，也不可能完全等同于一场游戏或论辩赛，当裁判者认为，经由程序获得的结果并不吻合基于实体性考虑的正确结果，他有权、也有可能对其作出矫正。[3]

显然，对于本章所要讨论的第一个问题，即程序证成是否具有裁判理性的特征，并以此是否可以促成刑法裁判规范的理性证成，通过以上的几个方面的论述，应该已经得到比较肯定的回答了。但必须要承认的是，这种肯定的回答绝不能掩盖程序证成在刑法裁判规范证成中的有限性：法律论辩规则并不包括对程序出发点的设置，该出发点是参与者各自预先存有的对规范的看法以及利益解释；法律论辩规则不可能规定全部的论证阶段；一系列法律论辩规则只是被近似的满足，所以也并非是明确决断的理论。[4] 此外，对于上述问题的回答，也只不过是抽象地回应了，程序证成之于刑法裁判规范理性证成实现的可能性，至于如何才能实现，还有赖于本章接下来的讨论。

---

〔1〕　参见林远泽：《真理何为？从哈伯玛斯真理共识理论的实用转向论真理的规范性涵义》，载《欧美研究》2005 年第 2 期，第 393～397 页。

〔2〕　［德］罗伯特·阿列克西：《法律论证理论——作为法律证立理论的理性论辩理论》，舒国滢译，中国法制出版社 2002 年版，代译序，第 265 页。

〔3〕　参见陈林林：《裁判的进路与方法——司法论证理论导论》，中国政法大学出版社 2007 年版，第 243 页。

〔4〕　参见［德］罗伯特·阿列克西：《论商讨中的实践理性概念》，张龑译，载郑永流主编：《法哲学与法社会学论丛》（总第 9 期），北京大学出版社 2006 年版，第 95 页。

第二节 内部视角下的程序证成： 理性法律论辩

以上论述表明，当不同主体在刑法裁判规范的证成中，由于价值判断的分歧而无法达成一致意见时，应适时引入程序证成的方法来加以解决。如季卫东教授所说，程序既是对形式化和实质化的扬弃，也是实现裁判规范证成中合法和合理矛盾的动态平衡化的一种中介装置。[1] 然而，亦如上文中所提及的，程序证成中的"程序"主要所指的并不是那种已经成为制度性事实的裁判程序性规范和装置，更多的时候则是指一种可以对最后的结论进行理性之证立的程序性论辩规则。哈贝马斯也认为，"确保一个程序公平的判决实践之结果的有效性的那些程序原则，需要作一种内部的辩护。求助于实证化的程序法的规定也是不够的，因为，程序法规定无疑拥有的那种合理性，是有待诠释的现行法律的一个成分，而这种法律的客观诠释恰恰是问题之所在"。[2] 据此，刑法裁判规范的程序证成事实上可分为两种形式：一种是内部视角下的程序证成，另一种则是外部视角下的程序证成。内部视角下的程序证成无疑是刑法裁判规范之程序证成的核心内容，它"是一种综合性的、兼顾实质的程序证成，其主旨是依托程序性论辩规则，通过理性的法律论辩为最后的结论发现或提供正当化依据"；外部视角下的程序证成也是必要的，但它是纯形式的程序证成，即"裁判者纯粹是以程序性规范和装置为判决依据的，例如根据正当程序条款以及陪审团裁决所作的判决"。[3] 本节将对刑法裁判规范的内部视角下的程序证成进行探讨，对于外部视角下的程序证成，则将在下一节中予以探讨。

---

〔1〕 参见季卫东：《法律程序的意义（增订版）》，中国法制出版社 2012 年版，第 152 ~ 154 页。

〔2〕 ［德］哈贝马斯：《在事实与规范之间：关于法律和民主法治国的商谈理论》，童世骏译，生活·读书·新知三联书店 2011 年版，第 276 页。

〔3〕 陈林林：《裁判的进路与方法——司法论证理论导论》，中国政法大学出版社 2007 年版，第 207 页。

应当说，近来处于裁判理论前沿的理性法律论辩理论，是内部视角下程序证成的代言人。[1] 这一理论的代表人物有哈贝马斯、麦考密克、阿尔尼奥、阿列克西和佩策尼克等，其中阿列克西的贡献无疑是最具独特的，不仅仅是因为他的工作具有奠基性，更是因为其理论是任何想从事此方面研究的人都无法绕开的高地，所以，有人将阿列克西视为该理论的主导者一点也不奇怪。[2] 然而，诚如我国有学者所洞悉的：阿列克西的规则体系虽然系统、繁密，但理论色彩过浓，就分类而言，在某些地方也混淆了不同性质的论辩规则（一些规则有自然法的特征，而另一些有经验的色彩），而且其关于内部证成与外部证成的论辩规则的划分，也难以清晰展现出其裁判规范证立理论中程序部分要求与实体部分要求的关系；与之相比，阿尔尼奥的分类显然要更胜一筹，他不仅将证立理论明确地划分为了程序部分（阐明法律论辩之合理性条件）和实体部分（阐明最后结论之可接受的实质条件），更是对程序性论辩规则进行了比较清晰且又合理的划分。[3] 职是之故，这里对于刑法裁判规范中理性法律论辩的探讨，也是以阿尔尼奥的分类为基础，当然，也不可避免地要参照阿列克西等人的理论。一般认为，在程序性论辩规则部分，阿尔尼奥不仅区别了法律和非法律论辩的五组理性论辩条件规则，同时，他还专门划分了两组在法律论辩中使用的证明责任规则。[4] 因此，以下拟从"理性论辩条件规则"和"论辩证明责任规则"这两个方面，来具体展开对刑法裁判规范之程序证成的探讨。

一、理性论辩条件规则

（一）理性论辩条件规则的概览与诠释

理性论辩条件是法律论辩理论的核心，因为通过论辩获得的共识，

---

〔1〕　参见陈林林：《裁判的进路与方法——司法论证理论导论》，中国政法大学出版社2007年版，第207页。

〔2〕　参见［德］罗伯特·阿列克西：《法律论证理论——作为法律证立理论的理性论辩理论》，舒国滢译，中国法制出版社2002年版，代译序第4页。

〔3〕　参见陈林林：《裁判的进路与方法——司法论证理论导论》，中国政法大学出版社2007年版，第224页。

〔4〕　参见［荷兰］伊芙琳·T. 菲特丽丝：《法律论证原理：司法裁决之证立理论概览》，张其山等译，商务印书馆2005年版，第131页。

只有在理性论辩条件下获得，才能够被认可。对此，哈贝马斯和阿列克西认为，这种理想的言谈情境需要满足下述条件：[1]

（1）任何一个能够言说者，均可以参加言说。

（2）A. 任何人均可以对任何主张提出质疑。

B. 任何人均可以在言说中提出任何主张。

C. 任何人均可以表达其态度、愿望和需求。

（3）任何言说者均不因受到言说内或言说外的任何强制阻碍而无法行使其在（1）和（2）中所确定的权利。

可以说，以上三个条件为理性的法律论辩提供了最基本的规则，从而在论辩中极具重要意义，但基本规则只是设定了法律论辩的外部前提，倘若要使"通过论辩达成共识"成为可能，还需要论辩者遵守阿尔尼奥所概括出的其他五组规则，即：一致性规则、效率规则、真诚性规则、普遍化规则与支持规则。[2] 以下分述之：[3]

1. 一致性规则

一致性规则要求，在论辩过程中，言说者的每一步骤都应满足逻辑一致性的要求，不得存在自相矛盾的论述或主张，此外，肯定性的主张与否定性的主张也不得在相同的证立中发生。换句话说，我们在证立某一问题时，不得同时持有在这一问题上相对立的观点，如阿尔尼奥曾举了个例子说，我们不可能同时说 X 有了财产 P 和 X 没有财产 P。

---

〔1〕 参见［荷兰］伊芙琳·T. 菲特丽丝：《法律论证原理：司法裁决之证立理论概览》，张其山等译，商务印书馆 2005 年版，第 96 页。

〔2〕 参见陈林林：《裁判的进路与方法——司法论证理论导论》，中国政法大学出版社 2007 年版，第 223～224 页。

〔3〕 以下内容主要参见［荷兰］伊芙琳·T. 菲特丽丝：《法律论证原理：司法裁决之证立理论概览》，张其山等译，商务印书馆 2005 年版，第 132～133 页；陈林林：《裁判的进路与方法——司法论证理论导论》，中国政法大学出版社 2007 年版，第 224～231 页；杨知文：《法律论证具体方法的规范研究》，中国社会科学出版社 2013 年版，第 40～41 页；孙光宁：《可接受性：法律方法的一个分析视角》，北京大学出版社 2012 年版，第 240～241 页。

2. 效率规则

效率规则对于论辩至少存在这样两个方面的要求：为了使分歧能得到解决，它要求言说者都在使用一套共同的话语体系，言说者对语句和语词的用法并不存在明显分歧；此外，为了保证论辩能有效地进行，言说者不应当提出与自己主张不相关的论点。在阿尔尼奥看来，当言说者在用同一语言指示不同的客体，或用不同的用语指示相同的客体时，就会发生意见在语言上的分歧。以教唆未遂可罚性问题的学理讨论为例，如果言说者不能对教唆未遂这一概念所指涉的范围达成共识，那么对教唆未遂可罚性问题的讨论也不可能达成共识，因为有人所说的可罚教唆未遂仅指教唆者已经实施了教唆行为但被教唆者还没有着手实施所教唆之罪的情形，而有人则可能认为教唆未遂是指教唆人未实现其教唆的目的或教唆行为本身未完成的情形。此外，将争点无关的论点加入论辩，既可能浪费时间也可能会误导论辩。例如，在一起盗窃案件的行为定性上，行为人的境遇是否窘困、是否具有特殊身份，显然就是一些不相关的论点，将这些因素充斥于案件盗窃行为性质的认定，无疑既浪费了时间也误导了论辩。当然，当案件过度到量刑的讨论时，这些不相关的论点也可能会变为相关的因素。

3. 真诚性规则

真诚性规则对于论辩也有这样三个要求：其一，诚实的要求，即论辩者只能使用本人所相信的东西，不得使用他已经明知欠缺的证立。故意使用无效证立的人，不是试图在实质理由上影响结果，而是在意图实行劝说。其二，要保障平等的参与权，即"疏离权威"。事实上此点与前述哈贝马斯和阿列克西提出的基本规则相近。它要求任何提出异议的言说者都有权参与到论辩中，而且，任何论辩者都有权质疑某个已提出的陈述。不应使用心理或生理上的手段阻止某人提出自己的主张，任一主体都不应被排除在论辩之外。对此，在前几年发生于朱孝清、崔敏和王守安三人之间的关于我国检察制度问题的学术论辩中，明显就有人违反了真诚性的要求，如有论者将对检察制度的异议者划归为是对"检察机关的宪政地位"的不认同，从而指责言说者"别有用心"。[1] 其三，是公正客观的要求。这就是说，言说者不仅要提出自己的观点，而且还要提出反对其推理的论述，对于反对者之论述的理解应当建立在客观而且正确的理解之上，不得对反对者的论述进行曲解。例如，张明楷教授对于有学者认为德日刑法理论"一方面强调罪责自负的自己原则，另一方面却要坚持'部分行为全部责任'"是自相矛盾的观点提出了批判，认为该论者的批判完全建立在误解的基础之上，"因为'部分实行全部责任'中的'责任'实际上是指客观归责，即强调的是违法的连带性。罪责自负中的'罪责'则是非难可能性意义上的责任，只能是个别判断，这其中没有任何缺陷"。[2]

4. 普遍化规则

普遍化规则要求论辩者仅能援引可以普遍化适用于其他类似案件的价值判断。不具有可普遍化的主张和理由，无法被援引为其他事例的合理化依据，也就不能参与到理性的法律论辩中来。普遍化规则意味着：第一，如果言说者接受了一条可普遍化的规范，那么即使适用该规范的结果会影响言说者的地位，他也必须接受这一规范的适用结果。第二，满足既定者利益的规范的后果，必须为其他任何人所接受——你必须以你的行为遵守规矩，以使自己的行动也能够被普遍化。用学者杨知文的话来说，普遍化规则实际上也可被称之为立场转换规则，它要求规范性命题的主张者在作出某一规范判断时应该"设身处地，亦能接受"。[3] 例如，在许霆案中，法官对于许霆利用 ATM 取款机的错误恶意取款判处无期徒刑，他必须要考虑到假设自己或其他人置身此处境为之行为时，是否能接受这一结果。特别是对在上一章中所提到的几个制定法与

---

〔1〕 关于这场学术论辩的详细情况，请参见朱孝清："中国检察制度的几个问题"，载《中国法学》2007 年第 2 期；崔敏："为什么检察制度屡受质疑——对一篇重要文章中某些观点的商榷"，载《法学》2007 年第 7 期；王守安："学术批评应当客观理性——评《为什么检察制度屡受质疑》一文"，载《法学》2007 年第 9 期；周永坤："追求理性的学术论辩"，载《法学》2007 年第 10 期。

〔2〕 张明楷："刑法学研究的五个关系"，载《法学家》2014 年第 6 期。

〔3〕 杨知文等：《法律论证具体方法的规范研究》，中国社会科学出版社 2013 年版，第 184 页。

习惯法冲突的事案来说，法官对于捉奸丈夫的行为是否具有违法性、庄稼汉陈某的行为是否具有有责性的判断，就必须要考虑这种普遍化规则的要求。

5. 支持规则

支持规则要求言说者必须应他人的请求就其所主张的内容加以证立。而对于一个证立来说，最为重要的条件是融贯性的要求。与一致性规则相比，融贯性具有更高的要求。就像麦考密克认为的，一致性是通过没有矛盾的一系列命题而满足的，如果相互连接的命题中每一个都与其他命题没有矛盾，那么这一系列命题就是一致的；但是，与之相比，融贯性则是这样一种属性：一系列命题在综合考虑时是因总体而有意义，质言之，它要求证立符合法律上总体的精神。[1] 他曾举过这样一个例子（即制定法根据汽车颜色限定时速）来说明融贯性的要求。这个例子是说，假设立法者根据汽车的颜色设定了不同的时速，如黄色、白色汽车最高时速为 20 公里，而蓝色、黑色汽车最高时速为 25 公里，那么，尽管这两个规则在逻辑上没有冲突，但它们却并不融贯，因为并不存在制定这种法律所服务的共同价值或者价值序列；制定法限制时速所要促进的目标在于道路使用者的安全、在燃油方面的节省、减少过度的地面磨损，而根据汽车的颜色对车速限制，显然与促进上述目标并没有什么联系。[2]

---

〔1〕　参见［英］尼尔·麦考密克：《修辞与法治：一种法律推理理论》，程朝阳、孙光宁译，北京大学出版社 2014 年版，第 251 页。
〔2〕　参见［英］尼尔·麦考密克：《修辞与法治：一种法律推理理论》，程朝阳、孙光宁译，北京大学出版社 2014 年版，第 252 页。

事实上，早年发生于上海的"傅炳荣非法经营案"[1]便可以归入为融贯性论述的例子。尽管依据《刑法》第225条对傅炳荣以非法经营罪论处可能并不违背一致性的要求，但却并不符合融贯性的要求，因为傅炳荣的行为在整体上并没有对当时的社会经济管理秩序尤其是市场准入秩序造成冲击，反而结合当时的特殊情况来看，他的行为或许还对当时的社会经济管理秩序有某种程度的促进。

（二）理性论辩条件规则与刑法裁判规范的证成

众所周知，与单纯地进行理论性的分析相比，通过对实例的分析更能有利于人们直观把握理性论辩条件规则在刑法裁判规范证成中的运用，而对于实例的选取无疑应以本国的司法案例为优选。遗憾的是，本书并不能满足上述要求。之所以如此，或许是因为，要在短时间找出一个案例尽可能容纳上述所有理性论辩条件规则的运用，实在太过于困难，当然，我国法院的判决书向来疏于说明裁判说理的过程，也是另一方面的原因。然而令人所幸的是，德国学者普珀在《法学思维小学堂——法律人的6堂思维训练课》一书中，就一则关于故意的法学论辩的分析，再现了一个比较全面且清晰的理性论辩条件规则在刑法学领域中的运用。由于这则关于间接故意与有认识过失区分的法学论辩，实际上也是对目前实务中诸多有关此类疑难案件之大前提的证成，因此，普

---

〔1〕 在上海黄浦江的港口，每天都会有数以万计的运煤船从这里进出，这些运煤船需要加油的时候，不可能都开到码头加油站。从道理上讲，我们应该有专门加油的油船给它们补给，但是有资质的油船公司不愿意做这种小生意，因为需要投入资金专门特制一种油船，才能给它们加油。傅炳荣看到了这里边的商机，他在没有取得《成品油经营许可证》，并不具备成品油经营资质的情况下，组织了100多支船为这些运煤船加油，类似于"水上加油站"。经营了一年多以后，杨浦区人民检察院以涉嫌非法经营罪对傅炳荣提起了诉讼。一审法院认为，由于傅炳荣及其船舶公司没有取得《成品油经营许可证》，并不具成品油经营资质，因此认定构成非法经营罪。但该案背后的情况是，在2000年以前，黄浦江上的水上加油业务都由中石化经营，但由于在黄浦江上，那些运煤船舶主要需要补给的是重油，而经营重油的话，不仅利润比较低，而且管理船舶费用比较高，风险比较大。所以中石化在2000年时就退出了水上加油的领域，从而民营企业取代国有企业，开始经营黄浦江的水上加油业务，填补了市场空缺。正是由于民营企业的及时介入，保证了对运煤船的补给。但是，根据有关法规，民营企业很难取得成品油经营资质，因此这些民营加油企业都无法具备成品油的经营资质。后来该案二审时被改判为无罪。（参见刘宪权：《中国刑法学讲演录》，人民出版社2011年版，第173页。）

珀关于故意的法学论辩之分析，在某种程度上也可以被视为是刑法裁判规范证成中理性论辩条件规则的运用。以下将简要地对普珀的分析进行展示，为了能与上述理性论辩条件规则相结合，在尽可能不改变普珀意思的前提下，本书进行了略微的改写。[1]

【前提的说明】

应如何区分间接故意与有认识过失，主要有"意欲理论"（强调区分的关键在于意欲要素）与"认知理论"（强调区分的关键在于认知要素）两种阵营。尽管每种阵营中各自都还有不同的描述在相互争执，但为了避免论辩变得过于复杂，则只各自挑选一种具有代表性的描述来处理。此外，为了便于讨论的方便，将意欲理论的支持者称之为"发言者1"，将认知理论的支持者则称之为"发言者2"。

【争论的命题】

命题1：间接故意与有认识过失的区别在于，间接故意的行为人对于其所认知的结果，在法律意义下同意并予以容忍，忍受结果的发生，并且没有认真的信赖结果不会发生。如果存有这种认真的信赖，这种信赖就会排除故意，即便是非理性的信赖，亦然。

命题2：间接故意与有认识过失的区别在于，在间接故意之行为人的认知中，结果发生的危险已经大到一个理智的人处于行为人的位置上，只有当他忍受结果、同意结果的发生时，才会接受这个危险。如果行为人认识到一个如此的危险（故意危险），即使他还是在"这个危险这次不会实现"的信赖下行为，也不能让他脱免责任。

---

[1]　参见［德］英格博格·普珀：《法学思维小学堂——法律人的6堂思维训练课》，蔡圣伟译，北京大学出版社2011年版，第170~176页。

【第一个回合的论辩】

发言者1：故意不仅只是认知，而且还包含了意欲。这是唯一能和故意一词的自然语言使用习惯一致的概念理解。

发言者2：故意不是意欲，而是较重的罪责形式。法律并不一定要和日常用语上最贴近的概念使用方式相结合，而是可以根据法律的需求修改。现在，对于"意欲"这个表述，除了描述心理学上的语言使用外，还有一种规范上论断式的语言使用方式，这种语言使用同样表达了这种较重的罪责形式。例如，父亲便绝对可以对他那个抱怨自己考试不及格的懒惰儿子说："这不就是你想要的！"

发言者1：关于意欲一词，在日常用语中或许有时候是会有这种论断式的使用，但这种使用方式并不是一般故意概念的基础。第一级直接故意的概念，也就是意图的概念，就是一种纯粹心理学上的描述性概念。

发言者2：但是，在第二级直接故意中，意欲一词便是纯粹论断式的使用。凡是那些认为自己一旦实现了目的结果便确定会发生（或是有极高可能性会发生）的行为人，不能主张他不希望结果发生；即使它在心理学的描述意义下并没有忍受结果的发生、没有同意接受，更没有企图要让他发生，也就是在心理学的意义下并没有意欲结果发生。就连在直接故意这里，也已经放弃了"故意是心理学描述意义上的意欲"这个原则。

发言者1：但是如果对于"在结果和行为人想要达成之目的有必然的连接"这点没有确信，就只有行为人对这个结果的内在态度，亦即只有他对于其行为的结局加以忍受的态度，才能够取代这个确信。凡是想要取而代之地在目的达成时满足于结果发生的低度概然性的人，在故意与有认识过失之间都会陷入无法克服的区分困难；根据行为人的想象，结果发生的概然性究竟要到何种程度才能算是故意的危险？

发言者2：每个人不应针对那些自己也会犯的错来指责别人。没错，在故意与过失之间是有一个边界地带，我的理论在这里的确会遇到区分的困难。而容忍理论却不仅只是在边界地带不清不楚，而是在所有适用这个理论的情形中都很含糊。

发言者1：如果真是如此，就必须要适用罪疑唯轻原则，作出有利于行为人的认定。在刑法上，我们不能只是为了要排除证明的困难就提出一个理论。

【论辩理论上的评释】

发言者1所提出的最后一个论点，事实上是对于发言者2所采取立场的一种过度简化，从而违背了上述真诚性规则的公正客观的要求，因为发言者2并没有如此主张。发言者2首先尝试用一贯性与正义的论据证立他的立场，然后指出，借此他"也能"排除证明的困难。如此一来，证明困难的这一论据便完全是正当的。

然而，发言者2也有错，因为他把证明困难的这张牌单独打出来。发言者2原本不仅要指出，意欲理论无法在间接故意的情形证明他们所要求的意欲要素，而是也要指出，意欲理论无法充分确定意欲要素，因为它们不清不楚地将之描述成行为人对于结果的内在态度、描述成一种他们所理解的心理事实要素。发言者2一开始就把这个问题和证明问题连接在一起，自己不理智地招来了发言者1的谴责："只为了"排除证明的困难。应当说，这是因为发言者2没有充分利用好上述的效率规则。

但是，就和发言者2一样，发言者1也错失良机，他只非难了对立命题有区分的困难；其实这背后还藏有另一个更深层的论据。下面就用这个论据继续讨论。

【第二个回合的论辩】

发言者1：故意非难与过失非难二者间有一种根本的区别。大部分的构成要件都是针对故意的违法而设，在那些也包括过失违法的构成要件中，故意犯行与过失犯行间存在着一个法定刑的落差，只有通过不法非难与罪责非难间本质上的差异，才能合理说明这个落差。故意危险理论在故意与过失之间，到最后只有提出一个量（程度）上的差异。高度危险这个概念是一个可以层升、可提高的概念。这个理论若要前后一贯，就不仅必须承认或多或少的过失行为，而且也必须承认或多或少的故意行为。只有故意的意欲理论对于故意与过失之间提出了一个本质上的区别。

发言者2：这只有在纯粹外在的概念定义上是如此，实质上，意欲理论也无法改变，在故意与过失间存有一个流动的过渡阶段。意欲理论也必须要处理这个问题，只不过它不是在间接故意的概念中处理，而是在补充概念（也就是有认识过失）中解决。"认真信赖结果不会发生"与"仅只是模糊地信赖结果不会发生"两者之间的过渡阶段是流动的，这同样也是一个可层升的概念。人们可能是或多或少认真、或多或少模糊的信赖。

发言者1：故意危险理论非常不正义，并且违背了个别可非难性原则。

【论辩理论上的评释】

理性论辩条件规则中有一条规则：每一个论辩者都必须要证立他的观点，这就是上述支持规则。当他指摘对方抵触了所有参与对话者均认可的原则（就如同这里涉及的正义原则）时，这个规则更加有其适用的余地。这就出现在最后一个论据中，尽管如此，这个论据特别还被援用来反对认知的故意理论。这个指摘的说服力，就是建立在其强烈的用词上。让我们试着补上理由。

【第三个回合的论辩】

发言者1：用一般理性的标准来评断犯罪行为人，而不是依据这个行为人自己的理性标准，是不公平的。行为人有权要求判决要以他（对于重要事实）的看法作为判断的基础，尤其是当他的看法被情绪上的偏见、激动的情绪或是药物所影响时。因此，行为人的性格、其对于法律以及所侵害之法益的一般态度、其与行为前后的态度，也都必须在判决时一并加以斟酌。唯有如此，才能达成一个合于个案与行为人人格的判决。

发言者2：法官判决的对象并不是行为人的人格，而是他的犯行。这个判决的基础虽然是行为人对于事实的想象，但判决所依据的标准则不是行为人自己的标准，而是要依据一般理性的标准。那些对于高度危险已经有所认知却又不认真看待的行为人，所犯的并不是认知上的错误，而是犯了道德上的错，他就是因为这个过错而要受到非难。就是因为行为人信赖其所认知的高度危险在当下不会实现，他便实现了自己对于法律以及对于他人利益的漠然态度，"漠然"意味着较重的不法非难。他在情绪上附有条件的偏见、他的激动情绪或是他通过药物使用所受到的影响，应该属于罪责裁量及刑罚裁量的问题。

【论辩理论的最终评释】

借此，这两个对手走到了他们争论的谷底。他们对于"什么是正义"、"法律在怎样的程度上要服从一般的标准"以及"法律在怎样的程度上必须接受人民自己的标准"这些问题，有着对立的想象。发言者1追求个案正义，并且因此认为，能够顾及个案中许多不同的观点，正是其所采之故意理论的关键优点。他信赖法官会正确挑选个案中的决定性观点，并且会正确地相互衡量。对于发言者2来说，正义，主要就是平等对待、法安定性以及无恣意性。因此，发言者2才会认为下述的事实是个优点：他的故意概念所含有的要素较少，而这些要素可以在每个案件中相同地适用，并且他也是尽可能清楚明白地描述了这些要素。他怀疑个案正义，并且不信任法官的司法。

尽管就算这两个人一直继续讨论下去，也不太可能会有一方能够让对方改采自己的意见。也不太可能让这种意见以任何一种妥协的形式趋于一致。但是，论辩只有在下述情况下才能达成对观点的澄清：只有当论辩是不受宰制并且公平地进行时，也就是说，只有当对手不再过度简化或扭曲反对意见的论据、不再提出未经证成的非难、不再用那些以自己意见之正确性作为前提的论据（所谓的循环论证）驳斥反对意见，并且，尽力去了解与深入探讨反对阵营的各种论点时，论辩才能澄清双方的看法。一个如此的公平的论辩，不仅会让论辩者更能理解对手的意见，并且也能让论辩者更加了解自己的立场。

通过普珀教授详尽的分析可以发现，理性论辩条件规则可以检验某一个正在讨论的法律论辩是否以理性的方式进行着，虽然说理性论辩条件规则并不能立刻保证理性共识的达成，但是，这些规则起码能保证双方的争执不会越走越远，从而增强了理性共识的可能性。

二、论辩证明责任规则

显然，仅有理性论辩条件规则还无以说明论辩何时可以达成共识，如果没有一些其他规则的制约，论辩可能就会像上述普珀所举的例子一样，两个人你说你的、我说我的，将会一直讨论下去，这无疑是理性法律论辩所不能接受的。[1] 因此，我们需要一些规则来较为及时地辩明论辩在何处可以不用再进行下去，这就是阿尔尼奥所说的论辩证明责任规则，也是阿列克西所说的论证负担规则。这组规则要求，言说者皆须为自己的主张和判断提供理由，只有当他人对言说者所持的某一主张停止质疑或予以接受时，论辩才可以终止。然而，值得注意的是，论辩证明责任规则与一些定型化的证明责任规则（如程序法上某些类型之案件的证明分配规则）是有区别的，尽管这些定型化的规则也可能勾勒了一个隐匿的法律论辩模式，"不过，鉴于个案之准用规范的不确定性，以及论辩过程的开放性，定型化的论证负担规则在大多数案件中，仅具有指示或参考意义。因此仍须对论辩之际的论证负担，另行设立一般性的负担规则。"[2]

---

　　〔1〕　阿列克西就曾表达过相似的观点，他说："准许任何人对任何主张提出质疑。因此，如果这没有实质要求，就会让任何言谈者钻牛角尖，像孩子一样机械不停地追问'为什么'。而且还有一种可能：他会将别的商谈参与者已讲过的所有废话当作有价值的东西提出来。自己可以不必提出理由而只管提出问题或表示怀疑，这两点对于一个讲话者而言都再简单不过了。迄今所构想的规则尽管对作出主张者规定了证立负担，但却没有对提出问题和表达怀疑本身设定负担。"（〔德〕罗伯特·阿列克西：《法律论证理论——作为法律证立理论的理性论辩理论》，舒国滢译，中国法制出版社 2002 年版，第 243 页。）

　　〔2〕　陈林林：《裁判的进路与方法——司法论证理论导论》，中国政法大学出版社 2007 年版，第 231 页。

（一）论辩证明责任规则的概览与诠释

对此，阿尔尼奥将证明责任规则划分为了两组：一组是证明责任的程序规则，它主要关涉的是言说者在什么样的情况下有证明责任；另一组是证明责任的实质规则，它主要关涉的是言说者在涉及哪些实体内容时有证明责任。以下拟对这两组规则分别加以论述。[1]

1. 证明责任的程序规则

在阿尔尼奥看来，证明责任的程序规则又可以被分为三个具体的规则：

第一个规则是，证明责任归于批评通行状况并企图有所变化的人。这也是佩雷尔曼所说的"惯性原理"。这一规则认为，连续性是理智的社会生活的基础及命脉，尽管连续性不意味着保守主义或一味地保持现状，但是，它要求对通行状况或"已接受的"观点提出改变的言说者，必须有加以证立的责任。诉诸惯性原理，除可以排除漫无边界的疑问外，还可以在一定程度上减轻言说者的论证负担，使论辩从根本上能够得以进行。例如，我国刑法理论和司法实务历来的通说都认为，盗窃罪中的盗窃是指秘密窃取他人公私财物，如果有人想打破这一通说，进而主张公开盗窃的也属于盗窃罪中的盗窃，那么他就负有当然证立公开盗窃也符合盗窃罪之构成要件的责任。

第二个规则是，对自己的命题或立场提出证立的人，只有在其证立被质疑时，才必须提出另外的证立，此即证明责任上的应答规则。这一规则的目的就在于，为了防止某个言说者自己不出示任何怀疑依据，却单方面不断要求言说伙伴提供进一步的理由。一般认为，应答规则的适用条件是，言说者能够就对方已提供的论据，提供了实质而有效的反面理由。用奥斯汀的话来说，"若你要说'那是不够的'，那么你心里必

---

〔1〕 以下内容主要参见〔荷兰〕伊芙琳·T. 菲特丽丝：《法律论证原理：司法裁决之证立理论概览》，张其山等译，商务印书馆2005年版，第133～134页；陈林林：《裁判的进路与方法——司法论证理论导论》，中国政法大学出版社2007年版，第232～235页；杨知文：《法律论证具体方法的规范研究》，中国社会科学出版社2013年版，第41页；〔德〕罗伯特·阿列克西：《法律论证理论——作为法律证立理论的理性论辩理论》，舒国滢译，中国法制出版社2002年版，第243～246页。

然想到有某些或多或少确然的欠缺……假如没有这些你至少准备根据感受到的压力而加以特定化的确然的缺失，那么继续说'那是不够的'，恰好就是可笑的（粗暴的）。"[1] 这也就是说，如果相对方想要言说者提出进一步的证立，那么他对言说者的主张表示的质疑必须是确实可信的。如果在论辩中，没有人对言说者所提供的理由或依据表示质疑，那么言说者不必提出进一步的证立。例如，当有言说者根据《刑法修正案（八）》的规定将入户盗窃解释为行为犯，却遭到有人以财产犯罪都是结果犯的理由的反对时，言说者就不能再简单重复已提出的理由，而必须提出更进一步的或额外的理由对自己的主张进行证立。

第三个规则是，提出与证立无关或没有任何证明力的命题或主张者，有责任说明他或她为何使用这样的证立，此即相关性规则。尽管在上述效率规则中已经要求言说者不要提出无关的论述，但是，某些陈述是否"相关"并非是立刻就能决定的，因此有时需要事先给予言说者以论辩的机会。此外，论辩中总会存在某些言说者会有意或无意地给出一些无关的论述，所以，为了避免这类论述可能会使理性论辩的条件和氛围会遭到破坏，那么，就要求言说者有责任对自己提出无关或没有任何证明力的命题或主张说明理由。

2. 证明责任的实质规则

在证明责任的实质规则上，阿尔尼奥也区分了三个具体规则，但也有学者认为，阿尔尼奥的后两个规则实际上可以统称为一个规则，即成规因循规则。为了便于理解，本书也遵从了后一种划分方法，但在实体内容上并不明显区别。以下分述之：

第一个规则是，平等对待规则。质言之，同等的情况应当得到同等的对待，相似的案件应当得到相似的处理，但这绝非是说，我们绝不可以根据一些特殊情形来作出区别对待或处理，而是说，当言说者提出对相似情况或案件做不同的对待或处理时，他或她有义务证立这一区别对

---

〔1〕 J. L. 奥斯汀：《他人之心》，载奥斯汀：《哲学文集》，第 84 页。转引自［德］罗伯特·阿列克西：《法律论证理论——作为法律证立理论的理性论辩理论》，舒国滢译，中国法制出版社 2002 年版，第 245 页注释［56〕。

待或处理的理由。用阿列克西的话来说就是，如果有谁想将某人 A 与某人 B 做不同的对待，那么他就负有责任，对这样做的理由进行证立。例如，倘若裁判者要对两起极为相似的盗窃案件做不同处理时，裁判者就负有责任来说明理由。

第二个规则是，成规因循规则。它主要与法教义学对具有柔性拘束力的法律渊源（成规或惯例）的使用要求有关。具体又可分为两个关于证明责任的规则：一是如果言说者的主张，背离了一些可能被使用的准备资料，那么，言说者必须就此给出理由。例如，在某个特定的交通肇事罪案件中，假设审理该案的法官没有根据交通管理部门出具的事故责任认定意见，来认定该案行为人在交通肇事罪中的事故责任时，他或她有义务就此给出理由。二是倘若言说者的主张与我们一贯所承认的极其类似事件的法院惯例不相符，言说者也有义务说明如此做的理由。比如，假设某一言说者在个案中提出的主张，与我国最高人民法院就类似事案颁布的指导案例之裁判理由明显相背离时，那么，言说者就有义务说明他或她的主张为何要区别于最高人民法院就类似事案颁布的指导案例的裁判理由。[1]

（二）论辩证明责任规则与刑法裁判规范的证成

应当说，在对刑法裁判规范的证成中，我们一直以来都被这样一个问题所困扰，那就是，倘若我们在某一待判案件中，依据不同的刑法解释方法得出了不一致的结论时，我们能否通过刑法解释方法之位阶的解决，来确定待判个案可适用的刑法裁判规范？以下，本书拟通过对论辩证明责任规则在解决这个问题上所可能存在的优势的阐述，来具体说明论辩证明责任规则对于实现刑法裁判规范理性证成的意义所在。

尽管学界在刑法解释方法应包括哪些具体类型的认识上，可能还有些许争议，但大部分学者已基本认可刑法解释方法主要包括文义解释、

---

[1]　当然，诚如阿列克西所认为的，这一问题可能还涉及判例的法源性质的追问，但是这里点出这个问题应该说就足够了。（参见［德］罗伯特·阿列克西：《法律论证理论——作为法律证立理论的理性论辩理论》，舒国滢译，中国法制出版社 2002 年版，第 341 ~ 342 页。）

体系解释、历史解释、目的解释和合宪性解释五种类型。[1] 事实上，在关于刑法解释方法的讨论中，更为重要也是最具争议的问题是：各种刑法解释方法之间究竟有无位阶性。对此，学界中主要存在着两种阵营：一种是肯定刑法解释方法位阶性的阵营，另一种是否定刑法解释方法位阶性的阵营。[2] 其中，肯定刑法解释方法位阶性的主张，是目前我国刑法学中的通说观点。例如，陈兴良教授认为，应当承认各种解释方法之间存在一定的位阶关系，尽管它并不是固定不变的；如果这种解释方法的位阶关系得不到遵守，可能会影响解释结论的合理性。[3] 梁根林教授也认为刑法解释方法的运用顺序，应当是文义解释→体系解释→历史解释→目的解释→合宪解释。[4] 苏彩霞教授在这一顺序排列的基础上还提出了，在可能文义的界限点上，文义解释具有绝对的优先，在可能文义的界限内，目的解释应为解释之冠。[5] 但是，这种主张遭到了否定刑法解释方法位阶性论者的反对。例如，周光权教授认为，承认某种解释方法具有优位性是一个似是而非的说法，文义解释虽处于解释的起点位置，但这并不意味着文义解释是决定性的；目的解释在何种情况下是最高准则，不可一概而论；司法判断的高度复杂性决定了，在各种解释方法中，并没有一个确定的次序；因此，刑法解释方法的位阶性并不存在，讨论位阶性的有无并无理论上的实益。[6] 温登平则也指出，"刑法解释方法位阶关系论归根结底是一个假命题"。[7]

---

〔1〕 事实上，将文义解释、体系解释、历史解释、目的解释和合宪性解释称为"解释方法"还有商榷之处。严格来说，这些所谓的"解释方法"不过是解释过程中必须要予以考虑的基本要素而已，所以说，将它们成为"解释要素"或"解释规准"似乎更为妥当。但基于约定俗成之故，本书在此沿用这一通常做法。（参见刘飞："宪法解释的规则综合模式与结果取向"，载《中国法学》2011年第2期。）

〔2〕 当然，在双方的阵营可能各自都还有不同的描述在争执，为了使讨论看起来简洁些，对这些具体的差异在此不作特别考虑。

〔3〕 参见陈兴良："刑法教义学方法论"，载《法学研究》2005年第2期。

〔4〕 参见梁根林主编：《刑法方法论》，北京大学出版社2006年版，第161页。

〔5〕 参见苏彩霞："刑法解释方法的位阶与运用"，载《中国法学》2008年第5期。

〔6〕 参见周光权："刑法解释方法位阶性的质疑"，载《法学研究》2014年第5期。

〔7〕 温登平："刑法解释方法位阶关系否定论"，载陈金钊、谢晖主编：《法律方法》（第13卷），山东人民出版社2013年版，第360页。

　　本书虽然在某种程度上也同意否定论者所认为的，刑法解释方法之间可能并不存在一个固定的位阶序列，因此，努力通过解释方法位阶关系的确立，来解决冲突问题可能是徒劳的，但与此同时，本书并不认为这个问题的讨论完全是无实益的。理由是，依据不同的解释方法往往会得出相互冲突的结果，如何能做出比较妥当的选择，既是刑法理论也是司法实务的任务所在，肯定论者的目的显然正在于此。但是，这种选择既不可能像有学者所说的"各取所需"，也不大可能依据肯定论者所提出的那个僵硬的序列安排来操作，尽管有学者声称这一序列并非是固定不变的。此外，肯定论中那个曾被广为认同的观点——在可能文义的界限点上，文义解释具有绝对的优先，在可能文义的界限内，目的解释应为解释之冠——的作用实际上也是似是而非的。一方面，解释方法的冲突所要解决的关键问题之一就在于文义解释与目的解释的冲突上，即我们对文义的理解究竟是否处于可能文义的界限点上，而这一观点无疑在理论上过度简化了对这一实际争议的处理；另一方面，即使同处于可能的文义之内的多种解释，我们也不是理所当然地以目的解释为解释之冠，也还存在一个对待判个案何者"更好"的问题。那么问题是，我们究竟应当如何来正确看待这个问题？在本书看来，论辩证明责任规则（主要是证明责任程序规则），无疑为这一问题的有效解决提供了重要帮助。下面将会看到，根据证明责任程序规则的要求，在不同的解释方法之间还是可以提出某种优先规则，尽管这个规则可能并不十分完整，而且也不会是一直清楚单义的。[1]但我们会发现，不企图提供一个太强的标准，使人随时根据论辩理论知识就可以胸有成竹地确定结论，或许正是这一规则的优势所在。[2]

　　前已述及，论辩证明责任规则要求，证明责任应归于批评通行状况并企图有所变化的人。现代法治最基本也是最直接的要求，就是裁判者

---

〔1〕　参见［德］英格博格·普珀：《法学思维小学堂——法律人的6堂思维训练课》，蔡圣伟译，北京大学出版社2011年版，第83页。

〔2〕　参见［德］罗伯特·阿列克西：《法律论证理论——作为法律证立理论的理性论辩理论》，舒国滢译，中国法制出版社2002年版，第307页。

应该根据现行的有效法规范来作出判决，而裁判者依据法规范之文义作出判决也应是广受认可的"通行状况"，否则成文法本身就失去了意义。那么，为了确保论辩（讨论）受现行有效法规范的约束，就必须要求那些最能表达这个约束的论述优先具有更大的分量。[1] 质言之，假设存在着这样一种情形：在某一刑事案件中，裁判者 A 根据文义解释或历史解释（立法者的意图）得出某行为人成立犯罪或不成立犯罪的结论，但是，裁判者 B 根据目的解释（客观的目的解释），得出的结论却偏离了文义解释或历史解释的解决方案。根据证明责任规则（惯性规则）的要求，此时应当赋予裁判者 A 的论述具有优位性。这种优位性是指，除非裁判者 B 不仅能够为自己的主张提出良好的理由，而且还能够提出良好的理由说，他的论述比裁判者 A 的论述更加有力，否则，在此个案的讨论中，应适用具有优位性的裁判者 A 的论述，不管这一论述所导致的结果是有罪的还是无罪的论述。[2] 显然，此优先规则与前述肯定论者所提出的序列安排是有差异的，这种优先性是一种表象的优先性，当其他方法在论证上更为有力时，其他方法则可能取得终局的优先性；此外，这种优先规则得出的结论也可能与"肯定论中那个曾被广为认同的观点"相左。阿列克西将这一规则精炼为："那些表达受法律的文义或历史上的立法者意图之约束的论述，比其他的论述具有优位，除非能够提出合理的理由说明其他的论述被赋予了优位。"[3]

但是，不得不承认，正如阿列克西自己所看到的那样，这个规则也有一个悬而未决的问题，那就是，到底什么时候人们有合理的理由说，那些表达受约束的论述被赋予相对较轻的分量。对此，阿列克西认为，我们应当将这个问题留待参与法律论辩的人们去决定，所以，解释方法

---

〔1〕 参见［德］罗伯特·阿列克西：《法律论证理论——作为法律证立理论的理性论辩理论》，舒国滢译，中国法制出版社 2002 年版，第 307 页。

〔2〕 阿列克西也曾假设了一个相类似的事案。参见［德］罗伯特·阿列克西：《法律论证理论——作为法律证立理论的理性论辩理论》，舒国滢译，中国法制出版社 2002 年版，第 308 页。

〔3〕 ［德］罗伯特·阿列克西：《法律论证理论——作为法律证立理论的理性论辩理论》，舒国滢译，中国法制出版社 2002 年版，第 308 页。

的位阶问题是一个主要通过论辩来加以解决的问题；为了使论述分量的权衡可普遍化，阿列克西又补充提出了另一个规则，即："各种不同形式的论述的分量，必须根据权衡轻重的规则来加以确定。"[1]

　　值得注意的是，亦如台湾学者吴元曜所指出的，尽管上述规则具有方法论上的重要性，但在不同法领域的实际应用应有所不同。例如，相较于传统刑法，在经济刑法规范的适用时，历史解释的分量应适度减弱，所以根据目的解释推翻历史解释而获得终局优先性的容易度和可能性应予提升。这是因为：一方面，经济刑法所规范之范畴是日新月异、变迁迅速且对应国际情势之财经产业及市场，立法难以完全预见及适应未来客观经济环境之发展及需求，所以相较于传统刑法，经济刑法更依赖根据客观情势的目的解释；另一方面，经济刑法的制定不可讳言地时常具有强烈之政策导向性质，立法者在落实一时政策的同时，可能出现忽略若干宪法位阶之重要价值的情形，比如因为将经济刑法过度工具化而违反"罪责原则"，从而漠视"人性尊严"之保障，或者因为受限于立法专业认知之不足，若完全依从"历史解释"，势将产生法益保护之疏漏，此时，目的解释显然更易优先于历史解释。[2] 当然，这也绝非意味着，在经济刑法领域中，历史解释已然完全式微或难以维持其优先性。譬如，尽管有许多经济规范的内容及体例，明显继受其他先进国家的立法例或承袭其精神，但本国立法者在继受或承袭的同时，已经充分考虑到我国经济及社会环境之特别需要，所以经济刑法部分规范内容与国外立法例并不相同，此时历史解释自仍应受到一定的尊重。[3]

　　实际上，除了在解决刑法解释方法的位阶问题上，论辩证明责任规则发挥了重要作用，在另一个问题即刑法的价值判断上，特别是在裁判者如何经由刑法基本原则所已形成的最低价值共识为前提，来就具体的

---

〔1〕〔德〕罗伯特·阿列克西：《法律论证理论——作为法律证立理论的理性论辩理论》，舒国滢译，中国法制出版社2002年版，第308～309页。

〔2〕参见吴元曜：《法律适用方法论：一个批判观点的考察》，元照出版有限公司2010年版，第16～20页。

〔3〕参见吴元曜：《法律适用方法论：一个批判观点的考察》，元照出版有限公司2010年版，第20页。

价值判断问题达成新的价值共识上，论辩证明责任规则中的两项实质规则也将起到重要作用。理由是，这两项实质规则有助于催生出刑法价值判断上的两项实体性论证规则。据苏彩霞教授的研究[1]，第一项实体性论证规则是，只有在足够充分且正当理由的情况下，才能进行扩张解释，该规则对应着的证明责任规则是：从罪刑法定原则出发，如果认为系争案件处于可能文义之外而主张无罪，那么只需证明系争案件不在条文的文义之内即可，但是倘若需要对文义做出扩张解释的，理当应该科以更多的论证负担，也就是说，除了要积极证明采取扩张解释有足够充分而且正当的理由，还应针对不应做出扩张解释意见提出反对的理由；第二项实体性论证规则是，没有足够充分且正当的理由，应当坚持强式意义上的平等对待，该规则对应着的证明责任规则是：倘若主张在具体刑法价值判断问题上采弱式意义上平等对待的论者，除了要证明有充分且正当的理由而无须贯彻强式意义的刑法平等对待，而且还能有效反驳主张强式意义上刑法平等对待的论者提出的理由。

应当说，刑法价值判断上的这两项实体性论证规则，为刑法价值判断的合理实现，"提供了最低限度的途径与保证：它一方面避免人们'有关价值判断问题的讨论成为自说自话的领域，成为纯粹的个人情感、个人偏好的宣泄和表达'，另一方面它以人们最低限度的价值共识为基础，'提供了一个大致相互理解，进而寻求新的价值共识的平台'"[2]。这两项实体性论证规则也与前述理性论辩条件规则一道，为刑法裁判规范的理性证成提供了重要保障。

第三节　外部视角下的程序证成：制度化的保障

在上一节中，主要讨论了刑法裁判规范之内部视角下的程序证成，

---

〔1〕参见苏彩霞："刑法价值判断的实体性论证规则"，载《华东政法大学学报》2008年第1期。

〔2〕苏彩霞："刑法价值判断的实体性论证规则"，载《华东政法大学学报》2008年第1期。

通过讨论得知，为了能够尽量避免主体间价值判断的分歧给裁判带来的恣意与专断，从而实现个案中刑法裁判规范的理性证成，很大程度上实际依赖于，待判案件的裁判者在论证过程中是否符合了理性法律论辩理论的要求。质言之，就是裁判者是否遵循了，理性论辩理论为促进共识形成和保障判决正当性所预设的，一系列理性论辩条件规则和论辩证明责任规则。然而，事实却有可能像我们在普珀的那则关于故意论辩的例子中所能够看到的，人们经常会有意地或者无意地违反了理性论辩规则的要求，哪怕是已经过了严格专业训练的法律专家们也是如此。所以说，倘若完全依托于内部视角下的程序证成，往往并不能实现程序证成之于刑法裁判规范理性证成的目的。因此，我们应适时地将程序证成的视角转移到外部来，亦即理性法律论辩的制度化保障上。这也是本节的任务所在。

在实践中，理性法律论辩的制度化保障并不是单一的，而是多元存在的。例如，袁林教授认为，构建这种协商对话的制度主要有：司法解释社会公众参与制度，协商司法制度，陪审制和判决说理制度；[1] 苏彩霞教授则认为，促进"理想对话情境"的制度性保障有：取消最高人民检察院作为有权刑法解释的主体地位，废除《刑法》第306条规定的辩护人、诉讼代理人毁灭证据、伪造证据、妨害作证罪，取消错案追究制和建立判决书说理制度；[2] 沈琪博士也提出，其程序制约也包括刑事审判程序的建构和刑事判决说理制度的建构。[3] 显然，基于篇幅的限制，在此不可能对所有可能保障理性论辩实现的制度都有涉猎，只能择一两个典型予以探讨。是故，以下本节只选择了其中两个比较具有代表性而且亟待完善的制度来进行探讨，即人民陪审制度与判决说理制

---

〔1〕 参见袁林：《以人为本与刑法解释范式的创新研究》，法律出版社2010年版，第212页以下。

〔2〕 参见苏彩霞："实质刑法解释合理实现的程序性论证规则"，载《现代法学》2009年第4期。

〔3〕 参见沈琪：《刑法推理方法研究》，浙江大学出版社2008年版，第150~168页。

度。[1] 当然，需要说明的是，本节在此就这两个制度的讨论也不可能是全方位的，而是主要围绕刑法裁判规范证成的理性实现这一视角而展开的。

一、人民陪审制度

（一）人民陪审制度的意义

吸纳社会公众直接参与司法审判的人民陪审制度，无疑是目前最为典型的制度化的直接对话协商模式之一。[2] 无论是英美法系国家所采用的陪审制，还是多数大陆法系国家所采用的参审制，其首要目的并非如有学者所言："作为人民行使主权的一种重要方式所彰显出的政治民主价值，是映照'人民主权'的一面镜子。"[3] 实际上是为了在个案中促进司法专业人员与社会公众的沟通，以抑制司法专业人员裁判的恣意与专断，进而保障裁判结论尽可能符合理性法律论辩的要求。只不过人们一般认为，陪审制与参审制主要在裁判结构和权力结构上存在差异，即：在陪审制中，陪审团与职业法官相对独立，前者负责事实问题，后者负责法律问题，而在参审制中，参审员与职业法官共同负责事实问题和法律问题；进而，在陪审制中，陪审团享有事实裁断的专属权力，而职业法官享有法律适用的专属权力，而在参审制中，参审员与职业法官共同享有事实裁断和法律适用的权力。[4] 基于这一划分，我国《刑事诉讼法》第13条（1979年《刑事诉讼法》第9条）规定的人民陪审员陪审制度，实际上更倾向于大陆法系国家的参审制。

将人民陪审员作为合议庭的成员直接参与案件的审判，与法官进行直接的讨论与交流，既能使陪审员了解法官对法律的理解与解释，也能

---

〔1〕 值得注意的是，"人民陪审员制度"和"裁判文书说理"也是最高人民法院于最近发布的《人民法院第四个五年改革纲要（2014—2018）》中所规定的，拟重点改革和完善的两项制度。

〔2〕 参见袁林：《以人为本与刑法解释范式的创新研究》，法律出版社2010年版，第228页。

〔3〕 汪建成、刘泊宁："论我国人民陪审制度改革的方向"，载《东岳论丛》2015年第8期。

〔4〕 参见施鹏鹏："陪审制研究"，西南政法大学2007年博士学位论文。

使法官了解来自民众的观点和情感，有利于敦促陪审员和法官各自调整自己的解释视角和结论，从而促进最终裁判共识的形成。[1] 这是因为，"'遵循论证规则'本身尚无法保证相关论述之品质，此乃牵涉到一个就论证理论而言系根本的、惟迄今极少被强调之前提（而非论证理论之要求）：论证之参与者（以及人类）一如其事实上生存的样式，原则上会区分'好理由'与'烂理由'，而论证理论之出发点，即系上开参与者原则上所拥有的判断能力。"[2] 用奥里斯·阿尔尼奥（Aulis Aarnio）的话来说，理性论辩结果的可接受性常依赖于"听众"的生活方式，而属于不同生活方式的人往往有着不同的规范和价值，"听众"的不同可能会导致理性论辩结果的不同，[3] 实践中对于部分案件经常出现司法专业人员的意见与公众意见的背离即是因为此，是故，让人民陪审员参与审判无疑扩大了论辩"听众"的范围，进而也扩大了共识的范围。综上，以理性法律论辩理论的视角观之，人民陪审制度的司法功能主要体现为以下两点：

第一，人民陪审制度有利于避免法官在司法裁判中的偏见与专断。倘若某人长期只受一种知识的熏陶、长期只从事一种工作以及长期只与某一特定的群体打交道，那么他或她极有可能形成思维上的定势与偏见，职业法官在某种程度上就是这样一个群体。所以，当新型疑难案件出现时，职业法官最容易根据已往的定势作出判断，尽管这在某种程度上也保障了法律适用的稳定性，但有时也会出现脱离实际的情形。人民陪审制度的司法功能之一就是在审判中加入社会公众的意见，通过对话与沟通来冲淡或避免职业法官的偏见。[4] 此外，让公众参与到司法审判中，还有一个重要的原因在于，基于利益或价值判断影响，法官也容

---

〔1〕　参见袁林：《以人为本与刑法解释范式的创新研究》，法律出版社 2010 年版，第 233 页。

〔2〕　吴元曜：《Robert Alexy 之论证理论观点与我国刑事法学之发展》，元照出版有限公司 2009 年版，第 128 页。

〔3〕　参见〔荷〕伊芙琳·T. 菲特丽丝：《法律论证原理：司法裁决之证立理论概览》，张其山等译，商务印书馆 2005 年版，第 134~137 页。

〔4〕　参见齐文远："提升刑事司法公信力的路径思考——兼论人民陪审制向何处去"，载《现代法学》2014 年第 2 期。

易形成恣意和专断，而扩大审判主体在论辩中的参与，有利于克服法官的恣意与专断。

第二，人民陪审制度有利于缓解当下司法裁判中存在的共识危机。刑法是一门专业性和操作性都很强的部门法，所以对于刑事法官的职业化和精英化要求往往更加强烈，然而，刑法所规定的犯罪与刑罚的内容毕竟是直面世俗生活、面向普罗大众的，而过度职业化和精英化的倾向无疑会导致裁判结论对社会常识的疏远和偏离，从而产生刑事裁判过程中的共识危机。[1] 刑法学者陈忠林教授曾针对网络上喧嚣一时的许霆案，这样试问过审理该案的法官："如果你不是法官而是普通人，你会怎么判这个案子？"结果得到了一个非常有意思的回答："我已经当了十几年的法官，我已经不知道普通人怎么思考了。"[2] 而通过人民陪审制度，可以让非专业的社会公众参与到无涉自己利益的刑事审判活动中，并与职业法官共同研讨、沟通与博弈形成对事实问题、法律问题以及行为性质等的判断，无疑可以促进裁判最终获得结论的共识属性。所以说，人民陪审制度有利于缓解当下我国司法裁判中的共识危机。

（二）我国人民陪审制度存在的问题

那么问题是，我国的人民陪审制度是否实现了上述效果？事实告诉我们，尽管近年来全国人民代表大会常务委员会和最高人民法院、司法部相继出台了一系列保障人民陪审制度实施的规范与文件，[3] 但人民陪审制度的实际运行并没有达到所预设的上述目标。在当前的实践中，我国人民陪审制度的实践运行存在着诸多问题，主要体现在以下几个方面：

---

〔1〕 参见唐稷尧：《从文本中的刑法到司法中的刑法——定罪视野下犯罪成立要件确定机制研究》，法律出版社 2014 年版，第 337 ~ 338 页。

〔2〕 何家弘、赵志刚主编：《谁的陪审谁的团：刑事庭审制度改革的虚拟实验》，法律出版社 2011 年版，第 294 页。

〔3〕 这些规范和文件主要有：2004 年全国人民代表大会常务委员会通过的《关于完善人民陪审员制度的决定》；2005 年最高人民法院、司法部颁布的《关于人民陪审员选任、培训、考核工作的实施意见》；2010 年最高人民法院颁发的《关于人民陪审员参加审判活动若干问题的规定》《关于进一步加强和推进人民陪审工作的若干意见》；2010 年最高人民法院政治部作出的《关于人民陪审员工作若干问题的答复》。

第一，陪审员选任的"精英化"。根据 2004 年十届全国人民代表大会常务委员会第 11 次会议通过的《关于完善人民陪审员制度的决定》（以下简称《决定》）第 4 条的规定，选任人民陪审员除了要符合年龄、品行和身体状况等要求外，一般还应当具备大学专科以上的文化程度；此外，《决定》第 8 条还规定了相对严格的人民陪审员的遴选程序。[1] 应当说，《决定》对人民陪审员学历的限制和遴选程序的规定，导致了我国人民陪审员选任的"精英化"。在实践中，成为人民陪审员的不是普通社会公众，而是党政机关和事业单位的代表，如党政干部或政协委员、人大代表、高校教师等，并且绝大多数都是具备高学历的人。例如，2010 年 4 月 20 日《南方周末》刊发的一则短文披露了，某县网上公布的该县人民法院提请县人大常委会任命陪审员的名单是：县人大法工委主任、县政协调研员、教育局党委副书记、县监察分局局长、县发改委调研员等等。[2] 此外，北京市高级人民法院的一项调研显示，在北京 1541 名陪审员（2009 年~2011 年）中，大学本科以上的占 1069人，大专学历的占 356 人，高中以下的仅有 106 人，而且多来自于党政机关（599 人）和企事业单位（713 人）。[3] 显然，人民陪审员选任的"精英化"不仅明显违背了这一制度所可能体现的司法民主功能，更重要的是违反了理性法律论辩规则中的真诚性规则，从而限制了其司法功能的发挥。真诚性规则要求，"为了保障这种真实性陈述，参与论辩各方的当事人，皆不得诉诸权威，即'疏离权威'。如果言说者 A 的主张，因为缺少权威支持而被淘汰出局，那么论辩就难谓是理性的了。"[4] 陪审员选任的"精英化"无疑限缩了参与论辩的主体范围，从

---

〔1〕《决定》第 8 条规定："符合担任人民陪审员条件的公民，可以由其所在单位或者户籍所在地的基层组织向基层人民法院推荐，或者本人提出申请，由基层人民法院会同同级人民政府司法行政机关进行审查，并由基层人民法院院长提出人民陪审员人选，提请同级人民代表大会常务委员会任命。"

〔2〕参见笕素："如此'人民陪审员'"，载《南方周末》2010 年 4 月 28 日。

〔3〕参见北京市高级人民法院政治部教育培训处课题组："关于北京法院人民陪审工作情况的调研报告"，载《法律适用》2012 年第 2 期。

〔4〕陈林林：《裁判的进路与方法——司法论证理论导论》，中国政法大学 2007 年版，第 227 页。

而难以达到缓解当下司法裁判中存在的共识危机和避免法官在司法裁判中的偏见与专断。

第二，陪审员管理的"半职业化"。有学者通过对 30 个法院的实证调查发现，多数法院的人民陪审员实际上来自于本院的工作人员，这些人员包括：没有通过司法考试因而暂未取得法官资格的法院工作人员、本院的后勤工作人员及社会招聘临聘工作人员、本院行政工作人员、本院聘用的法官助理、执行官助理、书记员等；此外，部分法院参加案件审理的陪审员比较固定，如在四川省某市中心城区基层法院的63 件有陪审员参加的案件审理中，人民陪审员基本上局限于固定的 7个人[1]此外，陪审员的"固定化"还体现在各地涌现出了一批"陪审专业户"，如山西省 5 年任期内陪审案件最多的陪审员共陪审案件600 余件，浙江省陪审案件最多的达 720 件，广西壮族自治区陪审案件最多的达 453 件，而在北京市更是多达单人 1 年最多陪审近千余件案子[2]客观地说，导致上述现象产生的原因是多方面，如：多数陪审员往往基于"本职工作"而推辞陪审，陪审员陪审报酬偏低与付出不成比例、陪审积极性较低，以及部分陪审员远不能适应审判工作需要等待[3]显然，这种"固定化"和"专业户"所呈现的陪审员管理的"半职业化"，实际上阻碍了其他社会公众参与陪审的机会，进而背离了人民陪审制度设计的初衷，与此同时，这也不符合理性法律论辩规则让任何人都有机会参与到论辩中的要求，进而难以实现人民陪审制度的司法功能。

第三，陪审员知识的"专业化"。由于社会公众对专业司法程序和法律规定的不熟悉，所以在任何国家的实际审判中，都可能存在职业法

---

[1] 参见唐稷尧：《从文本中的刑法到司法中的刑法——定罪视野下犯罪成立要件确定机制研究》，法律出版社 2014 年版，第 381 页。

[2] 参见廖永安："社会转型背景下人民陪审员制度改革路径探析"，载《中国法学》2012 年第 3 期；北京市高级人民法院政治部教育培训处课题组："关于北京法院人民陪审工作情况的调研报告"，载《法律适用》2012 年第 2 期。

[3] 参见张嘉军："人民陪审制度：实证分析与制度建构"，载《法学家》2015 年第6期。

官对参与审判的公众进行专业上的指导，但这种指导一般不得影响其作为普通公众判断事实或理解法律的程度。然而，在我国的实践中，这种专业化的指导明显过度了。一般来说，这主要体现为两个方面：一方面，相关法律、法规或文件普遍承认对人民陪审员专业化的培训；[1]最高人民法院和司法部颁发的《关于人民陪审员选任、培训和考核工作的实施意见》中便明确规定，人民陪审员在参加审判活动前必须参加培训；另一方面，在审判中，"专业法官也倾向于认为人民陪审员不懂法律而乐于甚至积极主动对他们做法律上的引导与影响。"[2] 人民陪审这种制度化的司法参与，其目的就在于，"把人民良好见识、基本正义观和正当诉求适当反映到审判中，避免职业法官的视野盲点，纠正法官的正义感和判断越来越与老百姓的要求脱节的倾向，使判决更有说服力和实效，更能得到社会支持。"[3] 过度的"专业化"指导，无疑违背了人民陪审员设置的目的，削弱了陪审员运用自己的常识、常理和常情对事实的判断或对法律的理解。从理性法律论辩理论来看，这也违反了哈贝马斯和阿列克西提出的理性法律论辩基本规则，即"任何言说者均不因受到言说内或言说外的任何强制阻碍而无法行使其在（2.1）和（2.2）中所确定的权利"[4] 与此同时，也违反了前述的真诚性规则，即：为了保障陈述真实性，参与论辩各方的当事人，皆不得诉诸权威。

第四，陪审员审判的"陪衬化"。应当说，目前更为严重的问题是，人民陪审员在实际审判中发挥的效用很少，多数情况下仅具有象征意义，而且在很多时候甚至成为目前法院解决案多人少的一种方式，所

---

〔1〕 例如，《关于完善人民陪审员制度的决定》第 15 条规定，"基层人民法院会同同级人民政府司法行政机关对人民陪审员进行培训，提高人民陪审员的素质。"

〔2〕 唐稷尧：《从文本中的刑法到司法中的刑法——定罪视野下犯罪成立要件确定机制研究》，法律出版社 2014 年版，第 390~391 页。

〔3〕 唐稷尧：《从文本中的刑法到司法中的刑法——定罪视野下犯罪成立要件确定机制研究》，法律出版社 2014 年版，第 388 页。

〔4〕 ［荷］伊芙琳·T. 菲特丽丝：《法律论证原理：司法裁决之证立理论概览》，张其山等译，商务印书馆 2005 年版，第 96 页。2.1 要求任何一个能够言说者，均可以参加言说。2.2 要求任何人均可以对任何主张提出质疑；任何人均可以向言说者提出任何主张；任何人均可以表达其态度、愿望和需求。

以人们习惯于认为陪审员发挥的作用就是做做台子、挂挂名字。在实际庭审的过程中，陪审员多是象征性地坐在法庭上，往往一言不发，主动发问的情况更是比较少见；在合议庭的评议中，多数情况下陪审员仅是对专业法官的意见表示附和与同意，很少会发表独立意见，而且一般针对量刑问题，对定性问题发表意见的比较少。[1] 实践中，很多陪审员可能自始至终也许都并不明白所参与审理的案件是怎么回事，事前事后都不研究案件材料，甚至有些法院会让陪审员先在白纸上签字，待法院自己讨论之后再加上去。[2] 导致陪审员审判的"陪衬化"的原因，主要可以归纳为两个方面：一方面是由于我国人民陪审员在审判活动中缺乏充分的意见表达、对审判结果缺乏实质的影响力，这在很大程度上与人民陪审员参与审判的人数、方式的设计缺陷有关；另一方面，前述人民陪审员选任上的"精英化"、过度的"专业化"指导、管理上的"固定化"和"半职业化"也是导致其在司法活动中的独立性、监督性被弱化的原因。[3] 显然，陪审员审判的"陪衬化"的存在，无疑抑制了人民陪审制度司法功能的实现。

（三）我国人民陪审制度的具体完善

1. 陪审制与参审制的选择：革新还是改良

由于上述问题的存在，学界出现了"既然我国人民陪审制度已经沦为了摆设，不如直接废除"的论调。如有论者认为，即使没有人民陪审制度，其他一些制度也可以实现司法民主，更何况人民陪审员很难满足现实的"需要"；[4] 也有论者认为，在我国社会公众法治意识淡薄的前提下，实行人民陪审容易导致审判由外行操纵，有失专业性。[5] 但在

---

〔1〕 参见唐稷尧：《从文本中的刑法到司法中的刑法——定罪视野下犯罪成立要件确定机制研究》，法律出版社 2014 年版，第 359 页。

〔2〕 参见何家弘："推动诉讼法修改 发挥陪审团的真正作用"，载《法制日报》2010 年 6 月 10 日，第 A2 版。

〔3〕 参见唐稷尧：《从文本中的刑法到司法中的刑法——定罪视野下犯罪成立要件确定机制研究》，法律出版社 2014 年版，第 386～387 页。

〔4〕 参见吴丹红："中国式陪审制度的省察"，载《法商研究》2007 年第 3 期。

〔5〕 参见张德森、周佑勇："我国实现司法正义的条件和途径"，载《法学评论》1999 年第 1 期。

本书看来，人民陪审制度的意义是显而易见的，尽管由于目前存在诸多问题而使得这一制度在某种程度上被虚置，但我们不能忽视这一制度在促进司法民主和保障理性论辩中可能起到的重要作用。因此，应当努力寻求措施使这一制度本来的功能得以发挥。此外，认为人民陪审可能造成由外行操作司法，这是对这一制度的过分担忧，国内外的经验证明，即便使用了陪审，也不会轻易导致由外行操作司法的问题，而且我们完全可以设置一些监督措施来避免此类情况的出现。所以说，在我国主张废除人民陪审制度的见解并不可取。

除了主张废除人民陪审制度外，也有学者提出应当用英美法系的陪审制来改造我国的人民陪审制度，并且认为河南省法院系统在人民陪审团试点上的成功，就是我们可以运用英美陪审制的例证。[1] 但事实是，河南省法院系统试行的陪审团，并不是真正意义上的英美陪审团，用河南省高级人民法院院长张立勇的话来说，它只是人民陪审员制度的"团式改造"，[2] 所以，以此来验证陪审团在我国的可行性并不妥当。本书尽管某种程度上也认可陪审制和参审制似乎在未来不应做截然的区分，但鉴于陪审制的裁判结构和权力结构与目前的人民陪审制存在较大差异，加之目前仍然存在对陪审员的非专业性可能给司法裁判带来非公正性的疑虑，因此，似乎不建议立即采取英美法系的陪审制。

值得注意的是，党的十八届四中全会通过的《中共中央关于全面推进依法治国若干重大问题的决定》中明确规定，要逐步实行人民陪审员不再审理法律适用问题，只参与审理事实认定问题；在最高人民法院公布的《人民法院第四个五年改革纲要（2014～2018）》中，也明确提出"要改革陪审方式，逐步实行人民陪审员不再审理法律适用问题，只参与审理事实认定问题"。或许有人认为这似乎在向英美陪审制靠拢，但本书仍持保留意见。倘若没有赋予陪审员对事实问题的独立裁断权，那

---

〔1〕　参见齐文远："提升刑事司法公信力的路径思考——兼论人民陪审制向何处去"，载《现代法学》2014年第2期。

〔2〕　参见邓红阳："全面解读河南试水人民陪审团制度"，载《法制日报》2010年6月10日，第A2版。

么在本质上还是有别于英美陪审制的。对此，最高人民法院显然也仅是就事实问题与法律问题做了区分，并未赋予陪审员就事实独立的裁断权作出规定。此外，2015年通过的《人民陪审员制度改革试点方案》（以下简称《试点方案》）和《人民陪审制度改革试点工作实施办法》（以下简称《实施办法》）则明确了，"人民陪审员和法官共同对案件事实认定负责"。由此可以得出，我国人民陪审制度仍然属于大陆法系的参审制。是故，我们当下的任务应当是，在结合我国现实情况的基础上，借鉴大陆法系参审制的成功经验并吸收英美陪审制的有益成果，对我国人民陪审制度进行改良。

2. 我国人民陪审制度的改革路径

应当说，对人民陪审制度改革路径的完善，理论上已不乏论述，是故无一一赘述之必要。在此，本书仅围绕人民陪审制度的内在本质，从其司法功能着手，以理性法律论辩理论为视点，就我国人民陪审制度改革路径的完善提几点建议。事实上，理性法律论辩的要求可概括为两个方面：一是，任何一个能够言说者都可以参加论辩；二是，任何参加论辩的言说者都可以自由地提出质疑和主张。据此，我国人民陪审制度的改革也应当围绕这两个方面从以下两点着手：

（1）扩大可以参与陪审的社会公众的范围。鉴于目前我国人民陪审制度在陪审员选任上的"精英化"以及管理上的"半职业化"，极大限制了可以参与陪审的社会公众的范围，从而违背了上述理性法律论辩第一个方面的要求，因此，我国人民陪审制度的改革，首要的任务应该是采取相应的措施，扩大可以参与陪审的社会公众的范围。这是因为：只有拓展了人民陪审中社会公众的"实质参与面"，才能"防止参与者因局限于少数人而职业化、精英化，进而丧失这项制度本身应当发挥的公众意见的代言人与发现者的价值"；只有拓展了人民陪审中社会公众的"实质参与面"，才能"防止因参与者的固定化、职业化而丧失公众对职业法官的监督与制约力"。[1] 那么，扩大可以参与陪审社会公众范

---

[1] 参见唐稷尧：《从文本中的刑法到司法中的刑法——定罪视野下犯罪成立要件确定机制研究》，法律出版社2014年版，第380页。

围的具体措施主要有：

第一，降低或者取消对选任人民陪审员的学历限制。前已述及，人民陪审制度设置的主要初衷，就是要吸纳社会公众对行为性质判断所赖以的社会经验和伦理认识，即"以大众的道德水准和日常经验对案件事实和各类证据进行综合分析和准确把握，弥补法官法律职业思维的局限和不足"。[1] 显然，这并不依赖于学历的高低。相反，对学历条件设置过高可能会造成陪审员所代表的公众意见不具代表性。纵观世界主要国家或地区对陪审员的选任条件来看，也很少有对学历、职业、阶层等方面的限制。对此，《试点方案》降低了《决定》对人民陪审员的学历要求，规定"担任人民陪审员一般应当具有高中以上文化学历，但是农村地区和贫困偏远地区公道正派、德高望重者不受此限"，此举无疑有助于扩大可以参与陪审的社会公众的范围，是应当值得肯定的。当然，降低对学历的要求并不排除对于部分专业性较强的案件，可由"专家陪审员"参与审理，两者不存在截然的冲突。《实施办法》第9条第2款对此也进行了明确，"人民法院可以根据人民陪审员专业背景情况，结合本院审理案件的主要类型，建立专业人民陪审员信息库。"

第二，改革人民陪审员的选任程序。诚如有论者所指出的，"要使陪审员成为无偏见的、公平的事实认定者，就应当尽可能地使潜在候选陪审员的挑选程序和技术都围绕陪审员挑选范围的广泛性和代表性这一核心问题展开的。"[2] 显然，目前人民陪审员选任具有明显的"选代表"、挑精英的色彩，因此，人民陪审制度的改革必须要改革人民陪审员的遴选方式，降低审查限制，增加人民陪审员成员库的人数，扩大普通民众的参与比例，减少目前这种"选代表"、挑精英的色彩。值得一提的是，《试点方案》和《实施办法》便改变了过去《决定》所采用的

---

[1]　刘峥："对我国人民陪审员制度改革的构想"，载《中国法律评论》2016年第1期。

[2]　刘峥："对我国人民陪审员制度改革的构想"，载《中国法律评论》2016年第1期。

"推荐或申请"模式，改采为"两次随机抽取"。[1] 这一举措无论是从选任的数量还是选任的方式上，都充分体现了人民陪审员的广泛性。对此，河南省的制度化探索和成功经验值得我们借鉴。

第三，完善人民陪审员的退出与惩戒机制。"为人民陪审员工作注入新的活力，既需要完善人民陪审员选任机制，选任那些品行好素质高的公民从事审判工作，也要完善人民陪审员退出机制，及时清退不合格的人民陪审员，让担任时间过长的人民陪审员适时退出。"[2] 因此，可以考虑以 5 年为资格审查期，即满 5 年后对人民陪审员资格进行审查，对于已不符合条件的陪审员从成员库中除去。此外，法院针对个案选取陪审员，应当在成员库中采取随机或抽签的方式抽选待判案件陪审员，以避免"陪审专业户"现象的频繁出现。对于陪审员无正当理由多次拒绝履行陪审职责的，应承担相应的法律后果。如《实施方案》第 7 条规定，人民陪审员一年内拒绝履行陪审职责达 3 次的，除按程序免除其陪审义务外，可以采取在辖区范围内公开通报、纳入个人诚信系统不良记录等措施进行惩戒。

（2）提高陪审员在实际审判中意见表达的相对独立性。鉴于目前我国人民陪审制度在陪审员知识上的"专业化"以及审判中的"陪衬化"，导致了陪审员在实际审判中独立发表意见的欠缺，使人民陪审制度成为摆设，从而违背了上述理性法律论辩第二个方面的要求，是故，有必要采取相应的措施，以提高陪审员在实际审判中意见表达的相对独立性。理由是，只有保障公众在司法参与中意见表达的充分性与相对独

---

〔1〕 《人民陪审员制度改革试点工作实施办法》"第 6 条人民法院每 5 年从符合条件的选民或者常住居民名单中，随机抽选本院法官员额数 5 倍以上的人员作为人民陪审员候选人，建立人民陪审员候选人信息库。

当地选民名单是指人民法院辖区同级人大常委会选举时确认的选民名单。当地常住居民名单是指人民法院辖区同级户口登记机关登记的常住人口名单。直辖市中级人民法院可以参考案件管辖范围确定相对应的当地选民和常住人口范围。

第 7 条人民法院会同同级司法行政机关对人民陪审员候选人进行资格审查，征求候选人意见。必要时，人民法院可以会同同级司法行政机关以适当方式听取公民所在单位、户籍所在地或者经常居住地的基层组织的意见。"

〔2〕 郭玉元："人民陪审员选任和退出机制完善"，载《人民司法》2015 年第 15 期。

立性，才能保证其意见对最终司法决策具有实质影响力。[1]基于此，人民陪审制度的具体改革至少应从以下两个方面入手：

第一，增加合议庭中人民陪审员所占人数比例。导致目前陪审员成为"陪衬"一个很重要的原因是，在合议庭中人民陪审员绝对数较少，加之缺乏独立裁决的心理优势和专业优势，在审判中极容易被职业法官所左右和操作，进而影响了人民陪审员做出独立的评议判断。[2]与之相比，国外绝大多数国家在庭审中，陪审员的数量都要比职业法官多，如在日本，一般由3名法官和6名裁判员组成，或是1名法官和4名裁判员组成，在法国，重罪案件的一审一般由3名法官和9名陪审员组成，二审则由3名法官和12名陪审员组成。[3]显然，国外绝大多数国家的这种安排，"能够保证陪审员具有足够的独立性和主体性，也使职业法官难以对人数较多的陪审员进行控制，从而有效实现陪审制度的内在价值"。[4]

值得注意的是，《实施办法》第10条仅规定"人民陪审员在合议庭中的人数原则上应当在2人以上"，并未就合议庭的组成做进一步规定，从而理论上存在"1名法官+2名人民陪审员""1名法官+4名人民陪审员""2名法官+3名人民陪审员""3名法官+4名人民陪审员""3名法官+6名人民陪审员""4名法官+3名人民陪审员"等诸多模式。例如，2014年在浙江省宁波市江北区人民法院审理的一起案子中，由于合议庭的组成采取了1名法官和4名陪审员的模式，结果，4位陪审员形成一致意见，便否定了审判长的意见。[5]但是，由于《试点方案》明确规定人民陪审员不再对法律适用问题进行表决，因此，1名法

〔1〕　参见唐稷尧：《从文本中的刑法到司法中的刑法——定罪视野下犯罪成立要件确定机制研究》，法律出版社2014年版，第386页。

〔2〕　参见刘峥："对我国人民陪审员制度改革的构想"，载《中国法律评论》2016年第1期。

〔3〕　参见李昌林："从制度上保证人民陪审员真正享有刑事裁判权——论人民陪审员制度的完善"，载《现代法学》2007年第1期。

〔4〕　刘峥："对我国人民陪审员制度改革的构想"，载《中国法律评论》2016年第1期。

〔5〕　参见徐隽："人民陪审在倍增基础上深度参审"，载《人民日报》2015年2月25日，第19版。

官和 2 名法官的模式要么容易导致法官对法律问题的独断，要么难以形成多数意见，并不可取。此外，"3 名法官 + 4 名人民陪审员""4 名法官 + 3 名人民陪审员"模式难以形成人民陪审员数量的绝对优势，容易影响其独立评议判断，故而也有些许不足。在本书看来，"3 名法官 + 6 名人民陪审员"的模式既可以避免法官法律适用判断的独断，也可形成人民陪审员相较法官数量的优势，从而更符合人民陪审制度的内在价值。

第二，建立陪审员和法官相对独立的意见表达机制。尽管在司法过程中，职业法官对于人民陪审员就司法程序和法律规定的理解应进行一定和必要的指导。但是，过度化的专业指导，无疑会将专业司法者的认识强加于普通公众，进而导致这种制度民主参与特性之初衷的丧失；为了避免此种状况的出现，应当建立相对分离的意见表达机制，即法官仅就必要的法律规定的解释和诉讼程序的判断做出说明，不参与陪审员对案件的讨论和意见表达，不参与陪审员对案件的讨论和意见表达。[1]值得注意的是，《中共中央关于全面推进依法治国若干重大问题的决定》明确规定，要逐步实行人民陪审员不再审理法律适用问题，只参与审理事实认定问题；随后《实施办法》也进一步规定，"人民陪审员可以对案件的法律适用问题发表意见，但不参与表决。"然而，这一规定值得我们商榷。理由是：事实问题与法律问题在实践中往往很难加以区分，此为其一；即使部分案件可以区分，但对与法律问题产生的分歧，同样需要吸纳社会公众对行为性质判断所赖以的社会经验和伦理认识，来弥补法官法律职业思维的局限和不足，此为其二。

为了尽可能避免因陪审员数量上的多数而给人以"外行领导内行"之嫌，我们还应当优化目前的评议表决机制，而不是采取简单的多数表决。《实施办法》为了消解人们担心出现因人民陪审员因人数占优而推翻法官的专业意见，于是规定："如果法官与人民陪审员多数意见存在重大分歧，且认为人民陪审员多数意见对事实的认定违反了证据规则，

---

[1] 参见唐稷尧：《从文本中的刑法到司法中的刑法——定罪视野下犯罪成立要件确定机制研究》，法律出版社 2014 年版，第 388～391 页。

可能导致适用法律错误或者造成错案的，可以将案件提交院长决定是否由审判委员会讨论。提交审判委员会讨论决定的案件，审判委员会的决定理由应当在裁判文书中写明。"客观地说，尽管这在某种程度上有利于防止人民陪审员发生误判，但这从另一方面为职业法官架空人民陪审员的作用提供了缺口。对此，我们或许可以借鉴日本《裁判员法》中的评议表决机制。日本《裁判员法》第 67 条的规定，即：对于一些特殊案件的评议，必须兼含有合议庭中法官及裁判员双方意见且人数过半数之意见决定之；就量刑产生不一致时，如果没有兼含法官与裁判员的过半数意见时，则必须将最重刑意见加入次重的意见，直至过半数且兼含有两方的意见。[1] 换言之，不仅要在人数上形成多数意见，而且多数意见的持有者中必须含有一名法官，否则无罪或做有利于被告的理解。显然，日本的这种设置不仅可以较大限度地防止误判，同时也警惕了职业法官对裁判员意见的侵蚀，值得我们借鉴。

二、判决说理制度

（一）判决说理制度的意义

与人民陪审制度的目的——借助于制度的设计来使一定范围内的言说者，针对特定案件进行直接的论辩与商讨，从而实现相互的沟通以达成共识——所不同的是，判决说理制度的目的是为了通过某种媒介让言说者们彼此了解对方的观点和理由，并对此进行某种回应与评价，从而间接促成共识的形成，而言说者们并不进行面对面的对话与交流，因此，前者往往被称之为直接对话协商模式，而后者被称之为间接对话协商模式。[2] 尽管在法国，人们迄今为止仍然崇尚着那可能让很多人都瞠目结舌的、极为简洁的撰写判决书的方式，据说目的是为了防止使判决书陷入细枝末节脱离正题而影响其权威性的理由，[3] 但是，这种做

〔1〕　参见吴景钦：《国民参与刑事审判制度——以日本裁判员制度为例》，丽文文化事业股份有限公司 2010 年版，第 195～198 页。
〔2〕　参见袁林：《以人为本与刑法解释范式的创新研究》，法律出版社 2010 年版，第 209～210 页。
〔3〕　参见［日］大木雅夫：《比较法》，范愉译，法律出版社 1999 年版，第 273～274 页。

法已然不被世界上绝大多数国家所采用，诚如张志铭先生所认为的，法国的判决书风格在世界各国中已渐显孤立。[1] 甚至连有些法国学者也开始批评，这种极简的判决书撰写风格，经常掩盖了问题的复杂性和可争议性，它们不能清楚地和充分地说明所作出判决依据的意义和范围，更别提导致采用这一判决依据的动因了。[2]

应当说，今日人们对于法治的理解已不再简单是"规则之治"的要求这么简单了，"法治之治，是理由之治"已然被人们所认可。所以，"为决定给出理由的原则，业已逐渐成为国际法律界的一个通识。"[3] 对于我们为什么应该给出判决的理由，或者说给出判决的理由究竟有何意义，中外学者早已有诸多论述，在此，本书无意于去一一重复这些论述，故仅就判决说理之于本章所涉主题，即刑法裁判规范理性证成的意义作一简要阐述。在本书看来，其意义可体现在以下这样几点：

第一，刑事判决的说理既是进行论辩的必须，同时也能够提高论辩的质量。一方面，裁判者将对刑法裁判规范证成的过程和结果展示在判决中，能够让人们有机会了解这些决定的论证，从而为其他言说者（当事人、律师、检察官、公众）与裁判者进行论辩（通过提出证据和批评来回应裁判者的决定）提供了前提；另一方面，裁判者对于支持他们判决的理由进行充分阐述，显然比不做任何阐述更有可能导出正当的决定，因为主张通过要求裁判者为判决提供理由，"许多截然不同的行为人头脑中的信息和专业知识会对问题的解决产生影响"，它能迫使裁判者修改站不住脚的主张，能够更容易地辩明较弱的论据，从而使裁判者更加深思熟虑，所以也能够帮助裁判者识别更好的理由。[4]

---

〔1〕 参见张志铭：《法律解释操作分析》，中国政法大学出版社 1999 年版，第 201 页。

〔2〕 参见［法］雅克·盖斯旦、吉勒·古博：《法国民法总论》，陈鹏等译，法律出版社 2004 年版，第 466 页。

〔3〕 陈林林：《裁判的进路与方法——司法论证理论导论》，中国政法大学出版社 2007 年版，第 5 页。

〔4〕 ［美］玛蒂尔德·柯恩："作为理由之治的法治"，杨贝译，载《中外法学》2010 年第 3 期，第 363 页。

第二，刑事判决的说理有助于使刑事司法裁判免于恣意和专断。诚如学者达维德所说："判决必须说明理由这一原则今天是极为牢固地树立起来了。对于我们这个时代的人，这个原则是反对专断判决的保证，也许还是做出深思熟虑的判决的保证。"[1] 在判决书中尽量呈现可能论述的说服过程，不仅能反映出在法庭中真实发生之参与讨论活动，也将裁判者内在之自省或思考表现于外，[2] 这进而也给其他言说者就裁判者所作出的判决进行有效论辩提供了可能，而当言说者可以就裁判者的决定进行有效争论的时候，那么该案的裁判者就很难再专断地行使权力。这是因为，倘若裁判者在判决中没有提供理由，言说者虽然可以通过批评裁判者假定的理由来质疑裁判者所作出的判决，但问题是，裁判者可能通过争辩说，决定的作出从未以这些假定的理由为依据，因此以言说者的这些批评是毫无根据地来拒斥这些理由。[3] 然而，如果让裁判者必须在判决中给出理由时，他或她将会时刻考虑到其理由会不会遭受其他言说者的质疑，从而这在某种程度上也就限制了裁判者的恣意与专断。

第三，刑事判决的说理有助于增强人们对判决的可接受性。可以说，那种对法院判决的认可仅仅是源于人们对法院权威认可的观念，已然渐渐被改变，所以一个判决结论即使可能是符合法律所规定的，但由于裁判者对结论未加说理或者未予充分论证，那么它同样也可能引起人们对于判决结果的猜忌：怀疑结论是否是利益影响下的结果或者是裁判者的恣意与偏好的结果；与之相反，由于一个"说理充分、论证严密的判决书反映了诉讼的'对话—论证'特征而非权威特征"，即使在某些地方还存在些许可商榷的余地，但它会比不说明理由更容易"使败诉的

---

〔1〕 ［法］达维德：《当代主要法律体系》，漆竹生译，上海译文出版社1984年版，第384页。

〔2〕 参见吴元曜：《Robert Alexy之论证理论观点与我国刑事法学之发展》，元照出版社2009年版，第105页。

〔3〕 参见［美］玛蒂尔德·柯恩："作为理由之治的法治"，杨贝译，载《中外法学》2010年第3期。

人与社会人士对判决心悦诚服"。[1] 对此,曾经轰动一时的刘涌案二审改判就是一个很好的例证。就像有论者所说的,如果法院能在改判裁判中详细说明改判的理由,如案件的取证过程中存在严重的违法行为,根据法律的规定应当将这样的证据从定案的根据中予以排除,而根据余下的证据尚不能证明被告人的行为应当依法判处死刑,或者证明本案的被告人有立功表现或其他重要的法定或酌定情节等,那么法院的裁判实际上是在向社会传递法律规范和理念的信息,即取证必须合法,非法取得的证据要被排除,有立功表现的可以从轻或减轻处罚等,该案可能会有一个与现在完全不同的结局。[2] 甚至该案也可能会成为刑事诉讼法上的一个经典案例。

(二)我国刑事判决说理制度存在的问题——以许霆案一审判决书为标本的分析

尽管最高人民法院在1999年出台的第一个《人民法院五年改革纲要(1999~2003)》中就已经明确指出,应当增强判决的说理性、提高裁判文书的质量,但事实已然证明,多年来我们对于刑事判决说理制度改革的成效并不显著,特别是上述刘涌案二审改判死缓之理由引起的舆论哗然,更加暴露出了我国刑事判决于说理上的严重不足。正是由于我国刑事判决说理制度问题的依然存在,最高人民法院在《人民法院第四个五年改革纲要(2014~2018)》中,再次强调要推动裁判文书说理的改革。那么,我国刑事判决说理制度究竟还存在着怎样的问题呢?下面将以曾经引起广泛热议的许霆案的一审判决书为标本进行分析,具体指出我国的刑事判决说理制度还存在着哪些方面的问题。尽管个案并不能代表目前我国判决书所有真实情况,但这一个案的代表性大体还是可以反映目前我国刑事判决书的整体状况。以下即是许霆案一审判决书主要部分的节选:[3]

---

〔1〕 苏彩霞:"实质刑法解释合理实现的程序性论证规则",载《现代法学》2009年第4期。

〔2〕 参见张雪纯:《刑事裁判形成机制研究》,中国法制出版社2013年版,第217页。

〔3〕 广东省广州市中级人民法院2007穗中法刑二初字第196号刑事判决书。

广东省广州市人民检察院指控：2006 年 4 月 21 日 22 时，被告人许霆伙同郭安山（另案处理）窜至本市天河区黄埔大道西平云路的广州市商业银行 ATM 提款机，利用银行系统升级出错之机，多次从该提款机取款，至 4 月 22 日 23 时 30 分被告人许霆共提取现金人民币 175 000 元，之后携款潜逃。

公诉机关认为，被告人许霆以非法占有为目的，盗窃金融机构，数额特别巨大，其行为已构成盗窃罪，提请本院依法判处，并提交相关证据。

被告人许霆对公诉机关的指控不持异议。

辩护人杨振平、吴义春辩护认为被告人许霆的行为应当构成侵占罪而非盗窃罪。

经审理查明：2006 年 4 月 21 日 22 时许，被告人许霆伙同同案人郭安山（已判刑）到本市天河区黄埔大道西平云路的广州市商业银行离行式单台柜员机提款，当被告人许霆用自己的广州市商业银行银行卡（该卡内余额 170 多元）提取工资时，发现银行系统出现错误，即利用银行系统升级出错之机，分 171 次恶意从该柜员机取款共 175 000 元，得手后携款潜逃，赃款被用光。

上述事实，有公诉机关在庭审中出示，并经控辩双方质证，本院予以确认的以下证据证实：

1、被害单位广州市商业银行报案材料、证人黄敏穗的报案笔录、银行交易流水账、许霆在广州市商业银行的开户资料等证实：位于平云路广州市无线集团工业区门口的广州市商业银行离行式单台柜员机在案发当时系统升级出错，户名为许霆的银行卡（卡号为 6224673131003233 0033）在短时间内恶意频繁取款 171 次，共计人民币 175 000 元。

2、同案人郭安山供述及辨认笔录证实：2006 年 4 月 21 日晚上陪同许霆到平云路商业银行柜员机取款，许霆发现银行系统出错，就用自己的银行卡在柜员机上取款 17 万多元，其也用银行卡取款 18 000 元，得手后，两人逃匿。

3、被告人许霆和同案人郭安山于 2006 年 4 月 21 日在平云路商业银行柜员机取款时的银行录像，摄像截图证实两人当时取款的情形。

4、广州市公安局天河区分局出具的抓获经过证实被告人许霆归案的情况。

5、被告人许霆对上述事实供认不讳。

本院认为，被告人许霆以非法占有为目的，伙同同案人采用秘密手段，盗窃金融机构，数额特别巨大，其行为已构成盗窃罪。公诉机关指控被告人的犯罪事实清楚，证据确实、充分，予以支持。对于辩护人关于被告人的行为不构成盗窃罪的辩护意见，经查，现有证据足以证实被告人主观上有非法占有的故意，被告人的银行卡内只有 170 多元，但当其发现银行系统出错时即产生恶意占有银行存款的故意，共分 171 次恶意提款 17 万多元而非法占有，得手后潜逃并将赃款挥霍花光，其行为符合盗窃罪的法定构成要件，当以盗窃罪追究其刑事责任。辩护人提出的辩护意见，与本案的事实和法律规定不相符，本院不予支持。依照《中华人民共和国刑法》第二百六十四条第（一）项、第五十七条、第五十九条、第六十四条的规定，判决如下：

一、被告人许霆犯盗窃罪，判处无期徒刑，剥夺政治权利终身，并处没收个人全部财产。

二、追缴被告人许霆的违法所得 175 000 元发还广州市商业银行。

由此可以看出，就整体而言，我国刑事判决书的内容明显过度简化，当然，此处的"简化"并非指判决所占的篇幅（有时案件事实繁杂，判决书的篇幅亦可达几十页甚至上百页之巨），而是指其论证说理过于简单。具体来看，刑事判决书内容的过度简化主要体现在以下这样几个方面：

第一，判决书基本上只是裁判结果的宣示，缺乏具体的裁判理由。

比如，广州中级人民法院在"本院认为"中，仅以50言就宣示了许霆的行为构成了盗窃罪，而且是盗窃金融机构的行为，至于许霆的行为是如何符合原《刑法》第264条盗窃罪的客观构成要件和主观构成要件的，以及如何符合原《刑法》第264条第1项的"盗窃金融机构，数额特别巨大的"，缺乏更为具体的裁判理由，从而使人难以信服。

第二，判决书中从前提到结论的推论过于跳跃及贫乏。大部分案件都是在案件事实描述完之后，再用罪状的用语将案件事实重新表述一遍，以此来说明案件事实可被该罪的罪状所涵摄，从而证明被告人应依据相关法条论罪科刑；而明显缺乏案件事实与规范内容之间关系的具体分析。[1] 例如，在许霆案的一审判决书中，法院无疑就是在案件事实描述完之后，再根据第264条盗窃罪的罪状表述将案件事实重新表述了一遍。至于许霆利用ATM取款机的错误进行恶意取款的行为，为什么已然具有了非法占有目的，为什么符合了盗窃罪秘密窃取的特征，ATM取款机又为何可以归属于第264条第1项的"金融机构"，法院对于这些推理的前提竟然毫无分析，因此，这种推理的跳跃和贫乏难免让人觉得该案的裁判过于武断。

第三，判决书对于辩方的意见缺乏足够的回应，更别提对控辩双方未提及但在审判过程中于裁判者之间或是公众可能出现的疑虑作出回应。即使有些法院对辩方的意见作出了回应，但这也常限于对辩方就法律问题上所提出异议的回应，很少对事实问题上的异议作出回应；此外，法院作出的回应，也往往只是在判决理由的部分作出简单采纳与否的说明，而对采纳与否的理由缺乏有力的论证。[2] 例如，在上述判决书的理由中，对于辩护人提出被告人不构成盗窃罪的意见，法院虽然也依"现有证据"作出了回应，但是缺乏足够的辩驳理由，因为"非法占有目的并不能决定行为的类型"，[3] 所以，对于为何认定被告人不构成侵占而构成盗窃缺乏更有力的论证。而且，对于在该案审理中，不可

〔1〕　参见沈琪：《刑法推理方法研究》，浙江大学出版社2008年版，第163页。
〔2〕　参见沈琪：《刑法推理方法研究》，浙江大学出版社2008年版，第163页。
〔3〕　参见董玉庭：《疑罪论》，法律出版社2010年版，第208页。

避免地出现 ATM 取款机是否属于金融机构的疑问，法院显然也未能作出有效回应。

第四，判决书对于量刑的理由也陈述不足。绝大部分案件一般只是对各种量刑情节的简单罗列，少有就各种量刑情节对刑罚轻重的影响程度进行具体分析，在有些案件中，甚至看不到有任何量刑情节的表述。例如，在许霆案的一审判决书中，我们几乎找不到法院任何有关对许霆的刑罚最终只选择了无期徒刑的理由表述，似乎只要认定为许霆的行为构成盗窃金融机构，就已经理所当然地选择了无期徒刑。

（三）我国刑事判决说理制度的具体完善

应当说，刑事判决书在说理方面存在的上述问题，已然严重影响了刑法裁判规范理性证成的质量，进而也严重影响了我国刑事司法公信力的提高，上述许霆案一审判决和刘涌案二审判决作出后引起的舆论哗然即是例证。所以，如何完善我国刑事判决说理制度已成为当前我们法院改革亟待解决的问题之一。在此，本书并不打算就刑事判决说理制度的完善进行全方位的探讨，所以，仅就可能与本章所涉主题即刑法裁判规范的证成相关之处提几点粗浅的看法。

然而，在提出这些看法之前，有必要先就两个前置性问题予以澄清，以免造成大家的误解。第一个有必要予以澄清的问题是，我们强调应当加强刑事判决书的说理，并不意味着我们应毫无差别地追求所有刑事判决书说理的详尽性，不仅因为这是我国现实司法条件所难以容忍的，而且这也是不符合前述理性论辩理论所要求的。如前所述，论辩证明责任规则要求"只有在言说者的证立被质疑时，才必须提出额外的证立"，所以，在人们对裁判的结果极易形成共识并极少产生异议的简单案件中，判决应当力求简炼；只有当人们对于案件的事实问题和法律问题产生怀疑时，才应当详加论证进行说服。因此，判决的说理应当实现

"繁简分流"。[1]

第二个有必要予以澄清的问题则是，我们强调应当加强判决书的说理，并不意味着我们的判决书说理模式就应径行采用美国式的判决书说理模式，妥当的做法应该是，在"威权色彩浓厚"的法国模式和"过分学理化"的美国模式之间的"第三种模式"。或许就像龙宗智教授所认为的那样，在判决理由法理分析的撰写方式上，我们应当采用体现"整体的威权色彩"的统一方式，这是为了强化法院判决的效力，所以不能如美国法院那般在判决中展示内部分歧；但在判决内容的制作上，我们又应当学习美国"对话－论证式"的制作方式，以增加我们判决的说理性。[2]

在澄清了以上问题的基础上，对于我国刑事判决书说理的完善，在本书看来，可从以下几个方面入手：

第一，要加强对刑法裁判规范的论证。在简单刑事案件中，由于我们可以较为明确地将案件事实归入某一普遍认可的文本规范，所以，像目前的判决书那样，在案件事实描述完之后，再用刑法分则中高度概括的罪状语言对案件事实重新加以表述，一般也能达到说服的效果。但是，在疑难刑事案件中，由于案件事实与刑法规范的对接并非像简单案件那般清晰明了，倘若仅在案件事实描述完之后，再用高度概括的罪状语言对案件事实重新加以表述，进而得出结论，其推论明显过于跳跃及贫乏，也难以达到说服的效果。所以，在最后的结论的推出之前，必须对经由个案事实建构的刑法裁判规范加以论证。以许霆案为例，在法院根据《刑法》第264条第1项的规定对许霆最终作出判决之前，必须要

---

〔1〕　对此，《人民法院第四个五年改革纲要（2014－2018）》在"推动裁判文书说理改革"中也指出，"根据不同审级和案件类型，实现裁判文书的繁简分流。加强对当事人争议较大、法律关系复杂、社会关注度较高的一审案件，以及所有的二审案件、再审案件、审判委员会讨论决定案件裁判文书的说理性。对事实清楚、权利义务关系明确、当事人争议不大的一审民商事案件和事实清楚、证据确实充分、被告人认罪的一审轻微刑事案件，使用简化的裁判文书，通过填充要素、简化格式、提高裁判效率。"但是，审级是否与判决书的说理有必然的关系，还有待进一步的研究。从"关涉的利益越大，论证的义务就越高"这一点来说，将审级与判决书的说理相联系，似乎也有一定的道理。

〔2〕　参见龙宗智："刑事判决应加强判决理由"，载《现代法学》1999年第2期。

论证许霆利用取款机错误恶意取款的行为，符合盗窃罪的行为特征，在此基础上，还需要进一步论证，ATM取款机可以归属于第264条第1项的"金融机构"。此外，在对刑法裁判规范的论证过程中，值得注意的几点是：①推理小前提即案件事实的确认不是一个纯粹"裸"的事实认定问题，案件事实是构成要件该当的事实，是经由规范的"格式化"而形成的一种法律事实，所以，案件事实的认定与法律规范的确认并不能截然分离；②刑法裁判规范的论证，既是对法律推理前提合法性与合理性的论证，同时也是对判决结果正当性的论证，所以，它不仅仅是一个逻辑的问题，还是一个政策或情理问题，同时还是一个对话和沟通的过程。[1]

第二，要加强对判决书量刑部分的说理。与定罪说理相比，量刑说理在判决书中更易遭到了忽视，以至于目前我国判决书对于量刑说理往往空泛化，这已严重影响了判决的可接受性。例如，刘涌案二审改判之所以引起舆论哗然，一个很重要的原因就是，辽宁省高院对于改判刘涌死缓的理由，[2] 明显不符合量刑说理的要求。为了提高刑事判决书中的量刑说理，我们不仅要尽可能全面地确认量刑情节，此外，对量刑情节的确认也应该根据个案的具体情况作出区别对待，防止"千人一面"的格式化说理。[3] 但更为重要的任务是，判决书中应当对各个量刑情节对刑罚轻重的影响程度进行必要的分析与说明。尽管近年来最高人民法院推动的量刑规范化改革，为规范法官的量刑活动、确保量刑的公正与均衡做出了不小的贡献，然而，这在很大程度上仍属于一种规范法官行为的程式化操作（当然，本书并非要否认程式化操作的意义），而且在公开的刑事判决书中，这一过程往往并无体现，所以对于量刑说理，

---

[1] 参见陈兴良："刑法教义学方法论"，载《法学研究》2005年第2期。

[2] 二审改判的主要理由是："上诉人刘涌系该组织的首要分子，应当按照其所组织、领导的黑社会性质组织所犯的全部罪行处罚，论罪应当判处死刑，但鉴于其犯罪的事实、犯罪的性质、情节和对于社会的危害程度以及本案的具体情况，对其可不立即执行。"（参见宋英辉："从刘涌案件改判引起的社会反响看公开裁判理由的必要性"，载《政法论坛》2003年第5期。）

[3] 参见龙宗智："刑事判决应加强判决理由"，载《现代法学》1999年第2期。

这一制度的作用仍然是有限的。

第三，要注重对控辩双方意见的回应。[1] 前已述及，为了论证某一理论的成立，不仅可以用正面证实的方法，也可以使用反面证伪的方法，特别当用论据来证实某一理论很难时，那么运用证伪的方法，即驳斥与之相反观点的不成立，同样可以达到论证某一理论成立的目的。就刑事判决书的说理而言，也是同样的道理。有些时候，尽管裁判者认为就被告人的行为性质已经作出了比较充分的论证，但控方或辩方仍然坚持己见，倘若此时裁判者可以明确论证控方或辩方所主张的意见是不成立的或是错误的，那么，对控方或辩方来说，判决的说理可能更显有力。所以说，为了提高刑事判决书的说理，必须对控辩双方所提出的意见作出充分回应，即应该有分析地表示对控辩双方的意见予以采纳或不予采纳，而不是像目前我国多数判决书存在的那样，要么对控辩双方的意见不予评判，要么只是极为简单地说明予以采纳或不予采纳。例如，在上述许霆案的一审判决书中，广州市中级人民法院仅以许霆恶意取款时具有"非法占有目的"就否认了辩方的主张，就不是一个充分的论证。在本书看来，要求对控辩双方的意见作出回应，也是前述理性论辩理论所要求的，即在言说者的证立被质疑时，言说者必须要提出额外的证立。与此同时，裁判者在对控辩双方意见作出回应的同时，也就是在和控辩双方进行对话与沟通的过程，这既有利于促进共识的形成，也有利于限制裁判者的恣意与专断。

---

〔1〕　参见沈琪：《刑法推理方法研究》，浙江大学出版社 2008 年版，第 168 页。

结　语

行文至此，我们有关"刑法裁判规范的理性证成"的探讨也基本结束了。鉴于全书篇幅略长且跨度较大，絮絮叨叨二十余万言，不仅谈及了形式解释论与常识主义刑法观，解读了疑难案件与刑法裁判规范两个基本概念，还分析了刑法裁判规范的生成与刑法裁判规范的证成的区别，也探讨了刑法裁判规范证成中的逻辑证成方法、实质权衡的类型，甚至也研究了程序证成问题，因此，为了让大家可以更加清晰地了解全书的立场，以下将简明扼要地概括出本书讨论的基本脉络以及几个欲重点揭示的核心论点。

应当说，全书始终都在为实现这样一个目标而努力，即：为我国当前刑法理论和司法实务中比较突出的解释任意性难题和多义化难题的破解，寻找出一条可行的理论与实践解决方案或路径。为了实现这一目标，本书在导论中首先讨论了目前学理上为化解上述难题而提出的两种比较盛行的方案或路径，即为化解任意性难题而提出的形式解释论和为化解多义化难题而提出的常识主义刑法观。在对这两种路径化解上述难题而归于失败之原因分析基础之上，本书于更深层上指出了上述路径甚至是我国当前刑法解释理论，在解决上述难题上陷入困境的两个症结所在，那就是，都未能区分法的发现与证立是两个不同的过程，以及它们的解释结论都属于"独白式理解"。进而认为，要想走出目前刑法解释的困境，必须在方法论上有所觉醒，即实现从"发现"到"证立"的转换以及由"独白式理解"到"沟通式理解"的转变。正是本着这样的认识，本书提出了相应的解决方案或路径，那就是，从传统刑法文本规范的解释转向于刑法裁判规范的证成。可以说，这是本书的第一个核心论点。

显然，第一章和第二章内容的目的就是为了更进一步地说明，我国当前刑法解释理论为什么要实现上述转向及这种转向的意义所在。第一章主要通过对这两个概念的详细解读来说明，在疑难刑事案件中，相对于刑法文本规范的概念，刑法裁判规范这一概念所可能具有的理论与实践意义，从而也为实现上述转向提供一个方法上的分析工具。第二章则主要通过刑法裁判规范的生成与刑法裁判规范的证成的一些区分，来阐述刑法裁判规范证成的意义所在；当然，此处本书也通过刑法裁判规范的证成与目前其他部门法裁判规范证成之比较，以说明我们从一般法律论证理论中，将刑法裁判规范的证成拿出来予以单独讨论的必要性。

通过这两章的内容，旨在说明本书的第二个核心论点：刑法裁判规范的生成与刑法裁判规范的证成是两个不同的司法过程，尽管在真实的刑事司法裁判过程中，这种区分并不是截然分明的，也很难为二者划定一条明确的界定，但是，这种区分不仅在思维方式上可以使我们更加清晰地了解整个刑事司法裁判的过程，并且也有利于我们在不同的司法阶段去合理地对待影响裁判的因素。刑法裁判规范证成的任务，并不是要关注各种解释结论究竟是在何种因素下如何产生的，而是为了确立刑事判决可接受或者正当化的判断标准问题，从而更加契合"规范法学"的思考。

第三章到第五章的内容则主要具体探讨了刑法裁判规范的证成应如何理性实现。对此，本书从三个向度即合法化论证、合理化论证以及正当化论证，具体分析了刑法裁判规范理性证成应遵循的论证规则和标准。第三章详细分析了刑法裁判规范理性证成的第一个向度，指出了逻辑证成在实现刑法裁判规范之合法化论证中有着不可或缺的地位，同时也指出了逻辑证成可能存在的局限；第四章深入讨论了刑法裁判规范理性证成的第二个向度，指出了实质权衡的三种具体类型——利益衡量、价值权衡和后果考察，在实现刑法裁判规范之合理化论证中的功能所在，并且也指出了一种重要的限制实质权衡恣意的路径，即将实质权衡置于法教义学的架构下使用，同时也分析了这种路径的可能缺陷；第五章则主要探讨了刑法裁判规范理性证成的第三个向度，指出当不同主体因价值分歧而无法达成一致意见时，引入程序证成的方法对保障刑法裁判规范之正当化论证的意义，不仅探讨了理性法律论辩规则（理性论辩条件规则和论辩证明责任规则）在保障刑法裁判规范理性证成中的作用，也探讨了两种制度化的程序证成（人民陪审制度与判决说理制度）于保障刑法裁判规范理性证成实现的意义。

可以说，这三章的内容不仅仅是为了探讨这些具体的规则和标准，还旨在揭示本书的第三个核心论点：刑法裁判规范的理性证成，绝不是单一向度的论证就可完成的，它需要合法化论证、合理化论证、正当化论证间的通力合作和相互补充，换言之，刑法裁判规范的理性证成不仅仅是一个逻辑问题，也不仅仅是一个实质权衡问题，更不仅仅是一个程序问题，它事实上是一个逻辑证成、实质权衡和程序证成如何才能妥当加以贯通的问题。是故，刑法裁判规范的理性证成，"惟有借助于一种综合性的动态论证模式，才能对裁判实践作出全面的描述，并为裁判者提供一种有效的进路指引。"[1]

在此，需要就本书的内容再补充说明两点，以避免部分学者在通读全书后可能对本书的立场或论点造成的一些不必要的误解：

第一，本书的主旨仅仅在于为目前我国刑法解释的任意性难题和多义化难题的破解，寻找出一条可行的理论与实践解决方案或路径，并就此方案和路径的具体展开加以必要的论述，而无意、也无力于提供或展示一个可以为整个刑事司法裁判活动提供智力支持的理论。因此，尽管本书一再强调刑法裁判规范证成的意义，并且也通过对刑法裁判规范生成之可能存在的局限的分析，来更加凸显出刑法裁判规范证成的价值所在，但这并不意味着作者认为刑法裁判规范的生成在整个刑事司法裁判过程中是不重要的，或者说相对于刑法裁判规范的证成是处于一种次要的地位。

恰恰相反，作者不但不否认刑法裁判规范的生成于刑事司法裁判活

---

[1] 陈林林：《裁判的进路与方法——司法论证理论导论》，中国政法大学出版社 2007 年版，中文摘要。

动的作用，甚至承认在某种意义上它的作用还可能超过本书所讨论的刑法裁判规范的证成，因为我们的判决很大程度上一开始就在受到那些初步形成的刑法裁判规范的制约。如果说刑法裁判规范的证成是为了在已经形成的结论中获得一个相对较好的结论，那么刑法裁判规范的生成就是为了寻求一个更好的结论以供选择。只不过从本书旨在实现的目标来看，刑法裁判规范的证成更加契合。

第二，显然，本书就任意性难题和多义化难题所寻求的解决路径，在本质上是一种方法论意义上的探索，故难免偏重于一些技术性问题的探讨。这可能会使对法律方法论的功能持怀疑立场的学者，对本书的解决路径也产生怀疑。他们可能以方法论不可能是"阻止通过解释使法律秩序发生嬗变"的有效栅栏[1]来否定本书所作的努力，甚至可能认为本书的这一方案会成为"一种背叛正义的伎俩"[2]。的确，"要阻止极权主义对法律秩序的滥用和法律秩序的嬗变是不可能依靠阻止恶法的方法论来实现的。"[3]纳粹时期的事实与教训已足以说明了这一点。但是，这也仅仅说明法律方法论不具有自足性而已，并不能否认方法论的意义。对于方法论的意义，德国学者魏德士曾比较准确地指出："对法律工作者而言，对方法的忠诚起着自我监督的作用。当'法律适用的精神和目标'毫无约束地专行时，方法就发挥着报警器的作用，反之，如果赋予法律适用者自身以单独的'精神'，那么已经意味着踏上了非理性的道路。"[4]方法论对化解刑法解释的任意性难题和多义化难题的作用是不容否认的，尽管它也许不能百分之百地化解上述难题。

强调方法论在解决这两个难题上的作用，并不是为了否认遵循基本价值在刑事司法活动中的意义，只不过更倾向于认为，"权力（权利）

---

〔1〕　［德］伯恩·魏德士：《法理学》，丁晓春、吴越译，法律出版社2013年版，第403页。

〔2〕　陈林林：《法律方法比较研究——以法律解释为基点的考察》，浙江大学出版社2014年版，第231页。

〔3〕　［德］伯恩·魏德士：《法理学》，丁晓春、吴越译，法律出版社2013年版，第403页。

〔4〕　［德］伯恩·魏德士：《法理学》，丁晓春、吴越译，法律出版社2013年版，第283～284页。

解释的泛滥光靠呼喊对责任（义务）的忠诚，已不足以遏制权力（权利）的无度扩张，需要更为有约束力的办法，来抗拒权利与权力的盲目扩张。"[1] 此外，认为方法相对于目的具有完全的独立性，抑或认为方法乃单纯的技术问题，本身就存有疑问。[2] 正如在本书第四章中所分析的那样，方法就不纯粹是一个技术问题。

最后，不得不承认的是，刑法裁判规范的理性证成是一个宏大的主题，尽管由于其处于一个理论与实务、部门法与法理论的交叉地带而为今日刑法学者很少关注，但这并不代表它是刑法学中一个微不足道的主题，本书目前就这一宏大主题的探讨还是粗浅的。并且由于时间和作者多方面的能力所限，对于书中所涉及的一些问题的探讨可能还不够深入，也可能存在一些疏漏之处，此外，也不排除在部分问题的分析上还存有偏差和谬误。倘若本书这种粗浅的探讨，能给目前的刑法解释学研究提供一个新的切入点或提示点，那么此书的主要任务也算达到了。当然，对于书中不足之处，还望诸位方家不吝指教，以待笔者日后补足。

---

〔1〕 陈金钊：《法律解释学——权利（权力）的张扬与方法的制约》，中国人民大学出版社 2011 年版，第 13 页。

〔2〕 劳东燕："刑法中目的解释的方法论反思"，载《政法论坛》2014 年第 3 期。

参考文献

一、中文文献

（一）著作类（含译著）

［1］王泽鉴：《民法实例研习·基础理论》，台北三民书局 1993 年版。

［2］桑本谦：《理论法学的迷雾——以轰动案例为素材》，法律出版社 2008 年版。

［3］陈金钊：《法律解释学——权利（权力）的张扬与方法的制约》，中国人民大学出版社 2011 年版。

［4］张志铭：《法律解释操作分析》，中国政法大学出版社 1999 年版。

［5］姜福东：《法律解释的范式批判》，山东人民出版社 2010 年版。

［6］赵运锋：《刑法解释论》，中国法制出版社 2012 年版。

［7］梁根林，［德］埃里克·希尔根多夫主编：《中德刑法学者的对话——罪刑法定与刑法解释》，北京大学出版社 2013 年版。

［8］张明楷：《刑法学（第四版）》，法律出版社 2011 年版。

［9］梁根林主编：《刑法方法论》，北京大学出版社 2006 年版。

［10］孙光宁：《可接受性：法律方法的一个分析视角》，北京大学出版社 2012 年版。

［11］曾粤兴：《刑法学方法的一般理论》，人民出版社 2005 年版。

［12］杨高峰：《刑法解释过程论纲》，光明日报出版社 2013 年版。

［13］陈林林：《裁判的进路与方法》，中国政法大学出版社 2006 年版。

［14］吴丙新：《修正的刑法解释理论》，山东人民出版社 2007 年版。

［15］周少华：《刑法之适应性：刑事法治的实践逻辑》，法律出版社 2012 年版。

[16] 刘艳红：《走向实质的刑法解释》，北京大学出版社 2009 年版。

[17] 王成兵：《当代认同危机的人学解读》，中国社会科学出版社 2004 年版。

[18] 孙正聿：《哲学通论》，复旦大学出版社 2005 年版。

[19] 陈兴良主编：《刑法方法论研究》，清华大学出版社 2006 年版。

[20] 李安：《刑事裁判思维模式研究》，中国法制出版社 2007 年版。

[21] 陈增宝、李安：《裁判的形成——法官断案的心理机制》，法律出版社 2007 年版。

[22] 黄奇中：《刑法解释的沟通之维》，中国人民公安大学出版社 2011 年版。

[23] 陈金钊等：《法律解释学》，中国政法大学出版社 2006 年版。

[24] 焦宝乾：《法律论证导论》，山东人民出版社 2006 年版。

[25] 焦宝乾：《法律论证：思维与方法》，北京大学出版社 2010 年版。

[26] 舒国滢：《法哲学：立场与方法》，北京大学出版社 2010 年版。

[27] 解兴权：《通向正义之路——法律推理的方法论研究》，中国政法大学出版社 2000 年版。

[28] 刘晓兵：《法哲学思考》，知识产权出版社 2005 年版。

[29] 龙宗智：《刑事庭审制度研究》，中国政法大学出版社 2001 年版。

[30] 杨知文等：《法律论证具体方法的规范研究》，中国社会科学出版社 2013 年版。

[31] 张明楷：《刑法分则的解释原理（上）（第二版）》，中国人民大学出版社 2011 年版。

[32] 郑永流：《法律方法阶梯（第二版）》，北京大学出版社 2012 年版。

[33] 王瑞君：《罪刑法定的实现——法律方法论角度的研究》，北京大学出版社 2010 年版。

[34] 王作富主编：《刑法分则实务研究（下）》，中国方正出版社 2007 年版。

[35] 王凯石：《刑法适用解释》，中国检察出版社 2008 年版。

[36] 刘星：《法律是什么》，中国政法大学出版社 1998 年版。

［37］张明楷：《罪刑法定与刑法解释》，北京大学出版社 2009 年版。

［38］贺寿南：《司法裁判中的理性实现研究》，中国社会科学出版社 2013 年版。

［39］苏力：《送法下乡：中国基层司法制度研究》，中国政法大学出版社 2000 年版。

［40］张青波：《理性实践法律：当代德国的法之适用理论》，法律出版社 2012 年版。

［41］张保生：《法律推理的理论与方法》，中国政法大学出版社 2000 年版。

［42］余继田：《实质法律推理研究》，中国政法大学出版社 2013 年版。

［43］张心向：《在遵从与超越之间——社会学视域下刑法裁判规范实践建构研究》，法律出版社 2012 年版。

［44］黄茂荣：《法学方法与现代民法（第五版）》，法律出版社 2007 年版。

［45］刘成安：《论裁判规则——以法官适用法律的方法为视角》，法律出版社 2012 年版。

［46］颜厥安：《法与实践理性》，中国政法大学出版社 2003 年版。

［47］朱庆育：《意思表示解释理论》，中国政法大学出版社 2004 年版。

［48］葛洪义：《法与实践理性》，中国政法大学出版社 2002 年版。

［49］吴元曜：《Robert Alexy 之论证理论观点与我国刑事法学之发展》，元照出版社 2009 年版。

［50］陈航：《刑法论证方法研究》，中国人民公安大学出版社 2008 年版。

［51］季卫东：《法治秩序的建构》，中国政法大学出版社 1999 年版。

［52］张雪纯：《刑事裁判形成机制研究》，中国法制出版社 2013 年版。

［53］林山田：《刑法通论（上册）》，北京大学出版社 2012 年版。

［54］李晓明：《行政刑法学导论》，法律出版社 2003 年版。

［55］宋小海：《程序自然法视域中的法律解释——以刑法解释为范例》，社会科学文献出版社 2011 年版。

[56] 沈琪：《刑法推理方法研究》，浙江大学出版社 2008 年版。

[57] 吴学斌：《刑法适用方法的基本准则——构成案件符合性判断研究》，中国人民公安大学出版社 2008 年版。

[58] 张明楷：《刑法分则的解释原理》，中国人民大学出版社 2004 年版。

[59] 陈波：《逻辑学是什么》，北京大学出版社 2002 年版。

[60] 陈景辉：《实践理由与法律推理》，北京大学出版社 2012 年版。

[61] 梁根林：《刑事法网：扩张与限缩》，法律出版社 2005 年版。

[62] 张明楷：《刑法学（第二版）》，法律出版社 2003 年版。

[63] 黄建辉：《法律阐释论》，新学林出版股份有限公司 2000 年版。

[64] 林立：《法学方法论与德沃金》，中国政法大学出版社 2002 年版。

[65] 许玉秀：《当代刑法思潮》，中国民主法制出版社 2005 年版。

[66] 冯军：《刑法问题的规范理解》，北京大学出版社 2009 年版。

[67] 刘宪权：《中国刑法学讲演录》，人民出版社 2011 年版。

[68] 韩哲：《刑事判决合理性研究》，中国人民公安大学出版社 2008 年版。

[69] 高金桂：《利益衡量与刑法之犯罪判断》，元照出版有限公司 2003 年版。

[70] 陈瑞华：《论法学研究方法》，北京大学出版社 2009 年版。

[71] 季卫东：《法治秩序的建构》，中国政法大学出版社 1999 年版。

[72] 秦策、张镭：《司法方法与法学流派》，人民出版社，2011 年版。

[73] 杨仁寿：《法学方法论（第二版）》，中国政法大学出版社 2013 年版。

[74] 董玉庭：《疑罪论》，法律出版社 2010 年版。

[75] 武飞：《法律解释：服从抑或创造》，北京大学出版社 2010 年版。

[76] 张心向：《在规范与事实之间——社会学视域下的刑法运作实践研究》，法律出版社 2008 年版。

[77] 欧阳春：《在法律的边缘上——56 个刑事疑难案例评析》，辽海出版社 2000 年版。

［78］曲新久：《刑法的精神与范畴》，中国政法大学出版社 2000 年版。

［79］段匡：《日本的民法解释学》，复旦大学出版社 2005 年版。

［80］苏永钦：《合宪性控制的理论与实际》，月旦出版社股份有限公司 1994 年版。

［81］黄舒芃：《变迁社会中的法学方法》，元照出版有限公司 2009 年版。

［82］杜宇：《重拾一种被放逐的知识传统——刑法视域中"习惯法"的初步考察》，北京大学出版社 2005 年版。

［83］方慧主编：《少数民族地区习俗与法律的调适——以云南省金平苗族瑶族傣族自治县为中心的案例研究》，中国社会科学出版社 2006 年版。

［84］陈兴良、陈子平：《两岸刑法案例比较研究》，北京大学出版社 2010 年版。

［85］张明楷：《刑法学》，法律出版社 2007 年版。

［86］马克昌：《比较刑法原理——外国学刑法总论》，武汉大学出版社 2002 年版。

［87］苏永生：《刑法与民族习惯法的互动关系研究》，科学出版社 2012 年版。

［88］张明楷：《诈骗罪与金融诈骗罪研究》，清华大学出版社 2006 年版。

［89］陈子平：《刑法总论（2008 年增修版）》，中国人民大学出版社 2009 年版。

［90］高其才：《中国少数民族习惯法研究》，清华大学出版社 2003 年版。

［91］袁林：《以人为本与刑法解释范式的创新研究》，法律出版社 2010 年版。

［92］唐稷尧：《从文本中的刑法到司法中的刑法——定罪视野下犯罪成立要件确定机制研究》，法律出版社 2014 年版。

［93］季卫东：《法律程序的意义（增订版）》，中国法制出版社 2012

年版。

[94] 吴元曜:《法律适用方法论:一个批判观点的考察》,元照出版有限公司 2010 年版。

[95] 何家弘、赵志刚主编:《谁的陪审谁的团:刑事庭审制度改革的虚拟实验》,法律出版社 2011 年版。

[96] 吴景钦:《国民参与刑事审判制度——以日本裁判员制度为例》,丽文文化事业股份有限公司 2010 年版。

[97] 刘艳红:《实质刑法观》,中国人民大学出版社 2009 年版。

[98] 杨艳霞:《刑法解释的理论与方法——以哈贝马斯的沟通行动理论为视角》,法律出版社 2007 年版。

[99][日] 川岛武宜:《现代化与法》,申政武等译,中国政法大学出版社 2004 年版。

[100][日] 大塚仁:《刑法概说(总论)》(第 3 版),冯军译,中国人民大学出版社 2003 年版。

[101][日] 松宫孝明:《刑法总论讲义》,钱叶六译,中国人民大学出版社 2013 年版。

[102][日] 大木雅夫:《比较法》,范愉译,法律出版社 1999 年版。

[103][德] 拉德布鲁赫:《法学导论》,米健译,中国大百科全书出版社 1997 年版。

[104][德] 克劳斯·罗克辛:《德国刑法学总论(第 1 卷)——犯罪原理的基础构造》,王世洲译,法律出版社 2005 年版。

[105][德] 哈贝马斯:《在事实与规范之间:关于法律和民主法治国的商谈理论》(修订译本),童世骏译,生活·读书·新知三联书店 2011 年版。

[106][德] 乌尔弗里德·诺伊曼:《法律论证学》,张青波译,法律出版社 2014 年版。

[107][德] 罗伯特·阿列克西:《法律论证理论——作为法律证立理论的理性论辩理论》,舒国滢译,中国法制出版社 2002 年版。

[108][德] 阿图尔·考夫曼:《法律哲学》(第二版),刘幸义等译,

法律出版社 2011 年版。

[109] ［德］卡尔·拉伦茨：《法学方法论》，陈爱娥译，商务印书馆 2003 年版。

[110] ［德］亚图·考夫曼：《类推与“事物本质”——兼论类型理论》，吴从周译、颜厥安审校，学林文化事业有限公司 1999 年版。

[111] ［德］汉斯·海因里希·耶赛克、托马斯·魏根特：《德国刑法教科书（总论）》，徐久生译，中国法制出版社 2001 年版。

[112] ［德］卡尔·恩吉施：《法律思维导论》，郑永流译，法律出版社 2013 年版。

[113] ［德］康德：《法的形而上学原理》，沈叔平译，商务印书馆 1997 年版。

[114] ［德］马克斯·韦伯：《韦伯作品集 IX 法律社会学》，康乐、简惠美译，广西师范大学出版社 2005 年版。

[115] ［德］马克斯·韦伯：《经济与社会（上卷）》，林荣远译，商务印书馆 1997 年版。

[116] ［德］弗兰兹·冯·李斯特：《德国刑法教科书》，徐久生译，何秉松校订，中国法制出版社 2000 年版。

[117] ［德］英格博格·普珀：《法学思维小学堂——法律人的 6 堂思维训练课》，蔡圣伟译，北京大学出版社 2011 年版。

[118] ［德］克劳斯·罗克辛：《刑事政策与刑法体系（第二版）》，中国人民大学出版社 2011 年版。

[119] ［德］阿图尔·考夫曼：《后现代法哲学——告别演讲》，米健译，法律出版社 2000 年版。

[120] ［英］拉斐尔：《道德哲学》，邱仁宗译，辽宁教育出版社 1998 年版。

[121] ［英］哈特：《法律的概念（第二版）》，许家馨、李冠宜译，法律出版社 2011 年版。

[122] ［英］尼尔·麦考密克：《法律推理与法律理论》，姜峰译，法律

出版社 2005 年版。

[123] [英] 尼尔·麦考密克:《修辞与法治:一种法律推理理论》,程朝阳、孙光宁译,北京大学出版社 2014 年版。

[124] [英] 休谟:《人性论(下册)》,关文运译,商务印书馆 1980 年版。

[125] [意] 切萨雷·贝卡利亚:《论犯罪与刑罚》,黄风译,中国法制出版社 2002 年版。

[126] [意] 菲利:《犯罪社会学》,郭建安译,中国人民公安大学出版社 1990 年版。

[127] [荷] 伊芙琳·T. 菲特丽丝:《法律论证原理:司法裁决之证立理论概览》,张其山等译,商务印书馆 2005 年版。

[128] [美] 安德雷·马默主编:《法律与解释——法哲学论文集》,张卓明、徐宗立译,法律出版社 2006 年版。

[129] [美] 凯斯·R. 桑斯坦:《就事论事:美国最高法院的司法最低限度主义》,泮伟江、周武译,北京大学出版社 2007 年版。

[130] [美] 凯斯·R. 孙斯坦:《法律推理与政治冲突》,金朝武等译,法律出版社 2004 年版。

[131] [美] 罗斯科·庞德:《法律史解释》,邓正来译,中国法制出版社 2002 年版。

[132] [美] E. 博登海默:《法理学:法律哲学与法律方法》,邓正来译,中国政法大学出版社 2004 年版。

[133] [美] 罗纳德·德沃金:《认真对待权利》,信春鹰等译,上海三联书店 2008 年版。

[134] [美] 史蒂文·J. 伯顿:《法律和法律推理导论》,张志铭、解兴权译,中国政法大学出版社 2000 年版。

[135] [美] 乔治·弗莱彻:《反思刑法》,邓子滨译,华夏出版社 2008 年版。

[136] [美] 鲁格罗·亚狄瑟:《法律的逻辑——法官写给法律人的逻辑指引》,唐欣伟译,法律出版社 2007 年版。

［137］［美］理查德·A. 波斯纳:《法理学问题》,苏力译,中国政法大学出版社 2002 年版。

［138］［美］斯蒂文·J. 伯顿主编:《法律的道路及其影响——小奥利弗·温德尔·霍姆斯的遗产》,张芝梅、陈绪刚译,北京大学出版社 2012 年版。

［139］［美］霍姆斯:《法律的生命在于经验——霍姆斯法学文集》,清华大学出版社 2007 年版。

［140］［美］约翰·罗尔斯:《正义论》,何怀宏等译,中国社会科学出版社 1988 年版。

［141］［法］雅克·盖斯旦、吉勒·古博:《法国民法总论》,陈鹏等译,法律出版社 2004 年版。

［142］［法］达维德:《当代主要法律体系》,漆竹生译,上海译文出版社 1984 年版。

［143］陈锐编译:《作为实践理性的法律——约瑟夫·拉兹的法哲学思想》,清华大学出版社 2011 年版。

［144］宋冰编译:《程序、正义与现代化——外国法学家在华演讲录》,中国政法大学出版社 1998 年版。

［145］［日］野村稔:《刑法总论》,全理其、何力译,法律出版社 2001 年版。

［146］［日］大谷实:《刑法讲义总论》,黎宏译,中国人民大学出版社 2008 年版。

［147］［德］伯恩·魏德士:《法理学》,丁晓春、吴越译,法律出版社 2013 年版。

(二) 论文类 (含译文)

［1］魏胜强:"法律的和谐与法律解释",载《山东社会科学》2007 年第 4 期。

［2］刘艳红:"刑法学研究现状之评价与反思",载《法学研究》2013 年第 1 期。

［3］侯学勇:"解释能够保证法律规范的准确适用吗——传统法律解释

观念反思"，载《政治与法律》2011 年第 7 期。

［4］陈金钊："过度解释与权利的绝对化"，载《法律科学》2010 年第 2
期。

［5］高翼飞："从扩张走向变异：非法经营罪如何摆脱'口袋罪'的宿
命"，载《政治与法律》2012 年第 3 期。

［6］周少华："罪刑法定在刑事司法中的命运——由一则案例引出的法
律思考"，载《法律科学》2003 年第 2 期。

［7］石聚航："'去熟悉化'与'去常识化'之间：刑法学知识转型的
反思"，载《环球法律评论》2014 年第 1 期。

［8］熊伟："现代法律合法性理论研究的三个视角——基于理想类型方
法的分析"，载《河海大学学报》2014 年第 2 期。

［9］张明楷："刑法学研究的五个关系"，载《法学家》2014 年第 6 期。

［10］周光权："论常识主义刑法观"，载《法制与社会发展》2011 年第
1 期。

［11］陈金钊："从法律感到法律论证——法律方法的转向"，载《山东
警察学院学报》2005 年第 1 期。

［12］劳东燕："刑法解释中形式论与实质论之争"，载《法学研究》
2013 年第 3 期。

［13］欧阳本祺："走出刑法形式解释与实质解释的迷思"，载《环球法
律评论》2010 年第 5 期。

［14］苏彩霞："实质的刑法解释论之确立与展开"，载《法学研究》
2010 年第 5 期。

［15］陈兴良："形式解释论的再宣示"，载《中国法学》2010 年第
4 期。

［16］张明楷："实质解释论的再提倡"，载《中国法学》2010 年第
4 期。

［17］陈坤："形式解释论与实质解释论：刑法解释学上的口号之争"，
载陈兴良主编：《刑事法评论》（第 31 卷），北京大学出版社 2012
年版。

[18] 胡月军：“论常识主义刑法观与刑法专业槽的关系”，载赵秉志主编：《刑法评论》（第21卷），法律出版社2012年版。

[19] 温登平：“反思常识主义刑法观”，载《中国刑事法杂志》2013年第9期。

[20] 马荣春：“共识刑法观：刑法公众认同的基础”，载《东方法学》2014年第5期。

[21] 王钧：“刑法解释的常识化”，载《法学研究》2006年第6期。

[22] 李洁：“中国通论犯罪构成理论体系评判”，载《法律科学》2008年第2期。

[23] 梁根林：“刑法解释的适用规则论”，载《法学》2003年第12期。

[24] 齐聚锋、叶仲耀：“刑法认同漫谈”，载《当代法学》2001年第11期。

[25] 马荣春：“论刑法的常识、常情、常理化”，载《清华法学》2010年第1期。

[26] 宣海林：“法应当向民众认同的常识、常理、常情靠拢——访全国人大代表、重庆大学法学院院长陈忠林教授”，载《中国审判》2011年第11期。

[27] 劳东燕：“刑法中目的解释的方法论反思”，载《政法论坛》2014年第3期。

[28] 侯学勇：“排除任意解释的法律论证”，载陈金钊、谢晖主编：《法律方法》（第3卷），山东人民出版社2004年版。

[29] 苏力：“解释的难题：对几种法律文本解释方法的追问”，载《中国社会科学》1997年第4期。

[30] 李可：“当代法律解释学的困境——反思诠释学及哲学对法律解释学的侵入”，载《重庆理工大学学报（社会科学）》2012年第12期。

[31] 梁迎修：“超越解释——对疑难案件法律解释方法功能之反思”，载《学习与探索》2007年第2期。

[32] 季涛：“论疑难案件的界定标准”，载《浙江社会科学》2004年第

5 期。

[33] 孙海波："案件为何疑难？——疑难案件的成因再探"，载《兰州学刊》2012 年第 11 期。

[34] 徐继强："法哲学视野中的疑难案件"，载《华东政法大学学报》2008 年第 1 期。

[35] 王宏选："疑难案件及其法律发现"，载陈金钊、谢晖主编：《法律方法（第 5 卷）》，山东人民出版社 2006 年版。

[36] 孙海波："疑难案件的法哲学争议——一种思想关系视角"，载《法律科学》2013 年第 1 期。

[37] 唐丰鹤："疑难案件及其法律方法"，载《法治研究》2012 年第 2 期。

[38] 杨知文："'分类'与'解释'：两类疑难案件裁判规范证立的比较研究"，载《太原理工大学学报（社会科学版）》2010 年第 3 期。

[39] 王强军："刑法裁判规范的开放性研究"，载《政治与法律》2014 年第 7 期。

[40] 陈家林："论我国刑法性中的几对基础学概念"，载《中南大学学报（社会科学版）》2008 年第 2 期。

[41] 王安异："裁判规范还是行为规范——对滥用职权罪的功能性考察"，载《现代法学》2006 年第 4 期。

[42] 宋旭光："裁判规范的概念及用语辨析"，载陈金钊、谢晖主编：《法律方法（第 13 卷）》，山东人民出版社 2013 年版。

[43] 张其山："裁判规范的创立原则"，载《政治与法律》2009 年第 10 期。

[44] 吴庆宝："法官裁判的规范性——以民事法官裁判为视角"，载《法律适用》2007 年第 9 期。

[45] 唐仲清："从法律规范到裁判准据"，载《辽东学院学报（社会科学版）》2007 年第 1 期。

[46] 陈金钊："论审判规范"，载《比较法研究》1999 年第 3、4 期。

［47］胡志坚："个案裁判规范之建构是司法裁决证立的关键"，载葛洪义主编：《法律方法与法律思维》（第5辑），法律出版社2008年版。

［48］王轶："民法价值判断问题的实体性论证规则——以中国民法学的学术实践为背景"，载《中国社会科学》2004年第6期。

［49］陈兴良："刑法教义学方法论"，载《法学研究》2005年第2期。

［50］焦宝乾："法的发现与证立"，载《法学研究》2005年第5期。

［51］雷磊："法律论证的功能、进路与立场——以菲特丽丝《法律论证原理》一书为视角"，载葛洪义主编：《法律方法与法律思维》（第4辑），法律出版社2007年版。

［52］张明楷："'存疑时有利于被告'原则的适用限制"，载《吉林大学社会科学学报》2002年第1期。

［53］邱兴隆："有利被告论探究——以实体刑法为视角"，载《中国法学》2004年第6期。

［54］侯学勇："融贯性论证的整体性面向"，载《政法论丛》2009年第2期。

［55］高鸿钧："法范式与合法性：哈贝马斯法现代性理论评析"，载《中外法学》2002年第6期。

［56］夏锦文："现代性语境中的司法合理性谱系"，载《法学》2005年第11期。

［57］秦策："霍姆斯法官'经验'概念的方法论解读"，载《法律适用》2006年第11期。

［58］颜厥安："规则、理性与法治"，载《台大法学论丛》第31卷第2期。

［59］杜宇："刑法上之'类推禁止'如何可能——一个方法论上的悬疑"，载《中外法学》2006年第4期。

［60］朱立恒："类推制度的合理性及其在我国的衰落与重建"，载《甘肃政法学院学报》2008年第2期。

［61］黄继坤："刑法类推解释如何得以进行——刑法演绎推理中的类推

解释",载《现代法学》2011 年第 5 期。

[62] 薛瑞麟:"论刑法中的类推解释",载《中国法学》1995 年第 3 期。

[63] 赵运锋:"刑法类推解释禁止之思考",载《当代法学》2014 年第 5 期。

[64] 陈子平:"论共犯之独立性与从属性",载陈兴良主编:《刑事法评论》(第 21 卷),北京大学出版社 2007 年版。

[65] 周少华:"'类推'与刑法之'禁止类推'原则——一个方法论上的阐释",载《法学研究》2004 年第 5 期。

[66] 陈兴良:"体系性的思考与问题性的思考——刑法方法论之二",载《人民检察》2009 年第 23 期。

[67] 王世洲、刘孝敏:"关于中国刑法学理论体系起点问题的思考",载《政法论坛》2004 年第 6 期。

[68] 许恒达:"国家规范、部落传统与文化冲突——从刑法理论反思原住民犯罪的刑责问题",载《台湾原住民族研究季刊》2013 年第 2 期。

[69] 苏彩霞:"我国关于婚内强奸的刑法理论现状之检讨",载陈兴良主编:《刑事法判解(第 4 卷)》,北京法律出版社 2001 年版。

[70] 周光权:"刑法学的西方经验与中国现实",载《政法论坛》2006 年第 2 期。

[71] 王申:"论法律与理性",载《法制与社会发展》2004 年第 6 期。

[72] 陈林林:"法治语境中的判决正当性分析",载《国家检察官学院学报》2015 年第 1 期。

[73] 陈坤:"疑难案件、司法判决与实质权衡",载《法律科学》2012 年第 1 期。

[74] 郑成良:"论法律形式合理性的十个问题",载《法制与社会发展》2005 年第 6 期。

[75] 雷磊:"法教义学的基本立场",载《中外法学》2015 年第 1 期。

[76] 劳东燕:"刑法中目的解释的方法论反思",载《政法论坛》2014

年第 3 期。

[77] 姜涛："后果考察与刑法目的解释"，载《政法论坛》2014 年第 4 期。

[78] 蔡淮涛："刑法解释中的利益衡量——兼论利益衡量在正当防卫案件中的运用"，载《河南警察学院学报》2011 年第 4 期。

[79] 朱良好："司法裁判视域中的利益衡量略论"，载《辽宁师范大学学报》（社会科学版）2008 年第 4 期。

[80] 焦宝乾："利益衡量司法应用的场合、领域及步骤"，载《人大法律评论》2012 年第 1 辑。

[81] 任彦君："论利益衡量方法在我国刑事裁判中的运用"，载《法学评论》2013 年第 5 期。

[82] 李可："法益衡量的方法论构造——一项对被忽视或混淆之问题的微观研究"，载陈金钊、谢晖主编：《法律方法》（第 12 卷），山东人民出版社 2012 年版。

[83] 武良军："暴力、胁迫行使债权行为的刑法评价——以司法案例为中心展开分析"，载《政治与法律》2011 年第 10 期。

[84] 杨素云："利益衡量：理论、标准和方法"，载《学海》2011 年第 5 期。

[85] 齐文远："中国法学如何走向世界——基于一个刑法学者的视角"，载《法商研究》2013 年第 2 期。

[86] 焦宝乾："衡量的难题——对几种利益衡量标准的探讨"，载《杭州师范大学学报（社会科学版）》2010 年第 5 期。

[87] 许德风："论基于法教义学的案例解析规则——评卜元石：《法教义学：建立司法、学术与法学教育良心互动的途径》"，载田士永、王洪亮、张双根主编：《中德私法研究（总第 6 卷）》，北京大学出版社 2010 年版。

[88] 卜元石："法教义学：建立司法、学术与法学教育良心互动的途径"，载田士永、王洪亮、张双根主编：《中德私法研究（总第 6 卷）》，北京大学出版社 2010 年版。

［89］孙海波："在'规范拘束'与'个案正义'之间——论法教义学视野下的价值判断"，载《法学论坛》2014 年第 1 期。

［90］魏治勋："司法过程中的利益衡量批判"，载《学习与探索》2006 年第 2 期。

［91］劳东燕："刑事政策与刑法解释中的价值判断"，载《政法论坛》2012 年第 4 期。

［92］方文军："边缘刑事案件中的法官解释"，载《金陵法律评论》2005 年秋季卷。

［93］许德风："论法教义学与价值判断——以民法方法为重点"，载《中外法学》2008 年第 2 期。

［94］刘飞："宪法解释的规则综合模式与结果取向"，载《中国法学》2011 年第 2 期。

［95］任彦君："刑事疑难案件中结果导向思维的运用"，载《法学评论》2012 年第 2 期。

［96］杨知文："基于后果评价的法律适用方法"，载《现代法学》2014 年第 4 期。

［97］黄舒芃："社会科学研究的民主意涵：美国法律唯实论的民主观及其启示"，载《政治与社会哲学评论》2008 年第 25 期。

［98］苏力："中国当代法律中的习惯法——从司法个案透视"，载《中国社会科学》2000 年第 3 期。

［99］王国龙："从难办案件透视当下中国司法权的运行逻辑"，载《法学》2013 年第 7 期。

［100］王春业、张忱子："论法官的依法裁判——兼论法教义学方法对法官裁判的意义"，载《福建行政学院学报》2012 年第 4 期。

［101］李兰英："量刑的技术与情感——以许霆案为例"，载《政法论坛》2009 年第 3 期。

［102］庄绪龙："敲诈勒索罪的理论反思与区别性认定"，载《江西公安专科学校学报》2010 年第 5 期。

［103］黄冬生："行使财产权行为的刑法评价问题"，载《厦门大学法律

评论（第 9 辑）》，厦门大学出版社 2005 年版。

[104] 黎宏："我国犯罪构成体系不必重构"，载《法学研究》2006 年第 1 期。

[105] 冯军："论刑法解释的边界和路径——以扩张解释与类推适用的区分为中心"，载《法学家》2012 年第 1 期。

[106] 陈林林："法治的三度：形式、实质与程序"，载《法学研究》2012 年第 6 期。

[107] 林远泽："真理何为？——从哈伯玛斯真理共识理论的实用转向论真理的规范性涵义"，载《欧美研究》2005 年第 2 期。

[108] 朱孝清："中国检察制度的几个问题"，载《中国法学》2007 年第 2 期。

[109] 崔敏："为什么检察制度屡受质疑——对一篇重要文章中某些观点的商榷"，载《法学》2007 年第 7 期。

[110] 王守安："学术批评应当客观理性——评《为什么检察制度屡受质疑》一文"，载《法学》2007 年第 9 期。

[111] 周永坤："追求理性的学术论辩"，载《法学》2007 年第 10 期。

[112] 温登平："刑法解释方法位阶关系否定论"，载陈金钊、谢晖主编：《法律方法（第 13 卷）》，山东人民出版社 2013 年版。

[113] 周光权："刑法解释方法位阶性的质疑"，载《法学研究》2014 年第 5 期。

[114] 苏彩霞："刑法解释方法的位阶与运用"，载《中国法学》2008 年第 5 期。

[115] 苏彩霞："刑法价值判断的实体性论证规则"，载《华东政法大学学报》2008 年第 1 期。

[116] 苏彩霞："实质刑法解释合理实现的程序性论证规则"，载《现代法学》2009 年第 4 期。

[117] 齐文远："提升刑事司法公信力的路径思考——兼论人民陪审制向何处去"，载《现代法学》2014 年第 2 期。

[118] 北京市高级人民法院政治部教育培训处课题组："关于北京法院

人民陪审工作情况的调研报告"，载《法律适用》2012 年第 2 期。

［119］廖永安："社会转型背景下人民陪审员制度改革路径探析"，载《中国法学》2012 年第 3 期。

［120］张德淼、周佑勇："论当前我国实现司法正义的条件和途径"，载《法学评论》1999 年第 1 期。

［121］吴丹红："中国式陪审制度的省察"，载《法商研究》2007 年第 3 期。

［122］李昌林："从制度上保证人民陪审员真正享有刑事裁判权——论人民陪审员制度的完善"，载《现代法学》2007 年第 1 期。

［123］龙宗智："刑事判决应加强判决理由"，载《现代法学》1999 年第 2 期。

［124］宋英辉："从刘涌案件改判引起的社会反响看公开裁判理由的必要性"，载《政法论坛》2003 年第 5 期。

［125］赵秉志等："'偷'还是'捡'？有罪还是无罪？——专家学者深度解读梁丽涉嫌盗窃案"，载《法制资讯》2009 年第 5 期。

［126］［美］玛蒂尔德·柯恩："作为理由之治的法治"，杨贝译，载《中外法学》2010 年第 3 期。

［127］［比利时］佩雷尔曼："法律推理"，朱庆育译，陈金钊、谢晖主编：《法律方法（第 2 卷）》，山东人民出版社 2003 年版。

［128］［德］菲利普·黑克："利益法学"，傅广宇译，载《比较法研究》2006 年第 6 期。

（三）学位论文类

［1］张钰光："'法律论证'构造与程序之研究"，台湾辅江大学 2001 年博士学位论文。

［2］苏治："行政诉讼中的法律论证方法研究"，苏州大学 2010 年博士学位论文。

［3］施鹏鹏："陪审制研究"，西南政法大学 2007 年博士学位论文。

（四）其他类

1. 报纸类

[1] 王作富、张明楷、周光权等："怪异之案 专家评述——《帮小偷兑现欠条也构成盗窃》一文之专家意见"，载《人民法院报》2005年12月21日，第7版。

[2] 邓楚开："刑事司法中的形式理性与实质理性"，载《检察日报》2009年1月13日，第3版。

[3] 邱旭："丈夫捉奸 索要补偿被判刑"，载《重庆商报》2006年7月9日，第4版。

[4] 邓楚开："小偷翻墙进别墅被狼狗咬死"，载《重庆晨报》2009年11月28日，第11版。

[5] 笕索："如此'人民陪审员'"，载《南方周末》2010年4月28日。

[6] 何家弘："推动诉讼法修改 发挥陪审团的真正作用"，载《法制日报》2010年6月10日，第A2版。

[7] 徐隽："人民陪审在倍增基础上深度参审"，载《人民日报》2015年2月25日，第19版。

2. 案例类

[1] 上海市第二中级人民法院（2001）年沪二中刑初字第132号刑事判决书。

[2] 广东省广州市中级人民法院2007穗中法刑二初字第196号刑事判决书。

[3] 最高人民法院中国应用法学研究所：《人民法院案例选：1992年至1996年合订本（刑事卷）》，人民法院出版社1997年版。

[4] 最高人民法院刑一庭、刑二庭编：《刑事审判参考（总第38辑）》，法律出版社2004年版。

[5] 沈德咏主编：《经济犯罪审判指导（第1辑）》，法律出版社2004年版。

[6] 陈兴良、张军、胡云腾主编：《人民法院刑事指导案例裁判要旨通纂（下卷）》，北京大学出版社2013年版。

〔7〕 "上海市静安区人民检察院诉朱建勇故意毁坏财物案",载《中华人民共和国最高人民法院公报》2004 年第 4 期。

3. 网络文章类

〔1〕 "司机开玩笑称将女生卖妓院 女生跳车成植物人",载中国青年网 http：//news. china. com/social/1007/20140815/18711144. html, 最后访问时间：2015 年 1 月 25 日。

〔2〕 米琪："夏俊峰事件最新完整分析 案情始末",载未来网, http：// news. k618. cn/xda/201309/t20130930_ 3964061. html,最后访问时间：2015 年 1 月 25 日。

二、外文文献

（一）著作类

〔1〕 〔日〕关哲夫：《刑法解释的研究》,成文堂 2006 年版。

〔2〕 〔日〕藤木英雄：《刑法指南》,有斐阁 1980 年版。

〔3〕 Richard A. Wasserstrom, *The Judicial Decision：Toward a Theory of Legal Justification*, Stanford University Press, 1961.

〔4〕 MacCormick. Neil, *Interpreting Statues：A Comparative Study*, Dartmouth Pub. Co. , 1979.

〔5〕 Max Rheinstein, *Introduction to Max Weber on Law in Economy and Society*, Simon and Schuster, 1967. ·

〔6〕 Perelman, Chaim, *The new rhetoric and humanities：essays on rhetoric and its applications*, D. Reidel Pub. Co. , 1979.

〔7〕 Aulis Aarnio, *The Rational as Reasonable. A Treaty of Leagl Justification*, D. Reidel Pub. Co. , 1987.

（二）论文类

〔1〕 H. L. A. Hart, *Positivism and the Separation of law and Morals*, Harvard Law Review, Vol. 71, No. 4, 1958.

〔2〕 Everett V. Abbot, *Keener on Quasi – Contracts II*, Harvard Law Review, Vol. 10, No. 4, 1897.

〔3〕 Edgar Bodenheimer, *A Neglected Theory of Legal Reasoning*, Journal of

Legal Education, Vol. 21, No. 4, 1969.

[4] Clare Dalton. *An Essay in the Deconstruction of Contract Doctrine*, Journal of Yale Law, Vol. 94, No. 4, 1985.

[5] Huhn, Wilson, *The Stages of Leagal Reasoning*：*Formalism, Analogy and Realism*, Villanova Law Review, Vol. 48, No. 3, 2003.

（三）案例类

[1] Lochner v. New York, 198 U. S. 45, 76 (1905).

[2] McBoyle v. United States, 283 U. S. 25 (1931).

[3] Regina v. Dudley & Stephens, 14 Q. B. D. 273 (1984).

后 记

本书是在我博士学位论文的基础上略作修改而形成的。虽然博士毕业已近三年，但博士论文的写作经历仍然历历在目。博士论文写作的艰辛，对于那些没有亲身经历博士论文写作的人来说，是难以体会的。回想我在博士论文写作过程中，曾几度萌生放弃继续写作的念头，也曾无数次因写作思路被卡壳而面临崩溃的边缘，但庆幸的是，自己终于挺了过来。也许相对于这二十余万言的博士论文来说，这段不曾放弃、努力前行的独特经历更值得我拥有。虽然博士论文初完成时，喜悦之情溢于言表，但待今日要交付出版而成为我人生中的第一本专著时，却找不到当初的那份欣喜。或许是因为，待博士论文要交付出版时，我仍未能完成三年前博士论文答辩时作出的承诺："再花三年的时间对所涉主题进行研究，从而对博士论文作出较大幅度的修改完善。"然而，由于诸多原因的存在，三年来对相关主题的研究甚少，以致博士论文出版时也只能略作修改。因此，今日或多或少有"难以向自己交代"之感。也许，这只能待日后加以弥补。

尽管人生中第一本专著的出版，离自己的期望尚远，但心中依然充满感激。因为这二十余万言的形成，绝非凭我一己之力所完成的，她的完成要得益于诸位恩师、同学、朋友、家人等多方的鼓励与关心。在此，我要对本书之完成做出"贡献"的人们表示感谢。

首先要特别感谢我的老师童伟华教授。童老师不仅是我的博士生导师，还是我的硕士生导师。2009 年，我投于童老师门下攻读刑法学硕士，经过三年的硕士阶段的学习，我愈发对刑法学研究感兴趣，承蒙恩师不弃，于 2012 年又将我继续纳入门下攻读博士学位，从而有幸成为恩师的首届博士生。在博士论文的选题、开题、写作和修改的过程中，恩师都倾注了大量心力予以修改指导，向来不熬夜工作的他，竟破例为我论文的修改而熬了诸多个夜晚。2015 年博士毕业后，恩师更是力荐将我留校，为我谋取了一份令别人羡慕的教职。应当说，无论是在学业上，还是生活与工作中，恩师九年来都给予我无微不至的帮助。此情此恩，我永记在心、没齿难忘。

本书的完成，也要感谢博士论文的三位匿名的评审专家和五位答辩老师（他们是刘士心教授、张继成教授、阎二鹏教授、王志远教授、吴飞飞教授），就我的博士论文提出十分宝贵的修改意见以及对我的诸多鼓励，惭愧的是，待博士论文出版时都未能完全遵照他们意见加以修改。本书的完成也要感谢所引大量文献的著者，以及尽管未能列入所引文献但同样给本书写作带来一些启发的著者，正是站在这些"巨人"的肩上，才得以最终形成此文。事实上，本书在某种程度上也不过是对既有文献的一种梳理与加工，谈不上有多大的创见。当然，部分观点的引证不妥之处，还望诸位著者见谅。

我还要感谢海南大学法学院各位老师，在法学院学习和生活的十年，以及工作的三年，无论是在知识的传授上，还是对我生活的关怀中，他们也都给予了大量帮助。感谢海南大学王崇敏副校长和海南大学法学院王琦院长对本书出版的支持。感谢中国政法大学出版社和中国政法大学出版社阚明旗等编辑老师可以使本书最终呈现在诸位面前。

我要特别感谢我的父母，为学二十三载，他们一如既往地支持着我，并给予了我无怨无悔的照顾，没有他们的培养与付出，我不可能取得今日的一点点成绩。

最后，感谢所有关心我、帮助我的老师们、朋友们！

武良军

2018 年 4 月 20 日

海南海口